SÉRIE COMENTÁRIOS BÍBLICOS

JOÃO CALVINO

TRADUÇÃO: VALTER GRACIANO MARTINS

Hebreus

C168h   Calvin, Jean, 1509-1564
        Hebreus / João Calvino ; tradução: Valter Graciano
   Martins. – 1. reimpr. – São José dos Campos, SP: Fiel,
   2018.

   449, [2] p. - (Comentários bíblicos)
   Tradução de: Calvin's commentaries: commentary on
   the epistle of Paul the apostle to the Hebrews
   ISBN 9788581320229

   1. Bíblia. N.T. Hebreus - Comentários. I. Martins,
   Valter Graciano. II. Série.

                                              CDD: 227.8707

Catalogação na publicação: Mariana C. de Melo Pedrosa – CRB07/6477

Hebreus - Série Comentários Bíblicos
João Calvino
Título do Original:
Calvin's Commentaries: Commentary on the epistle of Paul the apostle to the Hebrews by John Calvin
Edição baseada na tradução inglesa de James Anderson, publicada por Baker Book House, Grand Rapids, MI, USA, 1998.

■

Copyright © 2012 Editora Fiel
1ª Edição em Português: 2012

■

Todos os direitos em língua portuguesa reservados por Editora Fiel da Missão Evangélica Literária

PROIBIDA A REPRODUÇÃO DESTE LIVRO POR QUAISQUER MEIOS, SEM A PERMISSÃO ESCRITA DOS EDITORES, SALVO EM BREVES CITAÇÕES, COM INDICAÇÃO DA FONTE.

A versão bíblica utilizada nesta obra é uma variação da tradução feita por João Calvino.

■

Diretor: Tiago J. Santos Filho
Editor-Chefe: Tiago J. Santos Filho
Editor da obra: Franklin Ferreira
Tradução: Valter Graciano Martins
Revisão: Franklin Ferreira
Diagramação: Wirley Corrêa
Capa: Edvânio Silva

ISBN impresso: 978-85-8132-022-9
ISBN e-book: 978-85-8132-050-2

FIEL
Editora

Caixa Postal 1601
CEP: 12230-971
São José dos Campos, SP
PABX: (12) 3919-9999
www.editorafiel.com.br

Sumário

Prefácio à edição em português 09
Dedicatória 13
Tema e Conteúdo da Epístola aos Hebreus 21

Hebreus
Capítulo 1
    Versículos 1 e 2 27
    Versículo 3 31
    Versículos 4 a 6 36
    Versículos 7 a 9 41
    Versículos 10 a 14 44
Capítulo 2
    Versículos 1 a 4 49
    Versículos 5 a 9 54
    Versículos 10 a 13 60
    Versículos 14 e 15 70
    Versículos 16 a 18 72

Capítulo 3
- Versículos 1 a 6 77
- Versículos 7 e 8 83
- Versículos 9 a 13 84
- Versículos 14 a 19 91

Capítulo 4
- Versículos 1 e 2 95
- Versículos 3 a 6 97
- Versículos 7 a 10 98
- Versículos 11 a 13 103
- Versículos 14 a 16 110

Capítulo 5
- Versículos 1 a 6 117
- Versículos 7 a 11 125
- Versículos 12 a 14 133

Capítulo 6
- Versículos 3 a 6 143
- Versículos 7 a 9 149
- Versículo 10 150
- Versículos 11 a 15 154
- Versículos 16 e 17 158
- Versículos 18 a 20 159

Capítulo 7
- Versículos 1 a 3 167
- Versículos 4 a 7 171
- Versículos 8 a 10 172
- Versículos 11 a 14 178

Versículos 15 a 22	182
Versículos 23 a 28	187

Capítulo 8

Versículos 1 a 6	193
Versículos 7 a 9	200
Versículos 10 a 13	201

Capítulo 9

Versículos 1 a 5	211
Versículos 6 a 12	215
Versículos 13 a 15	221
Versículos 16 e 17	222
Versículos 18 e 19	227
Versículos 20 a 23	228
Versículos 24 a 28	234

Capítulo 10

Versículos 1 a 4	241
Versículos 5 a 10	245
Versículos 11 a 18	250
Versículos 19 a 23	254
Versículos 24 a 27	259
Versículos 28 a 31	267
Versículos 32 a 35	274
Versículos 36 a 39	278

Capítulo 11

Versículo 1	283
Versículos 2 a 4	285
Versículos 5 e 6	292

Versículo 7...297
Versículos 8 a 12..............................301
Versículos 13 a 16............................306
Versículos 17 a 22............................309
Versículos 23 a 27............................316
Versículos 28 a 31............................323
Versículos 32 a 34............................326
Versículos 35 a 40............................329
Capítulo 12
Versículos 1 a 3................................335
Versículos 4 a 8................................339
Versículos 9 a 11..............................343
Versículos 12 a 17............................346
Versículos 18 a 24............................356
Versículos 25 e 26............................361
Versículos 27 a 29............................362
Capítulo 13
Versículos 1 a 6................................367
Versículos 7 a 9................................372
Versículos 10 a 15............................376
Versículos 16 e 17............................379
Versículos 18 e 19............................380
Versículos 20 e 21............................384
Versículos 22 a 25............................385

Apêndice das Anotações Adicionais.................389

Prefácio à edição em português

A Reforma do século XVI carregou o estandarte do evangelho com ousadia, mas também debaixo da providência divina que permitiu que os esforços reformadores, também manifestos outrora, finalmente vingassem. Para realizar a difusão da mensagem bíblica, os reformadores se utilizaram da estratégia mais básica, mas também a mais inteligente da qual poderiam lançar mão: a exposição da própria mensagem. Temos neste comentário um exemplo de características fundamentais do protestantismo do século XVI nestas duas áreas: promoção da verdade e exposição da mesma.

Quanto à promoção da verdade, vale ressaltar que através de cartas e publicações o movimento reformador se esforçava por acolher os fiéis perseguidos em toda a Europa assim como entravam em polêmicas contra tais perseguidores. A Genebra dos dias de Calvino ficou marcada por acolher refugiados protestantes vindos de várias partes da Europa. A cidade dobrou de tamanho em uma década e isto gerou problemas sociais que precisaram ser resolvidos, mas também abriu portas para que os que por lá passassem levassem a mensagem evangélica de volta às suas terras de origem. Assim ocorria a difusão da verdade. Todavia, a pena do reformador por vezes tinha que confeccionar argumentos polêmicos a fim de despertar os adormecidos e encorajar os despertados que sofriam vários tipos de opressão.

A dedicatória de João Calvino ao rei da Polônia, Sigismundo II, é um exemplo marcante das características pertinentes à promoção da verdade. O comentário de Hebreus, publicado tanto em latim quanto em francês em 1549, é dedicado a Sigismundo logo no início do seu reinado (1548-72). Tal reinado distinguiu-se dos anteriores devido à abertura que Sigismundo II concedeu aos protestantes, muito embora ele mesmo tenha permanecido um católico. Ele tolerou a formação de congregações protestantes, o uso da *Confissão de Augsburgo* na Prússia (noroeste da Polônia de então) e até teve líderes protestantes em seu governo. Mais significativo é saber que Calvino foi ouvido pelo monarca polonês em sua dedicatória,[1] pois é sabido que Sigismundo se correspondeu com reformadores como Melanchthon e Calvino.[2] Durante o reinado de Sigismundo II, o mais importante teólogo reformado polonês – João à Lasco (1499-1560) – retornou à sua terra natal. Depois de ministrar na Alemanha e Inglaterra, João à Lasco retornou em 1556 à Cracóvia para ser líder da igreja reformada polonesa até a sua morte em 1560. Questões político-sociais, problemas internos, além da difusão do socinianismo em terras polonesas, não permitiram que o movimento protestante se solidificasse naquele país. Porém, a preocupação de um líder reformador como João Calvino exemplifica a luta para difundir o protestantismo em terras polonesas.

Calvino também faz uso da polêmica para a promoção do evangelho. Ele não tem pudor em criticar o "anticristo romano" – referência ao papa – a um monarca católico. O reformador genebrino se mostra indignado com as desculpas vazias para reprimir o protestantismo naqueles dias. Por isso, Calvino se sente encorajado

---

1 Raríssimo era que reis e príncipes lessem as dedicatórias feitas a eles já que, por costume da época, muitos livros lhes eram dedicados.
2 BRADY, Thomas A., Jr., OBERMAN, Heiko A., e TRACY, James D. *Handbook of European History, 1400-1600*: Late Middle Ages, Renaissance, and Reformation. Volume 2: Visions, Programs, and Outcomes (Grand Rapids: Eerdmans, 1996), p. 573.

com algumas atitudes de Sigismundo II e o conclama a ser um novo Ezequias, ou Josias, "para restaurar no reino da Polônia a mais pura doutrina do evangelho". E para que isso aconteça, Calvino não se furta da polêmica quando usa os próprios ensinamentos de Hebreus contra o apologeta católico-romano João Eck, que dedicara um livro sobre a missa a Sigismundo I, o pai do rei de então. A Epístola aos Hebreus ensina que o sacrifício de Cristo é único contra a doutrina de Eck de que a "vítima é renovada todos os dias", e declara também a singularidade do sacerdócio de Cristo contra o sacerdócio romano. Observe que tanto o apelo aos poderosos quanto a polêmica faziam parte da promoção do evangelho.

No que diz respeito à exposição da verdade, este comentário contém todas as características do Calvino exegeta que contribuíram para o seu legado. Em primeiro lugar, o comentário não é excessivamente acadêmico, muito embora esteja informado das discussões da época. Ele discute questões de autoria e diferentes linhas de interpretação em diversos textos sem, contudo, mencionar suas fontes. Se ele assim o faz porque tira suas informações de fontes secundárias, então ele demonstra boa noção do cenário teológico. Se, contudo, ele gastou tempo olhando diversas fontes, ele só nos apresenta o cerne de cada linha de pensamento. Isto nos leva à segunda característica, que é sua "lúcida brevidade" (*perspicua brevitate*) na tentativa de compreender "a mente do escritor" (*mentem scriptoris*) e expor o "significado original do autor" (*scopo suo*). Essas foram as palavras de Calvino na dedicatória do Comentário de Romanos que resumem bem a empreitada hermenêutica do reformador. Calvino sempre busca clareza e objetividade. Sua eloqüência humanista e seus estudos da língua original não impedem que seus comentários sejam úteis aos indoutos porque ele evita longas digressões. Afinal, como o próprio comentário de Hebreus ilustra, Calvino visava ser útil com o seu trabalho de expositor. Em terceiro lugar, Calvino demonstra especialmente neste Comentário de Hebreus – devido à natureza da carta – a conexão de cada texto com o restante da Escritura. Esse princípio interpretativo, freqüentemente denominado de "analogia da fé" (*analogia fidei*), deve ser marca registrada de todo bom hermeneuta bíblico. Em quarto lugar, Calvino recheia os seus comentários com aplicações pastorais, pois o que gera os seus estudos é o cuidado da igreja. Essas quatro características devem ser imitadas por todo expositor das Escrituras e explicam porque o grande comentarista do século XVII, Matthew Poole, dizia do Calvino exegeta: "Quase todo mundo tem Calvino em suas mãos e bibliotecas".[3]

Que a presente leitura lhe equipe para ambas as tarefas do evangélico: tanto a promoção do evangelho quanto a exposição do mesmo.

Heber Carlos de Campos Júnior
30 de março de 2010

---

3 Apud THOMPSON, John L. Calvin as a biblical interpreter. In: MCKIM, Donald K. (org.). *The Cambridge Companion to John Calvin* (Cambridge: Cambridge University Press, 2004), p. 71.

Dedicatória

João Calvino
Ao Poderosíssimo e Sereníssimo Príncipe
Sigismund Augustus, pela graça de Deus,
Rei da Polônia, Grande Duque da Lituânia,
Rússia, Prússia,
Senhor e Herdeiro de Moscóvia, etc

Existe hoje um grande número de homens levianos que, levados por um desejo fútil e sem moderação de escrever, entretêm as mentes de leitores ignorantes e irrefletidos com suas frivolidades. A esse mal, ilustríssimo Rei, acrescenta-se outra indignidade, a saber, que, enquanto dedicam a reis e príncipes suas idéias simplórias, com o fim de dissimulá-las ou encobri-las com um esplendor emprestado, não só profanam nomes sagrados, mas ainda os aquinhoam com certa medida de sua própria infelicidade. Diante da disparatada temeridade de tais pessoas, faz-se necessário que os escritores sérios e sóbrios formulem alguma justificativa quando publicamente dedicam suas obras a homens ilustres, mesmo quando não haja nada nelas que corresponda à grandeza daqueles a quem são oferecidas. Fez-se necessário, pois, formular estas notas introdutórias, no caso de parecer que faço parte do rol daqueles que, seguindo o exemplo dos demais, tornam público tudo quanto lhes agrada, por mais frívolo que seja. Entretanto, não ignoro quanta aparência venha ter uma confiança tão frívola, contanto que eu (para não falar de outras coisas), sendo um homem desconhecido e obscuro, não hesite a dirigir-me a vossa real Majestade. Se minhas razões forem ouvidas, e se vossa Majestade aprovardes o que faço, o que outros de mim julguem não me causará grande preocupação. Antes de tudo, muito embora não ignore minha insignificância nem desconsidere a devida reverência para com vossa Majestade, todavia a fama de vossa piedade, a qual já alcançou quase todos os que são zelosos da genuína doutrina de Cristo, é suficiente para remover todo e qualquer temor. Trago comigo um presente, o qual essa vossa piedade não vos permitirá rejeitar. Visto que a Epístola destinada aos hebreus contém uma discussão completa da eterna Deidade de Cristo, seu supremo governo e sacerdócio exclusivo (que são os pontos primordiais da sabedoria celestial), e como essas coisas são sobejamente explicadas nela, de sorte que todo o poder e obra de Cristo se manifestam ali de uma forma muitíssimo gráfica, com justiça merece ela desfrutar do lugar e honra de um imensurável tesouro da Igreja. Estou certo de que ela será de um imenso valor também para vós, visto que desejais que o Filho de Deus reine e seja exaltado sobre todos.

Não digo que porventura eu haja alcançado êxito na exposição que tenho empreendido; sinto-me, porém, confiante de que, quando a tiverdes lido, ao menos aprovareis minha fidelidade e diligência. E como não reivindico para mim o louvor de um profundo conhecimento ou erudição, não me envergonho de confessar o que o Senhor me concedeu com o propósito de me levar a entender a Escritura (desde que isso seja simplesmente para que me glorie nele). E se porventura eu possuo alguns talentos para dar assistência à Igreja de Deus nesse sentido, tenho-me diligenciado para dar evidente prova disso neste meu estudo. Portanto, espero, como eu já disse, que este presente que vos ofereço não só sirva de uma justificativa diante de vossa Majestade, mas também angarie para mim um pouco de vosso favor.

Talvez isso sirva de novo estímulo a vossa Majestade, porquanto já vos achais preocupado com a restauração do reino de Cristo, e tantos outros que vivem sob vossa soberania também se preocupam em disseminar a mesma obra. Vós tendes um reino que é extenso e renomado, e o qual desfruta de muitas glórias; sua felicidade, porém, só terá um firme fundamento, a saber, se ele tiver Cristo como seu supremo Governante, de sorte que seja defendido por sua lealdade e proteção. Submeter-lhe vosso cetro não é inconsistente com a elevada condição em que fostes estabelecido, pois esse será um triunfo muito mais glorioso do que todos os triunfos terrenos. Se é tido entre os homens que a gratidão é a virtude própria dos espíritos grandes e nobres, que outra coisa pode haver mais imprópria nos reis do que a ingratidão para com o Filho de Deus, por meio de quem eles têm sido elevados às mais excelentes posições de honra? Portanto, não é só um serviço honrável, mas também mais que régio a elevar-nos às próprias dignidades angelicais, ou seja, que o trono de Cristo seja estabelecido entre nós, de modo que sua Voz celestial se torne a única norma para a vida e para a morte, tanto para os mais nobres quanto para os mais humildes. Embora confessar obediência à autoridade de Cristo seja hoje algo comumente praticado por quase todos, contudo são muito poucos os que lhe demonstram aquela obediência de que tanto se vangloriam.

Tal coisa só pode suceder onde toda a religião se encontra compreendida na essência da infalível norma de sua santa verdade. Neste ponto, porém, estranhos conflitos suscitam-se, já que os homens que vivem não só cheios de orgulho, mas também cativos de monstruosa loucura, prestam menos atenção à eterna doutrina do Mestre Celestial do que às suas fúteis invencionices. Sejam quais forem as pretensões apresentadas por aqueles que gastam suas energias fazendo-nos oposição em favor do Anticristo romano – fonte de todas as contendas e pelo qual a Igreja tem sido tão amargamente perturbada ao longo desses trinta anos –, descobrir-se-á que, de fato, aqueles que querem ser os principais entre os seguidores de Cristo não suportam sujeitar-se ao seu ensino. Tão voraz é sua ambição e audácia, que a verdade de Deus permanece sepultada sob incontáveis mentiras, todas as suas instituições se encontram contaminadas pelas mais vis corrupções, seu culto é por toda parte profanado, a doutrina da fé completamente pervertida, a observância dos sacramentos corrompida, o governo da Igreja converteu-se numa bárbara tirania, introduziu-se um perverso comércio de todas as coisas sagradas, abusa-se do poder de Cristo em apoio da desenfreada tirania dos ímpios e tomou o lugar do cristianismo uma terrível profanação, saturando tudo com as mais medonhas zombarias. Ao oferecermos para todos esses múltiplos e terríveis males o único antídoto – que todos os que vivem sobre a terra dêem ouvidos à voz do Filho de Deus que fala do céu –, imediatamente se erguem esses grandes Atlas, não para apoiarem a Igreja em seus ombros, mas para ostentarem um ídolo que fizeram para si próprios com títulos fúteis e bombásticos. Além do mais, buscam justificativas para suas ferozes recriminações atribuídas contra nós, dizendo que perturbamos a paz e a legitimidade da Igreja com nossa interferência. Quando as coisas são vistas como realmente são, esses ardilosos artífices outra coisa não fazem senão engendrar uma igreja que possua um sistema de governo completamente estranho e alheio àquele instituído por Cristo. O que é isso senão uma perversa e sacrílega tentativa de separar o corpo da Cabeça? Daqui se faz evidente quão fútil é a vanglória de muitos acerca de seu cristianismo, visto que a maioria de forma alguma se deixa governar pelo ensino perfeito do evangelho.

O fato de vossa Majestade reconhecer que para Cristo assumir plena posse de seu reino deve-se necessariamente haver completa purificação de todas as superstições, nisso caracteriza-se vossa singular sabedoria; e ao empreenderdes e intentardes o que julgais ser realmente necessário para esse fim, tal esforço constitui uma evidência de rara virtude. Há muitos sinais que dão uma quase infalível esperança a todos os homens de bem, a saber: que estais divinamente destinado a ser a imagem de outro Ezequias, ou Josias, disposto a restaurar no reino da Polônia a mais pura doutrina do evangelho, a qual foi corrompida por todo o mundo pela astúcia de Satanás e pela perfídia dos homens.

Mesmo omitindo as outras excelentes virtudes que possuís, acerca das quais até mesmo os estrangeiros comentam e os súditos de vosso próprio domínio percebem com grande proveito, porquanto um notável zelo pela piedade de contínuo se tem exibido em vós e ainda hoje se irradia de vós; a coisa mais excelente, porém, é que Cristo mesmo, o Sol da Justiça, que tem de tal forma iluminado vossa mente com a luz de seu evangelho, que chegastes a conhecer a genuína forma de se governar a Igreja, a qual só pode ser encontrada nele; e, ao mesmo tempo, percebeis quanta diferença há entre a genuína forma de religião que ele instituiu e aquela degenerada e fictícia que mais tarde se introduziu nela. Vós percebeis que o culto divino foi corrompido e deformado, já que inúmeras superstições sagazmente tomaram seu lugar; que a graça de Cristo tem sido indignamente inundada por grandes trevas; que o poder de sua morte tem sido destruído; que ele mesmo tem sido rasgado, e feito em pedaços; que a segurança da salvação tem sido subvertida; que as consciências têm sido miserável e horrivelmente diaceradas e atormentadas; que os homens, em sua miséria, têm sido desviados da genuína e sincera adoração que pertence tão-somente a Deus, para todo gênero de intrincados labirintos; que a Igreja tem sido oprimida com cruel tirania; e, em suma, que nenhuma parte do cristianismo foi deixada em sua pureza primitiva.

Não é possível que debalde vossa Majestade tenhais sido dotado por Deus com tal compreensão, pois não há a menor sombra de dúvida de que ele vos escolheu para a realização de grandes propósitos. Até agora, pela maravilhosa providência divina, não se derramou sequer uma gota de sangue inocente dos santos em todo o renomado reino da Polônia, que, demandando vingança, pudesse assim retardar sua felicidade. Foi pela clemência e generosidade do rei Sigismund, de saudosa memória, o pai de vossa Majestade, que isso não aconteceu; porque, embora a infecção da selvageria tomasse posse de tantas partes do mundo cristão, ele ainda conservou puras suas mãos. E agora vossa Majestade e alguns de vossos eminentes príncipes não só prontamente recebeis a Cristo quando ele se vos apresenta, mas também o buscais com real solicitude. Sei também que John à Lasco, descendente de tão ilustre família, tem conduzido a tocha do evangelho também a outras nações.

Portanto, de tudo o menos tolerável é a presunção de Eckius que, ao dedicar seu livro sobre o sacrifício da missa ao rei Sigismund, pai de vossa Majestade, maculou ele com uma terrível nódoa (tanto quanto lhe fora possível) um reino tão eminente. Ao mesmo tempo, não havia nada de estranho no comportamento daquele famigerado Silenus que, sendo, como de fato o era, príncipe dos beberrões, amiúde costumava vomitar no altar como se fosse uma esterqueira. Ora, ao endereçar e dedicar esta minha obra a vossa Majestade, faço-o no mínimo com o intuito de lavar o nome da Polônia da fétida imundícia de Eckius, para que ela não se grude no lugar para onde fora tão torpemente lançada; então reconhecerei haver realizado algo que valha a pena.

Dificilmente haja algum livro da Escritura que seja mais adequadamente escolhido para tal propósito. Aqui nosso apóstolo se mune do maior esforço possível para demonstrar que o sacrifício que Eckius fomenta é nitidamente contrário ao sacerdócio de Cristo. Não se faz aqui qualquer menção da missa, a qual Satanás ainda não vomitara do inferno. Em sua instrução ministrada à Igreja, visando a que esta se contentasse com o único sacrifício que Cristo consumou na cruz, já que todos os ritos sacrificiais haviam cessado, o apóstolo seguramente fechara o acesso a todas e quaisquer novas invenções. Ele proclama que Cristo fora sacrificado na cruz uma vez por todas; enquanto que Eckius inventa a idéia de que esse sacrifício é renovado todos os dias. O apóstolo declara que só o Filho de Deus foi eleito sacerdote para oferecer-se ao Pai, e que ele foi constituído por meio de juramento; enquanto que Eckius diz que o sacerdócio não repousa exclusivamente em sua Pessoa, senão que ele transfere seu ofício a sacrificadores contratados. Não me escapam as evasivas pelas quais ele tenta evadir-se desses e de outros argumentos similares; não temo, porém, que ele venha a enganar a alguém mais além daqueles que são por si mesmos cegos ou que se esquivam da luz. Ele se encontra tão intoxicado por sua presumida superioridade, que se preocupou mais com sua insolente ostentação do que em ser cuidadoso com sua argumentação. Entretanto, para não parecer que estou a espancar um cão já morto, sem qualquer propósito, não acrescentarei nada mais no momento, exceto que este meu comentário será usado para apagar a nódoa que esse bêbado imprestável, ao produzir seu execrando livro, lançou sobre o nome da Polônia. Não temo que os que se derem ao trabalho de ler seu livro sejam apanhados por seus engodos.

Visto que, ao oferecer este meu livro a vossa Majestade, desejo não só fazer patente minha profunda e pessoal admiração por vossa Majestade, mas também dar a esse respeito testemunho diante do mundo inteiro, agora me resta implorar humildemente a vossa Majestade que não rejeiteis o pouco que tenho feito. Se porventura vos insuflei algum ânimo para prosseguirdes em vossos piedosos esforços, me considerarei amplamente remunerado. Portanto, empreendei, rogo-vos, ó magnânima Majestade, sob a bênção de Cristo, uma obra tão digna de vosso régio estado e de vossa heróica virtude, de modo que a eterna verdade de Deus, na qual se acham contidas tanto a glória quanto a salvação dos homens, aonde quer que vosso governo se estenda, recupereis vossa autoridade, a qual tem sido usurpada pelas pilhagens do Anticristo. Deveras esta é uma árdua tarefa, e de tal magnitude, que é capaz de encher de ansiedade e de temor ao mais sábio dos homens.

Em primeiro lugar, porém, não há perigo que não devamos prontamente enfrentar, nem dificuldade que não devamos resolutamente suportar e nem luta que não devamos ousadamente encarar, numa causa tão necessária. Em segundo lugar, visto que a mesma é obra peculiar de Deus, não devemos levar em conta, aqui, a extensão de nossos poderes humanos, e sim a glória que é devida ao poder divino; de modo que, confiando nele, não só como nosso Socorro, mas também como nosso Guia, participemos das coisas que se encontram além de nossas forças; pois a Escritura por toda parte corretamente atribui a Deus a tarefa de fundar e renovar a Igreja. Além do mais, visto que tal obra, por natureza, é inteiramente divina, assim que tem início, todos os estratagemas de maldade que Satanás detém ele os usa, ou para impedir seu avanço, ou para retardá-lo. Sabemos que o príncipe deste mundo jamais se descuida de pôr em marcha incontáveis agentes que estão sempre preparados para engendrar recursos que se oponham ao reino de Cristo. Alguns são instigados pela ambição; outros são impelidos pela avidez. Essas batalhas nos provam, em certa extensão, a concretude de nossa fragilidade; e não há dúvida de que vossa Majestade experimentará dificuldades ainda maiores. Todo aquele que toma sobre si a responsabilidade da doutrina da salvação e da segurança da Igreja deve armar-se de inquebrantável perseverança. Visto, porém, que essa é uma questão que se encontra além de nossas forças, Deus nos suprirá com as armas celestiais.

Entrementes, é nosso dever esculpir em nossos corações as promessas que permeiam toda a Escritura, a saber: que assim como o Senhor lançou os fundamentos da Igreja com suas próprias mãos, da mesma forma não permitirá que ela permaneça desamparada, sem preocupar-se em reparar e restaurar suas ruínas. Ao assim pronunciar, ele promete que jamais fracassaremos nessa obra. Assim como ele não quer que sejamos meros e inativos espectadores de seu poder, também a presença de seu auxílio, ao sustentar as mãos que labutam, demonstra claramente que ele mesmo é o supremo Arquiteto. Isso ele reitera e ressalta vezes sem fim, para que recordemos com quanta freqüência temos que contender com os inimigos que incansavelmente nos atacam. Eles são, por assim dizer, quase inesgotáveis em seus recursos e infinitos em sua diversidade. Mas uma só coisa é infinitamente suficiente para injetar-nos ânimo, ou seja, que temos um Líder tão invencível que, quanto mais batalhas ele enfrenta, mais triunfos e vitórias granjeia.

Adeus, mui invencível Majestade. Que o Senhor Jesus vos governe através do Espírito de sabedoria, vos sustente com o Espírito de fortaleza, vos guarde com toda sorte de bênçãos e salve vossa Majestade em saúde e prosperidade, protegendo vosso reino. Amém.

Genebra, 23 de maio de 1549

Tema e Conteúdo
da Epístola aos Hebreus

No tocante ao *autor* desta Epístola, variadas opiniões se cogitaram desde os tempos antigos, e só bem mais tarde foi ela recebida pelas igrejas latinas. Fomentava-se a suspeita de que ela favorecia a Novato, em sua negação do perdão aos que caíam em pecado.[1] Várias passagens, porém, revelarão que tal opinião era destituída de todo e qualquer fundamento. Eu classifico a Epístola aos Hebreus, sem a mínima hesitação, entre os escritos apostólicos. Não tenho dúvida de que foi pela astúcia de Satanás que muitos se viram induzidos a questionar sua autoridade. De fato não há nenhum livro da Santa Escritura que tão claramente fale do sacerdócio de Cristo, que tão sublimemente

---

1 Novatus foi sacerdote em Cartago, em torno da metade do terceiro século; e foi a Roma como defensor de *Novaçiano*, que veio a se tornar o líder desta posição. O que propiciou a primeira ocasião a este sentimento foi que alguns caíram da fé durante a perseguição de Décio. Novaciano resistiu à restauração deles, e mais tarde estendeu a mesma negação de arrependimento a todos os que agissem assim, e os considerava como perpetuamente inaptos a uma nova adesão na Igreja. Ele se opôs à eleição de *Cornélio* à sé de Roma, o qual discordava de sua autoridade, e formou uma seita propriamente sua. Por conseguinte, ele foi excomungado, juntamente com seus adeptos (dentre os quais, tudo indica, Novatus também foi), por um concílio reunido por Cornélio no ano 251. Então ele foi feito bispo por seus próprios adeptos, e foi seguido por muitos; e sua seita continuou a florescer até o quinto século. Novaciano, porém, um sacerdote romano, ao contrário de Novatus, um sacerdote em Cartago, foi seu fundador (veja-se Mosheim's Eccl. Hist., vol. 1, p. 249).

exalte a virtude e a dignidade daquele único e genuíno sacrifício que ele ofereceu através de sua morte, que tão ricamente trate do uso das cerimônias, tanto quanto de sua remoção, e, numa palavra, tão plenamente explique que Cristo é o cumprimento da lei. Portanto, não permitamos que a Igreja de Deus seja, ou nós mesmos sejamos privados de tão imensurável benefício; ao contrário disso, que defendamos firmemente sua posse.

No tocante à sua *autoria*, não carece que nos preocupemos excessivamente. Há quem pense que seu autor foi Paulo; outros, Lucas; outros, Barnabé; e ainda outros, Clemente – como Jerônimo informa. Eusébio, todavia, no sexto livro de sua *História Eclesiástica*, faz menção somente de Lucas e Clemente. Estou bem informado de que nos dias de Crisóstomo ela foi por toda parte recebida pelos gregos entre as epístolas paulinas; os latinos, porém, pensavam de outro modo, especialmente aqueles que viveram mais próximos dos tempos apostólicos.

Não posso apresentar nenhuma razão plausível para comprovar que Paulo foi seu autor; pois os que afirmam que ele intencionalmente suprimiu seu nome por ser este odioso aos judeus, não apresentam nenhum fato relevante. Por que, pois, o autor fez menção do nome de Timóteo? Não teria ele, porventura, se traído? Por outro lado, o método didático e o estilo revelam suficientemente que Paulo não foi seu autor; e o próprio escritor confessa, no segundo capítulo, que ele pertencia ao rol dos discípulos dos apóstolos, o que é completamente estranho ao modo de Paulo falar acerca de si próprio. Além do mais, o que se diz no sexto capítulo, sobre a prática da catequese, não se coaduna bem com Paulo. Há outras coisas que observaremos em seus devidos lugares.

Conheço a justificativa geralmente apresentada no tocante ao estilo, isto é, que daqui não se pode formar nenhuma opinião plausível, visto que a versão grega é produto de uma tradução do hebraico feita por Lucas ou algum outro. É possível refutar facilmente tal conjetura. Passo por alto outros passos citados da Escritura. Se a Epístola, porém, foi escrita em hebraico, então não teria feito qualquer alusão à palavra *testamento*, sobre a qual o escritor se estende amplamente. O que ele diz de um *testamento*, no nono capítulo, não poderia ter sido extraído de nenhuma outra fonte senão de um termo grego, pois διαθήκη, em grego, contém dois significados; enquanto que הידב [*berith*], em hebraico, significa exclusivamente um *pacto*. Essa razão por si só é suficiente para convencer os homens de são juízo do que quero dizer, ou seja, que esta Epístola foi escrita no idioma grego. A objeção que vem do outro lado, de que é mais provável que o apóstolo tenha escrito aos hebreus em seu próprio idioma, é destituída de todo peso, pois quão poucos, então, entendiam o idioma de seus ancestrais! Cada um aprendera o idioma do país onde vivia. Além disso, o grego era, então, mais amplamente conhecido do que todos os demais idiomas. Passaremos agora ao argumento.

O objetivo inicial não é provar aos judeus que Jesus, o Filho de Maria, era o Cristo, o Redentor que lhes fora prometido. Uma vez que estava escrevendo àqueles que já haviam feito uma confissão de Cristo, esse ponto é tido como que provado. A preocupação do escritor é provar qual é o ofício de Cristo. Desse fato parece evidente que, com sua vinda, pôs-se um fim às cerimônias. É necessário traçar esta distinção. Como teria sido uma tarefa supérflua para o apóstolo provar aos que já estavam convencidos de que aquele que havia aparecido era o Cristo, assim fazia-se necessário que ele provasse o que Cristo era, porquanto não haviam ainda entendido claramente o fim, os efeitos e as vantagens de sua vinda; senão que, sendo dominados por um falso conceito acerca da lei, apegaram-se à sombra em vez de tomarem posse da *substância*. Hoje, nossa tarefa frente aos papistas é a mesma; pois confessam conosco que Cristo é o Filho de Deus, o Redentor que fora prometido ao mundo; quando, porém, nos aproximamos da realidade, descobrimos que o despojam de mais da metade de seu poder.

Seu ponto de partida é a *dignidade* de Cristo; porque parecia estranho aos judeus que o evangelho devesse ser preferido à lei. Antes de tudo, ele estabelece o ponto que estava em disputa, a saber, que a doutrina trazida por Cristo desfrutava de preeminência, porquanto ela era o cumprimento de todas as profecias. Uma vez que a reverência que devotavam a Moisés poderia constituir-lhes um obstáculo, o apóstolo mostra que Cristo era muitíssimo superior a todos os demais. Depois de referir-se brevemente às coisas nas quais Cristo sobrepujava aos demais, ele menciona os anjos, de modo a incluir todos os outros com eles em sua própria hierarquia. E assim ele avança prudentemente rumo ao seu alvo. Caso começasse por Moisés, sua comparação teria granjeado antipatia; mas, ao demonstrar, à luz da Escritura, que os poderes celestiais estão subordinados a Cristo, não há razão por que Moisés, ou qualquer outro ser mortal, se recuse a classificar-se entre eles, de modo que o Filho de Deus se mostre proeminentemente acima dos anjos e dos homens.

Depois de haver assim colocado os anjos sob o poder e domínio de Cristo, o apóstolo, como que tendo, por assim dizer, granjeado a confiança de seus leitores, declara então que Moisés era inferior a Cristo, à semelhança de um servo ao seu senhor.

Ao colocar Cristo, *nos três primeiros capítulos*, no pináculo do poder supremo, o autor indica que, quando Cristo fala, tudo deve ficar em silêncio, e que nada deve impedir-nos de acatar estritamente sua doutrina. Ao mesmo tempo, no segundo capítulo, ele o apresenta como nosso *Irmão* na carne; e assim nos induz a nos devotarmos a ele ainda mais voluntariamente. Combina também exortações e ameaças a fim de conduzir à obediência aqueles que são indolentes ou que resistem impiamente; e prossegue nesse esforço quase até o final do quarto capítulo.

Então o autor passa a explicar o sacerdócio de Cristo, o genuíno e perfeito conhecimento dele, o qual abole todas as cerimônias da lei. Depois de demonstrar brevemente a forma de receber com boas-vindas a esse sacerdócio, bem como devemos nos submeter alegremente a ele, o apóstolo se desvia um pouco com vistas a reprovar os judeus, porquanto haviam se estacionado nos primeiros rudimentos da religião à semelhança de crianças – também os terrifica com uma grave e severa denúncia, porquanto havia o risco de que, caso negligenciassem seu progresso espiritual, fossem finalmente rejeitados pelo Senhor. Mas em seguida ameniza tal aspereza, dizendo que esperava deles coisas melhores, com o fim de reanimar aqueles a quem havia deprimido, para que progredissem.

Então se volta para o sacerdócio: primeiramente, mostra que ele diferia do antigo sacerdócio sob o regime da lei; e, em segundo lugar, mostra que ele era mais excelente em razão de o haver substituído e que fora sancionado por meio de juramento, uma vez que é eterno e permanece eficaz para sempre, e porque aquele que desempenha seus deveres é superior em honra e dignidade a Arão e a todo o restante da tribo de Levi, bem como de todos os tipos prefigurados na pessoa de Melquisedeque.

Com o fim de provar mais plenamente que as cerimônias da lei foram canceladas, ele menciona que as mesmas foram destinadas, juntamente com o tabernáculo, a um fim específico, isto é, proclamar o protótipo celestial. Daqui se conclui que não podemos depender deles, a menos que queiramos deter-nos em meio à nossa jornada, e não mais levemos em conta o alvo que jaz adiante. Sobre esse tema, ele cita uma passagem de Jeremias, na qual se promete um novo pacto, o qual era simplesmente um aperfeiçoamento do antigo. Segue-se desse fato que o antigo era fraco e estava preste a desaparecer.

Depois de falar da semelhança e similitude entre as sombras e a realidade exibidas em Cristo, ele então conclui que todos os ritos designados por Moisés haviam sido anulados pelo único e genuíno sacrifício de Cristo, visto que a eficácia desse sacrifício é perpétua, e que não só é plenamente ratificada no Novo Testamento, mas que é um cumprimento genuíno e espiritual daquele sacerdócio externo que esteve em vigor sob o regime da lei.

A essa doutrina ele novamente conecta uma exortação, à maneira de um incentivo, para que pusessem de lado todos os impedimentos e recebessem a Cristo com a devida reverência.

Com relação aos muitos exemplos que ele menciona no capítulo 11, concernente aos pais, parece-me que foram transmitidos para que os judeus compreenderem que, se foram conduzidos de Moisés a Cristo, então não deviam desviar-se da fé dos patriarcas; ao contrário disso, deviam achegar-se a eles de uma forma ainda mais especial. Se o elemento primordial presente neles era a *fé*, bem como a raiz de todas as demais virtudes, segue-se que por meio dela podiam ser contados entre os filhos de Abraão e dos profetas de uma forma muito especial. Por outro lado, todos aqueles que não seguem a fé dos patriarcas são bastardos. E essa recomendação do evangelho não é algo destituído de importância, já que por meio dele temos união e comunhão com a Igreja universal, a qual existe desde o princípio do mundo.

Os últimos dois capítulos contêm vários preceitos quanto à maneira como devemos viver. Eles falam de esperança, de levar a cruz, de perseverança, de gratidão para com Deus, de obediência, de misericórdia, de deveres do amor, de castidade e de coisas semelhantes a essas. Finalmente, ele conclui com uma oração, e ao mesmo tempo dá aos leitores a esperança de que tornará a vê-los.

Capítulo 1

1. Havendo Deus, antigamente, falado, diversas vezes e de diversas maneiras, aos pais, pelos profetas,
2. nestes últimos dias nos falou pelo Filho, a quem constituiu herdeiro de todas as coisas, por meio de quem também fez os mundos.

1. Deus olim multifariam multisque modis loquutus patribus per prophetas.
2. Extremis hisce diebus loquutus est nobis per Filium, quem constituit haeredem omnium, per quem etiam secula condit.

1. Havendo Deus, outrora, falado. O *propósito* desta introdução consiste no enaltecimento da doutrina de Cristo. Aqui aprendemos não só que devemos receber essa doutrina com reverência, mas também que devemos repousar exclusivamente nela. Para que se entenda melhor esse fato, é indispensável que observemos a antítese das sentenças em separado. Em primeiro lugar, o Filho de Deus é contrastado com os profetas; em segundo lugar, nós, com os patriarcas; em terceiro lugar, as variadas e múltiplas formas de expressão que Deus adotou em relação aos pais, até chegar à última revelação que nos é comunicada por Cristo. Não obstante, dentro dessa diversidade, o autor põe diante de nós o Deus único, no caso de alguém concluir que a lei está em divergência com o evangelho, ou que o autor deste seja distinto do autor daquela. Portanto, para que pudéssemos apreender o ponto crucial desse contraste, o seguinte confronto poderá servir de ilustração:

Deus falou
Outrora, pelos profetas: agora, pelo Filho.
Então, aos pais: agora, a nós.
Antes, diversas vezes: agora, nestes últimos dias.

Com o assentamento desse alicerce, estabelece-se a concordância entre a lei e o evangelho, porque Deus, que é sempre o mesmo, cuja Palavra é imutável e cuja verdade é imutável, falou igualmente em ambos. É preciso, contudo, que observemos a diferença entre nós e os patriarcas, já que Deus se dirigiu a eles no passado de uma forma diferenciada de nós hoje. Primeiramente, nos tempos dos patriarcas, ele utilizou-se dos profetas; no tocante a nós, porém, ele nos deu seu próprio Filho como Embaixador.¹ Nesse aspecto, portanto, nossa condição é muito melhor. Além do mais, Moisés se acha classificado na categoria de profeta, como um daqueles que são inferiores ao Filho. E, pela forma como se processou a revelação, temos vantagem sobre eles. Pois a diversidade no tocante às visões e outros meios adotados sob o Antigo Testamento evidenciava que não havia ainda uma ordem definida e definitiva de fatos, tal como sucede quando tudo se acha perfeitamente estabelecido. Esse é o significado da frase "diversas vezes e de diversas maneiras". Deus poderia ter seguido o mesmo método perenemente até o fim, se tal método fosse perfeito em todos os sentidos. Segue-se, pois, que essa *variedade* constituía um sinal de imperfeição.

Além do mais, tomo essas duas palavras no seguinte sentido: "diversas vezes" tem referência às várias mudanças de tempos. O termo grego é πολυμερῶς, que literalmente significa "em muitas partes", como, por exemplo, quando tencionamos falar mais plenamente daqui em diante. Mas   (em minha opinião) indica diversidade no próprio método divino.² Quando ele diz, "nestes últimos dias nos falou", o

---

1 A ausência do artigo definido antes de υἱῷ não é incomum no Novo Testamento, sendo com freqüência omitido antes de todos os tipos de substantivos. Em muitos casos, ele constitui hebraísmo, e assim aqui; pois Crisóstomo, em seu comentário, o supre e afirma que ἐν, aqui, é , que é outro hebraísmo.

2 Alguns dos pais, dentre os quais Crisóstomo, consideravam as duas palavras como tendo o mesmo sentido; mas não há razão para tal conclusão. Ao contrário, cada palavra tem um significado distinto: uma expressa a variedade quanto a partes ou porções; e, a outra, variedade quando ao modo ou método. As "partes", evidentemente, se referem a diferentes porções de revelação comunicada a "homens santos", em diferentes épocas do mundo. Daí, em nossa versão, o significado, ainda que não tradução literal, é "em épocas diversas", ou "com freqüência", como faz Stuart; ou "muitas vezes", como faz Doddridge. Uma versão mais literal é dada por Macknight: "em

sentido é que não há mais razão para continuarmos em dúvida se devemos esperar alguma nova revelação. Não foi apenas uma parte da palavra que Cristo trouxe, e sim a palavra final. É nesse sentido que os apóstolos entenderam a expressão "os últimos tempos" e "os últimos dias". E Paulo entende a mesma coisa, ao escrever: "De nós outros sobre quem os fins dos séculos têm chegado" [1Co 10.11]. Se Deus agora falou sua palavra final, é determinante que não avancemos mais, assim como devemos deter nossos passos quando nos aproximamos dele. É muitíssimo necessário que reconheçamos ambos esses aspectos; pois constituía um grande obstáculo para os judeus o fato de não considerarem a possibilidade de Deus haver transferido para outro tempo um ensino mais completo. Viviam satisfeitos com sua própria lei, e não avançaram rumo ao alvo. Em contrapartida, uma vez tendo Cristo aparecido, outro mal começou a prevalecer no mundo. Os homens tentaram ir além de Cristo. Que outra coisa faz todo o sistema do papado, senão transgredir esse limite que o apóstolo delimitou? Portanto, assim como o Espírito de Deus, nesta passagem, convida a todos a irem a Cristo, assim os proíbe de ultrapassarem essa palavra final da qual ele faz menção. Resumindo, o limite de nossa sabedoria está posto aqui no evangelho.[3]

2. A quem constituiu herdeiro. O autor glorifica a Cristo com esse sublime enaltecimento à guisa de incitar-nos a reverenciá-lo, pois assim como o Pai fez todas as coisas sujeitas a Cristo, nós, igualmente, pertencemos ao seu reino. Ele declara igualmente que não se pode encontrar nenhum bem fora dele, visto ser ele o herdeiro de todas as

---

diversas partes". A maioria concorda com a segunda palavra, a qual designa os vários modos de comunicação – por meio de visões, sonhos, interposição de anjos e falando face a face, como se deu com Moisés [cf. Nm 12.6-8]. E havia outra variedade na maneira, algumas vezes em linguagem clara; e, noutras, em similitudes e parábolas.

3 Somos informados que os manuscritos favorecem ἐσχάτου, "no último destes dias." Não fosse pelo termo "estes", bem que se poderia admitir tal tradução, como se faz com estas palavras hebraicas usadas com freqüência, ב מימה תירחאא, "na extremidade dos dias" (cf. Is 2.2; Os 3.5, entre outras), mas a sentença, como trabalhada por Griesbach e outros, não faz sentido, e é inconsistente com as palavras usadas por Paulo em outros casos (cf. 2T 3.1). A mera maioria de manuscritos não é autoridade suficiente para uma redação.

coisas. Por essa razão, segue-se que somos os mais miseráveis e destituídos de todas as boas coisas, a menos que ele nos socorra com suas riquezas. Além do mais, ele acrescenta que essa honra, ou seja, exercer autoridade sobre todas as coisas, por direito pertence ao Filho de Deus, porquanto todas as coisas foram feitas por ele; muito embora essas duas prerrogativas[4] sejam atribuídas a Cristo por razões distintas.

O mundo foi criado por ele em seu atributo de eterna Sabedoria de Deus, a qual assumiu a diretriz de todas as suas obras desde o princípio. Essa é a prova da eternidade de Cristo; naturalmente que ele teria que existir antes que o mundo fosse por ele criado. Mas se a questão for sobre a extensão de tempo, então não se encontrará nenhum princípio. Tampouco se detrai algo de seu poder, ao afirmar-se que o mundo foi criado por ele, muito embora não o tenha criado por iniciativa própria. É uma forma usual de se expressar quando se afirma que o Pai é o Criador. O que se acresce em algumas passagens – pela Sabedoria [Pv 8.27], ou pelo Verbo [Jo 1.3], ou pelo Filho [Cl 1.16] – possui a mesma força se dissermos que a própria Sabedoria foi nomeada como Criadora. Deve-se notar que existe aqui uma distinção de pessoas, entre o Pai e o Filho, não só com referência aos homens, mas também com referência ao próprio Deus. A unidade de essência requer que, o que é próprio da essência de Deus, pertence tanto ao Filho quanto ao Pai. E assim, tudo quanto pertence exclusivamente a Deus, é comum a ambos. Tal fato não impede que cada um possua as propriedades peculiares à sua pessoa.

O título *herdeiro* é atribuído a Cristo em sua manifestação na carne. Pois, ao fazer-se homem e revestir-se de nossa própria natureza, ele recebeu para si essa herança a fim de restaurar em nosso favor o que fora perdido em Adão. No princípio Deus estabelecera o homem como seu filho, para ser ele o herdeiro de todas as coisas; mas o primeiro homem, por meio de seu pecado, alienou-se de Deus, tanto ele próprio como também sua posteridade, e privou a todos tanto da

---

4 Isto é, qualificação à herança ou sucessão, e criação.

bênção divina quanto de todas as demais coisas. Só começaremos a desfrutar as boas coisas de Deus, por direito, quando Cristo, que é o herdeiro de todas as coisas, nos admitir em sua comunhão. Ele tornou-se o herdeiro para poder fazer-nos ricos por meio de suas riquezas. Aliás, o apóstolo lhe atribui esse título para que pudéssemos saber que sem ele somos destituídos de todas as boas coisas.

Caso consideremos o termo *todo* como pertinente ao gênero masculino, então esta sentença significará que todos nós devemos estar sujeitos a Cristo, visto que lhe fomos entregues pelo Pai. Prefiro, porém, lê-lo como neutro, significando que somos privados da posse legal do céu e da terra, bem como de todas as criaturas, a menos que tenhamos comunhão com Cristo.

3. Que sendo o fulgor de sua glória, e a própria imagem de sua substância, e sustentando todas as coisas pela palavra de seu poder, quando ele fez a purificação dos pecados, assentou-se à direita da Majestade nas alturas.	3. Qui quum sit splendor gloriae et character substantiae ejus, portetque omnia verbo suo potenti, peccatorum nostrorum purgatione per seipsujm facta, considit in dextera magnificentiae in excelsis.

3. Que sendo o fulgor de sua glória. Essa expressão, em parte, tem referência à natureza divina de Cristo, e, em parte, como participante de nossa carne. O que é descrito como "o fulgor de sua glória e a própria imagem de sua substância" pertence propriamente à sua divindade; o restante aponta para sua natureza humana. Tudo, porém, se acha registrado a fim de que a dignidade de Cristo seja proclamada.

Justamente por isso, o Filho é denominado "o fulgor de sua glória e a própria imagem de sua substância". Ambos os termos pertencem à linguagem comum. Em questões tão imensas e tão profundas, nada se pode dizer senão pelo uso de analogia [*similitudine*] extraída das coisas pertinentes à esfera do concreto. Também não há necessidade de discutirmos com demasiada sutileza como o Filho, que é de uma mesma essência com o Pai, é a radiante glória de seu esplendor. Devemos admitir que há certa medida de impropriedade [*improprium quodammodo*] no que é extraído das coisas terrenas e aplicado à majestade oculta de Deus. Ao mesmo tempo, as coisas que são perceptíveis por nossos sentidos são apropriadamente aplicadas a Deus, para que possamos discernir o que se deve encontrar em Cristo e quais os benefícios que isso nos traz.

Deve-se observar ainda que esse não é um ensino de especulações frívolas, e sim a exposição de uma inabalável doutrina da fé. Devemos, portanto, aplicar esses títulos de Cristo ao nosso próprio benefício, visto que eles têm relação direta conosco. Quando você ouve que o Filho é a glória da glória do Pai, tenha em mente que a glória do Pai lhe é invisível até que ela resplandeça em Cristo. E essa é a razão por que ele é chamado a própria *imagem* da *substância* divina, porque a majestade do Pai é invisível, até que ela se revele como uma expressão da própria imagem divina. Os que ignoram essa relação, e especulam a esmo, se aborrecem sem nenhum propósito, simplesmente porque não atentam para o argumento do apóstolo. Sua intenção não era descrever a semelhança do Pai com o Filho dentro da Deidade, mas, como eu já disse, edificar de maneira frutífera nossa fé, a fim de sabermos que Deus não nos é revelado de outra maneira senão em Cristo.[5] O fulgor da substância de Deus é tão forte que fere nossos olhos, até que ela nos seja projetada na Pessoa de Cristo. Segue-se disso que somos cegos para a luz de Deus, a menos que ela nos ilumine em Cristo. Deveras, aqui está uma filosofia muito útil, para que nos apercebamos da excelência de Cristo por meio de um genuíno senso de fé e por meio de nossa experiência pessoal. Como eu já disse, devemos ter entendimento similar dessa imagem: Deus, em si e por si mesmo, será incompreensível à nossa percepção, até que sua *forma* nos seja revelada no Filho.[6]

---

5 Os pais e alguns doutores modernos têm mantido que estas palavras expressam a relação eterna entre o Pai e o Filho. Calvino, porém, com outros, por exemplo, Beza, Dr. Owen, Scott e Stuart, consideravam as palavras como uma referência a Cristo em sua função de Messias, como o filho de Deus na natureza humana, ou como o Mediador, em harmonia com passagens como estas: "quem vê a mim, vê o Pai" (Jo 14.9); "quem me vê, vê aquele que me enviou" (Jo 12.45). Por este prisma, evitamos plenamente a dificuldade que provém das expressões: "impressão de sua substância" ou essência; ele é assim não quanto á divindade eterna, e sim na qualidade de Mediador.

6 A notável sabedoria das observações precedentes deve ser aprovada por cada cristão esclarecido. Há um "Apêndice" no comentário do professor Stuart sobre esta Epístola, no tocante ao

Pelo termo ἀπαύγασμα ele não quer dizer outra coisa senão a luz ou fulgor visível, o qual é perceptível aos nossos olhos; e pelo termo χαρακτήρ ele quer dizer a forma viva de uma substância oculta. O primeiro termo nos lembra que à parte de Cristo não há luz alguma, senão trevas ininterruptas. Visto que Deus é a única luz pela qual todos nós devemos ser iluminados, então tal luz só é projetada sobre nós, por assim dizer, por meio dessa irradiação. O último termo nos lembra que Deus só é conhecido verdadeira e solidamente em Cristo. Sua semelhança não é apenas velada e secreta, senão que é uma imagem expressa que representa Deus mesmo, assim como uma moeda traz a imagem do sinete daquele que a mandou cunhar. Aliás, o apóstolo vai mais longe e afirma que a substância do Pai de alguma forma se acha gravada no Filho.[7]

O termo ὑπόστασις que, seguindo o exemplo de outros, traduzi por *substância*, denota (em minha opinião) não o ser ou a essência do Pai, e sim sua Pessoa. Seria absurdo dizer que a essência de Deus é impressa em Cristo, já que uma e a mesma é a essência de ambos. Entretanto, é correto e apropriado dizer que tudo quanto é peculiar ao Pai é igualmente expresso em Cristo, de modo que, quem o conhece, também conhece tudo quanto está no Pai. Os pais ortodoxos também tomaram *hypostasis* nesse sentido, como sendo tríplice em Deus, enquanto que a essência (οὐσία), como sendo una. Hilário, do começo ao fim, considera o termo latino, *substantia*, como equivalente a *pessoa*. Além do mais, embora não seja o propósito do apóstolo, aqui, discutir a natureza de Cristo propriamente dita, mas sua natureza como nos é revelada, não obstante ele refuta suficientemente os arianos e os sabelianos, atribuindo a Cristo o que pertence exclusivamente a Deus,

---

mesmo tema, que é mui notável, eminente pela cautela, pela agudeza e pelo critério sadio. Seria ótimo se todos os doutores mostrassem a mesma humildade sobre um tema tão além da compreensão humana. As ousadas e profanas especulações de alguns dentre os pais, e dos escolásticos, e de doutores após eles, têm produzido infindáveis equívocos, ocasionando assim obstáculos à recepção da verdade com respeito à divindade do Salvador, os quais, de outro modo, jamais teriam existido.

7 Veja-se Apêndice 1.

e distinguindo, ao mesmo tempo, as duas pessoas separadamente – o Pai e o Filho. Conseqüentemente, inferimos que o Filho é um só Deus com o Pai, ainda que seja, não obstante, apropriadamente de tal maneira distinto, que cada um mantém sua própria substância.

E sustentando [ou suportando] todas as coisas. *Sustentar* é usado no sentido de cuidar e de conservar toda a criação em seu próprio estado. Ele percebe que tudo se desintegraria instantaneamente se não fosse sustentado por sua munificência. O pronome demonstrativo *seu* pode ser aplicado em referência tanto ao Pai quanto ao Filho: pode ser traduzido como [poder] "do Pai" ou "seu próprio" [poder]. Sinto-me inclinado a aceitar a última tradução, visto ser mais amplamente aceita e se ajusta melhor ao contexto. Literalmente, lê-se "pela Palavra de *seu* poder", mas o genitivo tem a força de um adjetivo em concordância com o idioma hebreu. Não há nenhum apoio para a tortuosa explicação de alguns sobre o fato de Cristo sustentar todas as coisas pela palavra do Pai, quando ele mesmo é a Palavra. Não há qualquer necessidade de uma exposição tão forçada, pois Cristo não é chamado ῥῆμα, e sim λόγος.[8] *Palavra*, aqui, significa simplesmente *vontade*, e a essência de tudo consiste em que Cristo é quem sustenta o mundo inteiro tão-somente pela instrumentalidade de sua vontade, ainda que não tenha recusado a tarefa de efetuar nossa purificação.

Essa é a segunda seção da doutrina que é tratada nesta Epístola. Toda a discussão se acha expressa dentro destes dois tópicos – que

---

8 Stuart, seguindo Crisóstomo, traduz as palavras φέραν, "controlando", ou governando, e assim também Schleusner; mas o sentido de "preservando", ou sustentando, ou suportando, é mais apropriado às palavras que seguem – "pela palavra de seu poder", palavra poderosa. Se fosse "pela palavra de sua sabedoria", então controlando ou governando seria compatível; mas, visto que temos "poder", indubitavelmente, sustentação ou preservação é a idéia mais consistente. Além disso, este é um significado mais óbvio e comum da palavra, e é assim traduzida pela maioria dos expositores; entre outros, por Beza, Doddridge, Macknight e Bloofield. Doddridge faz esta paráfrase: "Sustentando o universo que ele mesmo criou pela eficaz palavra de poder de seu Pai, que reside sempre nele como sua propriedade, pela virtude daquela união íntima e incomparável que os faz um." Este conceito é consistente com a passagem em sua totalidade: "sua substância" e "seu poder" se correspondem; e lê-se: "por meio de quem ele criou o mundo"; assim é próprio dizer que ele sustenta o mundo pelo poder do Pai.

Cristo, a quem é dada a suprema autoridade, deve ser ouvido antes de todos os demais; e assim como por meio de sua morte nos reconciliou com o Pai, ele pôs fim aos antigos sacrifícios. Eis a razão por que essa primeira sentença, que se encontra na forma de uma proposição geral, contém duas partes.

Quando o escritor diz: *por si mesmo*, há que entender-se que existe aqui uma antítese implícita, ou seja: que ele não foi auxiliado, em seu propósito, pelas sombras da lei mosaica. Ele mostra uma nítida diferença entre Cristo e os sacerdotes levíticos. Na verdade lhes foi dito que perdoassem os pecados, mas esse poder lhes foi concedido de uma outra fonte. Em suma, sua intenção é excluir todos os demais meios ou mediadores, colocando em Cristo tanto o valor quanto o poder de nossa purificação.[9]

Assentou-se à direita. É como se estivesse dizendo: Assim que conferiu salvação aos homens neste mundo, ele foi recebido na glória celestial, para que pudesse governar todas as coisas. Ele adicionou esta sentença para mostrar que não foi uma salvação temporária a que ele conquistou para nós, pois em outros aspectos somos inclinados a medir seu poder segundo sua aparência no tempo presente. Ele nos acautela a que não façamos pouco de Cristo só porque não o vemos com nossos olhos nus. Tal coisa, ao contrário, é o clímax de sua glória, ou seja, ele recebeu e assumiu o mais elevado assento de seu império. *À direita* se aplica metaforicamente [*per similitudinem*] a Deus, que nem se restringe a um lugar nem tampouco possui esquerda ou direita. O fato de Cristo achar-se assentado

---

[9] Aqui, a palavra usada significa propriamente "purificação", porém é usada pela Septuaginta para expiação (cf. Ex 30.10). A mesma verdade está implícita em 10.12, quando Cristo, "tendo oferecido, para sempre, um único sacrifício pelos pecados, assentou-se à destra de Deus". Aqui, a referência não pode ser à purificação real de seu povo; pois o de que se fala aqui é o que foi feito por Cristo, quando morreu, inclusive quando ele "removeu o pecado", como lemos em 9.26: "pelo sacrifício de si mesmo." A palavra, pois, pode ser perdão que procede da expiação (cf. 1Jo 1.9). Dr. Owen apresenta três razões para considerar a palavra no sentido de expiação ou reparação – em alguns casos, é assim traduzida pela Septuaginta; o ato expresso é pretérito, enquanto a limpeza ou purificação é o que se efetua agora; e "ele mesmo" mostra que não é propriamente santificação como que se efetua por meio da Palavra (Ef 5.26) e pelo Espírito regenerador (Tt 3.5). A versão de Stuart, "fez expiação por nossos pecados", não deixa dúvida quanto ao significado.

significa nada mais nada menos que o reino que o Pai lhe conferiu, e o poder a que Paulo se refere outra coisa não é senão que em seu *Nome* todo joelho se dobrará [Fp 2.10]. Assentar-se à direita do Pai significa simplesmente governar no interesse do Pai, justamente o que fazem os vice-reis a quem se concedem plenos poderes sobre todas as coisas. A isso se adiciona a descrição – *da majestade*; em seguida – *nas alturas* – para mostrar que Cristo se acha colocado no mais sublime trono donde a majestade de Deus se irradia. Quando ele for amado em virtude de sua redenção, também será adorado nessa majestade.[10]

4. Tendo se tornado muito mais excelente que os anjos, como também herdou mais excelente nome do que eles. 5. Pois a qual dos anjos disse alguma vez: Tu és meu Filho, neste dia eu te gerei? E outra vez: Eu lhe serei Pai e ele me será Filho? 6. E novamente, ao introduzir o primogênito no mundo, diz: E todos os anjos de Deus o adorem.	4. Tanto praestantior Angelis factus, quanto excellentius prae ipsis sortitus est nomen. 5. cui enim inquam angelorum dixit, filius meus es tu, ego hodie genui te? Et rursus, ego illi Patrem, et ipse erit mihi in filium. 6. Rursus autem quum introducit filium in orbem dicit, et adorent eum omnes angeli Dei.

4. Tendo se tornado muito mais excelente que os anjos. Após promover a Cristo acima de Moisés e acima de todos os demais, o escritor agora enaltece sua glória ainda mais, comparando-o com os anjos. Havia uma tradição comum entre os judeus de que a lei fora dada por meio de anjos. Ouviam as menções honrosas que se diziam sobre os anjos por toda a Escritura; e, assim como o mundo é fantasticamente inclinado a render-se à superstição, obscureceram a glória de Deus mediante uma exagerada exaltação dos anjos. No entanto, eles devem ser mantidos dentro de sua própria categoria a fim de não estorvarem a glória de Cristo. O primeiro argumento consiste em que o Nome de Cristo é muitíssimo superior ao deles, visto ser ele chamado

---

10 Alguns têm observado que nestes versículos se encontram os três ofícios de Cristo: o Pai falou por meio dele na qualidade de Profeta; ele fez expiação por nossos pecados na qualidade de Sacerdote; e assentou-se à destra de Deus na qualidade de Rei.

o *Filho de Deus*.[11] O escritor prova, a partir de duas evidências bíblicas, que Cristo foi distinguido por esse título. É preciso que examinemos a ambas, e assim chegaremos à súmula da questão.

5. Tu és meu Filho. É inegável que isso se refere a Davi, até onde ele foi uma figura de Cristo [*Christi personam sustinuit*]. O que está contido nesse Salmo teria sido prefigurado em Davi; no entanto, encontra-se expresso em Cristo. O fato de o primeiro ter estendido as fronteiras de seu reino, subjugando muitos inimigos ao redor, tornou-se um prenúncio dessa promessa – "eu te darei os povos por herança". Quão pequeno, porém, era tal fato comparado com a plenitude do reino de Cristo, que se estendeu desde o oriente até ao ocidente! Justamente por isso foi Davi chamado o filho de Deus, ou seja: particularmente escolhido por Deus para fazer grandes coisas. Mas isso não passava de uma modesta fagulha daquela glória que se manifestou em Cristo, em quem o Pai imprimiu sua própria imagem. O título *Filho* pertence exclusivamente a Cristo por uma prerrogativa singular, e não pode ser transferido a algum outro sem que o mesmo seja profanado. É a ele, e a nenhum outro, que o Pai selou.

Em contrapartida, esse argumento do apóstolo parece estar insuficientemente fundamentado. Sobre que base ele sustenta que Cristo é superior aos anjos, senão por ter ele o nome de *Filho*? É como se tal título não tivesse nada em comum com príncipes e com outros potentados detentores de autoridade eminente, de quem está escrito: "Sois deuses, e todos vós sois filhos do Altíssimo" [Sl 50.6]; é como se o profeta não estivesse falando com o máximo respeito de todo o Israel quando o chamou de primogênito de Deus [Jr 31.9]. O título – *filho* – é atribuído a Israel por toda parte; mesmo sem contar que em outra parte Davi chama os anjos de *filhos de Deus* [Sl 89.6]. "Pois quem nos céus é comparável ao Senhor? Entre os seres celestiais, quem é semelhante ao Senhor?" [Sl 84.6]

---

11 Há quem por "nome" entende dignidade, porém não corretamente, como transparece do que segue: pois o nome, pelo qual aqui ele prova ser superior aos anjos, era o de Filho, como aqui afirma Calvino.

A resposta a tudo isso de modo algum é difícil. É que os príncipes eram denominados por esse título somente em alguns aspectos; no caso de Israel, denota a graça comum da eleição; no caso dos anjos, são eles chamados filhos de Deus figurativamente, em razão de serem espíritos celestiais, e serem aqueles que, em sua bem-aventurada imortalidade, possuem alguns traços da divindade. Quando Davi, sem qualquer qualificação, chama a si próprio de filho de Deus, na pessoa de Cristo, ele denota algo muitíssimo distinto e excelente em honra tanto aos anjos quanto aos príncipes, bem como, deveras, a todo o Israel. De outra forma, seria uma maneira imprópria e estranha de falar se ele fosse chamado filho de Deus com base em mérito e, no entanto, não possuísse nada mais que os outros; ele de fato foi separado do rebanho comum e impedido de ser incluído nas coisas gerais. Já que isso é expresso exclusivamente em referência a Cristo – "tu és meu Filho" –, deduz-se que nenhum anjo está qualificado para tal honra.[12]

Se alguém contesta dizendo que afirmar tal coisa é dar a Davi superioridade aos anjos, respondo que não há nada de estranho em promovê-lo acima dos anjos, porquanto ele é tipo de Cristo, da mesma forma como não há qualquer injustiça contra os anjos quando o sumo sacerdote, que fazia expiação pelos pecados, comumente era chamado de mediador. Com certeza não assumiram tal prerrogativa com base em seu próprio direito, senão que, quando representavam o governo de Cristo, também se revestiam da autoridade dele. Os próprios sacramentos, ainda que em si mesmos fossem coisas mortas, todavia são distinguidos com títulos que os anjos jamais reivindicariam para si sem que cometessem sacrilégio. Portanto, tudo indica que o argumento em relação ao termo *Filho* se acha bem fundamentado.[13]

12 "Caso se objete", diz Stuart, "que os anjos são também chamados filhos, como também os homens, a resposta é fácil: nenhum indivíduo, exceto Jesus, é sempre chamado, à guisa de eminência, o Filho de Deus, ou, seja, o Messias ou Rei de Israel" (Jo 1.49). Por "o Filho de Deus" deve-se entender, aqui, seu ofício de realeza. Ele era o Filho de Deus, como alguém dotado com poder e autoridade superiores; e os anjos não são filhos neste sentido.

13 O precedente constitui uma resposta suficiente a Doddridge e Stuart, entre outros, que sustentam que os textos citados se refeririam exclusivamente a Cristo; o outro argumento do apóstolo seria inconclusivo. Sem dúvida, no Salmo 2 Davi é chamado filho, mas na qualidade

Deve-se registrar uma breve palavra sobre o termo *gerado*, com o fim de esclarecer que ele deve ser considerado, aqui, num sentido relativo. A sutileza de Agostinho, aqui, é completamente sem valor, imaginando ele que o termo *hoje* significa eternidade ou para todo o sempre. Cristo é certamente o eterno Filho de Deus, visto ser ele a Sabedoria de Deus, em existência mesmo antes que existisse o tempo. Mas tal coisa não tem nenhuma conexão com a presente passagem, a qual se refere aos homens, por meio de quem Cristo só foi reconhecido como o Filho de Deus depois que o Pai assim o revelou. Daí a declaração que Paulo faz em Romanos 1.4 ter, por assim dizer, uma forma externa de eternidade. A primeira declaração, que precedera a esta, era oculta e interior, bem como desconhecida dos homens. Aliás, não se poderia exigir nenhuma consideração a esse respeito se o Pai não o provasse por meio de manifestação visível.[14]

Eu lhe serei Pai. No tocante a essa segunda citação, a observação anterior é igualmente válida, não obstante a referência aqui é a Salomão, que em outros aspectos era inferior aos anjos; quando Deus lhe prometeu que seria seu Pai, ele foi elevado acima do nível comum dos homens. Deus não lhe seria Pai como um dos filhos de Abraão, ou um dos patriarcas, mas como aquele que possui preeminência sobre todos os demais. Por esse mesmo privilégio, por meio do qual ele se tornou filho, todos os demais são excluídos de igual honra. É evidente, à luz do contexto da passagem, que isso se diz de Salomão só até onde ele era tipo de Cristo; pois o reino do mundo inteiro se acha estabelecido sobre o Filho que é ali mencionado, e

---

de rei, e nessa atribuição como um tipo de Cristo; e o que lemos dele como rei, e o que lhe é prometido, em parte se refere a si próprio e a seus sucessores, e em parte a Cristo a quem ele representava. Quão fácil agora é distinguir estas coisas, quando o caráter de Cristo é plenamente desenvolvido no Novo Testamento. Agora vemos a razão pela qual Davi foi chamado filho, e por que Salomão, como na citação seguinte, foi chamado filho; como reis de Israel, isto é, do povo de Deus, eram representantes daquele que é a única realidade ou, em um sentido peculiar, o Filho de Deus, o verdadeiro Rei de Israel, honra que jamais se permitiu aos anjos (veja-se Apêndice 2).

14 Muitos têm interpretado *hoje* no sentido de eternidade; porém nada existe que comprove tal ponto de vista. Quanto ao tipo, Davi, seu "hoje" foi sua exaltação ao trono; o "hoje" de Cristo, o antítipo, é algo de caráter correspondente; foi sua ressurreição e exaltação à destra de Deus, onde se acha sentado, por assim dizer, no trono de Deus (cf. At 2.30; 5.30, 31; 13.33).

que seu reino é proclamado como sendo para sempre. Por outro lado, todos concordam que o reino de Salomão esteve circunscrito dentro de estreitas fronteiras, e foi de tão pouca duração que imediatamente após sua morte ele foi dividido, e então, depois de algum tempo, desmoronou-se completamente. No Salmo, citam-se o sol e a lua como testemunhas, e o Senhor jura que, enquanto brilharem no céu, esse reino permanecerá incólume. Em contrapartida, o reino de Davi desmoronou-se depois de um curto espaço de tempo, e por fim desintegrou-se completamente. Além do mais, é evidente, à luz de várias passagens nos profetas, que essa promessa não foi considerada em nenhum outro sentido senão como uma referência a Cristo, de modo que ninguém pode contestar, afirmando que esse comentário é uma novidade. É à luz dessa passagem que o costume comum dos judeus, de denominar Cristo de Filho de Davi, recebeu seu incentivo.

6. E novamente, ao introduzir o primogênito no mundo.[15] Ele agora adiciona outro argumento em torno do fato de Cristo estar acima dos anjos, a saber: porque aos anjos se ordena que o adorem [Sl 97.7]. Segue-se, portanto, que ele é sua Cabeça e Príncipe. Mas pode parecer errôneo, e mesmo uma falsificação, atribuir a Cristo o que se aplica única e exclusivamente a Deus. Se respondermos que Cristo é Deus eterno, e que o que é próprio de Deus se lhe aplica perfeitamente, nem todos ficarão satisfeitos. Pois não valeria muito apresentar provas de uma proposição duvidosa, apoiando-se em argumentos extraídos dos atributos comuns de Deus.

O apóstolo está tratando da manifestação de Cristo na carne, e afirma expressamente que o Espírito assim falou quando ele foi introduzido no mundo, o que não teria sido dito com propriedade caso o Salmo não estivesse falando realmente da manifestação de Cristo. E de fato esse é o caso. O Salmo tem início com um convite ao regozijo. Davi se dirige não aos judeus, mas a toda a terra, às

---

15 Veja-se Apêndice 3

ilhas mais longínquas, ou seja, às terras para além dos mares. E a razão apresentada é que o Senhor reinará. Se o leitor transitar por todo o Salmo, não encontrará nada mais além do reino de Cristo, o qual começa com a proclamação do evangelho. O tema do Salmo é simplesmente a solene missão para a qual Cristo é enviado, a saber, para tomar posse de seu reino. Por que haveria algum regozijo oriundo de seu governo, senão que todo mundo se salvaria, tanto gentios quanto judeus? Portanto, o apóstolo fala com propriedade, ao afirmar que ele é introduzido no mundo, porquanto o que se descreve aqui é seu advento para o seio da humanidade. O termo hebraico, aqui traduzido "anjos", é *Elohim*, que significa "deuses". Não há a menor sombra de dúvida de que o profeta esteja falando de anjos, porque o significado é que não há poder tão exaltado que não esteja sujeito ao governo desse Rei, em cuja vinda o mundo inteiro se regozijará.

7. E quanto aos anjos, diz: Aquele que faz a seus anjos ventos, e seus ministros, labareda de fogo;
8. mas, acerca do Filho, diz: O teu trono, ó Deus, é para todo o sempre, e: Cetro de eqüidade é o cetro de teu reino.
9. Amaste a justiça e odiaste a iniqüidade; por isso Deus, o teu Deus, te ungiu com o óleo de alegria, acima dos teus companheiros.

7. Et ad angelos quidem dicit, Qui facit angelos suos spiritus et ministros suos flamman ignis.
8. Ad Filium vero, Thronus tuus, O Deus, in seculum seculi; virga directionis, virga regni tui:
9. Dilexisti justitiam et odisti iniquitatem; propterea unxit te Deus tuus oleo laetitiae prae consortibus tuis.

7. E quanto aos anjos. *Aos anjos* significa *de* os anjos. Mas a passagem que ele cita parece ter seu sentido voltado para outro sentido. Quando Davi, nesse Salmo, descreve a forma na qual entendemos ser o mundo governado, nada é mais certo do que fazer menção dos ventos, os quais, como ele diz, são mensageiros enviados pelo Senhor, porque ele os usa como seus agentes. Da mesma forma, quando ele atinge a terra com seus relâmpagos, demonstra quão súbita e rapidamente seus mensageiros se prontificam a obedecer às suas ordens. Nada disso tem a ver com os anjos. Há quem busque refúgio na alegoria, como se o apóstolo estivesse expondo o significado claro e, como dizem, alegoricamente literal com referência aos anjos. Quanto a mim, parece-me mais satisfatório adicionar essa evidência como uma referência metaforicamente aos anjos, assim: Davi compara os ventos aos anjos, como a executarem, neste mundo, o dever que os anjos executam no céu; pois os ventos são uma sorte de espíritos visíveis. Da mesma forma Moisés, ao descrever a criação do mundo, só menciona as coisas que são perceptíveis aos nossos sentidos, deixa implícito que as coisas mais elevadas podem ser também entendidas. De igual modo, Davi, nessa descrição do mundo e sua natureza, nos pinta como numa tela o que devemos entender das ordens celestiais. Creio que esse é um argumento similar, quando o apóstolo atribui aos anjos o que se diz propriamente dos ventos.[16]

8. Mas acerca do Filho. Deve-se admitir que esse salmo foi composto por Salomão para fornecer um quadro do matrimônio, já que aqui ele está celebrando suas núpcias com a filha do rei do Egito[17] Mas, uma vez mais, não se pode negar que a referência é a algo muito mais sublime do que Salomão. Com o fim de evitar que se reconheça Cristo como Deus, os judeus usam de subterfúgio diante do fato de que a referência aqui é ao trono de Deus, ou que o verbo "estabelecido" tem de ser assim entendido. De acordo com a primeira explicação, o substantivo Elohim, Deus, estaria relacionado com "teu trono" – o trono de Deus no caso genitivo. A outra explicação pressupõe uma sentença defectiva. É óbvio que isso não passa de evasiva. Quem lê esse versículo com uma mente esclarecida e isenta de preconceito, não terá dificuldade em perceber que

---

16 As explicações desta sentença têm sido diversas; mas esta é a maia adequada à passagem como ocorre no Salmo 104.4 e ao desígnio do apóstolo; e é aquela adotada por Doddridge, Stuart e Bloomfield. O significado seria assim mais evidente: "Que faz seus anjos como ventos, e seus ministros como labaredas de fogo", isto é, os ventos lhe estão sujeitos como estão os anjos, e também as chamas de fogo são seus ministros ou assistentes. Algumas vezes a partícula é omitida no hebraico.

17 Geralmente, se admite ser um tipo de *epithalamium*, porém não sobre a ocasião aqui especificada, como não há nada naquele casamento que em algum grau corresponda ao conteúdo do Salmo. Essa era o opinião de Beza, Dr. Owen, Scott e Horsley.

o Messias, aqui, é Deus. Não há necessidade de contestar que o substantivo é aplicado indiscriminadamente aos anjos e aos juízes. Em lugar algum ele é atribuído a uma mera pessoa, exceto exclusivamente a Deus.[18]

Além do mais, para não digladiar apenas sobre uma palavra, de quem é o trono descrito como estabelecido *para sempre*, senão tão-somente de Deus? Portanto, a eternidade do reino é uma evidência de sua divindade.

O *cetro* do reino de Cristo é mais adiante chamado "o cetro de justiça". Houve em Salomão, ainda que obscuramente, certo vislumbre dele, na medida em que ele se revelou ser um rei justo e alguém que se preocupava com o que era correto. A justiça, no reino de Cristo, tem um significado mais amplo, já que, segundo seu evangelho, que é seu cetro espiritual, ele nos transforma segundo a justiça de Deus. O mesmo se deve entender de seu *amor* de justiça; pois ele o faz reinar entre seu próprio povo, porque ele o ama.

9. Por isso Deus, o teu Deus, te ungiu. Isso foi corretamente dito de Salomão, que foi feito rei porque Deus o preferiu aos seus demais irmãos que eram seus iguais em outros aspectos, sendo também, como ele, filhos do rei. Isso também se ajusta muito melhor a Cristo que nos adotou como seus co-herdeiros, ainda quando vivíamos sem qualquer direito propriamente nosso. Ele foi ungido acima de todos nós, visto que sua unção é sem medida, enquanto que a nossa é distribuída a cada um segundo a porção que lhe cabe. Então ele foi ungido por nossa causa, para que todos nós pudéssemos receber de sua plenitude. Ele mesmo é o Cristo, e nós somos cristãos dependentes dele como as correntes de um manancial. Visto que Cristo recebeu essa unção, em sua carne, por isso diz-se que

---

18 O hebraico não admitirá outra construção que não seja a apresentada em nossa versão e por Calvino. A versão grega, a Septuaginta, a mesma adotada pelo apóstolo, é primeira vista parece ser diferente, como "Deus" está no caso nominativo, ὁ Θεὸς; mas a Septuaginta costuma usá-lo, em vez do caso vocativo. Deparamo-nos com dois casos no Salmo 7.1, 3, e em conexão com "Senhor", κύριε, no caso vocativo (cf. Sl 10.12; 41.1s.]. A Vulgata, seguindo literalmente a Septuaginta, sem levar em conta a peculiaridade precedente, traduziu "Deus" no nominativo: "Deus", e não "ó Deus".

ele foi ungido por Deus. Teria sido absurdo ser ele sujeito a Deus, a não ser com respeito à sua natureza humana.[19]

10. Ainda: No princípio, Senhor, lançaste os fundamentos da terra, e os céus são obras das tuas mãos;
11. eles perecerão; tu, porém, permaneces; e todos eles envelhecerão como vestidos;
12. e, como um manto, os enrolarás, como um vestido serão mudados; tu, porém, és o mesmo, e os teus anos jamais terão fim.
13. Mas a qual dos anjos alguma vez disse: Assenta-te à minha direita até que eu ponha os teus inimigos por estrado dos teus pés?
14. Não são todos eles espíritos ministradores, enviados para serviço a favor dos que hão de herdar a salvação?

10. Et tu ab initio, Domine, terram fundasti; et opera manuum tuarum sunt coeli:
11. Ipsi peribunt, tu autem permanes; et omnes quasi vestimentum veterascent;
12. Et tanquam amictum involves eos, et mutabuntur: tu autem idem es, et anni tui non deficient.
13. Ad quem vero angelorum dixit inquam, Sede a dextris méis, donec ponam inimicos tuos scabellum pedum tuorum?
14. Annon omnes sunt administratorii spiritus, qui in ministerium emittuntur propter eos qui haereditatem capiunt salutis?

10. No princípio, Senhor. À primeira vista, esta evidência parece imprópria para aplicar-se a Cristo, especialmente na forma ambígua em que se encontra. A matéria em discussão não é a glória de Deus, e sim os atributos peculiares de Cristo. Aqui, porém, não há menção de Cristo; o que se proclama é a patente majestade de Deus. Honestamente, admito que em todo o Salmo não se faz menção de Cristo nominalmente. Não obstante, faz-se evidente que a alusão é de tal natureza que ninguém poderá duvidar que é seu reino que aqui se nos

---

19 Evidentemente, por toda parte ele é mencionado em seu caráter de mediador. Ter isto em vista nos capacitará mais plenamente para entendermos o capítulo. Concorda mais com esta passagem considerar "a unção", não aquela de consagração, mas aquela de refrescar os hóspedes segundo o costume prevalente (cf. Lc 7.46). A palavra "alegria" favorece este conceito, e também as palavras anteriores da passagem; Cristo é referido como que já estando em seu trono, e menciona-se sua administração; e é em virtude de sua justa administração que lemos ter sido ungido com o aromático óleo de alegria (cf. At 10.38). As palavras "acima de teus companheiros" são traduzidas por Calvino "acima de teus parceiros"; e por Doddridge e Macknight "acima de teus associados". Menciona-se Cristo como Rei, e seus associados são aqueles que ocupam o mesmo ofício; mas não é tanto por estar acima deles que ele é o "Rei dos reis"; e, no entanto, suas excelências superiores estão aqui representadas como a capacitá-lo a honras mais elevadas.

propõe expressamente. E assim, tudo o que se acha contido nessa passagem deve ser aplicado à sua Pessoa. É tão-somente em Cristo que tudo isso se cumpriu: "Tu te levantarás e terás misericórdia de Sião, para que as nações temam teu nome, e todos os reis da terra, tua glória." Mais uma vez: "Quando os povos serão reunidas em unidade, com os reinos, para servirem ao Senhor." Em vão teremos buscado achar este Deus, por meio de quem o mundo inteiro foi unido à fé e à adoração a ele, a não ser que o vejamos em Cristo.

As demais coisas, portanto, que se acham contidas neste Salmo, são perfeitamente aplicáveis à Pessoa de Cristo, entre outras coisas, esta: de ser ele o Deus eterno, o Criador do céu e terra; de ser ele eterno, isento de toda e qualquer mudança, por meio do qual sua majestade é exaltada acima de tudo e é separada da ordem de todos os seres criados.

No tocante ao que Davi diz sobre os céus perecendo, há quem o explique como uma mera e possível contingência, como se não houvesse aqui uma afirmação definida. Que necessidade há, porém, para essa explicação forçada quando sabemos que todas as criaturas estão sujeitas à vaidade? A que propósito é essa renovação, a qual os próprios céus aguardam com tamanha expectação, à semelhança de uma parturiente, a não ser que agora se destinam à destruição?

Ao contrário disso, aqui a eternidade de Cristo se revela para injetar nos justos um conforto especial. O Salmo encerra-se afirmando que eles terão parte nessa renovação, e que Cristo comunica ao seu corpo, a Igreja, tanto a si próprio como à sua natureza.[20]

13. Mas, a qual dos anjos? De novo o escritor enaltece a excelência de Cristo através de outro exemplo de evidência para mostrar com isso o quanto ele excede aos anjos. A referência é ao Salmo 110.1, o qual não pode ser explicado de outra forma senão em referência a Cristo. Já que era ilícito aos reis usurparem o sacerdócio, como no caso de Uzias que ficou leproso [2Cr 26.18], e é evidente que nem Davi, nem

---

20 Veja-se Apêndice 4.

qualquer outro de seus sucessores ao reino foram ordenados sacerdotes, segue-se que tanto um novo reino quanto um novo sacerdócio são aqui cogitados, já que o mesmo indivíduo é constituído rei e sacerdote. Além do mais, o sacerdócio eterno pertence exclusivamente a Cristo.

Logo no início do Salmo, ele se assenta à mão direita de Deus. Esta forma de expressão, como eu já disse, significa o mesmo que se dissesse que o segundo lugar lhe é conferido pelo Pai. É uma metáfora significando que ele é o vice-regente do Pai, e seu supremo ministro no exercício de sua autoridade, para que o Pai governe através dele. Nenhum dos anjos ocupa um ofício tão honroso; portanto, Cristo se eleva acima de todos.

Até que eu ponha. Uma vez que nunca deixou de haver a presença de inimigos de Cristo, os quais atacam seu reino, nem seria possível que ele fosse isento de perigo, especialmente quando aqueles que o tentam subjugar são fortes e poderosos, assim empregam variados estratagemas e tentam cada vez mais, e de todas as formas, usar de impetuosa violência. Se fôssemos crer somente no que nossos olhos vêem, com toda certeza o reino de Cristo pareceria estar à beira da ruína. Mas essa promessa de que Cristo jamais será arrancado de seu trono, senão que, ao contrário, deitará abaixo a todos os seus inimigos, bane de nós todo temor. Duas coisas são dignas de nota aqui: uma, que o reino de Cristo jamais desfrutará de tranqüilidade, senão que sempre haverá muitos inimigos que o perturbarão. A outra é que, seja o que for que seus inimigos façam, jamais prevalecerão, uma vez que o lugar de Cristo à direita do Pai não é temporário, senão que se estende até o fim do mundo. Portanto, todos aqueles que não se submetem ao seu governo serão dominados e pisados sob a planta de seus pés.

Se porventura alguém deseja saber se o reino terá fim, quando Cristo tiver dominado seus inimigos, minha resposta é que ele durará para sempre, mas da forma como Paulo afirma em 1 Coríntios 15.25. Aí lemos que Deus, que agora só é conhecido em Cristo, então se revelará como Deus propriamente dito. Não obstante, Cristo jamais cessará de ser o Senhor dos homens e dos anjos, nem haverá jamais qualquer prejuízo para sua honra. A resposta a esta inquirição deve ser buscada nesta mesma passagem.

14. Não são todos eles? Para que a comparação pudesse ser mais clara, o escritor agora revê a natureza e condição dos anjos. Ao chamá-los "espíritos", ele revela sua excelência, pois nesse sentido eles são superiores às criaturas corporais. Mas o ofício (λειτουργία) que imediatamente a seguir lhes é atribuído, os restringe à sua própria categoria, como sendo algo de natureza oposta ao domínio. Ele o define mais expressamente quando diz que são *ministradores*. A primeira descrição contém a função de classificá-los como sendo funcionários; mas o termo "ministro" descreve algo mais humilde e de categoria mais modesta.[21] Na verdade é um serviço muitíssimo honroso esse que Deus impõe aos anjos; mas o próprio fato de que *servem* evidencia que são muitíssimo distintos de Cristo, que é o Senhor de todos.

Caso alguém conteste, dizendo que Cristo é semelhantemente descrito em muitos passos das Escrituras como Servo e Ministro, não só de Deus, mas também de nós próprios, a resposta é simples, a saber: isso não é próprio de sua natureza, e sim de seu esvaziar-se voluntário, como Paulo o testifica [Fp 2.7]. Ao mesmo tempo, ele não *elimina* sua soberania, e sim a *restringe*. Por outro lado, os anjos foram criados com o propósito de servirem, e toda sua condição se acha contida nesse ministério. Há, pois, uma imensa diferença, porquanto o que para eles é natural, para Cristo é adventício com respeito à nossa

---

21 Não há dúvida de que aqui se usa uma distinção entre as duas palavras, mas não exatamente a que é notificada; a primeira, λειτουργικὰ, se refere a um oficial designado; e a segunda, διακονίαν, à obra que devia ser realizada. Lemos que os anjos são oficialmente designados, e são assim designados com o propósito de prestar serviço aos herdeiros da salvação. "Não são todos eles espíritos ministradores (ou ministeriais), enviados em serviço διὰ daqueles que há de herdar a salvação?" Então, são espíritos, cumprindo um ofício especial que os autoriza a serem enviados a prestar serviço em favor dos que há de herdar a salvação. Daí transparece que receberam uma designação especial com este propósito (cf. At 5.19; 12.7).

carne que ele espontaneamente tomou para si. O que necessariamente lhes pertence, Cristo assumiu de sua livre vontade. Além do mais, Cristo é *Servo* em tal caráter, que não há qualquer prejuízo para a majestade de seu governo, mesmo na carne.[22]

Desta passagem os fiéis podem extrair grande conforto, quando ouvem que as hostes celestiais são destinadas a seu serviço para que velem em defesa de sua salvação. E tal coisa certamente não é uma insignificante demonstração do amor de Deus por nós, já que estão trabalhando continuamente em nosso favor. Daqui emana uma extraordinária confirmação de nossa fé, de que nossa salvação se encontra fora de perigo, guardada por uma defesa de tão elevada categoria. Deus tem a máxima consideração possível por nossas fraquezas, ao conceder-nos tais auxiliares para, ao nosso lado, resistirem a Satanás, e para que exponham seu poder de todas as formas em nossa defesa!

Esta bênção é concedida particularmente aos seus eleitos. Portanto, para que os anjos sejam nossos auxiliares, devemos ser membros de Cristo. Evidentemente, é possível produzir evidência bíblica para o oposto, e daqui argumentar que os anjos são, às vezes, enviados por causa dos réprobos. Em Daniel [10.20] há menção dos anjos dos persas e dos gregos. Minha resposta, porém, é que esses réprobos são socorridos pela obra dos anjos a fim que Deus possa, dessa forma, levar a bom termo a salvação de seu povo. Os sucessos e as vitórias que obtiveram foram sempre em relação à Igreja, no tocante à sua meta propriamente dita. Também é certo que, como fomos banidos do reino de Deus em decorrência de nossos pecados, não podemos ter comunhão com os anjos, exceto através da reconciliação efetuada em Cristo; e isso pode ser visualizado na escada que o patriarca Jacó, em sua visão, viu posta.

---

22 Veja-se Apêndice 5

Capítulo 2

1. Portanto, importa que nos apeguemos, com mais determinação, às coisas que ouvimos, para que delas jamais nos desviemos.

2. Porque, se a palavra falada por meio de anjos se tornou firme, e toda transgressão e desobediência recebeu justa recompensa como prêmio,

3. como escaparemos nós, se negligenciarmos tão grande salvação? a qual, tendo sido primeiramente anunciada pelo Senhor, foi-nos depois confirmada pelos que a ouviram;

4. também Deus, dando testemunho juntamente com eles, por meio de sinais, prodígios e vários milagres, bem como pelos dons do Espírito Santo, segundo o seu beneplácito.

1. Quammbrem opertet nos magis attendere iis quae audimus, ne quando diffluamus.

2. Si enim quo per angelos enunciatus erat, sermo, firmus fuit, et omnis transgressio et inobedientia justam acceptit repensionem mercedis;

3. Quomodo nos effugiemus tanta neglecta salute? quae quum initio coepisset enarrari per Dominum, ab iis qui audierant, erga nos confimata fuit;

4. Simul attestante Deo signis et prodigiis, et virtutibus variis, et distribuitionibus Spiritus Sancti secundum ejus voluntatem.

1. Portanto, importa que nos apeguemos. O escritor esclarece agora o que havia proposto previamente com o intuito de comparar Cristo com os anjos, a saber: conceder a esta doutrina a suprema autoridade. Se a lei, que fora transmitida pelo ministério dos anjos, não podia ser recebida com desdém, e a transgressão da mesma era visitada com severíssimos castigos, o que será, pergunta ele, daqueles que desprezam o evangelho, cujo Autor é o Filho de Deus e cuja confirmação foi através de muitos e variados milagres? Eis a suma da questão: quão mais elevada é a dignidade de Cristo da dignidade dos anjos, por isso se deve prestar muito mais reverência ao evangelho do que à lei. É a pessoa de seu Autor que enobrece a doutrina.

Se a alguém parece absurdo que ambas as doutrinas – a lei e o evangelho –, procedem de Deus, e que uma deve ser preferível à outra, como se a majestade de Deus fosse diminuída, ao ser a lei relegada a segundo plano, a resposta é simples, a saber: Deus deve ser sempre ouvido com a mesma atenção, sempre que ele fala; sempre que ele se nos manifesta com mais plenitude, tanto mais reverência e mais desejo de obedecer à sua revelação devem crescer proporcionalmente. Não é que suceda de Deus, em si mesmo, deixar de ser o que é, mas é porque sua grandeza nem sempre se manifesta na mesma proporção.

Aqui, pois, suscita-se uma pergunta: porventura a lei não fora entregue pela mão de Cristo? Se é esse o caso, então o argumento do apóstolo não parece pertinente. Minha resposta é a seguinte: nesta comparação, ele está preocupado com duas formas de revelação: de um lado, está aquela que é oculta; e, de outro, está aquela que se manifesta. Visto que na promulgação da lei Cristo se manifestou apenas obscuramente, como que estando encoberto, não é de estranhar que não se faça dele nenhuma menção, e lemos que a lei foi entregue pelo ministério dos anjos. É que ele não apareceu abertamente. Em contrapartida, na proclamação do evangelho, sua glória foi revelada em plenitude, de tal forma que, com razão, se pode considerá-lo seu Autor.

Para que delas jamais nos desviemos. Se o leitor preferir, "para que em tempo algum as soltemos" – embora haja pouca importância nas nuanças dos termos, já que se pode deduzir do contraste o significado legítimo. "Manter" e "segurar" são praticamente sinônimos. A primeira palavra significa reter uma coisa, enquanto que a segunda significa não soltá-la, como acontece com uma peneira ou um barril furado, cujo conteúdo insiste em escapar. Não concordo com a opinião dos que consideram a idéia no sentido de "perecer". É como encontramos no segundo livro de Samuel [14.14]: "Somos como águas derramadas na terra que já não se podem juntar". Ao contrário, como já disse, temos de observar a antítese entre *reter* e *derramar*. Uma mente atenta se assemelha a um vaso bem solidificado; uma mente dispersiva e indolente se assemelha a um vaso cheio de furos.¹

2. Se tornou firme. Ou seja: conservou seu valor, porquanto Deus autenticara sua fidelidade. Isso se faz mais evidente à luz de suas transgressões, já que ninguém jamais desconsiderou a lei impunemente. Essa firmeza revela sua autoridade; e a sentença adicional, sobre as transgressões, deve ser tomada como explicativa, já que a doutrina pela qual Deus se revela Vingador com certeza não é fútil nem ineficaz.

3. Se negligenciarmos tão grande salvação. Não é só uma questão de se rejeitar o evangelho, mas até mesmo o negligenciá-lo merece o mais severo castigo [divino], em razão da grandeza da graça que é nele oferecida. Daí dizer ele: *tão grande salvação*. Deus quer que valorizemos seus dons de acordo com sua importância. Quanto mais preciosos são eles, mais abjeta é nossa ingratidão, caso não conservemos para nós mesmos seu valor intrínseco. Em consonância com a grandeza de Cristo, assim será a severidade da vingança de Deus contra todos os que desprezam o evangelho.²

Observe-se que a palavra "salvação" aqui se aplica metonimicamente à doutrina, porque, assim como Deus quer que os homens sejam salvos, de nenhuma outra forma senão através do evangelho, assim também, quando ele é negligenciado, então se rejeita toda a salvação divina. "Porquanto ele é o poder de Deus para a salvação de todo aquele que crê" [Rm 1.16]. Por conseguinte, quem busca salvação em alguma outra fonte, busca encontrá-la em outro poder que não é o de Deus, tal atitude não passa de uma demonstração da mais completa loucura. Mas tal louvor tem o poder não só de enaltecer o evangelho, mas contém igualmente o admirável apoio para nossa fé, porquanto testifica que a Palavra de forma alguma é vazia, senão que contém em si a garantia de nossa salvação.³

---

1 Veja-se Apêndice 6.
2 Literalmente, "negligenciar" significa não cuidar; não cuidar de nossa salvação é negligenciá-la, é "encará-la de modo leviano" (cf. Mt 22.5); e "sem dar-lhe o devido valor" (cf. 8.9).
3 Tão grande, observa o Dr. Owen, é esta salvação, que é o livramento de Satanás, do pecado e do pecado eterno e da morte eterna. O meio também pelo qual ela foi granjeada, e é agora efetuada, e seus infindáveis resultados, provam sua grandeza de uma maneira maravilhosa.

A qual, tendo sido primeiramente anunciada pelo Senhor. Agora ele contrasta o Filho de Deus, como o primeiro Arauto do evangelho, com os anjos, e ao mesmo tempo, por antecipação, remove uma dúvida que poderia insinuar-se na mente de muitos; pois não haviam sido instruídos pessoalmente pelos lábios de Cristo, a quem a maioria jamais chegou a ver. Se, pois, considerassem apenas o homem por cujo ministério foram levados à fé, então poderiam ter feito menos do que aprenderam dele. Por essa razão o apóstolo nos lembra que a doutrina que lhes fora ensinada por outros, no entanto procedia de Cristo. Ele afirma que os discípulos de Cristo eram aqueles que se mantiveram fiéis às instruções transmitidas por Cristo mesmo. Ele usa o termo "confirmada", com isso asseverando que essa doutrina não era um vago rumor sem qualquer autoria, nem a estória de testemunhas de credibilidade duvidosa, e sim uma notícia que tinha como seus autores homens de peso e autoridade.

Além do mais, esta passagem é uma indicação de que esta Epístola não foi escrita por Paulo; pois em geral ele não falava tão humildemente de si próprio a ponto de confessar que era um dos discípulos dos apóstolos; não falava assim movido por ambição, mas porque os perversos, sob pretexto desse gênero, tentavam prejudicar a autoridade de sua doutrina. Parece evidente, pois, que não foi Paulo quem escreveu que recebeu o evangelho por ouvir, e não por meio de revelação.[4]

4. Também Deus, dando testemunho juntamente com eles. Além do fato de que os apóstolos haviam recebido do Filho de Deus a mensagem que pregavam, o Senhor também imprimira seu selo de aprovação na pregação por meio de milagres, como que por uma solene rubrica. Aqueles, pois, que não recebem reverentemente o evangelho recomendado por tais testemunhas, desconsideram não só a Palavra de Deus, mas também suas obras.

---

4 A mesma objeção foi advogada por Grotius, entre outros, porém sem ter qualquer peso; pois o apóstolo aqui se refere distintamente aos fatos em conexão com os doze apóstolos, como sendo suficientemente necessário para se propósito aqui; e a mesma razão para ocultar seu nome não explica a referência que aqui se faz ao seu próprio ministério. E "nós" e "nos", como empregados pelo apóstolo, amiúde se refere a coisas pertinentes a todos em comum, como cristãos (cf. 4.1, 11; 11.40s.). E ele os usa algumas vezes quando pessoalmente não é incluído (cf. 1Co 15.51).

Para aumentar sua importância, ele designa os milagres, fazendo uso de três termos. Primeiro, são chamados *sinais*, porque incitam a mente humana a atentar para algo mais elevado do que aparentam. Em seguida, são chamados *prodígios*, porque incluem o que é novo e inusitado. Finalmente, são chamados *milagres*, porque neles o Senhor exibe uma marca especial e extraordinária de seu poder.[5]

A expressão "dando testemunho" denota o uso correto dos milagres, isto é, que devem servir para o estabelecimento do evangelho. Descobrimos que quase todos os milagres, em qualquer tempo em que são realizados, têm como propósito de serem selos da Palavra de Deus. De todos os absurdos, pois, o maior deles é a superstição dos papistas pela qual falseiam seus próprios milagres fictícios com o fim de minar a verdade de Deus.

A conjunção συν, "juntamente com", tem este significado, a saber, que somos confirmados na fé do evangelho pelo testemunho conjunto, de Deus e dos homens; pois os milagres divinos eram testemunhos, a concorrerem com a voz dos homens.

Ele acrescenta: "pelos dons [ou distribuições] do Espírito Santo", pelos quais também a doutrina do evangelho foi adornada, sendo os mesmos como que seus apêndices.[6] Por que Deus distribuiu os dons de seu Espírito, senão para que, em parte, fossem auxílios na pro-

---

[5] Estas palavras ocorrem duas vezes juntas em outros lugares (At 2.22; 2Ts 2.9); só se encontram em Atos numa ordem distinta – milagres, prodígios e sinais. Sinais e prodígios às vezes se encontram juntos no Antigo Testamento, e esta é a ordem, exceto em três lugares (At 2.19, 43; 7.36). As mesmas coisas, na opinião de Calvino, sem dúvida está implícitas pelas três palavras sob diferentes perspectivas. São chamados *sinais* ou como emblemas ou evidências de uma interferência divina; *maravilhas* ou prodígios, como não sendo naturais, e sim super-naturais, e como tendo o efeito de encher os homens de espanto (At 2.43); e *milagres* ou poderes, como sendo os efeitos de um poder divino. De modo que *sinais* apontavam para sua intenção; *prodígios*, para seus atributos; e, *milagres*, para sua origem, ou para o poder que lhes produz.

[6] Pela referência a 1 Coríntios 12.4-11, estaremos aptos a ver o significado de "distribuições do Espírito", que parecem ter sido diferentes de sinais e prodígios, pois naquela passagem há diversos dons mencionados, distintos de sinais e prodígios, tais como a palavra de sabedoria, a palavra de conhecimento, o dom de profecia e o discernimento de espíritos. Havia as distribuições, ou porções, que o Espírito distribuía a cada um "segundo seu beneplácito"; porque aqui "beneplácito", como em 1 Coríntios 12.11, é a vontade do Espírito. A tradução mais adequada da última sentença seria "e pelos dons do Espírito Santo distribuídos segundo seu beneplácito". Há uma metonímia evidente na palavra "distribuições"; é usada abstratamente para coisas distribuídas ou divididas.

clamação do evangelho; e, em parte, para admiração, com o fim de moverem as mentes humanas à obediência? Daí Paulo afirmar que o dom de línguas fora um sinal para os incrédulos. A frase, "segundo seu beneplácito", nos lembra que esses milagres, aos quais ele faz referência, não podem ser atribuídos a alguém mais, senão unicamente a Deus, e que os mesmos não se manifestaram casualmente, e sim em seu propósito definido, a saber: com o fim de selar a veracidade do evangelho.

5. Pois não foi a anjos que sujeitou o mundo que há de vir, sobre o qual estamos falando.
6. Mas alguém, em certo lugar, testificou, dizendo: Que é o homem que dele te lembres? Ou o filho do homem, que o visites?
7. Tu o fizeste, por um pouco, menor que os anjos; tu o coroaste com glória e honra, e o puseste sobre as obras de tuas mãos. Todas as coisas puseste em sujeição debaixo de seus pés.
8. Ora, desde que lhe sujeitou todas as coisas, nada deixou que não lhe estivesse sujeito. Agora, porém, ainda não vemos todas as coisas a ele sujeitas.
9. Vemos, porém, aquele que, por um pouco, tendo sido feito menor que os anjos, sim, Jesus, por causa do sofrimento da morte, coroado com glória e honra, para que, pela graça de Deus, provasse a morte por todo homem.

5. Non enim angelis subjecit orbem futurum de quo loquimur:

6. Testatus est autem quidam alicubi, dicens, Quid est homo quod memor es ejus? aut filius hominis quod visitas eum?

7. Minuisti eum paululum ab angelis; gloria et onore coronasti eum, et constituisti eum super opera manuum tuarum;

8. Ominia subjecisti sub pedibus ejus: subjiciendo certe illi omnia, nihil reliquit non subjectum: atqui nonc nondum videmus illi omnia subjecta:

9. Iesum autem qui paululum imminuatus fuit ab angelis intuimur propter passionem mortis gloria et honore coronatum; ut gratia Dei pro omnibus gustaret mortem.

5. Não foi a anjos. O escritor comprova uma vez mais, fazendo uso de outro argumento, que Cristo deve ser obedecido – porque o Pai lhe conferiu a soberania sobre o mundo inteiro, honra esta da qual os anjos são totalmente destituídos. Daí se segue que nenhum impedimento angelical deve estorvar a preeminência daquele que é o único que possui supremacia.

Em primeiro lugar, devemos examinar o Salmo que o escritor cita, visto que, aparentemente, ele não se aplica a Cristo com propriedade. Davi está ali enumerando as bênçãos que Deus derrama sobre a raça humana. Após considerar o poder de Deus nos céus e nas estrelas, ele se dirige ao homem, em quem a maravilhosa generosidade divina particularmente se sobressai. Ele não está, pois, falando apenas de um homem, e sim de toda a humanidade. Minha resposta consiste em que tudo isso não constitui razão suficiente por que essas palavras não devam aplicar-se à Pessoa de Cristo. Por certo que admito que no princípio fosse dada ao homem a posse do mundo, para que exercesse domínio sobre todas as obras de Deus. Mas, depois, em virtude de sua rebelião, ele mereceu a dissolução desse domínio. Essa foi uma punição justa pela ingratidão de um beneficiário a quem Deus, diante da recusa em reconhecer, ou em adorar, com a devida fé, deve privar do direito que previamente lhe concedera. Tão logo Adão alienou-se de Deus em conseqüência de seu pecado, foi ele imediatamente despojado de todas as coisas boas que recebera. Não significa simplesmente que lhe foi negado o uso delas, e sim, depois que se afastou de Deus, perdeu ele o *direito legítimo* a elas. Mesmo no uso próprio delas, Deus quis que houvesse sinais da perda desse direito, como, por exemplo, o fato de os animais selvagens nos atacarem ferozmente; quando deveriam mostrar-se submissos ante nossa presença, ao contrário disso nos metem medo; ou o fato de alguns jamais se deixarem domesticar para que nos obedeçam, e outros só o permitirão com relutância; ou por nos ferirem de diversas maneiras; ou o fato de a terra não corresponder ao nosso cultivo; ou o fato de o céu, o ar, o mar e outros elementos com freqüência nos serem hostis. Aliás, mesmo onde toda criatura se mantém num estado de submissão, não importa o que os filhos de Adão aleguem, isso deve ser considerado uma usurpação. O que poderão alegar ser propriamente seu, quando eles mesmos não são de Deus?

    Uma vez lançado este fundamento, é evidente que a bênção de Deus não nos pertence até que o direito perdido em Adão nos seja restaurado na pessoa de Cristo. É nesse sentido que Paulo ensina que o alimento nos é santificado pela fé [1Tm 4.5]. E, em outro lugar, ele declara que o mesmo não é puro para os incrédulos, porquanto sua consciência se acha contaminada [Tt 1.15].

Esse é o ensinamento que encontramos no início desta Epístola, a saber: que Cristo foi destinado pelo Pai a ser o Herdeiro de todas as coisas. E assim, ao designar toda a herança a um só Herdeiro, ele exclui todos os demais como estranhos, e isso com justiça, porquanto todos nós fomos desterrados do reino de Deus. Não nos é lícito apoderar-nos do alimento que ele destinou à sua própria casa. Cristo, porém, por meio de quem fomos adotados na família [de Deus], nos inclui igualmente na comunhão desse direito, para que assim desfrutemos do mundo inteiro mediante a bênção de Deus. Paulo também ensina que Abraão foi feito herdeiro do mundo, pela fé [Rm 4.13], porque, obviamente, ele foi unido ao corpo de Cristo. Se os homens se acham excluídos de toda bênção divina, até que possam tornar-se participantes dela através de Cristo, segue-se que em Adão perdemos aquele senhorio do qual o Salmo fala; e por isso ele deve ser-nos restaurado uma vez mais como uma dádiva. Ora, essa restauração tem sua origem em Cristo como a Fonte das fontes. Não há dúvida, pois, de que devemos olhar para ele, sempre que se faz menção da primazia do homem sobre todas as criaturas.

É a isto que se faz referência quando o apóstolo menciona "o mundo por vir", ou o mundo futuro, pois ele o entende como sendo o mundo renovado. Com o fim de torná-lo ainda mais claro, imaginemos dois mundos: o primeiro, o velho mundo corrompido pelo pecado de Adão; o segundo, o novo mundo renovado por Cristo. O estado da primeira criação se degenerou completamente, e se encontra em ruínas juntamente com o próprio homem. E até que haja uma nova restauração através de Cristo, este Salmo não se concretizará. Daí se conclui com mais evidência que o mundo por vir é assim descrito não só como aquele pelo qual esperamos depois da ressurreição, mas como aquele que tem início com a manifestação do reino de Cristo, e que terá sua consumação em nossa redenção final.

Não me parece claro, contudo, por que o autor suprimiu o nome de Davi. Sem dúvida, ele faz referência a "alguém", não com o intuito de menosprezo, mas como sinal de respeito, como se fora algum dentre os profetas ou como um eminente escritor.

7. Tu o fizeste, por um pouco, menor que os anjos. Agora nova dificuldade desponta na explicação dessas palavras. Já demonstrei que esta passagem se aplica com propriedade ao Filho de Deus, mas o apóstolo parece usar agora as palavras em um sentido diferente daquele em que Davi as entendia. A frase "por um pouco", βραχύ τι, parece referir-se ao tempo, significando um pouco de tempo, e denota a humilhação oriunda do esvaziamento de Cristo, e restringe sua glória ao dia da ressurreição, enquanto que Davi a estendeu a toda a vida do homem em geral.

Minha resposta consiste em que o propósito do apóstolo não era fazer uma acurada exposição das palavras. Não há nada de improcedente em fazer alusões com o fim de ornar a questão em pauta, como Paulo faz em Romanos 10.6, quando cita o testemunho de Moisés: "Quem subirá ao céu?" etc., adicionando as palavras em referência ao céu e ao inferno, não à guisa de explicação, mas como ornamento de linguagem. Eis a intenção de Davi: "Senhor, tu tens elevado o homem a tal dignidade, que este difere mui pouco da honra divina ou angelical, já que lhe foi conferida autoridade sobre o mundo inteiro." O apóstolo não pretendia subverter esse significado ou direcioná-lo para outro assunto. Ele apenas nos chama a atenção para a humilhação de Cristo, a qual manifestou por pouco tempo, para em seguida retomar a glória com a qual ele fora coroado para sempre. E ele faz isso mais como alusão às palavras do que para explicar o que Davi quis dizer.[7]

Ele toma "lembrar" e "visitar" no mesmo sentido, exceto que o segundo é um pouco mais completo, porque descreve a presença de Deus por seus resultados.

8. Todas as coisas puseste em sujeição debaixo de seus pés. Poder-se-ia concluir que o argumento contém o seguinte teor: Todas as

---

[7] Veja-se Apêndice 7.

coisas se acham sujeitas ao homem acerca de quem Davi está falando; todas as coisas não se acham sujeitas à raça humana; portanto, ele não está referindo-se a todo e qualquer homem. Mas tal raciocínio não pode prevalecer, já que a premissa menor é também aplicável a Cristo. Todas as coisas não se acham ainda sujeitas a ele, como Paulo o demonstra em 1 Coríntios 15.28. Há, portanto, um contexto diferente. Após estabelecer o fato de que Cristo é o Senhor de todas as criaturas, sem exceção, ele adiciona simultaneamente a objeção contrária: Todas as coisas ainda não obedecem ao governo de Cristo. Para satisfazer essa objeção, ele nos ensina que mesmo agora já se vê completado em Cristo o que imediatamente ele acresce acerca da "glória e honra", como se dissesse: "Embora essa sujeição universal ainda não esteja clara aos nossos olhos, contudo devemos viver felizes por ele já haver vencido a morte e haver se exaltado ao mais elevado estado de honra; pois aquilo que ainda falta se completará em seu devido tempo.

Há quem se sinta ofendido com a primeira sentença, só porque o apóstolo faz uma inferência demasiadamente simples, a qual não tem nada a ver com a sujeição a Cristo, uma vez que Davi abarca todas as coisas em geral. As várias espécies que em seguida ele enumera – animais do campo, peixes do mar e aves do céu – não revelam nenhuma sujeição. Respondo que a afirmação geral não deve restringir-se a essas espécies, visto que o único propósito de Davi era mostrar um exemplo desse domínio nos casos mais importantes, ou estender-se às próprias formas inferiores de existência, para que saibamos que nada é nosso senão pela benevolência de Deus e por sermos participantes de Cristo. Portanto, podemos parafrasear a passagem da seguinte forma: Tu sujeitaste todas as coisas, não só as indispensáveis à nossa eterna bem-aventurança, mas também as inferiores, como aquelas que nos servem para a satisfação de necessidades físicas. O que quer que isto seja, o domínio inferior sobre os animais depende do superior.

Uma vez mais, indaga-se: "Por que ele diz que não vemos todas as coisas em sujeição a Cristo?" O leitor encontrará a resposta a essa pergunta na passagem de Paulo supracitada. No primeiro capítulo desta Epístola, tocamos de leve neste assunto. Uma vez que Cristo mantém constante batalha contra vários inimigos, é evidente que a posse de seu reino ainda não é pacífica. Entretanto, ele não está sob a imperiosa necessidade de romper as hostilidades; sua vontade, porém, é que seus inimigos não lhe estejam sujeitos senão no último dia, a fim de sermos provados e testados por novos exercícios.

9. Jesus, que por um pouco foi feito menor. Como o significado da frase βραχύ τι, "por um pouco', é ambígua,[8] o autor examina a questão intrinsecamente, tal como ela existe na pessoa de Cristo, e não quanto ao significado exato das palavras, como já afirmei. Ele especifica, para nossa consideração, a glória que acompanha a ressurreição, a qual Davi estende a todos os dons que Deus, em sua benevolência, tem comunicado ao homem. Não há nada de impróprio nesse adorno [literário] que deixa o sentido literal intacto.

Por causa do sofrimento da morte. É o mesmo como se ele dissesse que Cristo triunfou sobre a morte e ressuscitou para essa glória que conquistou, como Paulo diz em Filipenses 2.8-11. Não que Cristo obtivesse algo para si próprio, segundo a ficção dos sofistas, cuja invenção consiste em que ele primeiro conquistou a vida eterna para si próprio e, em segundo plano, para nós. Pois aqui só se indica, por assim dizer, a forma na qual ele obteve sua glória. Cristo é coroado

---

8 Não há dúvida de que se pode entender a expressão como "pequeno" em grau, ou como "pouco" em tempo; mas no Salmo evidentemente é o primeiro significado, e não há razão para um significado diferente aqui: Cristo, ao fazer-se homem, assumiu uma natureza inferior à dos anjos. Muitos dos pais, de fato, e alguns modernos, têm concluído que o que está em pauta aqui, por *tempo*, é "por pouco tempo"; mas isso não é procedente, pois Cristo continua com a natureza que uma vez assumira, ainda que ele seja agora refinada e aperfeiçoada. Admite-se uma inferioridade de natureza, mas tal inferioridade é, por assim dizer, compensada por uma superioridade de honra e glória. Nossa versão é a Vulgata, a qual foi também adotada por Doddridge, e igualmente por Stuart e Bloomfield.

com glória para que todo joelho se dobre diante dele [Fp 2.10]. Pode-se concluir, pois, partindo da causa final, que todas as coisas foram entregues em sua mão.

Pela graça de Deus.[9] O autor se refere à causa e efeito da morte de Cristo, para que não viesse de modo algum a prejudicar sua dignidade. Quando nos apercebemos do quanto temos sido cumulados de bens, não pode haver em nós o menor vestígio de menosprezo, uma vez que a admiração pela benevolência divina permeia todas as coisas. Ao dizer *por todo homem*, ele não quer dizer simplesmente que Cristo se tornou exemplo para outros, da forma como Crisóstomo deduz a metáfora de um médico que prova primeiro uma bebida amarga para que o paciente não recuse sorvê-la. O que ele tem em mente é que Cristo morreu por nós, e assim tomou sobre si nosso quinhão e nos redimiu da maldição da morte. Ele adiciona, pois, que tal coisa foi concretizada mediante a *graça de Deus*, porquanto o fundamento de nossa redenção consiste nesse incomensurável amor que Deus nutre por nós, o qual o levou a não poupar a seu próprio Filho [Rm 8.32]. O que Crisóstomo diz de *provar a morte*, como se ele o tocasse com seus lábios, porque Cristo emergiu da morte como vencedor, não o refutarei nem o condenarei, ainda que eu não saiba se o apóstolo pretendia falar de maneira tão refinada.[10]

---

9 Veja-se Apêndice 8.
10 Não há dúvida de que é um fantasioso refinamento. Provar alimento, segundo a linguagem da Escritura, é degluti-lo (cf. At 10.11; 20.11; 23.14). Provar a morte é morrer, suportar a morte, e nada mais (cf. Mt 16.28; Lc 9.27). Stuart observa que o verbo *provar*, no hebraico, é tomado no mesmo sentido, e assim também nos autores clássicos. "Pois, cada homem", ὑπὲρ πάντος, isto é, "homem", mencionado no versículo 6; e o "homem" ali significa todos os fiéis, a quem Deus, em Noé, restaurou o domínio perdido em Adão; mas este domínio não foi renovado ao homem como um ser apostatado, e sim como feito justo por intermédio da fé.

10. Porque convinha que aquele, por cuja causa e por meio de quem todas as coisas existem, conduzindo muitos filhos à glória, aperfeiçoasse por meio de sofrimentos o Autor da salvação deles.
11. Pois tanto o que santifica, como os que são santificados, todos vêm de um só. É por essa causa que ele não se envergonha de os chamar de irmãos,
12. dizendo: Declararei o teu nome aos meus irmãos, no meio da congregação cantarei os teus louvores.
13. E outra vez: Eu porei neles a minha confiança. E ainda: Eis aqui estou eu, e os filhos que Deus me deu.

10. Decebat enim eum propter quem omnia, et per quem omnia, quum multos filios in gloriam adduceret, ducem salutis eorum per passiones consecrare.
11. Nam qui sanctificat et qui sanctificantur, uno omnes; propter quam causam non erubescit fratres ipsos vocare.
12. Dicens, Nuntiabo nomen tuum fratribus méis; in médio Ecclesiae canam te;
13. Et rursum, Ego erro fidens in ipso; et rursum, Ecce ego et pueri quos mihi dedit Deus.

10. Porque convinha. Aqui, seu propósito é fazer com que a humilhação de Cristo se torne em extremo gloriosa para os fiéis. Ao lermos que ele revestiu-se de nossa carne, a impressão que nos fica é que Cristo se classificara como pertencente à classe comum da humanidade. E a cruz o fez inferior a todos os homens. Devemos, pois, atentar bem, para que Cristo não seja menos estimado, só porque, de livre e espontânea vontade, e por nossa causa, ele se esvaziou. E isso é o que está expresso aqui. Pois o apóstolo mostra que esse mesmo ato deve ser considerado tão honroso para o Filho de Deus, que por esse meio ele foi consagrado o Autor de nossa salvação.

Em primeiro lugar, ele tem como certo que devemos reter firmemente os decretos de Deus, porque, assim como todas as coisas são sustentadas por seu poder, então elas devem servir à sua glória. Portanto, não há fundamento mais sólido do que procurar satisfazer o beneplácito de Deus. Daí o ponto da circunlocução que ele usa – **por cuja causa e por meio de quem todas as coisas existem**. Ele poderia, com uma só palavra, dizer – *Deus*. Mas seu propósito era lembrar-nos de que, o que Deus mesmo decide, deve ser julgado como sendo o melhor, cuja vontade e glória são o justo desígnio de todas as coisas.[11]

---

11 Uma vez vindicada a superioridade de Cristo sobre os anjos, sendo ele "coroado com glória e honra", não obstante haver assumido uma natureza humana, e por seus sofrimentos o apóstolo agora, por assim dizer, retrocede e prova a necessidade do que foi feito; mostrando quão neces-

Não obstante, não parece ainda estabelecido o que ele quis dizer, ao afirmar que convinha que Cristo fosse consagrado. Isso depende da maneira comum com que Deus costuma tratar com seu povo. Sua vontade consiste em que sejam exercitados por meio de várias tribulações e gastem toda sua vida suportando a cruz. Portanto, era necessário que Cristo, sendo o Primogênito, fosse revestido de sua primazia através da cruz, visto ser essa a lei e a condição comuns de todos. Essa é a conformação da cabeça aos membros de que Paulo fala em Romanos 8.29. Eis uma consolação excepcional que mitiga a amargura da cruz, quando o fiel ouve que, por meio de suas misérias e tribulações, são santificados para a glória juntamente com Cristo, e assim percebem que existe certa razão por que devem amorosamente beijar a cruz em vez de oferecer-lhe os ombros com tremor. Isso não pode acontecer sem que se absorva a ignomínia da cruz de Cristo e se resplandeça sua glória. Quem pode menosprezar o sagrado, sim, aquilo que Deus santifica? Quem pode considerar como se fosse algo ignominioso aquilo por meio do quê somos preparados para a glória? Ambas essas proposições estão, aqui, relacionadas com a morte de Cristo.

Por meio de quem são todas as coisas. Ao tratar da criação, é ela atribuída ao Filho como sendo obra sua, porquanto todas as coisas foram criadas por meio dele. Aqui, porém, o apóstolo simplesmente tem em vista que é pelo poder de Deus que todas as criaturas existem ou são preservadas em sua posição. Onde traduzimos "consagrar", outros traduzem "aperfeiçoar". Já que o termo τελειῶσαι, usado aqui por ele, é de significação ambígua, creio que o significado que lhe imprimi é mais conducente com o contexto.[12] Note-se que há certa ordenação

---

sário era que ele se tornasse homem, e sofresse como sofreu; e descobrimos que ele declara duas razões especiais – para reconciliar-nos com Deus e sentir-se solidário com seu povo.

12 Nossa versão parece mais inteligível – "fazer perfeito" ou "aperfeiçoar". Como vem a lume mais adiante, sua perfeição consistiu em haver ele feito expiação pelo pecado, e em ser capaz de solidarizar-se com seu povo. Deus o fez perfeitamente qualificado como Capitão ou Líder de nossa salvação, isto é, da obra de nos salvar, mesmo através de sofrimento, quando assim granjeou nossa salvação e tornou-se experimentalmente familiarizado com as tentações e provações do gênero humano. Não é próprio aqui o sentido dado por Stuart e alguns outros, emprestado do uso da palavra nos clássicos, que é o de coroar ou galardoar o vencedor nos jogos; pois o que segue

solene e legítima pela qual os filhos de Deus são iniciados, para que alcancem sua própria reputação e sejam assim separados do resto do mundo. E então se menciona imediatamente a santificação.

11. Pois tanto o que santifica. O autor demonstra que era conveniente que o que ele falara se cumprisse na pessoa de Cristo em virtude de sua relação com os membros. Procedendo assim, ele ensina ser um extraordinário exemplo de divina benevolência o fato de Cristo ter-se revestido de nossa carne. Diz ele: "todos vêm de um só", ou seja, que o Autor de nossa salvação e nós, que participamos da mesma santidade, somos de uma só natureza, e é assim que entendo a expressão. Geralmente se entende isso no sentido de haver um só Adão; mas alguns o aplicam a Deus, e não sem razão. Sou mais inclinado a crer que a natureza aqui descrita é simplesmente uma, e a tomo como que pertinente ao gênero neutro, como se ele estivesse afirmando que todos nós somos feitos de uma só massa.[13]

Esse é um forte apoio à nossa fé, ou seja, que estamos unidos ao Filho de Deus por um vínculo tão sólido, que podemos encontrar em nossa natureza a santidade de que carecemos. Não é só o fato de nos haver santificado em seu caráter divino, senão que o poder de santificação permanece em sua natureza humana; não que ela por si só o

---

mostra claramente que seu significado é o que já foi declarado. Tanto Scott quanto Stuart conectam "conduzindo muitos filhos à glória" com "o autor de nossa salvação". E assim de fato uma coisa se ganha, os casos parecem adequar-se melhor; mas então o sentido é violado. Quando a sentença é assim traduzida, não há antecedente a "sua", conectado a "salvação"; e os fiéis não são denominados os "filhos" de Cristo, e sim seus irmãos. Quanto ao caso do particípio "conduzindo", um acusativo por um dativo, constitui uma anomalia, diz Bloomfield, que algumas vezes ocorre nos escritos de Paulo, e também nos clássicos.

13 Ainda que muitos, antigos e modernos, por exemplo, Crisóstomo, Beza, Grotius e Bloomfield, considerem "Deus" como estando implícito aqui pelo termo "um", contudo o contexto favorece o ponto de vista assumido por Calvino, o qual é também adotado pelo Dr. Owen e Stuart. O versículo 14 parece decidir a questão. A palavra *santificar*, ἁγιάζω, significa (1) consagrar, separar para um uso ou para um ofício santo (Mt 23.19; Jo 17.19); (2) purificar de poluição, ou cerimonialmente (Hb 9.13), ou moral e espiritualmente (1Ts 5.23); (3) purificar da culpa de pecado por uma remissão graciosa (Hb 10.10; cf. vv. 14 e 18). Ora, qual desses significados devemos assumir aqui? Calvino assume o segundo, isto é, purificar da poluição, ou fazer espiritualmente santo; outros, como Stuart e Bloomfield, assumem o último significado, e o último faz a seguinte tradução: "o que expia e o expiado". Isto é mais consistente com o teor geral da passagem. O sujeito não é a santificação propriamente assim chamada, e sim a expiação ou reparação (cf. vv. 9 e 17).

possua, mas porque Deus derramou em sua natureza toda a plenitude de santidade, para que dela todos nós possamos participar. Esse é o sentido da expressão em João 17.19: "E a favor deles eu me santifico a mim mesmo." Se somos pecaminosos e impuros, o antídoto não está longe de se encontrar, porque nos é oferecido em nossa própria carne. Não contesto se alguém preferir tomar isso como sendo uma referência à unidade espiritual que o santo desfruta com o Filho de Deus, e que difere daquilo que os homens comumente têm uns em relação aos outros. Não obstante, prefiro seguir o significado que é mais geralmente aceito, quando ele não destoa da razão.

Ele não se envergonha de os chamar de irmãos. Essa passagem é extraída do Salmo 22.23. Os evangelistas são as principais testemunhas de que Cristo é quem se introduz aqui, ou Davi falando na pessoa de Cristo, pois citaram deste Salmo muitos versículos, como, por exemplo: "Repartem entre si minhas vestes"; e mais: "Deram-me fel por minha comida"; outra vez: "Deus meu, Deus meu, por que me desamparaste?" E, além do mais, as outras partes do capítulo provam a mesma verdade. Pode-se ver na história da paixão a vívida expressão de tudo quanto aqui se narra. O final do Salmo, que se preocupa com a vocação dos gentios, não tem outra aplicação senão a Cristo. "Lembrar-se-ão do Senhor e a ele se converterão os confins da terra; perante ele se prostrarão todas as famílias das nações." O cumprimento de tudo isso se encontra unicamente em Cristo, que ampliou o reino de Deus, não dentro de um pequeno espaço (como fez Davi), mas o estendeu por toda a face da terra, enquanto que ele [o reino], anteriormente, estivera confinado dentro de limites por demais estreitos. Não fica dúvida alguma de que a referência, nesta passagem, é à sua voz. Declara-se de forma apropriada e muito significativamente que ele *não* se envergonha. Que imensa diferença há entre nós e ele! Ele imensuravelmente se humilha quando nos honra com o título *irmãos* [dele]; em contrapartida, não somos dignos nem mesmo de ser considerados seus *servos*. Além disso, essa imensa honra que ele nos concede se agiganta ainda mais à luz das circunstâncias, pois aqui Cristo já não fala como um homem mortal, na forma de servo, mas como Aquele que, após a ressurreição, foi exaltado à glória imortal. Daí, esse título é o mesmo, como se nos introduzisse no céu em sua companhia. Sempre que ouvirmos a voz de Cristo nos chamando de *irmãos*, lembremo-nos de que ele nos revestiu, por assim dizer, com essa qualificação a fim de podermos, nos apropriando do título *irmãos*, lançar mão da vida eterna e de toda bênção celestial.[14]

Além do mais, devemos notar as funções que Cristo assume para si, ou seja: as de declarar o Nome de Deus, as quais começou ele a exercer na pregação do evangelho, e as quais continuam diariamente no ministério pastoral. Disso concluímos que o evangelho nos é oferecido com este propósito: para que ele nos conduza ao conhecimento de Deus; e por esse conhecimento sua benevolência se torne uma experiência viva entre nós, porquanto Cristo é o Autor do evangelho em qualquer forma que o mesmo se manifeste entre os homens. Isso é o que Paulo diz [2 Co 5.20]: que ele e outros labutam como embaixadores de Cristo, e que por meio desse ministério exortam os homens em Nome de Cristo. Isso deveria aumentar em grande medida nosso respeito pelo evangelho, já que devemos pensar dele não tanto em virtude dos homens, propriamente, mas de Cristo mesmo, falando por meio dos lábios deles. Ao tempo quando prometeu que declararia o Nome de Deus aos homens, já havia deixado de estar no mundo; e, todavia, não se desincumbira desse ofício em vão. E na verdade ele o tem cumprido através de seus discípulos.

12. No meio da congregação.[15] Isso mostra ainda mais claramente que a proclamação dos louvores de Deus está contida no

---

14 "Se Cristo fosse um mero homem, e nada mais, onde (podemos indagar com Abresch) estaria ou a grande condescendência, ou a bondade particular manifestada em chamar os homens de 'meus irmãos'? Entretanto, se ele possuía uma natureza mais elevada, se ἑαυτὸν ἐκένωσεν μορφὴν δούλου λαβών (Fp 2.7-8), se ἐκένωσε ἑαυτὸν μορφὴν δούλου λαβών (Fp 2.8), então foi um ato de particular bondade e condescendência chamar ele os homens 'meus irmãos'"? (Stuart).

15 Esta citação é feita do Salmo 22.22 e da Septuaginta, exceto que o apóstolo muda διηγήσομαι para ἀπαγγελῶ. As palavras às vezes são usadas como sinônimas; só a última é que embute a idéia de uma mensagem, como literalmente meio de declarar algo a outrem.

ensino evangélico, pois assim que Deus se nos fez conhecido, seus louvores infinitos ressoaram em nossos corações e ouvidos. E Cristo nos encoraja, por meio de seu exemplo, a entoá-los publicamente, para que sejam ouvidos cada vez mais. Não seria suficiente que cada um, individualmente, fosse agradecido a Deus pelos benefícios recebidos, sem que apresente pública evidência de nossa gratidão, e assim, mutuamente, haja encorajamento recíproco com o mesmo propósito. Quando ouvimos que Cristo dirige nossos louvores, e que é ele quem inspira nossos hinos, contamos com um poderoso incentivo que nos encoraja a render a Deus os mais fervorosos louvores.

13. Eu porei neles minha confiança. Uma vez que essa expressão se encontra no Salmo 18.3, devemos crer que ela foi extraída dessa fonte, e citada aqui.[16] A não ser pelo fato de Paulo, em Romanos 15.9, aplicar outro versículo sobre a vocação dos gentios ao reino de Cristo, os passos do argumento por si só revelam suficientemente que Davi está, aqui, falando de outra pessoa. Ali de fato aparece em Davi uma tênue sombra dessa grandeza que é aqui magnificentemente proclamada. Ele celebra ter sido feito "cabeça das nações", e que os estrangeiros e estranhos têm se achegado em plena submissão ao ouvirem a fama de seu Nome. Davi certamente subjugou pela força umas poucas tribos circunvizinhas e bem conhecidas, e fez delas seus vassalos. O que era isso, porém, em comparação com a grandeza de muitos outros reis? Onde estava essa submissão voluntária? Onde estavam esses povos tão distantes que nem mesmo lhe eram conhecidos? Onde estava a solene proclamação da graça de Deus entre os gentios, mencionada no final do Salmo? Portanto, é Cristo mesmo quem é feito Cabeça das

---

16 As palavras são encontradas literalmente, segundo a Septuaginta, em 2 Samuel 22.3; cujo capítulo é materialmente o mesmo do Salmo 18 e também de Isaías 8.17. As palavras são um pouco diferentes no Salmo 18.2, ainda que o hebraico seja o mesmo de 2 Samuel 22.3, בו אחסה, "confiarei nele". Em Isaías 8.17, as palavras, no hebraico, são totalmente diferentes, traduzidas literalmente, de Isaías, porque no Salmo 18 nada vêm com respeito ao Messias; mas todo o Salmo se refere àquele que foi eminentemente um tipo do Messias; e nesse sentido sem dúvida o Messias se encontra ali. Como para Davi Deus era sua confiança em todas as provações, assim ele era para o Filho de Davi (cf. 5.7).

várias nações, a quem estrangeiros dos mais remotos confins da terra se submetem, e que se sentem impelidos só pelo fato de ouvirem falar dele; porque não são forçados pelas armas a se submeterem ao seu jugo, mas são compelidos por sua doutrina a se oferecerem em obediência espontânea.

Esse tipo de profissão de obediência, simulada e falsa, que se nota aqui, se depara ainda na Igreja, porquanto muitos, diariamente, se denominam de *cristãos*, porém não com sinceridade de coração. Portanto, não fica dúvida de que o Salmo se aplica perfeitamente a Cristo. Mas, o que isso tem a ver com nosso presente propósito? Pois não aparenta que nós e Cristo fomos feitos *um* a fim de ele vir a depositar mais plena confiança em Deus. Minha resposta é que o argumento procede, pois se ele não fora um homem sujeito às necessidades humanas, não careceria de tal confiança. Visto que ele depende do auxílio divino, sua condição é, portanto, a mesma que a nossa. Certamente não confiamos em Deus inutilmente, ou sem proveito, e sim porque, se fôssemos destituídos de sua graça, seríamos miseráveis e perdidos. Portanto, a fé que depositamos em Deus é aquela que extraímos de nossas necessidades. Ao mesmo tempo, diferimos de Cristo nisto: que a fragilidade que necessária e inerentemente nos pertence foi suportada por ele voluntariamente. Tal fato deveria constituir uma grande força a impelir-nos em direção à confiança em Deus, a fim de termos Cristo como nosso líder e mestre. Quem temeria extraviar-se, seguindo seus próprios passos? Não há perigo algum, afirmo eu, de que nossa fé, a qual temos em comum com Cristo, seja sem valia, porquanto bem sabemos que ele não pode equivocar-se.

Aqui estou eu, e os filhos que Deus me deu. Sem sombra de dúvida Isaías está falando de si mesmo. Quando comunicou a seu povo a esperança de liberdade e descobriu que não depositaram confiança em sua promessa, tanto que temeu fosse ela quebrada em virtude da incredulidade do povo, o Senhor lhe ordenou a imprimir o ensino que havia anunciado aos poucos fiéis, como se quisesse dizer que, embora ele fosse rejeitado pela multidão, certamente seria recebido por esses poucos. Isaías põe sua confiança nessa resposta e recebe alento em seu coração, e testifica que ele e os discípulos que lhe foram dados estariam sempre prontos a seguir a Deus [Is 8.18].

Ora, é indispensável que notemos bem a razão por que o apóstolo aplica a Cristo esta sentença. Primeiramente, ninguém, em seu são juízo, negaria que o que se diz na mesma passagem, a saber, que o Senhor será rocha de escândalo e pedra de tropeço para o reino de Israel e Judá, se cumpriu em Cristo. Além disso, assim como o livramento do exílio babilônico foi uma espécie de prelúdio à gloriosa redenção que foi trazida, a nós e aos nossos pais, pelas mãos de Cristo, assim também o fato de que tão poucos dentre os judeus se beneficiarem dessa benevolência divina, de sorte que um pequeno remanescente se salvou, foi um protótipo de sua futura cegueira, pela qual rejeitaram a Cristo, e por sua vez rejeitaram a Deus e pereceram. Devemos observar que as promessas sobre a restauração da Igreja, que se encontram nos profetas do tempo em que os judeus regressaram do exílio, as quais apontam para o reino de Cristo, como o Senhor, a conduzir de volta o povo, tinham em vista o propósito de estabelecer a Igreja até a vinda de seu Filho, por quem realmente ela seria estabelecida.

Sendo assim, Deus não só se dirige a Isaías, a quem ele ordena que selasse a lei e o testemunho, mas também, em sua pessoa, a todos os seus ministros que, naquele tempo, teriam que enfrentar a incredulidade do povo; e sobretudo Cristo, a quem os judeus haviam tratado com ferina insolência mais do que a todos os profetas antes dele. Agora descobrimos que aqueles que assumem o lugar de Israel não só rejeitam o evangelho, mas também atacam furiosamente o próprio Cristo. Ora, por mais que a doutrina do evangelho seja uma pedra de tropeço para os domésticos da Igreja, todavia a vontade de Deus não é que ela pereça de vez; ao contrário, ele ordena que ela seja *selada* entre seus seguidores; e Cristo, em nome de todos os doutores, como sendo a Cabeça deles, aliás, como o supremo Doutor que nos governa através de sua doutrina, proclama que, a despeito dessa lamentável ingratidão do mundo, haverá sempre alguns que se renderão em obediência a Deus.¹⁷

Vemos, pois, o quanto esta passagem de Isaías se aplica perfeitamente a Cristo. À luz da mesma, o apóstolo chega à conclusão de que nos achamos unidos a ele, uma vez que nos vinculou a si quando se ofereceu, e nos ofereceu, igualmente, a Deus o Pai. Aqueles que obedecem a Deus sob a mesma regra de fé formam um só corpo. O que se poderia dizer com mais justeza em abono da fé do que o fato de que nela nos tornamos companheiros do Filho de Deus, e que ele nos reanima através de seu próprio exemplo e nos indica o caminho? Se porventura seguimos a Palavra de Deus, então sabemos com certeza que temos a Cristo como nosso Líder, assim como aqueles que se desviam da obediência à Palavra não têm parte com ele. No entanto, o que o leitor crê ser mais desejável do que vivermos em harmonia com o Filho de Deus? Mas esta concordância ou consentimento é na fé; portanto, a infidelidade nos separa dela. Que outra coisa mais abominável poderia existir? O termo "filhos", que em muitos outros passos significa "servos", é usado aqui para "discípulos".

Que Deus me deu. O que se nota aqui é a primeira razão para a obediência, ou seja: que Deus nos adotou para si. Cristo não leva ninguém ao Pai senão aqueles que o próprio Pai lhe deu. Sabemos que essa doação depende da eleição eterna, já que aqueles a quem o Pai elegeu para a vida, os entrega aos cuidados de seu Filho para que os proteja. E isso mesmo é o que se acha expresso em João 6.37: "Todo aquele que o Pai me dá, esse virá a mim." Aprendamos que, quando nos submetemos a Deus em obediência de fé, devemos fazê-lo unica-

---

17 Stuart sugere que estes textos se aplicam a Cristo como o antítipo daqueles a quem se referem mais imediatamente. "Como o tipo", diz ele, "pôs sua confiança em Deus, assim fez o Antítipo; como o tipo tinha filhos que fossem penhores para o livramento de Judá, assim teve o Antítipo "muitos filhos e filhas", penhores de sua poderosa graça, e garantias de que suas promessas, com respeito às bênçãos futuras, se cumpririam."

Cristo foi prometido como o Filho de Davi em seu ofício de Rei; por isso ele se assemelhava a Davi; e as provações e sustento de Davi, como rei, eram típicos de suas provações e sustento. Daí o apóstolo aplicar-lhe a linhagem de Davi. Cristo foi também prometido como Profeta; e isto se aplica ao Antítipo. Isto seria admitido como um raciocínio válido pelos judeus que consideravam o Messias tanto como Rei quanto como Profeta.

mente em virtude de sua misericórdia, pois de nenhuma outra forma seríamos conduzidos a ele pela mão de Cristo. Essa doutrina produz um suporte singular à nossa fé. Quem iria temer, uma vez protegido pela fé e pela guarda de Cristo? Quem, confiando num Protetor de tal envergadura, não ousaria enfrentar todos os perigos? Aliás, quando Cristo diz: "Eis aqui estou, e os filhos que Deus me deu", ele está simplesmente cumprindo o que em outra parte promete, a saber: "Eu lhes dou a vida eterna; jamais perecerão, eternamente, e ninguém as arrebatará de minha mão" [Jo 10.28].[18]

Finalmente, notemos bem que, embora suceda de o mundo rejeitar o evangelho com violento desdém, todavia as ovelhas sempre reconhecerão a voz do Pastor. Portanto, não nos sintamos perturbados ante a impiedade de quase todas as camadas sociais, idades e nações, porquanto Cristo congrega os seus, os quais se entregam ao seu cuidado. Se porventura os perversos se lançam precipitadamente na morte, movidos por sua própria impiedade, isso se deve ao fato de que as plantas que Deus não plantou são assim arrancadas [Mt 15.13]. Entrementes, tenhamos consciência de que seu povo lhe é bem conhecido [2Tm 2.1], e que a salvação de todos eles está selada por ele mesmo, a fim de que nenhum deles se perca. Que esse selo seja o nosso triunfo!

---

18 Observe-se que em toda esta passagem, dos versículos 5 a 14, inclusive, a representação é que Deus tinha um povo anterior à vinda de Cristo, primeiramente chamado "homem", mais tarde, "filhos" e "filhas", e "irmãos" de Cristo – que a esses se prometem "domínio", "glória e honra" –, e que o Filho de Deus assumiu a natureza deles e se tornou menor que os anjos, a fim de obter-lhes este domínio, glória e honra. Esta afirmação contém uma similaridade com o que o apóstolo diz no quarto capítulo da Epístola aos Romanos, e no terceiro e quarto capítulos de Gálatas; só ele parece recuar aqui a Noé, a quem se restauraram o domínio e a glória perdidos em Adão, enquanto que, nos capítulos referidos, ele começa com Abraão; e ali parece ter tido uma razão para isto; pois a posteridade de Noé logo apostatou da fé; e Abraão, sozinho, veio a ser o pai dos fiéis, e, pela fé, "o herdeiro do mundo", e possuiu a terra de Canaã como um penhor especial de um "país superior". E aqui o apóstolo também fala de Abraão (v. 16).

14. Visto, pois, que os filhos são participantes de carne e sangue, destes também ele, igualmente, participou, para que, através da morte, pudesse destruir aquele que tem o poder da morte, a saber, o diabo,

15. e pudesse trazer livramento a todos que, pelo pavor da morte, estavam sujeitos à escravidão por toda a vida.

14. Quando igitur pueri carni et sanguini communicant, ipse quoque similiter eorundem particeps, ut per mortem aboleret eum qui habebat mortis imperium, hoc est, diabolum;

15. Et redimeret quicunque metu mortis per totam vitam obnoxii erant servituti.

14. Visto, pois, que os filhos. Esta é a inferência ou conclusão da matéria anterior; e, ao mesmo tempo, uma explicação mais plena do que foi referido acima somente de leve, a saber: a razão por que foi necessário que o Filho de Deus se revestisse de nossa carne: para que pudesse participar de nossa própria natureza e, ao suportar a morte, nos redimisse dela.

Esta passagem é digna de profunda ponderação, uma vez que ela não só assevera *o fato* da natureza humana de Cristo, mas também porque revela *os frutos* que procedem dela. O Filho de Deus (diz ele) se fez homem para participar conosco do mesmo estado e da mesma natureza. O que se poderia dizer com mais justiça para a confirmação de nossa fé? Aqui se exibe seu inestimável amor para conosco. O clímax é oriundo do fato de que ele se vestiu de nossa natureza a fim de submeter-se ao estado de mortalidade, já que Deus não poderia experimentar a morte. Ainda que ele toque somente de leve nos frutos de sua morte, no entanto essa brevidade de palavras revela um quadro particularmente vívido e eficaz do fato de que ele nos livra de uma tirania diabólica, para que vivamos a salvo dela, e assim pudesse redimir-nos da morte, a fim de que não mais precisemos viver esmagados pelo medo que ela nos imprime.

Visto que cada palavra particular tem sua importância, devemos examinar todas elas, revestidos de muita prudência. Primeiramente, a destruição do mal, de que ele fala, significa que o mesmo já não pode exercer qualquer poder sobre nós. Mesmo que o diabo ainda prospere, e tudo faça para nossa ruína, não obstante seu poder para prejudicar-nos está abolido ou restringido. Que grande encorajamento é saber que temos de lidar com um adversário que já não exerce nenhum poder sobre nós! Podemos presumir da próxima sentença que isso é dito a nosso respeito: "Para que, através da morte, pudesse destruir aquele que tem o poder da morte." A intenção do apóstolo é que o diabo foi destruído até onde ele detinha o poder de arruinar-nos. "O poder da morte" lhe era atribuído por causa de seu efeito de trazer-nos ruína e de produzir a morte. Ele nos ensina que, pela morte de Cristo, não só a tirania de Satanás foi desfeita, mas também que o próprio diabo foi posto em uma situação tão precária, que já não precisa ser temido, porque Cristo o deixou como se nem mesmo existisse. Ele fala de "diabo", no singular, em concordância com o uso comum da Escritura, não porque só haja um, mas porque todos eles formam um só corpo que não pode ser imaginado como que existindo sem sua cabeça.[19]

15. A todos que, pelo pavor da morte. Esta passagem expressa muito bem a miséria da vida dos que são dominados pelo medo da morte, uma vez que, necessariamente, deve ser algo terrível para os que pensam dela fora de Cristo; pois, nesse caso, outra coisa ela não revela senão maldição. De que provém a morte senão da ira de Deus contra o pecado? Daqui emana esse estado de servidão ao longo de toda a vida, que é a constante ansiedade à qual as almas infelizes se vêem subjugadas. O juízo divino se revela sempre na consciência do pecado. É precisamente desse temor que Cristo nos liberta, ao suportar nossa maldição, e assim eliminou da morte aquele seu aspecto tenebroso. Embora seja inevitável que nos deparemos ainda com a morte, não obstante podemos revestir-nos de calma e serenidade, vivendo ou morrendo, sabendo que temos Cristo que segue adiante de nós.[20]

Caso alguém não possa manter sua mente em repouso, em função da morte, tal pessoa precisa saber que ainda não exerce sólida fé em Cristo. Como uma dose excessiva de temor emana da ignorância da

---

19 Veja-se Apêndice 9.
20 O mesmo parece ser o significado aqui, como antes – "os filhos e filhas". Antes que Cristo viesse, quando os herdeiros ainda viviam em estado de escravidão; assim o apóstolo os representa em Gálatas 4.1-3 (cf. Rm 8.15).

graça de Cristo, a mesma é um seguro sinal de incredulidade.

Aqui, "morte" significa não só a separação de alma e corpo, mas também o castigo que nos é imposto por um Deus irado, a trazer sobre nós a condenação eterna. Pois onde há culpa diante de Deus, aí se exibe imediatamente o inferno.

16. Pois ele, evidentemente, não socorre a anjos, mas socorre a descendência de Abraão.	16. Nusquam enim angelos assumit; sed semen Abrahae assumit.
17. Por isso mesmo convinha que, em todas as coisas, fosse semelhante aos irmãos, para ser misericordioso e fiel sumo sacerdote nas coisas pertencentes a Deus, e para fazer propiciação pelos pecados do povo.	17. Unde fratribus debuit per omnia esse similis, ut misericors esset et Fidelis pontifex in iis quae sunt erga Deum, ut peccata expiet populi.
18. Pois naquilo que ele mesmo sofreu, tendo sido tentado, é poderoso para socorrer os que são tentados.	18. Ex quo enim ipsi contigit tentarri, potest et iis qui tentantur, succurrere.

16. Pois ele, evidentemente, não socorre a anjos. Ao traçar esta comparação, ele estende os benefícios e a honra que Cristo nos comunicou, revestindo-se de nossa carne, já que ele jamais fez algo semelhante em favor dos anjos. Visto que se fazia necessário encontrar um antídoto infalível para a terrível ruína humana, o Filho de Deus se propôs oferecer-nos uma incomparável demonstração de seu amor para conosco, tal que nem mesmo os anjos participaram. O fato de nos preferir aos anjos não teve por base nossa excelência, e sim nossa miséria. Não há razão para nos vangloriarmos de que somos superiores aos anjos, exceto o fato de que o Pai celestial nos concedeu maior benevolência em razão de sermos carentes dela, para que os próprios anjos, lá do alto, contemplassem tão sublime generosidade derramada sobre a terra. Entendo o tempo presente do verbo com referência ao testemunho da Escritura, como se colocasse diante de nossos olhos o que já havia sido testificado pelos profetas.

Só esta passagem seria suficiente para confundir a Marcião, Maniqueu, bem como a outros desvairados como eles, os quais negaram que Cristo verdadeiramente nasceu de geração humana. Se ele simplesmente assumisse a aparência de homem, tendo anteriormente aparecido mais amiúde na forma de um anjo, então não teria havido distinção alguma. Uma vez, porém, que não se pode dizer que Cristo se convertera realmente em anjo, vestido com a natureza angelical, assim diz-se que ele assumira a natureza humana, e não a natureza angelical. O apóstolo está falando de *natureza*, e mostra que, quando Cristo se vestiu de nossa carne, se fez homem genuíno, para que houvesse unidade de pessoa em duas naturezas. Além do mais, esta passagem não oferece apoio aos nestorianos, que inventaram um Cristo dividido, como se o Filho de Deus não fosse genuinamente homem, mas que meramente viveu na carne humana. Descobrimos que tal conceito é muitíssimo diferente daquela posição do apóstolo. Seu alvo é ensinar-nos que, na pessoa do Filho de Deus, encontramos um *Irmão* em virtude da comunhão de nossa comum natureza. Ele, portanto, não se contenta em apenas chamá-lo *Homem*, mas afirma que ele nasceu de descendência humana. Ele menciona expressamente a "descendência de Abraão", para que o que ele diz desfrutasse de mais crédito, como sendo extraído da própria Escritura.[21]

17. Por isso mesmo convinha que, em todas as coisas, fosse ele semelhante aos irmãos. Na natureza humana de Cristo há duas coisas a serem consideradas, a saber: a essência da carne e os afetos ou sentimentos. O apóstolo, pois, ensina que ele se vestiu não só da própria carne humana, mas também de todas as emoções afetivas que são inerentes ao homem. Ele mostra também os frutos que nos advêm daí e qual o legítimo ensino da fé, quando sentimos em nós próprios a razão por que o Filho de Deus tomou sobre si nossas enfermidades. Sem tais frutos, todo nosso conhecimento seria frio e inanimado. Ele prossegue ensinando que Cristo se fez sujeito às nossas paixões humanas "para que pudesse ser misericordioso e fiel sumo sacerdote".[22]

---

21 Veja-se Apêndice 10.
22 Em concordância com minha concepção pessoal, temos aqui um exemplo de arranjo seme-

Tomo essas palavras no seguinte sentido: "Para que pudesse ser misericordioso e, portanto, fiel." Para um sacerdote, cuja função era apaziguar a ira de Deus, socorrer os desventurados, restaurar os caídos, libertar os oprimidos, seu primordial e extremo requisito era demonstrar misericórdia e criar em nós tal senso de comunhão. Pois é muito raro que aqueles que vivem sempre afortunadamente simpatizem com os sofrimentos alheios. Indubitavelmente, este verso de Virgílio foi extraído da experiência humana cotidiana:

"De minha experiência pessoal,
extraída do infortúnio,
é que aprendi a ajudar o necessitado."[23]

O Filho de Deus não tinha necessidade de passar por alguma experiência a fim de conhecer pessoalmente a emoção da misericórdia. Entretanto, ele jamais nos teria persuadido de sua bondade e prontidão em socorrer-nos, não fosse ele provado por nossos próprios infortúnios. E tudo isso ele nos concedeu como favor. Portanto, quando nos sobrevém toda sorte de males, que isso nos sirva de imediata consolação, a saber: que nada nos sobrevém sem que o Filho de Deus já o tenha experimentado em sua própria pessoa, para que pudesse ser-nos solidário. Nem duvidemos de que ele está conosco como se ele

---

lhante ao que repetidas vezes deparamos nos profetas, e que ocorre no versículo 9; isto deve ser visto como uma parte deste versículo e do seguinte posto em versos:
    Para que se compadecesse,
    E fosse fiel sumo sacerdote nas coisas de Deus,
    Para fazer expiação pelos pecados do povo;
    Pois, como ele sofreu, sendo ele mesmo tentado,
    Pode socorrer os que são tentados.

A primeira e última linhas se correspondem entre si, e a segunda com a terceira. Ele é compassivo, porque pode solidarizar-se com os que são tentados, tendo sido, ele mesmo, tentado; e é um verdadeiro e fiel sumo sacerdote, porque realmente expiou os pecados do povo; e, para que fosse tudo isso, ele se tornou como seus irmãos, assumindo sua natureza.

23 Non ignara mali, miseris succurrere disco.

mesmo sofresse a nossa própria dor.[24]

"Fiel" significa verdadeiro e justo. É o oposto de impostor ou alguém que não cumpre seu dever. A experiência de nosso infortúnio faz de Cristo Alguém tão pleno de compaixão, que o move a implorar o auxílio divino em nosso favor. Que mais podemos desejar? Para fazer expiação por nossos pecados, ele se vestiu de nossa natureza, para que pudéssemos ter em nossa própria carne o preço de nossa reconciliação. Em uma palavra, para que ele pudesse levar-nos consigo para o interior do santo dos santos de Deus em virtude de nossa comum natureza. Pela frase, "as coisas pertinentes a Deus" (τὰ πρὸς τὸν Θεόν), o autor quer dizer as coisas cujo propósito é reconciliar os homens com Deus. Visto que a liberdade que emana da fé é a primeira via de acesso a Deus, carecemos de um Mediador que remova todas as incertezas.

18. Naquilo que ele mesmo sofreu. Havendo ele sido testado por nossos males, agora está pronto, diz ele, para trazer-nos seu auxílio. *Tentação*, aqui, significa simplesmente experiência ou provação; e ser *poderoso* significa ser apto, ou propenso, ou idôneo, ou preparado.

---

24 Este parágrafo, que começa no versículo 5, tem início com o que é pertinente ao ofício régio – domínio e o que o acompanha: glória e honra, e para fazer de seu povo reis, bem como sacerdotes, para Deus. O domínio e a glória prometidos aos fiéis desde o princípio se percebem mesmo na primeira promessa feita ao homem caído, e desenvolvido mais plenamente depois, foi que em si mesmos não tinham poder. Daí tornou-se necessário que o Filho de Deus se tornasse o filho do homem, para que pudesse obter para seu povo o domínio e a glória. Este parece ser o ponto em pauta, que nos é apresentado nesta passagem. Os filhos de Deus, antes que Cristo viesse ao mundo, eram como que herdeiros em sua menoridade, ainda que fossem donos de tudo. Ele veio, assumiu nossa carne e efetuou tudo quanto era necessário para que tomassem plena posse dos privilégios que lhes foram prometidos (cf. Gl 4.1-6).

Capítulo 3

1. Por isso, santos irmãos, participantes da vocação celestial, considerai o Apóstolo e Sumo Sacerdote de nossa confissão, Jesus,
2. que foi fiel àquele que o constituiu, como também o era Moisés em toda a sua casa.
3. Pois ele foi considerado digno de muito mais glória do que Moisés, quanto mais honra do que a casa tem aquele que a construiu.
4. Pois toda casa é construída por alguém, mas aquele que construiu todas as coisas é Deus.
5. E Moisés, deveras, era fiel em toda a sua casa como servo, para testemunho daquelas coisas que haviam de ser anunciadas;
6. Cristo, porém, como Filho, sobre sua casa; casa esta que somos nós, se guardarmos firme até ao fim a ousadia e a glória de nossa esperança.

1. Unde fratres sancti vocationis coelestis participes, considerate Apostolum et sacerdotem confessionis nostrae, Christum Iesum;
2. Qui Fidelis este i qui constituit eum, quemadmodum et Moses in Tota domo ejus.
3. Majore quippe gloria hic dignus habitus est quam Moses, quanto majorem habet honorem architectus domus quam ipsa.
4. Omnis enim domus construitur ab aliquo, qui autem omnia construxit Deus est.
5. Et Moses quidem Fidelis in tota domo ejus tanquam minister in testimonium eorum quae post dicenda erant;
6. Christus autem tanquam filius supra domum ipsius; cujus nos domus sumus, si fiduciam et gloriationem spei ad finem usque firmam tenuerimus.

1. Por isso, santos irmãos. O escritor conclui a doutrina discutida até aqui com uma indispensável exortação, para que os judeus considerassem atentamente e reconhecessem a natureza e a grandeza de Cristo. Já que anteriormente o comparara sucintamente com Moisés e Arão, ao descrevê-lo como Doutor e Sacerdote, agora une ambas as descrições. Ele adorna a Cristo com uma dupla honra, porquanto ele sustenta um duplo caráter [*duplicem sustinet personam*] na Igreja de Deus. Moisés exerceu o ofício de profeta e doutor, e Arão o de sacerdote, mas ambos os deveres se encontram presentes em Cristo. Se, pois, desejamos considerá-lo adequadamente, então temos de ponderar sobre sua natureza; ele tem de ser investido de seu próprio poder, no caso de lançarmos mão de uma mera sombra sem conteúdo, e não dele mesmo.[1]

O verbo *considerar*, no início, é importante. Significa que Cristo deve receber particular atenção, já que não pode ser desconsiderado impunemente, e ao mesmo tempo significa que o genuíno conhecimento de Cristo é suficiente para dispersar as trevas de todo e qualquer erro. Com o fim de injetar-lhes maior ânimo para este estudo, ele lembra-lhes de sua vocação, como se lhes dissesse: "Ao chamar-vos para seu reino celestial,[2] Deus não vos concedeu uma graça ordinária. O que vos toca agora é manterdes vossos olhos fixos diretamente em Cristo, o qual é o Guia de vosso caminho".[3] A vocação dos santos não pode ser confirmada, a menos que se voltem completamente para Cristo. Conseqüentemente, não devemos concluir que isso é expresso tão-somente no tocante aos judeus, mas o que se acha aqui proposto é uma doutrina geral aplicável a todos aqueles que desejam alcançar o reino de Deus, os quais devem seguir a Cristo com prontidão, seja

---

1 Ele os chama "santos irmãos". Stuart toma *santo* no sentido de "consagrados, devotados, isto é, a Cristo, postos à parte como cristãos". O povo de Israel foi chamado santo no mesmo sentido, não porque fossem espiritualmente santos, mas porque foram postos à parte e adotados como o povo de Deus. A palavra "santos", na abertura das Epístolas de Paulo, significa a mesma coisa.

2 A palavra *celestial* provavelmente significue um chamado do céu (cf. 12.25). Sem dúvida, é uma e outra coisa, a saber, é um chamado para o desfruto das coisas celestiais, bem como um chamado que vem do céu.

3 Este é o único lugar em que Cristo é chamado *Apóstolo*, sem dúvida com o propósito de instituir uma comparação entre ele e Moisés, que com freqüência é dito ser enviado por Deus, como lemos de Cristo que foi enviado pelo Pai; portanto, ambos podem ser corretamente chamados apóstolos, isto é, mensageiros enviados por Deus. E então adiciona sumo sacerdote, para mais tarde fazer uma comparação entre ele e Arão. Ele teve antes Cristo exaltado como Mestre acima de todos os profetas, inclusive, sem dúvida, Moisés entre os demais; aqui, porém, a referência é a Moisés como o líder do povo, como um especialmente enviado por Deus a conduzi-los para fora do Egito, pelo deserto, até a terra de Canaã. Mas, como nosso chamado é do céu e para o céu, Cristo é enviado como mensageiro a guiar-nos à pátria celestial. Daí, vemos que, nesta conexão, a "vocação celestial" deve ser tomada mais apropriadamente como uma vocação para o céu.

porque ele é o único Mestre de nossa fé, seja porque ele a ratificou por meio de seu sacrifício. "Confissão", aqui, é tomada no sentido de "fé", como se quisesse dizer que a fé que professamos é vã e fútil, a menos que ela seja direcionada para Cristo como seu objeto.[4]

2. Que foi fiel. Esse é um enaltecimento do apostolado de Cristo, para que os fiéis, em plena confiança, encontrem refrigério nele. Ele o recomenda com base em um duplo contexto, porque o Pai o pôs sobre nós como nosso Mestre, bem como porque Cristo mesmo tem fielmente se desincumbido da tarefa que lhe fora imposta. Estes dois elementos são sempre indispensáveis para munir uma doutrina com autoridade. Somente Deus deve ser ouvido, como o declara toda a Escritura. Por isso Cristo dá testemunho [Jo 7.16] de que a doutrina que ele estabelece não é propriamente sua, mas do Pai. Em outra parte, ele diz: "... e quem recebe a mim, recebe aquele que me enviou..." [Lc 9.48]. Estamos falando de Cristo naquele aspecto em que se acha revestido de nossa carne, e é nessa qualidade que ele é o Servo do Pai para executar sua vontade em seus mandamentos. À vocação de Deus acrescenta-se sua fiel e imaculada ministração em Cristo, tal como é requerida de todos os genuínos ministros, a fim de que venham a granjear a confiança da Igreja. Se ambas essas exigências são encontradas em Cristo, então ele não pode ser desconsiderado sem que menosprezemos a Deus nele.

Como também o era Moisés. Omitindo por enquanto o sacerdócio, aqui ele fala de seu apostolado. Pois, como há duas partes na aliança de Deus, a promulgação da verdade e, por assim dizer, sua real confirmação, a plena perfeição da aliança não apareceria em Cristo, não fossem ambas as partes fundadas nele. Daí o escritor da Epístola, depois de fazer menção de ambas, chamou a atenção para uma breve exortação. Mas agora entra em discussão mais extensa, e começa com

---

4 O significado mais simples desta frase é visualizá-la como um tipo de hebraísmo, quando um substantivo é expresso por um adjetivo ou um particípio; e é assim traduzido por Schleusner e Stuart, "professado por nós", ou "a quem professamos". Vejam-se casos semelhantes em 10.23 e em 2 Coríntios 9.13.

o ofício de mestre; portanto, agora compara Cristo somente com Moisés. As palavras, *em toda sua casa*, podem aplicar-se a Moisés, porém prefiro aplicá-las a Cristo, como se pode dizer que ele é fiel ao seu Pai no governo de toda sua casa. Daí se segue que ninguém pertence à Igreja de Deus exceto aqueles que reconhecem a Cristo.⁵

3. Pois este homem [ou ele] foi tido por digno. Para não parecer que fazia Cristo igual a Moisés, ele mostra quão mais excelente é Cristo. E ostenta isso fazendo uso de dois argumentos: primeiro, embora Moisés presidisse a Igreja, ele era parte e membro dela; Cristo, porém, sendo seu construtor, é superior a todo o edifício. Segundo, Moisés, ao governar outros, estava ao mesmo tempo sob autoridade, como um servo; Cristo, porém, já que é o Filho, possui o supremo poder.

Chamar a Igreja *casa de Deus* constitui uma metáfora muito freqüente e familiar na Escritura [1Tm 3.15]. Visto que ela se compõe dos fiéis, eles são chamados, individualmente, uma *pedra viva* [1Pe 2.5], ou às vezes são denominados *vasos* com que a casa se acha equipada [2Tm 2.20]. Não há pessoa, por mais eminente que seja, que não seja *membro* e não esteja incluída no corpo como um todo. Tão-somente Deus, como o construtor, é que deve ser colocado acima de sua própria obra; e Deus vive em Cristo para que tudo quanto diga respeito a ele também se aplique a Cristo.

Se alguém contesta, dizendo que Cristo é também parte do edifício, uma vez que ele é o alicerce, uma vez que ele é nosso Irmão, uma vez que ele mantém comunhão conosco, ou que não pode ser o construtor em razão de ser ele mesmo formado por Deus, respondemos prontamente que nossa fé se encontra tão fundamentada nele, que ele não só nos governa, mas também é nosso Irmão, de tal forma que também é nosso Senhor. De tal sorte foi ele formado por Deus, no tocante

---

5 Este testemunho no tocante a Moisés se encontra em Números 12.7. Deus diz ali "em toda minha casa"; portanto, devemos considerar "sua", aqui, como uma referência a Deus ou a Cristo, e não a Moisés. "Pois este homem", οὗτος; é preferível traduzi-lo aqui por *ele*, como às vezes é traduzido, e neste lugar é assim traduzido por Doddridge, Macknight e Stuart. A conexão é com "considerar", no primeiro versículo; "pois" dá-se a razão para a exortação; "pois ele", isto é, o apóstolo e o sumo sacerdote supramencionados.

à sua humanidade, que, como Deus é eterno, ele comunica vida a todas as coisas, bem como restaura todas as coisas, por meio de seu Espírito. A Escritura usa várias metáforas para expressar a graça de Cristo para conosco, mas não há nenhuma que detraia algo daquela sua honra que o apóstolo menciona aqui. Aqui posição consiste em que todos os homens devem ser postos em seu devido lugar, porquanto devem estar sujeitos à Cabeça, e que somente Cristo é isento de tal condição, visto ser ele a Cabeça.

E caso se apresente mais uma objeção, dizendo que Moisés não é menos construtor do que Paulo, que ostenta esse título, respondo que esse qualificativo é comunicado aos profetas e mestres, porém incorretamente, visto que estes não passam de instrumentos mortos, a menos que Deus inspire neles a eficácia celestial. E mais, esforçam-se para edificar a Igreja a fim de que eles mesmos entrem no edifício. O caso de Cristo, porém, é diferente, pois ele tem edificado a Igreja perenemente pelo poder de seu próprio Espírito. Além do mais, ele tem uma posição muito mais excelente que as pessoas comuns, visto ser ele o genuíno Templo de Deus e ao mesmo tempo o Deus que o habita.

4. Aquele que construiu todas as coisas é Deus. Ainda que essas palavras possam ser estendidas à criação do mundo inteiro, restrinjo-as ao nosso presente caso, para que entendamos que nada é feito na Igreja que não deva ser atribuído ao poder de Deus. Pois foi tão-somente ele quem fundou a Igreja por sua própria mão [Sl 87.5]. Falando de Cristo, diz Paulo [Ef 4.16] que ele é a Cabeça, "de quem todo o corpo, bem ajustado e consolidado, pelo auxílio de toda junta, segundo a justa cooperação de cada parte, efetua seu próprio aumento para a edificação de si mesmo em amor". Ele declara com freqüência que o sucesso de seu ministério se deve à ação de Deus. Se atentarmos acuradamente, por mais que Deus use as obras humanas para a edificação de sua Igreja, em última hipótese é ele quem realiza tudo. O instrumento em nada denigre aquele que o usa.[6]

---

6 Veja-se Apêndice 11.

5. E Moisés, deveras, era fiel. A segunda distinção consiste em que a Moisés foi dada uma doutrina à qual ele, juntamente com outros, tinha de submeter-se. Cristo, porém, embora vestido na forma de Servo, é o Mestre e Senhor, a quem todos os homens têm de sujeitar-se. Ele se fez o Herdeiro de todas as coisas, como já vimos no capítulo 1.2.

Para testemunho daquelas coisas que haviam de ser anunciadas. Explico isso simplesmente nestes termos: enquanto Moisés era o arauto da doutrina que deveria ser proclamada ao povo antigo, segundo se exigia em sua época, ao mesmo tempo ele dava testemunho do evangelho, embora o mesmo ainda não estivesse no ponto de ser proclamado. Pois é evidente que o propósito e o cumprimento da lei consistem na perfeição da sabedoria que está contida no evangelho. O tempo futuro do particípio parece demandar tal explicação. À guisa de sumário, Moisés entregou fielmente ao povo o que Deus lhe confiara; mas foi-lhe imposta uma medida a qual não poderia licitamente ultrapassar. Deus antigamente falara de muitas e diferentes maneiras, através dos profetas, mas adiou a revelação completa do evangelho até chegar a plenitude do tempo.

6. Cuja casa somos nós. Como Paulo, em sua Epístola aos Romanos, depois de haver prefaciado que fora designado apóstolo aos gentios, ele soma ao seu número os romanos a quem estava escrevendo, com o intuito de conquistar sua confiança [Rm 1.6], assim também agora o autor desta Epístola exorta os judeus, os quais já haviam confessado a Cristo, a que perseverassem na fé, para que fossem considerados como membros da *família de Deus*. Ele já havia dito que a casa de Deus estava sujeita à autoridade de Cristo. Em consonância com essa declaração, ele adiciona o lembrete de que só teriam um lugar na família de Deus no caso de obedecerem a Cristo. Visto que já haviam começado a abraçar o evangelho, ele adiciona a condição: "se guardarmos firme até ao fim a ousadia e a glória de nossa esperança." Tomo o termo "esperança" no sentido de "fé". Aliás, esperança não é outra coisa senão a constância na fé. Ele menciona a "ousadia e a glória da esperança" com o fim de expressar com mais clareza o poder da fé.⁷ Disso concluímos que os que recebem o evangelho de forma vacilante ou com dúvida possuem pouca ou nenhuma fé. Não pode haver fé sem aquela inabalável paz mental da qual flui a exultante confiança em gloriar-se. Temos aqui os dois efeitos da fé que estão sempre presentes, a saber: *ousadia* e *exultação*. Já enfatizamos esses elementos em nosso comentário sobre o quinto capítulo de Romanos e sobre o terceiro de Efésios.

Mas toda a doutrina dos papistas se opõe a essas coisas. Mesmo quando não houvesse nenhum outro conteúdo nocivo, ainda assim destrói a Igreja de Deus em vez de edificá-la. A certeza, segundo a doutrina apostólica, tão-somente pela qual somos consagrados templos de Deus, é não só obscurecida por suas fantasias, mas também claramente destruída por sua pretensão. Que confiança estável pode haver quando os homens não sabem em que estão crendo? Aquela monstruosidade de fé implícita que inventaram outra coisa não é senão libertinagem que tenta justificar o erro. Esta passagem nos lembra que temos de progredir sempre até o dia da morte, porquanto toda nossa vida se assemelha a uma pista de corrida.

7. Assim, pois, como diz o Espírito Santo: Hoje, se ouvirdes sua voz,	7. Quare (sicut dicit Spiritus Sanctus, Hodie si vocem ejus audieritis,
8. não endureçais vossos corações, como foi na provocação. Tal como no dia da tentação no deserto,	8. Ne obduretis corda vestra, sicut in exacerbatione, in die tentationis in deserto;

---

7 Aqui é preferível que "esperança" seja retida em seu significado próprio; pois no versículo 12 o defeito dela é aplicado ao incrédulo. Fossem as palavras "confiança" e "alegrar-se" traduzidas como adjetivos, o significado seria mais evidente – "se retivermos firmes nossa confiança e jubilosa esperança até o fim." Assim podemos tomar uma forma de expressão semelhante no versículo 13, "pelo pecado enganoso", como "novidade de vida", em Romanos 6.4, significa "nova vida". A prática mais comum é em tais casos traduzir o genitivo como um adjetivo, mas este nem sempre é o caso. Esperança é "confiança" ou certeza, enquanto repousa na Palavra de Deus, e é "jubilosa", enquanto antecipa a glória e felicidade do reino celestial. Mas, Beza e Doddridge tomam as palavras à parte, "liberdade de fazer confissão e de gloriar-se na esperança", ou, segundo Beza, "a esperança na qual nos gloriamos". O significado secundário da palavra παρρησία é confiança, e de καύχημα, alegria ou regozijo, e aqui o mais apropriado, como se harmoniza mais satisfatoriamente com "manter-se firme".

9. onde vossos pais me tentaram, pondo-me à prova, e viram minhas obras ao longo de quarenta anos.
10. Por isso me indispus contra essa geração, e disse: Estes sempre erram no coração; eles também não conheceram meus caminhos.
11. Assim jurei na minha ira: Não entrarão em meu descanso.
12. Tende cuidado, irmãos, jamais aconteça haver em qualquer de vós perverso coração de incredulidade que vos afaste do Deus vivo;
13. pelo contrário, exortai-vos mutuamente cada dia, durante o tempo que se chama Hoje; a fim de que nenhum de vós seja endurecido pelo engano do pecado.

9. Ubi tentaverunt me patres vestri, probaverunt me, et viderunt opera mea
10. Quadraginta annis: quamobrem infecnsus fui generationis illi, et dixi, semper errant cordes; ipsi vero non cognoverunt vias meas;
11. Sicut juravi in ira meã, Si ingressuri sint in réquiem meam.)
12. Videte fratres, ne quando sit in ullo vestrum cor pravum incredulitatis (vel, pravum et incredulum,) deficiendo a Deo vivente:
13. Sed exhortamini vos ipsos quotidie, quandiu vocatur dies hodiernus; nequis ex vobis induretur deceptione peccati.

O autor prossegue em sua exortação, dizendo que, quando Cristo lhes falasse, então que o obedecessem. E, para imprimir mais autoridade ao seu argumento, ele o confirma pelo testemunho de Davi. Já que tinham de ser fortemente incitados, era preferível, para evitar escândalo, introduzir outra pessoa. Se os tivesse simplesmente repreendido, usando a incredulidade de seus antepassados, teriam prestado pouca atenção. Mas, ao introduzir Davi, a questão se fez menos ofensiva. Eis a suma de tudo: Deus, desde o princípio, quis que sua voz fosse obedecida, mas não podia tolerar sua obstinação sem aplicar-lhes severo castigo; assim também hoje, a menos que nos mostrarmos maleáveis em suas mãos, sua penalidade sobre nossa obstinação não será de forma alguma mais suave. O discurso fica suspenso até chegarmos à parte onde ele diz: "Tende cuidado, irmãos, jamais aconteça haver em qualquer de vós", etc. Para que o contexto seja mais bem compreendido, será de bom tom colocar o restante entre parênteses.[8] Agora nos cabe seguir as palavras em sua ordem.

---

8 Em nossa versão há o mesmo parêntese; Beza Doddridge, Macknight e Stuart não o usam, mas conectam "portanto" com "não endurecido", que parece mais apropriado.

7. Como diz o Espírito Santo. Essa expressão é muito mais eficaz para sensibilizar o coração do que citando Davi nominalmente. É muitíssimo benéfico que nos acostumemos com essa forma de expressão, para que recordemos bem que, o que encontramos nos livros dos profetas são as palavras de Deus mesmo, e não as dos homens. Além do mais, já que a expressão, "Hoje, se ouvirdes sua voz", é uma parte do versículo anterior, há quem a traduza, e não de maneira imprópria, "gostaria que ouvísseis". É verdade que, quando Davi denominou os judeus, povo e rebanho de Deus, inferiu imediatamente que desse modo ouviriam a voz de Deus. Nessa passagem, ele instrui aqueles a quem conclama a cantarem os louvores de Deus e a celebrarem sua benevolência, afirmando que a obediência é um culto especial requerido por Deus, sendo ela preferível a todos os sacrifícios. A primeira prioridade é a submissão à Palavra de Deus. E segue em frente:

8. Não endureçais vossos corações, indicando que nossa rebelião contra Deus não flui de qualquer outra fonte senão da depravação intencional de dificultar a entrada da graça de Deus. Temos por natureza um coração de pedra, e essa dureza nos é inerente desde o ventre materno, e somente Deus pode abrandá-lo e corrigi-lo. Se rejeitamos a *Voz de Deus*, fazemos isso movidos por nossa própria obstinação, e não por alguma influência externa. Todos nós somos nossas próprias testemunhas da veracidade deste fato. É por isso que o Espírito com razão acusa a todos os incrédulos de resistirem a Deus, bem como de serem eles os mestres e autores de sua própria obstinação, para que não tentem lançar a culpa em algum outro. Daqui se extrai a absurda conclusão de que existe em nós um livre poder para inclinar nossos próprios corações ao serviço de Deus. Antes, a verdade está justamente do outro lado, a saber: que é sempre os homens que, inevitavelmente, endurecem seus corações, até que outro coração, de origem celestial, substitua-lhes o natural. Como nossa inclinação é sempre para o mal, jamais cessaremos de resistir a Deus, até que sejamos domesticados e subjugados por sua mão.

Como foi na provocação. Por duas razões, era importante que se lembrassem da desobediência de seus antepassados. Quando movidos por insensatez se ensoberbeceram em razão da glória de sua raça, com freqüência imitavam os vícios de seus antepassados como se fossem virtudes, e saíam em sua defesa apresentando o exemplo deles. Ao ouvirem, pois, que seus antepassados foram tão desobedientes a Deus, então reconheciam mais facilmente que essa instrução não era supérflua. Ainda que ambas as razões estivessem em vigor nos dias do apóstolo, ele prontamente acomodou ao seu próprio objetivo o que Davi disse antigamente, para que aqueles a quem ele dirigia a palavra não imitassem demasiadamente os antepassados.

Daqui se pode depreender o princípio geral, ou seja: não devemos transigir demasiadamente sob a autoridade dos antepassados, para que, procedendo assim, não venhamos a apartar-nos de Deus. Caso algum dos antepassados merecesse honra, por certo que os judeus eram os primeiros entre todos os demais. E, no entanto, Davi, com voz bem clara, ordenou a seus filhos que se cuidassem de não imitá-los.

Não tenho dúvida de que isso tem referência à história que se acha relatada em Êxodo 17. Pois Davi faz uso de dois nomes que, segundo Moisés, foram dados a certo lugar: מריבה [*Meribah*], que significa *contenda* e *imitação*, e מסה [*Massah*], que significa *tentação*. Tentaram a Deus, negando que ele estivesse no meio deles, já que se sentiam angustiados pela falta de água; e o provocaram, contendendo com Moisés. Ainda que, deveras, dessem muitos outros exemplos de sua incredulidade, contudo Davi escolheu este de maneira especial, porquanto era o exemplo mais memorável que todos os outros, e também porque, na ordem cronológica, em sua maioria seguia os demais, como evidentemente transparece do quarto livro de Moisés, no qual, começando pelos capítulos 10 a 22, descreve-se neles uma série de tentações. Todavia, a narrativa a que aludimos encontra-se no capítulo 20. Esta circunstância agravou não pouco a atrocidade de sua perversidade. Quão tremenda se fizera sua ingratidão, pois com tanta freqüência experimentavam o poder de Deus, e mesmo assim, tão vergonhosamente, altercavam contra ele e renunciavam toda a confiança nele! O autor, pois, citou um exemplo especial entre muitos outros.

9. Me tentaram. A expressão, *da tentação*, é tomada em sentido negativo, significando provocar arrogante e obstinadamente, como dizemos em francês: *défier comme en dépitant*. Ainda que Deus lhes houvesse, vezes e mais vezes, providenciado socorro, esqueceram tudo, e indagaram com ares de zombaria onde fora parar seu poder. Esta frase deve ser explicada assim: Quando me provocaram e viram minhas obras. O fato de serem eles instruídos através de tantas provações, e de fazerem tão pouco progresso, aumenta ainda mais sua culpa de impiedade. Era algo incrivelmente estúpido e leviano de sua parte não darem nenhum valor ao poder de Deus, depois se este ser sobejamente provado.[9]

Quarenta anos. Esta palavra do Salmo deve ser conectada com os versículos que seguem. E sabemos que os apóstolos, ao citarem passagens como evidência, prestavam mais atenção ao ponto principal da matéria em questão do que ao significado exato de cada palavra. É evidente que Deus aqui lamenta que o povo lhe fora um peso ao longo de quarenta anos, já que tantos benefícios resultaram em nada, quando o propósito era sua instrução. Não obstante Deus, fielmente, lhes fazer o bem, ainda que fossem indignos, não cessaram de sublevar-se contra ele. Daí sua contínua indignação, como se quisesse dizer: "Provocaram-me não só uma vez, nem por pouco tempo, mas pecaram continuamente, ao longo de quarenta anos." *Geração* significa período de vida, ou pessoas de uma mesma idade.

10. E disse. Eis a sentença de Deus, pela qual ele declara que foram destituídos de mente sã, e adiciona a razão: "eles também não conheceram meus caminhos." Em suma, Deus os considera um caso

---

9 Veja-se Apêndice 12.

perdido, porque eram carentes de senso e razão. E aqui ele assume o caráter de homem que, depois de uma longa série de provações, diz que descobriu uma obstinada demência, porquanto diz que eles sempre se extraviaram, e neles não havia qualquer esperança de arrependimento aparente.

11. Assim jurei em minha ira. O castigo de sua loucura consistiu em que foram privados do descanso que lhes fora prometido. Além do mais, Deus chama a terra onde deveriam ter fixado sua morada de "meu descanso". Haviam sido peregrinos no Egito. Vagaram pelo deserto. A terra de Canaã, porém, seria sua herança perpétua de acordo com a promessa divina. É em relação à promessa que Deus a chamou "meu descanso", já que não temos morada fixa exceto quando estabelecidos por sua mão. Seu direito a uma possessão fixa estava radicado no que Deus dissera a Abraão: "À tua descendência darei esta terra" [Gn 12.7]. O fato de Deus haver jurado, "e não entrarão em meu descanso", expressa muito mais clara e vigorosamente a enormidade de seu mal; é um sinal de ira terrivelmente inflamada. **Não entrarão.** Essa é uma forma de juramento na qual alguma sentença adicional deve entrar na composição, como uma imprecação, de algo parecido, quando os homens falam. Quando Deus mesmo é quem fala, é como se ele dissesse: "Não me considereis veraz"; ou, "Não me creiais doravante, se o que falo não for assim." Essa forma defectiva de falar instiga temor e reverência, para que não juremos displicentemente, como fazem muitos que têm o hábito de pronunciar horríveis maldições.

No tocante à presente passagem, não devemos concluir que foi devido ao juramento de Deus que não puderam entrar na terra de Canaã a primeira vez, quando o tentaram em Refidim. Foram impedidos desde o tempo em que ouviram o relato dos espias e se recusaram a dar sequer um passo. Aqui, Deus não atribui à tentação como sendo a causa primordial de sua desapropriação da terra. Ele indica que não puderam ser reconduzidos ao bom senso por qualquer forma de castigo, senão que continuaram a acrescentar às antigas, novas ofensas. Ele mostra que mereciam ser punidos de forma tão severa como foram, pois jamais cessavam de incitar sua ira, mais e mais, com a multidão de seus pecados. É como se Deus quisesse dizer: "Aqui está a geração à qual neguei a posse da terra prometida, e que mostrou sua louca obstinação através de seus incontáveis pecados, ao longo desses quarenta anos e por muito tempo depois."

12. Tende cuidado, irmãos, jamais aconteça. Preferi conservar o que o apóstolo expressa em termos literais, em vez de formular uma paráfrase referente ao "perverso coração de incredulidade", visto que o escritor tinha em mente que a incredulidade estava associada à depravação ou maldade; tendo uma vez experimentado a Cristo, em seguida se renuncia a fé nele. Ele está dirigindo-se àqueles que uma vez haviam se imbuído dos rudimentos do cristianismo. Ele, pois, adiciona imediatamente: "que vos afaste", pois a culpa de deserção inclui a de perfídia.[10]

Ele também realça que o antídoto para que não se caia em tal perversidade é o exercício da exortação mútua. Como por natureza somos inclinados a ceder-nos ao mal, temos necessidade de múltiplos auxílios para conservar-nos no temor de Deus. A menos que nossa fé se reanime reiteradamente, ela se entorpecerá. A menos que ela se aqueça, arrefecerá. A menos que ela se mantenha de pé, se definhará. Ele, pois, deseja que se estimulem através de mútuo encorajamento, a fim de que Satanás não penetre sorrateiramente seus corações e com suas falsidades os afaste de Deus. Deve-se notar essa seqüência de considerações. Não é no primeiro assalto que nos precipitamos de vez nessa insanidade de digladiarmos contra

---

10 A palavra conectada com "coração" é ἐν τῷ, que propriamente significa *enfermo*, e daí corrompido, depravado, perverso. Depravado ou perverso talvez fosse a tradução preferível do termo aqui. "Incrédulo" é um genitivo usado para um adjetivo ou um particípio – "um coração descrente e perverso". É descrente em virtude de sua perversidade ou depravação. Grotius diz que há dois tipos de incredulidade – o primeiro, a rejeição da verdade quando inicialmente oferecida; e, o segundo, a renúncia dela depois de uma vez professada. O segundo é um pecado ainda mais hediondo. "A partida" etc.; ἐν τῷ é traduzido por Macknight "por"; por Grotius é considerado como sendo εἰς τό, cuja palavra faz o significado mais evidente, "quando à partida" etc.

Deus, senão que Satanás nos ataca paulatinamente, com astúcias indiretas, até nos ver enredados em suas imposturas. Então somos embrutecidos e prorrompemos em franca rebelião.[11]

Devemos, pois, opor-nos a esse perigo enquanto é tempo. É um perigo que ronda a todos nós, já que não existe nada mais fácil do que nos deixarmos enganar. E é da decepção que se desenvolve, em toda a extensão, a dureza do coração. Desse fato descobrimos quão necessário é que sejamos despertados pelo incessante excitamento do ânimo. O apóstolo não só dirige uma instrução a todos para que se cuidassem, mas deseja também que todos se preocupem com a segurança de cada membro, para que não permitam que algum dos que foram chamados pereça em decorrência da negligência deles. E aquele que sente ser seu dever preocupar-se com o bem-estar de todo o rebanho, sem que negligencie uma única ovelha, nesse caso desempenha a função de um bom pastor.

13. Durante o tempo que se chama Hoje. O escritor então aplica a afirmação de Davi mais particularmente a seu propósito pessoal. Ele nos diz que o termo *hoje*, mencionado no Salmo, não deve limitar-se à geração de Davi, senão que se estende a todo tempo em que se dirige a nós. Portanto, tantas vezes quantas ele queira abrir seus santos lábios a instruir-nos, a seguinte sentença deveria estar sempre em nossa mente: "Se hoje ouvirdes sua voz." Da mesma forma Paulo nos instrui, dizendo que, quando o evangelho nos for pregado, esse é o tempo aceitável em que Deus nos ouve, e o dia da salvação em que ele nos socorre [2Co 6.2].

Além do mais, é indispensável que aproveitemos bem tal oportunidade, porque, se por nossa indolência a deixarmos passar por nós, deploraremos inutilmente sua perda para o futuro. Como disse Cristo:

---

11 "O engano do pecado" é traduzido por Stuart "ilusão pecaminosa". É preferível "pecado enganoso" (ou sedutor), como "o engano das riquezas", em Mateus 13.22, significando "riquezas enganosas". O "pecado", evidentemente, era o de apostasia; e era enganoso porque havia um prospecto presente de amenizar a tribulação e as perseguições. O poder de qualquer pecado, de enganar e seduzir, consiste em alguma gratificação ou interesse presente. Veja-se nota sobre o versículo 6.

"Andai enquanto tendes a luz, para que as trevas não vos apanhem" [Jo 12.35]. A partícula *enquanto* implica que a oportunidade nem sempre se fará presente, se formos morosos em atender a voz de Deus enquanto nos chama. No momento, Deus se põe a bater à nossa porta. Se não lha abrirmos, virá o tempo em que ele, por sua vez, nos fechará a porta de seu reino. Então aqueles que menosprezam a graça que hoje lhes é oferecida descobrirão que seus gemidos são demasiadamente tardios. E assim, já que não sabemos se é da vontade de Deus continuar nos chamando no dia de amanhã, não protelemos. Ele nos chama *hoje*: que nossa resposta seja mais prontamente possível. A fé não existe exceto onde haja tal prontidão em obedecer.

14. Porque nos tornamos participantes de Cristo, se de fato guardarmos firme até ao fim a confiança que desde o princípio tivemos.
15. Enquanto se diz: Hoje, se ouvirdes a sua voz, não endureçais vossos corações como foi na provocação.
16. Pois, ao ouvirem, quem provocou senão todos os que saíram do Egito, por intermédio de Moisés?
17. E contra quem se indignou por quarenta anos? Não foi contra os que pecaram, cujos cadáveres caíram no deserto?
18. E contra quem jurou que não entraria em seu descanso, senão contra os que foram desobedientes?
19. Vemos, pois, que não puderam entrar por causa da incredulidade.

14. Participes enim facti sumus Christi, siquidem initium fiduciae (vel, subsistentiae) ad finem usque firmum tenuerimus;
15. In hoc quod dicitur, Hodie si vocem ejus audieritis, ne obduretis corda vestra sicut in exacerbatione.
16. Quidam enim quum audissent, exacerbarunt; at non omnes qui egressi fuerant ex Aegypto per Mosen.
17. Quibus autem infensus fuit quadraginta annis? an non iis qui peccaverant, quorum membra ceciderunt in deserto?
18. Quibus autem juravit, non ingressuros in requem suam nisi incredulis (aut, inobedientibus)?
19. Et videmus non potuisse ingredi propter infidelitatem.

14. Porque nos tornamos participantes. O escritor os enaltece porque haviam começado bem. Mas, no caso de transigirem com a indiferença da carne sobre o pretexto da graça que já haviam alcançado, ele ressalta bem a necessidade de perseverança. Muitos meramente provam o evangelho, como se já houvessem atingido o topo, sem se preocuparem em progredir. Disso sucede que não só desistem em meio ao curso de sua corrida, ou no próprio início da mesma, mas também que desviam seu curso em outra direção. Há uma objeção aparentemente plausível, a saber: "O que mais desejaríamos após havermos encontrado Cristo?" Se a posse dele tem por base a fé, então devemos permanecer firmes nela, para que também possamos reter a posse perpétua dela. Cristo se entregou em nosso favor para que desfrutemos dessa condição, para que preservemos para o momento da morte essa grande bênção pela mesma fé através da qual nos tornamos participantes dele.[12]

Por isso o autor diz "no princípio", significando que a fé havia apenas começado. Visto que o termo *substância* às vezes significa *confiança*, ele pode ser tomado aqui com esse sentido. O substantivo *substância*, como usado por alguns, não obstante, não me desagrada, embora eu o explique de uma forma um pouco diferenciada. Crêem que a fé é assim expressa porque tudo quanto o homem tem, sem a fé, não passa de mera vaidade. Quanto a mim, porém, a considero assim porque é nela que descansamos, já que não existe outro apoio sobre o qual nos seja possível descansar. O adjetivo *firme* se ajusta bem a esta exposição. Seremos estáveis e livres do risco das oscilações, contanto que estejamos bem assentados no fundamento da fé. Portanto, a suma de tudo isso é que a fé, cujos princípios estão apenas implantados em nós, terá que prosseguir com firmeza e constância até ao fim.[13]

15. Enquanto se diz. O autor indica que, ao longo de toda nossa vida, a oportunidade de progredir jamais cessa, já que Deus nos chama diariamente. Sempre que a fé responde à proclamação do evangelho, enquanto a prática de pregar é contínua ao longo de todo o curso da vida, então ela deve ser aperfeiçoada mediante o

---

12 O que se acha implícito aqui é que podemos ser professamente participantes de Cristo, isto é, de suas bênçãos em sua função de Salvador, e, no entanto, não ser realmente assim; a prova da realidade é a perseverança.
13 Temos aqui outro exemplo de genitivo como o sujeito principal: "o princípio de nossa confiança", isto é, nossa confiança inicial, a qual o apóstolo, em 1 Timóteo 5.12, chama "primeira fé". Macknight a traduz "a confiança iniciada".

crescimento da fé. A frase ἐν τῷ λέγεσθαι tem a seguinte força de expressão: "Visto que Deus jamais cessa de falar, não basta que recebamos sua doutrina com disposição mental, a menos que demos prova de que lhe somos obedientes com a mesma aptidão hoje, amanhã e sempre."[14]

16. Pois, ao ouvirem, quem provocou? Davi fala dos pais como se toda sua geração fosse incrédula. Mas é evidente que haveria entre os ímpios alguns que realmente temiam a Deus. O apóstolo registra isso para modificar o que Davi disse com demasiada severidade, com o fim de sabermos que a Palavra é proclamada a todos com este propósito: que todos a obedeçam com igual assentimento, e que todo o povo incrédulo é merecidamente condenado, quando o corpo é dilacerado e mutilado pela rebelião da maioria.

Ao dizer que *alguns provocaram*, quando na verdade foi a grande maioria, ele faz isso não só para evitar escândalo, mas também para encorajar os judeus a seguirem o exemplo daqueles que creram. É por assim dizer: Assim como Deus vos proíbe de imitardes a descrença dos antepassados, também põe diante de vós outros antepassados, cuja fé deve servir-vos de exemplo. E assim ele atenua o que de outra forma poderia parecer aos seus olhos algo extremamente duro, caso lhes dissesse que repudiassem completamente os antepassados.

Os que saíram do Egito, por intermédio de Moisés, significa pelas mãos de Moisés, porquanto fora ele o agente de sua libertação. Há uma comparação implícita do benefício que Deus lhes concedera através de Moisés, e a participação de Cristo mencionada anteriormente.

---

14 A maioria conecta este versículo com o precedente, como em nossa versão, e também Doddridge, "porquanto é dito"; e Macknight, "como podeis sber pelo dito". Assim Beza; e Calvino parece fazer o mesmo; mas há quem o conecte ao versículo 13; e, outros, ao 14. Autores modernos, como Stuart e Bloomfield, o consideram o começo do parágrafo, e o conectam ao que segue. A versão de Stuart é:
15. Com respeito ao dito: "Hoje, enquanto ouvis sua voz,
16. não endureçais vosso coração, como na provocação"; quem agora eram aqueles que, quando ouviam, provocavam? Mais ainda, nem todos os que saíram do Egito sob Moisés? Etc.
Bloomfield aprova esta versão, apenas considera a citação confinada às palavras: "Hoje, enquanto ouvis sua voz", e considera o que segue, "não endureçais" etc., como dito pelo escritor. Veja-se Apêndice 13.

17. E contra quem se indignou? O autor indica que Deus jamais se irou contra seu povo sem justa causa, como Paulo diz em 1 Coríntios 10.5, 6. Sejam quais forem as punições que lemos serem infligidas sobre o povo antigo, encontraremos o mesmo número dos mais graves pecados que provocaram a vingança de Deus. Todavia haveremos de sempre voltar a este ponto, a saber: que a incredulidade é o principal de todos os males. Ainda que o autor a considere no final, contudo entende que ela foi a causa maior da maldição desferida sobre eles. Certamente que, desde o momento de sua primeira incredulidade, nunca mais deixaram de cometer pecado sobre pecado, e assim trouxeram sobre si novos e contínuos castigos. Aquelas mesmas pessoas que, por incredulidade, rejeitaram a posse da terra que lhes era oferecida, prosseguiram em sua obstinação, às vezes por meio da cobiça, às vezes por meio da murmuração, às vezes por meio da prostituição, às vezes por meio da promiscuidade com as superstições pagãs, de modo que sua impiedade se tornou mais e mais claramente atestada. Aquela incredulidade, pois, que demonstraram desde o princípio, os impediu de desfrutarem da bênção divina, porquanto seu menosprezo pela Palavra de Deus estava sempre a incitá-los ao pecado. E como, por sua incredulidade, desde o princípio mereceram que Deus os privasse do descanso prometido, assim qualquer pecado, que posteriormente cometessem, emanaria da mesma fonte.

A próxima pergunta é se Moisés e Arão, e outros como eles, se incluem nesse número. Minha resposta é que o apóstolo está falando do corpo como um todo, e não de cada membro individualmente. Indubitavelmente, houve muitas pessoas piedosas, as quais jamais se envolveram na apostasia geral, ou logo em seguida se arrependeram. O fato é que Moisés ficou com sua fé abalada, mas foi apenas uma vez e por um momento. Há uma sinédoque nessas palavras do apóstolo, a qual é freqüentemente usada, sempre que o tema versa sobre a multidão ou a uma associação de pessoas.

Capítulo 4

1. Temamos, pois, que, sendo-nos deixada a promessa de entrar em seu descanso, suceda parecer que algum de vós tenha falhado.
2. Porque também a nós foram proclamadas as boas-novas como se deu com eles; mas a palavra que ouviram não lhes aproveitou, visto não ter sido acompanhada pela fé, naqueles que a ouviram.

1. Timeamus ergo ne derelicta promissione introeundi in réquiem ejus videatur quispiam nostrum esse frustratus.
2. Nobis enim annuntiata est promissio quemadmodum et illis; at illis nihil profuit sermo audius, quia non fuit cum fide conjunctus in iis qui audierant.

1. Temamos, pois. O autor conclui que havia razão para temer-se que os judeus a quem escrevia viessem a privar-se da bênção que lhes era oferecida. Em seguida ele adiciona "suceda parecer que algum de vós", indicando que sua intenção era conduzir todos eles ao único Deus. Como é o dever de um bom pastor cuidar de todo o rebanho e cuidar com desvelo de cada ovelha individualmente, visando a que nenhuma se perca, semelhantemente devemos também estar tão plenamente dispostos em relação uns aos outros, que cada um de nós tema por seu próximo como teme por si próprio.

Mas o temor que nos é recomendado não é algo que leve a suprimir de nós a certeza de fé, mas algo que nos inspire a preocupação para não cairmos na frouxidão e negligência.

Mas o *temor* se faz necessário, não porque devamos tremer ou cair em desespero como se nos dominasse a incerteza do resultado final, e sim no caso de nos desertarmos da graça de Deus. Ao dizer "sendo-nos deixada a promessa de entrar em seu descanso", sua intenção é que ninguém pode deixar de entrar, a menos que já haja renunciado a promessa, rejeitando a graça. Na verdade Deus está tão longe de arrepender-se de sua benevolência, que não cessa de oferecer-nos seus dons, salvo quando menosprezamos sua vocação. A conjunção *pois* significa que somos instruídos na humildade e vigilância à luz da queda de outrem, como Paulo no-lo diz: "Por sua incredulidade foram quebrados; tu, porém, mediante a fé, estás firme. Não te ensoberbeças, mas teme" [Rm 11.20].[1]

2. Porque também a nós foram proclamadas as boas-novas. Ele nos lembra que a doutrina pela qual Deus nos convida hoje é a mesma que outrora libertou nossos antepassados. Por que ele nos diz isso? Para que saibamos que a vocação divina não nos será mais proveitosa do que foi a eles, a menos que a tornemos inabalável através do exercício de nossa fé. Ele adiciona esse elemento à guisa de concessão, ou, seja, "uma vez que o evangelho nos é proclamado".[2] Mas para que não nos gloriemos ilusoriamente, ele prontamente varia, dizendo que os incrédulos, a quem Deus outrora favoreceu com a participação de tão grandes benefícios, não desfrutarão de nenhum de seus frutos. Aliás, nós mesmos não teremos qualquer participação em sua bênção, a menos que a recebamos mediante a fé. Ele reitera uma vez mais a palavra "ouvir", para que saibamos que *ouvir* é inútil, mesmo quando a Palavra nos é dirigida, a menos que a mesma seja acompanhada pela fé.

Aqui, deve-se notar a relação existente entre a *Palavra* e a *fé*. Tal

---

[1] Calvino traduz o último verbo por "ser desapontado" (*frustratus*), ainda que o verbo signifique propriamente estar atrás no tempo, ser também o último. No entanto, comumente ele é usado no sentido de faltar uma coisa, de ser destituído; de ficar fora. Vejam-se Romanos 3.23; 1 Coríntios 1.7; Hb 12.15. "Ser insuficiente", de nossa versão, expressa apropriadamente seu significado aqui, como adotado por Doddridge e Stuart; ou "ser deficiente", como traduzido por Macknight. "Visto que" é considerado por alguns como pleonástico. O verbo δοκέω sem dúvida é assim algumas vezes, porém nem sempre; aqui, porém, parece ter um significado especial, como o apóstolo não teria alguém para apresentar, mesmo a aparência de negligenciar a garantia do descanso prometido.

[2] Veja-se Apêndice 14

é essa relação, que a fé não pode separar-se da Palavra. Em contrapartida, a Palavra, quando separada da fé, é ineficaz. Não significa que a eficácia da Palavra dependa de nós. Pois ainda quando o mundo todo fosse falso, Aquele que não pode mentir jamais cessaria de ser verdadeiro. É que a Palavra só exerce seu poder em nós quando a fé entra em ação. Ela é o poder de Deus para a salvação, porém só naqueles que crêem [Rm 1.16]. Nela se acha revelada a justiça de Deus, mas só quando é de fé em fé. Desse modo, a Palavra de Deus é continuamente eficaz e salvífica para os homens, quando eles a mentalizam e a levam em sua própria natureza, mas seus frutos só serão desfrutados por aqueles que crêem.

Com respeito à minha primeira afirmação, isto é, que onde a Palavra não se acha presente a fé não mais existe, e todo aquele que tenta efetuar tal divórcio simultaneamente extingue a fé e a reduz a nada, tal fato é digno de atenção. Desse fato se deduz que a fé não é possível exceto nos filhos de Deus, unicamente a quem é oferecida a promessa de adoção. Que sorte de fé os demônios possuem, a quem nenhuma salvação se promete? Que sorte de fé todos os pagãos possuem, os quais ignoram a Palavra? Portanto, o *ouvir* deve sempre preceder a fé, e para que também saibamos que é sempre Deus quem fala, e não os homens.

3. Nós, porém, que cremos, entramos nesse descanso, ainda quando ele disse: Como jurei na minha ira: Não entrarão no meu descanso; embora as obras estivessem concluídas desde a fundação do mundo.
4. Porque em certo lugar ele disse, no tocante ao sétimo dia: E Deus descansou no sétimo dia, de todas as obras que fizera.
5. E novamente, no mesmo lugar: Não entrarão no meu descanso.
6. Visto, pois, que resta entrarem alguns nele, e que, por causa da desobediência, não entraram aqueles aos quais anteriormente foram anunciadas as boas-novas,

3. Ingredimur enim in ejus réquiem postquam credidimus: sicut dixit, Itaque juravi in ira meã, introibunt in requiem meam; tametsi operibus a creatione mundi perfectis.
4. Dixit enim alicubi sic de die septimo, Et requievit Deus septimo die ab omnibus operibus suis:
5. Et in hoc rursum, Si introibunt in réquiem meam.
6. Quando igitur reliquum fit ut quidam ingrediantur in ipsam, et quibus prius evangelizatum fuit, non intrarunt propter incredulitatem.

7. novamente determina certo dia, falando por meio de Davi, muito tempo depois, como já havia dito: Hoje, se ouvirdes sua voz, não endureçais vossos corações.
8. Ora, se Josué lhes houvera dado descanso, não haveria falado posteriormente de outro dia.
9. Portanto, resta um repouso sabático para o povo de Deus.
10. Porque aquele que entrou em seu descanso, ele mesmo também descansou de suas obras, como Deus das suas.

7. Rursum quendam praeficit diem hodiernuum in David dicens post tantum temporis (quemadmodum dictum est) Hodie si vocem ejus audieritis, ne obduretis corda vestra:
8. Nam si Iesus réquiem illis praestitisset, non alia loqueretur post illos dies.
9. Ergo relinquitur sabbathismus populo Dei.
10. Nam qui ingreditur in réquiem ejus, requievit et ipse ab operibus propriis quemadmodum a suis Deus.

O autor agora ornamenta a passagem que ele citou de Davi. Até aqui ele a seguiu, como se diz, ao pé da letra, ou, seja, em seu sentido literal. Ele agora a amplia e a embeleza. Daí tira mais vantagem das palavras de Davi do que mesmo as explica. Esse tipo de beleza literária [ἐπεξεργασία] é encontrado em Paulo [Rm 10.6], ao tratar ele do testemunho de Moisés: "Não perguntes em teu coração: Quem subirá ao céu?" E nem constitui um absurdo que a Escritura seja acomodada ao presente uso, com o fim de ilustrar, por assim dizer, tipograficamente o que é expresso ali com mais simplicidade. A essência de tudo isso emana do seguinte fato: o que Deus ameaça no Salmo sobre a perda de seu descanso também se aplica a nós, assim como de alguma forma ele nos convida hoje ao repouso. A principal dificuldade desta passagem surge do fato de ser ela violentamente torcida por muitos comentaristas. Enquanto que o único propósito do apóstolo em reivindicar alguma sorte de descanso para nós consiste em despertar nosso desejo em relação a ele, e ao mesmo tempo mover-nos a temer que venhamos, por nossa incredulidade, a ter fechada a porta de acesso a ele. Entrementes, ele nos ensina que esse descanso, para o qual a porta que se abre diante de nós é de um caráter muito mais valioso que a terra de Canaã. Passemos, pois, aos versículos, um a um.

3. Nós, porém, que cremos, entramos. Esse é um argumento a partir do oposto. O que nos fecha a porta é simplesmente a *incredulidade*. Portanto, a mão que a abre é a fé. Devemos conservar em mente o que já foi exposto, a saber: que, em sua ira contra os incrédulos, Deus jurou que jamais participariam da bênção prometida. Portanto, aqueles que não são impedidos pela incredulidade entram, uma vez que Deus os convida. Ao falar na primeira pessoa, ele os atrai com maior doçura, distinguindo-os dos estranhos.

Embora as obras estivessem concluídas. A fim de definir a natureza de nosso descanso, ele agora nos lembra da descrição dada por Moisés de que, imediatamente após a criação do mundo, Deus descansou de suas obras. Desse fato ele infere que o genuíno descanso dos fiéis, o qual dura por toda a eternidade, consiste em descansarem como Deus fez.[3] A mais sublime bem-aventurança humana é estar o homem unido a Deus, assim esse deve ser também seu propósito último, ao qual todos os seus planos e ações devem ser dirigidos. Ele prova isso a partir do fato de que muito tempo depois Deus, acerca de quem se diz que descansou, nega seu descanso àqueles que não crêem. Não haveria propósito algum em ele fazer isso, a não ser o fato de ser essa

---

3 A mudança geral da passagem é evidente, contudo a construção tem sido encarada como difícil. Sem repetir as várias soluções que se têm oferecido, darei o que me parece ser a construção mais fácil:

3. Deveras já entramos no descanso em que cremos; como ele disse: De modo que jurei em minha ira: de modo algum entrarão em meu descanso", quando as obras já haviam terminado desde a fundação de

4. o mundo (pois ele assim disse em certo lugar sobre o sétimo dia: E Deus descansou no sétimo dia de todas as suas obras,

5. e outra vez, neste lugar: De modo algum entrarão em meu

6. descanso); então permanece, portanto, que alguns não entram nele por causa da incredulidade.

A partícula ἐπεί tem gerado dificuldade, a qual traduzo no sentido de ἔπειτα, então, conseqüentemente, o argumento é simplesmente este: visto que Deus jurou que os incrédulos não entrariam em seu descanso, depois que o descanso sabático foi designado, segue-se como conseqüência necessária que alguns entram nele, ainda que os incrédulos não entrem. O argumento volta à palavra "descanso"; foi para mostrar que ele não era o descanso do Sábado. O argumento nos versículos seguintes volta à palavra "hoje", a fim de mostrar que ele não era o descanso de Canaã. Os versículos 4 e 5 são apenas explanatórios da sentença conclusiva da precedente, e por isso deve ser considerada parentética.

sua vontade a fim de que os fiéis possam descansar segundo seu próprio exemplo. Daí dizer, "resta entrarem alguns nele." Se o castigo dos incrédulos consiste em não entrarem, como já ficou expresso, o caminho se encontra livre para aqueles que crêem.

7. O que vem imediatamente a seguir é um pouco mais difícil, ou, seja: que outro dia nos foi designado no Salmo, porque aqueles que viveram nos dias antigos ficaram do lado de fora. As palavras de Davi, ao que parece, não produzem tal sentido. Significam simplesmente que Deus retribuiu a infidelidade do povo, excluindo-o da possessão da terra. Minha resposta é que a inferência procede. O que foi tirado deles nos é oferecido, visto que o Espírito Santo nos adverte a que não cometamos tal pecado voluntariamente, para não incorrermos na mesma forma de punição. Então, como fica? Se nada nos é prometido hoje, qual é a razão da advertência: "Cuidai para que não vos aconteça o que aconteceu a vossos pais"? O apóstolo com toda razão afirma que, visto que a incredulidade dos pais os deixou de mãos vazias e privados de sua possessão, a promessa é renovada aos filhos, para que obtenham o que os pais perderam.

8. Ora, se Josué lhes houvera dado descanso. O autor não pretende negar que pelo termo *descanso* Davi entendesse a terra de Canaã, na qual Josué introduziu o povo. Senão que tem em vista que esse não é o descanso final a que os fiéis aspiram, o qual é nossa possessão comum com os fiéis daquele tempo. Certamente que olhavam para além daquela possessão terrena. Aliás, a terra de Canaã só era considerada de muito valor pelo fato de ser ela o tipo e o símbolo de nossa herança espiritual. Portanto, quando tomaram posse dela, não atingiram o descanso como se houvessem alcançado a resposta a todas as suas orações; ao contrário, entenderam que tomavam posse do significado espiritual contido nela. Aqueles a quem Davi dirigiu o Salmo desfrutavam da posse da terra, porém estavam sendo encorajados a buscar um descanso superior.

Vemos, pois, que a terra de Canaã foi um descanso, mas em forma de sombra, para além do qual os crentes têm de prosseguir. É nesse sentido que o apóstolo afirma que Josué não lhes deu descanso, porque sob sua liderança o povo entrou na terra prometida a fim de empenhar-se por alcançar o céu ainda com maior zelo. Desse fato se pode prontamente inferir que sorte de diferença existe entre eles e nós. Embora o mesmo alvo seja posto diante de ambos, eles tinham, ademais, o tipo externo pelo qual eram guiados; nós não o temos, nem dele carecemos, visto que toda a questão é posta diante de nossos olhos. Ainda quando nossa salvação até agora esteja posta na esperança, todavia, no tocante à nossa doutrina, ela nos conduz diretamente ao céu. Cristo não estende sua mão para nós com o fim de guiar-nos em círculo, por meio de figuras, mas para tirar-nos do mundo e levar-nos para o céu. Ao separar a sombra da realidade, o apóstolo o faz pela seguinte razão: sua preocupação era com os judeus, os quais eram demasiadamente aferrados às coisas externas. O autor conclui dizendo que restava um descanso para o povo de Deus, ou seja: um descanso espiritual, para o qual Deus nos convida diariamente.

10. Porque aquele que entrou em seu descanso. Eis uma definição do Sábado eterno, em que consiste a mais plena felicidade humana, onde existe semelhança entre os homens e Deus e no qual se encontram unidos com ele. Tudo quanto os filósofos têm inquirido sobre o *summum bonum* [*supremo bem*] revela estupidez e tem sido infrutífero, visto que se limitam ao homem em seu ser intrínseco, quando se faz necessário que busquemos a felicidade fora de nós mesmos. O supremo bem humano, portanto, se acha simplesmente na união com Deus. Nós o alcançamos quando levamos em conta a conformidade com sua semelhança.

O apóstolo diz mais que essa conformação acontece se descansamos de nossas obras. Daqui se segue que o homem é abençoado ao negar-se a si próprio. Que outra coisa significa esse cessar de nossas obras senão a mortificação da carne, quando o homem renuncia a si próprio a fim de viver em e para Deus? Pois quando falamos de uma vida piedosa e santa, referimo-nos à pessoa que, estando de certa forma morta para si, sempre se abstém de suas próprias obras para dar lugar à ação de Deus. Deve-se admitir que uma vida só seja propriamente formada quando, e somente quando, se submete a Deus. Entretanto, em virtude de nossa natural impiedade, isso nunca se concretiza até que desistamos de nossas próprias obras. Digo mais, tal é a oposição entre o domínio de Deus e nossa disposição, que ele não age em nós enquanto não repousarmos. Visto que a perfeição desse descanso jamais se atinge nesta vida, devemos labutar sempre por ela.[4] E assim os crentes entram nesse descanso, mas sob a condição de que, correndo, possam incessantemente seguir adiante.

Não tenho dúvida de que o apóstolo se refere às obras particulares relativas ao Sábado, com o fim de lembrar os judeus da mera observância externa dele. Não se pode entender a invalidação dele a não ser mediante o reconhecimento de seu propósito espiritual. Ele envolve duas coisas ao mesmo tempo: ao enaltecer a excelência da graça, ele nos encoraja a aceitá-la pela fé, e ao mesmo tempo nos ensina qual é o genuíno modelo do Sábado, exemplo para os judeus em sua estúpida obstinação em relação às cerimônias externas. Mas ele não fala expressamente de sua invalidação, visto que esse não era seu tema específico. Ao ensiná-los, porém, a que considerassem sua observância por outro prisma, gradualmente os desarticula de seu conceito supersticioso. Quem quer que creia que o propósito do mandamento é algo que vai além do descanso externo ou um culto terreno, tão logo e facilmente percebe, ao olhar para Cristo, que o costume cerimonial ficou abolido com sua vinda. As sombras se dissipam com a presença da substância. Portanto, nossa primeira preocupação deve ser sempre a de ensinar que Cristo é o fim da lei.

---

4 Muitos, como Calvino, têm feito observações desse gênero, porém estão fora de lugar aqui; pois o descanso aqui mencionado evidentemente é o descanso celestial.

11. Portanto, diligenciemo-nos por entrar naquele descanso, a fim de que ninguém caia, segundo o mesmo exemplo de desobediência.

12. Porque a palavra de Deus é viva e ativa, e mais cortante que qualquer espada de dois gumes, e penetra até ao ponto de dividir alma e espírito, juntas e medulas, e apta para discernir os pensamentos e intentos do coração.

13. E não há criatura que não se manifeste na sua presença; senão que todas as coisas estão a descoberto e patentes aos olhos daquele a quem temos de prestar contas.

11. Studeamus ergo ingredi illam réquiem, nequis eodem cadat incredulitatis exemplo.

12. Vivus enim sermo Dei et efficax, et penetrantior quovis gládio utrinque scindente, et pertingens usque aad divisionem animae et spiritus, compagumque et medullaarum, et discretor cogitationum et intentionum cordis.

13. Nec ulla est creatura quae non appareat coram ipso, imo omnia nuda et resupina in oculis ejus com quo novis est ratio.

Tendo realçado o alvo em direção ao qual temos de avançar, o autor agora nos exorta a prosseguirmos resolutos em nosso caminho, coisa que só conseguimos quando nos habituamos à renúncia. Como ele compara a entrada no descanso a um curso seguro, então se refere a *queda* como sendo o oposto, e assim continua a metáfora em ambas as sentenças. Ao mesmo tempo, ele alude à história relatada por Moisés [Nm 26.65] acerca dos que caíram no deserto em virtude de se terem rebelado contra Deus. Diz ele: τῶ αὐτῶ τις ὑποδείγματι ["segundo o mesmo exemplo"], significando que a punição devida à incredulidade e à obstinação está posta aí diante de nós, como se fosse um quadro, e não há dúvida de que o mesmo *destino* nos aguarda, caso seja encontrada em nós a mesma ausência de fé. E assim ele usa o termo *cair* no sentido de *perecer*, ou, pondo-o de forma ainda mais simples, não no sentido de *pecado*, mas de *punição*. A metáfora se aplica ao termo anterior, *entrar*, como foi no caso do trágico sacrifício dos pais, por meio de cujo exemplo Deus pretendia atemorizar os judeus.

12. A palavra de Deus é viva e ativa. Tudo o que ele diz aqui com relação à eficácia da Palavra é com o propósito de que soubessem que não poderiam desmerecê-la impunemente. É como se dissesse: Sempre que o Senhor nos envolve com sua Palavra, ele está tratando conosco da forma mais séria, com o fim de acionar todos os nossos sentidos mais profundos. Portanto, não há parte de nossa alma que não receba sua influência.⁵

Entretanto, antes de darmos um passo adiante, carece que consideremos se o apóstolo está falando da Palavra em termos gerais, ou se ele está fazendo, aqui, uma referência particular àqueles que crêem. É geralmente aceito que a Palavra de Deus não é igualmente eficaz em todos. Ela aplica seu poder nos eleitos, com o fim de humilhá-los através de um genuíno reconhecimento do que na verdade são, para que fujam e se escondam na graça de Cristo. Isso jamais aconteceria, se a Palavra não penetrasse os recessos mais profundos do coração. É preciso erradicar a hipocrisia que se acha presente nos recessos mais tenebrosos e tortuosos dos corações humanos. Devemos estar não só humildemente dispostos a incitar-nos e a afligir-nos, mas também a ser profundamente feridos, para que, prostrados pelo senso da morte eterna, aprendamos a morrer para nós mesmos. Jamais seremos renovados em toda nossa mente (como Paulo requer em Ef 4.23) até que nosso velho homem haja sido morto pelo gume dessa espada do Espírito. Eis a razão por que Paulo diz em outro lugar [Fp 2.17] que aqueles que crêem são oferecidos em sacrifício a Deus, já que não podem ser trazidos à obediência a Deus senão pela morte de seus próprios desejos, e igualmente não podem ver a luz da sabedoria divina senão pela destruição de sua sabedoria carnal. Tudo isso não pode aplicar-se no caso dos incrédulos. Ou displicentemente desconsideram a Deus quando lhes fala, e dessa forma motejam dele, ou bradam contra sua doutrina e se levantam insidiosamente contra ela. Sendo a Palavra de Deus semelhante a um martelo, o coração deles é semelhante a uma bigorna, de modo que sua dureza repele os golpes, por mais fortes que

---

5 Tem sido uma questão de disputa se a "palavra" aqui é Cristo ou a Escritura. Os pais, bem como os doutores mais recentes, estão divididos. Que é Cristo, é a opinião de Agostinho, Ambrósio e igualmente o Dr. Owen e Doddridge; e que é a Escritura é mantido por Crisóstomo, Teofilato, bem como por Calvino, Beza, Macknight, Scott, Stuart e Bloomfield. O último grupo evidentemente é mais consistente com as palavras da passagem. A única dificuldade está no versículo 13; mas ali, evidentemente, se faz uma transição da palavra de Deus para Deus mesmo; e assim ambos estão conectados de maneira notável.

estes sejam. Eles se acham longe demais para que a Palavra de Deus penetre neles, "até o ponto de dividir alma e espírito". Desse modo parece que essa sentença deve restringir-se somente àqueles que crêem, já que somente eles podem ser examinados no mais profundo de seu ser.

Em contrapartida, o contexto do apóstolo revela que este é um princípio geral que se aplica também aos incrédulos. Embora se oponham à Palavra de Deus com um coração de ferro ou de aço, não obstante, necessariamente, devem ser refreados por seu próprio sentimento de culpa. Riem-se, é verdade, porém esse é um riso amargo, porquanto sentem como se estivessem sendo sufocados interiormente, e forjam toda espécie de evasivas com o intuito de evitar a aproximação do tribunal de Deus. Por mais indispostos que sejam, eles são arrastados para a presença dessa mesma Palavra que tão veementemente ridicularizam, para que sejam comparados apropriadamente com cães furiosos, que mordem e esganam a corrente a que se acham presos, embora sem qualquer efeito, porque ainda permanecem firmemente acorrentados. Além disso, embora o efeito dessa Palavra talvez não se revele imediatamente, no mesmo dia, contudo o resultado será inevitável, e aquele que a prega descobrirá que a ninguém a pregou em vão. Cristo certamente falou em termos de aplicação geral quando afirmou: "Quando ele vier, convencerá o mundo..." [Jo 16.8]. O Espírito exerce esse juízo através da pregação do evangelho.

Finalmente, ainda quando a Palavra de Deus nem sempre manifeste esse poder nos homens, todavia ela, em alguma medida, o possui intrinsecamente. O apóstolo está discutindo, aqui, acerca da natureza e da função própria da Palavra para o propósito único, a fim de que saibamos que assim que ela soa em nossos ouvidos, nossas consciências são citadas acusativamente diante do tribunal de Deus. É como se dissesse: Se porventura alguém presume que a Palavra de Deus ecoa no vazio, ao ser proclamada, esse mesmo está fazendo uma grande confusão. Essa Palavra é algo vivo e cheio de poder secreto, a qual não deixa nada no homem que não seja tocado. A suma de tudo isso é que tão logo Deus abra seus santos lábios, todos os nossos sentidos também devem abrir-se para receber sua Palavra, porque não faz parte de sua vontade permitir que suas palavras sejam semeadas em vão, nem tampouco feneçam ou desapareçam no solo da vida, senão que desafiem eficazmente as consciências humanas, até que as tragam submetidas ao seu domínio. Ele, pois, dotou sua Palavra com tal poder, para que a mesma perscrute cada área de nossa alma, para revelar os escrutínios mais secretos dos pensamentos, para discernir os afetos e para manifestar-se como juiz.

Aqui surge uma nova questão, se essa Palavra deve ser considerada como sendo a lei ou o evangelho. Os que entendem que o apóstolo está falando da lei evocam estes testemunhos paulinos: que é um ministério de morte; que é a letra que mata [2 Co 3.6-7]; que não opera outra coisa senão ira [Rm 4.15], e outros do mesmo gênero. Mas aqui o apóstolo realça seus efeitos divergentes. É, por assim dizer, uma certa morte que vivifica a alma, e que se dá através do evangelho. Devemos entender, pois, que, quando o apóstolo diz que ela é viva e eficaz, ele está se referindo à doutrina geral de Deus. Paulo dá testemunho de tal efeito [2Co 2.16], dizendo que de sua pregação exala um aroma de morte para a morte naqueles que não crêem, bem como de vida para a vida dos fiéis, de modo que jamais fala em vão, sem que conduza alguns à salvação, compelindo outros à destruição. Esse é o poder de atar e desatar que o Senhor conferiu a seus apóstolos [Mt 18.18]. Esse é o poder do Espírito no qual Paulo se gloria [2Co 10.4]. Aliás, ele jamais nos promete salvação em Cristo sem, em contrapartida, pronunciar vingança sobre os incrédulos que, ao rejeitarem a Cristo, trazem morte sobre si mesmos.[6]

Além do mais, é preciso observar que o apóstolo, aqui, está discutindo sobre a Palavra de Deus que nos é comunicada pelo ministério dos homens. São dementes e mesmo danosas todas as noções de que, não obstante a Palavra certamente seja eficaz no interior, aquela que

---

6 Veja-se Apêndice 15.

emana dos lábios humanos é morta e carente de qualquer efeito. Admito que certamente a eficácia não flui da língua humana, nem consiste em seu próprio som, e sim que deve ser atribuída totalmente ao Espírito Santo; no entanto não impede o Espírito de manifestar seu poder na Palavra que é proclamada. Porque Deus mesmo não fala senão através dos homens; ele toma grande cuidado para que sua doutrina não seja recebida com descaso por seus ministros serem homens. E assim, quando Paulo diz que o evangelho é o poder de Deus [Rm 1.16], deliberadamente distinguiu sua própria pregação com aquela honra que o apóstolo percebeu ser aprovada por alguns e rejeitada por outros. Ao ensinar-nos, em outro lugar [Rm 10.8-10], que a salvação nos é conferida pelo ensinamento proveniente da fé, ele diz expressamente que essa é a doutrina que ele anuncia. Vemos que Deus sempre recomenda francamente a doutrina que nos é ministrada pelo esforço humano, com o propósito de induzir-nos a recebê-la com reverência.

Ao dizer que a Palavra é *viva*, é preciso entender tal expressão "em relação aos homens". Isso se faz ainda mais evidente à luz do segundo adjetivo. Ele mostra que espécie de vida ela possui ao prosseguir chamando-a *eficaz*. O objetivo do apóstolo era ensinar-nos o gênero de utilidade que a Palavra tem para nós.[7] A Escritura faz uso da metáfora da espada em outras passagens; o apóstolo, porém, não se contenta com uma simples comparação. Ele diz que a Palavra de Deus é "mais cortante que qualquer espada"; aliás, uma espada de "dois gumes", porque em sua época era freqüente o uso de espadas que só cortavam de um lado, e do outro, não.

Penetra até o ponto, etc. O substantivo *alma* freqüentemente significa o mesmo que *espírito*, mas quando ambos se associam, a primeira inclui todas as afeições, enquanto que o último indica a faculdade a que chamam *intelectual*. Assim também em 1 Tessalonicenses 5.23, quando Paulo ora a Deus para que guardasse o espírito, a alma e o corpo deles incorruptíveis até a vinda de Cristo, ele quer

---

7 Veja-se Apêndice 16.

dizer simplesmente que permanecessem puros e santos em sua mente e vontade e ações exteriores. Semelhantemente, quando Isaías diz: "Com minha alma suspiro de noite por ti, e com o meu espírito dentro em mim" [26.9], certamente que sua intenção era que seu esforço em buscar a Deus era tão profundo, que aplicava sua mente tanto quanto seu coração a tal intento. Estou consciente de que há aqueles que apresentam uma interpretação diferenciada. Mas espero que toda pessoa sensível esteja disposta a concordar comigo.

Voltemos à passagem que ora estamos a considerar. A Palavra de Deus penetra a ponto de "dividir alma e espírito". Significa que ela examina toda a alma de uma pessoa. Ela explora seus pensamentos e sonda sua vontade e todos os seus desejos. O mesmo significado se acha implícito na frase "juntas e medulas". Significa que não há nada tão difícil ou sólido numa pessoa, nada tão profundamente oculto, que a eficácia da Palavra não penetre até lá.[8] Isso é o que Paulo diz em 1 Coríntios 14.24, ou seja, que a profecia tem o poder de convencer e julgar os homens, a fim de que os segredos do coração se manifestem. Visto que a função de Cristo é descobrir e trazer a lume os pensamentos que fluem dos recessos mais profundos do coração, em grande medida ele o faz através do evangelho.

A Palavra de Deus, portanto, é κριτικὸς (*discernidora*), porque traz à mente humana a luz do conhecimento, como se a tirasse de um labirinto onde jazia outrora enredada. Não há trevas mais densas do que a incredulidade, e a hipocrisia nos cega de uma forma terrificante. A Palavra de Deus dissipa tais trevas e faz a hipocrisia bater em retirada. É daqui que emana o discernimento e o juízo que o apóstolo menciona, visto que os vícios que se ocultam sob a falsa fachada de virtudes começam agora a descortinar-se e sua aparência se desvanece. Ainda quando os réprobos fiquem por algum tempo ocultos em seus covis, descobrirão que até mesmo ali a luz da Palavra finalmente penetrou, de modo que não podem escapar do juízo divino. Daqui se ergue seu

---

[8] A metáfora de uma espada evidentemente está em pauta; a palavra é como a espada que "penetra a ponto de separar a alma (a vida animal) e o espírito (a parte imortal), as juntas e também a medula, sendo até mesmo um severo juiz dos pensamentos e propósitos do coração."

lamento e deveras seu furor, porquanto, se não forem estremecidos pela Palavra, jamais perceberiam sua loucura. Tentam escapar ou evadir-se e evitar seu poder, ou ainda procedem como se não a tenham notado. Mas Deus não permite que logrem sucesso. Portanto, enquanto caluniam ou injuriam a Palavra de Deus, admitem, embora a contra gosto ou relutantemente, que sentem seu poder nos recessos de alma.[9]

13. E não há criatura que não se manifeste em sua presença. A conjunção, aqui, em minha opinião, exerce a função de uma partícula causal, *porque*. Para confirmar a verdade de que tudo quanto se acha oculto nos homens é julgado pela Palavra de Deus, o autor adiciona uma prova extraída da natureza de Deus. Não há criatura, diz ele, que se oculte da vista de Deus. Portanto, não haverá nada tão profundo na alma humana que não seja trazido à luz por sua Palavra, a qual se assemelha a seu próprio Autor. Como é obra de Deus sondar os corações, ele realiza essa tarefa através de sua Palavra.

Ao ignorar que a Palavra de Deus é semelhante a uma sonda de longo alcance com a qual ele penetra e testa o que se acha oculto em nossos corações, alguns expositores têm torcido violentamente toda esta passagem, sem trazer-nos qualquer auxílio. Toda a dificuldade é removida caso aceitemos o seguinte raciocínio: a Palavra de Deus deve ser obedecida com sinceridade e com honesta cordialidade do coração, porque Deus, que é aquele que discerne os corações, deu à sua Palavra a grande tarefa de penetrar os mais profundos e secretos pensamentos do coração. O que tem confundido os expositores é a ambigüidade da frase πρὸς ὃν ἡμῖν ὁ λόγος ("a quem temos de prestar contas"). Traduzem-na assim: "De quem falamos", mas deveria, antes, ser traduzida assim: "Com quem temos de tratar". O sentido dessa frase consiste em que Deus é aquele que trata conosco, ou com quem temos de tratar; e que por isso não devemos tratar com ele como se fosse um mero mortal. Sempre que sua Palavra é posta diante de nós, devemos tremer, visto que nada pode ocultar-se à sua vista.

---

[9] Veja-se Apêndice 17.

14. Tendo, pois, como sumo sacerdote que penetrou o céu, Jesus, o Filho de Deus, conservemos firme a nossa confissão.

15. Porque não temos um sumo sacerdote que não possa condoer-se de nossas fraquezas, senão que temos um que em tudo foi tentado, à nossa semelhança, mas sem pecado.

16. Aproximemo-nos, portanto, com ousadia, do trono da graça, a fim de recebermos misericórdia e acharmos graça para socorro em tempo oportuno.

14. Habentes igitur ponticem magnum qui coelos ingressus est, Iesum filium Dei, teneamus confessionem.

15. Neque enim habemus pontificem, qui compati non possit infirmitatibus nostris; sed in omnibus tentatum, secundum similitudinem, absque peccato.

16. Accedamus igitur cum ficucia ad thronum gratiae, ut obtineamus miseericordiam, et gratiam inveniamus in auxilium opportunum.

14. Tendo, pois. O autor até agora esteve falando do apostolado de Cristo; e aqui ele se volta para seu segundo ofício. Afirmamos anteriormente que, quando o Filho de Deus nos foi enviado, lhe foi atribuído um duplo caráter, a saber: de *Mestre* e de *Sacerdote*. Uma vez tendo exortado os judeus a abraçarem a doutrina de Cristo e a obedecê-la, o apóstolo mostra os benefícios que seu sacerdócio trouxe. Esta é a segunda das duas partes do argumento com o qual ele está tratando. Ele conecta seu sacerdócio ao seu apostolado de forma muito hábil, ao dizer que o alvo de ambos é conduzir-nos a Deus. Ele usa um termo inferencial, *pois*, porque antes havia tocado esta verdade: que Cristo é nosso Sumo Sacerdote.[10] Mas, visto que o poder de seu sacerdócio só pode ser visto dentro de sua doutrina, fazia-se necessário que nos abrisse esse caminho a fim de preparar nossa mente para dispô-la a ouvir a Cristo. Àqueles que o reconhecem como Mestre, que se entregaram a ele como seus discípulos voluntários, resta-lhes aprender de seus lábios, ou em sua escola, quais são os benefícios, a utilidade e o propósito de seu sacerdócio.

---

10 Isto é, a última parte do capítulo 2. No começo do capítulo 3 ele nos exortou a "considerarmos" o apóstolo e sumo sacerdote de nossa confissão, e então continuou falando dele como o apóstolo. Ele agora se volta para o sumo sacerdote, e diz que, como temos um grande sumo sacerdote, devemos manter firme nossa confissão. Esta, segundo Calvino, é a conexão, e é adotada por Stuart e Bloomfield.

Ele começa, dizendo: **Tendo, pois, um grande sumo sacerdote[11] que penetrou o céu, Jesus, o Filho de Deus, conservemos firme nossa confissão.** *Confissão*, aqui, como também supra, é usada metonimicamente para *fé*. Visto que seu sacerdócio deve servir como confirmação de sua doutrina, o apóstolo conclui que não há nenhuma razão para pôr em dúvida ou vacilar na fé do evangelho, o qual o Filho de Deus já aprovou e ratificou. Aqueles que consideram esta doutrina como algo não confirmado, desonram o Filho de Deus, bem como o privam de sua honra na qualidade de *Sacerdote*. Um penhor de tal gênero e de tal extensão deve servir para aumentar nossa confiança, ao pormos, sem hesitação, nossa fé no evangelho.

15. Porque não temos, etc. Ao nome do Filho de Deus, já mencionado pelo autor, pertence essa majestade que nos impele ao temor e à obediência. No entanto, se não divisássemos nada mais em Cristo, nossas consciências não ficariam pacificadas. Quem dentre nós não se espantaria à vista do Filho de Deus, especialmente quando lembramos de nossa própria condição e nossos pecados vêm à nossa mente? Além disso, poderia haver outro obstáculo para os judeus, visto que estavam habituados ao sacerdócio levítico. Nele vimos um singular mortal escolhido dentre todos os demais, que entrava no santo dos santos, para reconciliar seus irmãos com Deus, através de suas orações. É algo incomensurável que o mediador, que pode desviar a ira divina contra nós, seja ele mesmo um de nós. Essa atração poderia ter enganado os judeus, perpetuando seu apego ao sacerdócio levítico, se o apóstolo não o antecipasse e não tivesse mostrado que o Filho de Deus não só excedeu em glória, mas que também estava investido de semelhante benevolência e compaixão para conosco.

---

11 No tempo do apóstolo, houve muitos que se chamavam sumos sacerdotes, tais como os principais do movimento levítico; mas o "grande sumo sacerdote" significa aquele único que tinha o privilégio de entrar no santo dos santos, isto é, o sumo sacerdote, como distinguido de todos os demais.

Ele se preocupa com essa verdade quando diz que Cristo pode condoer-se de nossas fraquezas a fim de ser-nos solidário. Com referência à palavra συμπαθεία (*simpatia, compaixão*), não me sinto disposto a argumentar com demasiado rigor. A pergunta se agora Cristo está sujeito às nossas dores é frívola e não menos saturada de curiosidade. O apóstolo não tinha a intenção de aborrecer-nos com tais argumentos e vãs especulações, e sim simplesmente ensinar-nos que, já que Cristo tem suas mãos estendidas para nós, não temos necessidade de buscar um mediador muito longe. Não há razão alguma para temermos a majestade de Cristo, já que ele é nosso Irmão; e não há razão alguma para vivermos amedrontados, imaginando que ele não percebe nossos males e não é tocado por algum senso de humanidade para oferecer-nos seu auxílio, visto que ele já tomou sobre si nossas enfermidades ou fraquezas, a fim de estar mais bem habilitado a socorrer-nos.[12]

Todo o teor do argumento do apóstolo consiste em que o mesmo deve ser considerado à luz do contexto do significado da fé, porque ele não discute a natureza de Cristo em si mesma, mas de sua natureza como ele se nos revela. Ele toma *semelhança* no sentido daquela parte de nossa natureza pela qual significa que Cristo se vestiu de nossos sentimentos mais do que de nossa carne, não só para revelar-nos ser ele genuinamente homem, mas para aprender, através da própria experiência, a socorrer-nos em nossa miséria, e não porque, como Filho de Deus, necessitasse de tal instrução, mas porque só assim poderíamos compreender a preocupação que ele nutre por nossa salvação. Sempre que labutarmos sob as fragilidades de nossa carne, tenhamos em mente que o Filho de Deus as vivenciou também, para que nos encorajemos por seu poder, no caso de nos sentirmos esmagados por elas.

---

12 Calvino seguiu a Vulgata ao traduzir esta sentença: "Que não pode solidarizar-se (*compati*) com nossas enfermidades." Nossa versão é a de Erasmo e Beza. O significado por ser assim expresso: "que não pode sentir por nós em nossas enfermidades."

É possível que alguém pergunte aqui qual o significado de *enfermidades* [*fraquezas*]. Esse termo pode ser tomado em diversos sentidos. Alguns o tomam no sentido de frio e calor, fome e outras necessidades corporais, bem como desprezo, pobreza e outras coisas do gênero, como vemos em muitas passagens paulinas, especialmente 2 Coríntios 12.10. Entretanto, há uma opinião mais acurada que inclui muito mais que esses males externos, ou seja: as emoções da alma, tais como preocupação, aflição, medo da morte e outras sensações semelhantes.[13]

Indubitavelmente, não haveria necessidade de adicionar o qualificativo *sem pecado*, não estivesse o autor falando de sentimentos que são sempre pecaminosos em nós, em razão de nossa natureza decaída. Em Cristo, em quem habitou a plenitude de justiça e absoluta pureza, essas emoções estavam isentas de todo o pecado. Seguramente, a pobreza e morte, bem como esses males externos, não devem ser incluídas entre os elementos pecaminosos. Assim, pois, quando o autor fala de *enfermidades* [*fraquezas*] que se acham conectadas com o pecado, sem a mais leve sombra de dúvida, ele está se referindo às emoções da alma às quais a natureza humana se acha sujeita, e isso em razão de sua enfermidade [pecaminosa]. A esse respeito, a condição dos anjos é preferível à nossa, porquanto não se afligem, não sentem medo, não se torturam por alguma sorte de preocupação e não sofrem o pavor da morte. Cristo levou sobre si essas enfermidades e espontaneamente lutou, não só para obter-nos vitória contra elas, mas também para que nos sentíssemos seguros ao sermos tentados por elas, de que ele está infalivelmente ao nosso lado. Ele não só se fez homem, mas também assumiu as qualidades de nossa natureza humana. O qualificativo *sem pecado* é adicionado em razão do fato de que devemos sempre fazer essa distinção entre os sentimentos de Cristo e os nossos, ou seja: suas

---

13 A palavra "fraquezas" é às vezes usada metaforicamente para coisas para as quais somos fracos demais para carregar, inclusive provações e tentações. Cristo, nosso sumo sacerdote, sente por nós todas aquelas angústias e dificuldades, o que quer que sejam, que encontramos em nossa trajetória, e nos fazem sentir e conhecer nossas fraquezas.

emoções foram sempre reguladas por um estrito princípio de justiça, enquanto que as nossas fluem sempre de uma fonte agitada e sempre portam o sabor de sua natureza original, porque são impetuosas e incontroláveis.[14]

16. Aproximemo-nos, portanto, com ousadia. O autor conclui que o caminho se acha aberto para Deus, a todos os que confiam na mediação de Cristo e que se dirigem a ele. Aliás, ele encoraja aqueles que crêem a que tenha a ousadia de apresentar-se diante da face de Deus sem a mínima hesitação. Este é um saliente fruto do ensino espiritual, ou seja: a inabalável confiança de invocar a Deus, assim como, em contrapartida, toda a religião cai e perece quando esta certeza é apagada das consciências.

Desse fato facilmente se deduz que a luz do evangelho se acha extinta do papado, onde pessoas em sua miséria são impelidas a nutrir dúvidas se Deus é propício ou hostil para com elas. Ensinam que Deus deve ser buscado, porém não indicam o caminho pelo qual se faz possível chegar a Deus, enquanto que a única porta pela qual se pode entrar se acha trancada. Em teoria, admitem que Cristo é o Mediador, mas, na prática, destroem o poder de seu sacerdócio e o privam de sua honra.

É preciso estabelecer bem este princípio: que Cristo não poderá ser realmente conhecido como Mediador, a menos que se remova toda e qualquer dúvida, se os homens podem ou não aproximar-se de Deus.

---

14 A idéia comum do que aqui se expressa é que Cristo, ainda que tentado e provado, contudo não era culpado de pecado, nem caiu em qualquer pecado. Que ele não teve nenhum pecado, que era sem pecado, é o que claramente aprendemos de 2 Coríntios 5.21; 1 João 3.5 etc.; mas é isto que se ensina aqui? Imagino a sentença assim traduzida:
"Mas em todas as coisas foi provado de igual maneira, exceto no pecado";
isto é, com a exceção que ele não tinha pecado inerente com o qual contender. As últimas palavras são literais: "à semelhança, com a exceção do pecado", que parece importar que era uma semelhança com a exclusão do pecado. Mas, se as palavras "exceto [ou sem] o pecado" não qualificam "semelhança", então devem ser conectadas com "provado" ou tentado, e traduzido:
Mas, de igual modo, foi provado em todas as coisas, sem pecado";
isto é, sem pecar, ou cair em pecado. A diferença é que, em um sentido, Cristo não tinha pecado interior a contender com ele, e que, em outro sentido, ele se desvencilhou da tentação sem cair em pecado. Ambos os sentidos são procedentes, e ambos se adequarão a esta passagem.

De outra forma, a conclusão derivada daqui não valerá coisa alguma, isto é, que temos um Sumo Sacerdote que está desejoso de socorrer, e por isso podemos chegar ante o *trono de Deus* ousadamente e sem qualquer hesitação. E se realmente estivéssemos plenamente persuadidos de que Cristo amorosamente nos estende sua mão, quem não se aproximaria plenamente confiante?[15] O que já afirmei, portanto, procede, ou seja: que o poder é eliminado do sacerdócio de Cristo sempre que os homens hesitam e ansiosamente buscam outros mediadores, como se o de Cristo não fosse suficiente, em cuja proteção todos os que realmente confiam, conforme o apóstolo tem afirmado, sabem com certeza que suas orações são ouvidas.

A base de tal confiança consiste em que o trono de Deus não é caracterizado por uma majestade visível a assustar-nos, mas se acha adornada com um novo nome, a saber: *graça*. Esse é o nome que devemos sempre ter em mente quando nos esquivamos dos olhos de Deus. Se volvermos nossa mente só para a glória de Deus, o efeito que ela produzirá em nós não será outro senão encher-nos de desespero, tal é a sublimidade de seu trono. Portanto, com o fim de auxiliar-nos em nossa carência de confiança, e com o fim de livrar nossas mentes de todos os temores, o apóstolo no-la reveste com a graça e lhe dá um nome que nos enche de coragem por sua doçura. É como se dissesse: Visto que Deus fixou em seu trono como que, por assim dizer, uma bandeira de graça e de amor paternal para conosco, não há razão para sua majestade afugentar-nos de sua aproximação.[16]

A suma de tudo isso é que podemos seguramente invocar a Deus, visto sabermos muito bem que ele nos é propício. Isso se dá em virtude da misericórdia de Cristo, como nos é afirmado em Efésios 3.12, porque, quando Cristo nos aceita em sua fé e discipulado, também nos

---

15 "confiança", isto é, de serem ouvidas.
16 O "trono da graça", evidentemente, está em oposição ao trono do juízo, o qual pertence especialmente a um rei. Alguns dos pais gregos consideravam isto como o trono de Cristo; mas a maioria dos comentaristas o considera como sendo o trono de Deus, como Cristo aqui é representado como sacerdote e como acesso a Deus, é sempre descrito como sendo através de Cristo [cf. Ef 2.18].

cobre, com sua benevolência, a majestade de Deus, a qual, de outra forma, poderia ser fatal, de modo que nada apareça senão pela graça e beneplácito paternal.

A fim de recebermos misericórdia e acharmos graça. Essa sentença é adicionada por uma importante razão, a saber: para especificamente confirmar aqueles que são carentes de misericórdia, no caso de alguém que sinta que sucumbe sob o senso de sua própria aflição e que seu caminho é obstruído por sua própria falta de fé. Esta frase – "a fim de recebermos misericórdia" – contém a mais preciosa doutrina, ou seja: que todos aqueles que confiam na defesa de Cristo e oram a Deus haverão com certeza de receber graça e misericórdia. Por implicação, o apóstolo também adverte a todos quantos não caminham por esta vereda, e indica que Deus não se deixará mover por suas orações, porquanto desconsideram a única via de reconciliação com ele.

Ele adiciona **para socorro em tempo oportuno**, ou seja, se quisermos obter o que nos é necessário para nossa salvação.[17] Esse tempo oportuno se refere ao tempo de nossa vocação, segundo a passagem de Isaías [49.8], a qual Paulo aplica à pregação do evangelho [2Co 6.2]: "Eis agora o tempo sobremodo oportuno..." O apóstolo se refere àquele dia em que Deus fala conosco. Se Deus nos fala hoje, e prorrogamos nosso ouvir para amanhã, a morte nos visitará à noite, quando o que nos é possível agora não nos será mais possível, e inutilmente bateremos em uma porta fechada.

---

17 A visão de Calvino é "e achar graça para socorro oportuno", o que, segundo sua exposição, significa auxílio durante o tempo ou período de "hoje". Doddridge tem "para nossa assistência oportuna"; Macknight, "para o propósito de auxílio oportuno"; e Stuart, "e achar favor enquanto seja assistido no tempo de necessidade". Nossa versão parece preferível: "e achar graça para socorro no tempo de necessidade." O discurso é aos que se expõem às provações e perseguições; e o socorro em tempo hábil ou oportuno era de acordo com suas circunstâncias peculiares e carências requeridas. A palavra εὔκαιρον, na Septuaginta, é "no devido tempo", ou em seu tempo, como no Salmo 104.27. A idéia de Calvino é aquela de alguns dos pais, porém não é adequada a esta passagem. "Mercê" [misericórdia] é compaixão; e "graça" é favor ou benefício recebido; algumas vezes significa favor bem-vindo; aqui, porém, o efeito de favor – um benefício, e este benefício deveria ser um socorro em tempo de necessidade.

Capítulo 5

1. Porque todo sumo sacerdote, sendo tomado dentre os homens, é constituído nas coisas concernentes a Deus, a favor dos homens, para oferecer assim dons como sacrifícios pelos pecados,
2. e capaz de condoer-se dos ignorantes e dos que erram, pois que ele mesmo também está rodeado de fraquezas.
3. E, por essa razão, deve oferecer sacrifícios pelos pecados, assim do povo, como de si mesmo.
4. E ninguém toma tal honra para si mesmo, a não ser quando chamado por Deus, como aconteceu com Arão.
5. Assim, também Cristo não glorificou a si mesmo para tornar-se sumo sacerdote, mas aquele que lhe disse: Tu és meu Filho, eu hoje te gerei;
6. como em outro lugar também diz: Tu és sacerdote para sempre segundo a ordem de Melquisedeque.

1. Omnis namque Pontifex ex hominibus assumptus, pro hominibus constituitur de eis quae (vel, ordinat ea quae) ad Deum pertinent, ut offerat dona et sacrifia pro peccatis;
2. Quis possit placabilem (vel, moderatum) se praebere ignorantibus et errantibus, quando ipse quoque circumdatus est infirmitate.
3. Et propter hanc debet, quemadmodum pro populo, ita et pro seipso offerre pro peccatis.
4. Ac memo sibi usurpat honorem, sed qui vocatur a Deo, sicut et Aaron.
5. Quare nec Christus seipsum glorificavit ut esset Pontifex, sed qui loquutus est ad eum, Filius meus es tu, ego hodie genui te.
6. Quemadmodum et álibi dicit, Tu es sacerdos in aeternum secundum ordinem Melchisedec.

1. Porque todo sumo sacerdote. Ele traça uma comparação entre Cristo e os sacerdotes levitas e mostra em que ponto se assemelham e a diferença que existe entre eles. E o objetivo de todo o discurso é mostrar qual de fato é o ofício de Cristo, e também mostrar que tudo o que foi instituído sob a lei, foi instituído por sua causa. Daqui o apóstolo avança com o intuito de finalmente mostrar que o antigo sacerdócio foi abolido.

Primeiramente ele declara que os sacerdotes eram "tomados dentre os homens"; em segundo lugar, que eles não agiam particularmente, e sim que oficiavam em favor de todo o povo; em terceiro lugar, que não compareciam diante de Deus de mãos vazias, e sim ocupadas com sacrifícios; em quarto lugar, que não estavam isentos de nossas fraquezas, para que pudessem, com melhor disposição, socorrer-nos em nossas tribulações; e, finalmente, não deviam lançar-se precipitadamente ao desempenho de seu ofício, e que então só desfrutavam de uma honra legítima quando fossem eleitos para o mesmo e aprovados por Deus. Tratemos agora, sucintamente, de cada um desses pontos.

Antes de agirmos assim, devemos, contudo, expor a ignorância daqueles que aplicam esses princípios ao nosso tempo, como se hoje houvesse a mesma necessidade de termos sacerdotes para o oferecimento de sacrifícios. Ao mesmo tempo, não há necessidade, aqui, de uma longa refutação. Que maior evidência há do que a verdade encontrada em Cristo, a qual está sendo comparada com seus tipos, os quais eram anteriores a ela em tempo e que agora cessaram? Mas isso transparecerá ainda mais plenamente à luz de todo o contexto. Quão ridículo é o procedimento dos que pretendem encontrar nesta passagem apoio para o sacrifício da missa! Agora me volverei às palavras do apóstolo.

Os sacerdotes são tomados dentre os homens. Ele diz isto dos sacerdotes. Daqui deduz-se que Cristo foi verdadeiramente homem. Uma vez que nos encontrávamos demasiadamente afastados de Deus, só havia uma maneira de sermos colocados diante dele – na pessoa de nosso Sacerdote. E isso não poderia suceder, a não ser que ele se fizesse um de nós. O fato de o Filho de Deus desfrutar conosco de uma natureza comum não denigre sua dignidade; ao contrário disso, eleva-a ainda mais para proveito nosso. Visto que ele se fez homem, isso o qualifica a reconciliar-nos com Deus. Com o intuito de provar que ele é o Mediador, Paulo, expressamente, o chama *Homem*, porque, caso fosse ele tomado dentre os anjos, ou dentre outros seres, não poderíamos ter sido unidos a Deus através dele, já que ele não nos seria acessível.

A favor dos homens. Ora, a segunda sentença consiste em que o sacerdote não ministra especificamente a favor de si próprio, e sim que ele é constituído visando ao bem comum do povo. Aqui temos algo digno de nota, para que saibamos que a salvação de todos nós foi efetuada por, e gravita em torno, do sacerdócio de Cristo. A forma de tal benefício se encontra expressa nas palavras: "nas coisas concernentes a Deus." É possível haver aqui uma dupla redação, visto que o verbo καθίσταται [*ordenar, designar, constituir*] pode ser tomado no sentido tanto passivo quanto ativo. Aqueles que o tomam no sentido passivo, traduzem-no assim: "Ele é constituído para essas coisas", subentendendo, assim, a preposição que governa o substantivo *coisas*. A redação alternativa me é igualmente satisfatória, ou seja: o sacerdote cuida de, ou ordena, as coisas concernentes a Deus. A construção é mais agradável e o significado, mais completo.[1] Seja qual for a forma pretendida, a intenção do apóstolo é que não podemos ter qualquer relacionamento com Deus, a menos que um sacerdote se faça presente. Uma vez que somos impuros, como nos é possível lidar com as coisas santas? Seremos estranhos a Deus e ao seu culto até que um sacerdote se interponha entre nós e advogue nossa causa.

Para oferecer assim dons como sacrifícios. O terceiro elemento que ele menciona acerca do sacerdote é o oferecimento de *dons*. Aqui há dois elementos: *dons* e *sacrifícios* [*vítimas*]. Em minha opinião, a primeira palavra inclui os diferentes tipos de sacrifícios e, portanto, é um termo geral. A segunda denota especialmente os sacrifícios expiatórios. Entretanto, o significado é que o sacerdote, sem um sacrifício, não pode ser um pacificador entre Deus e os homens, pois sem um sacrifício os pecados não são expiados, nem a ira de Deus, pacificada. Daí, sempre que a questão for de reconciliação entre Deus e o homem, este fiador tem de sempre e necessariamente precedê-la. E assim vemos que os anjos são totalmente incapazes de obter-nos o favor divino, porquanto eles não têm sacrifício a oferecer. O mesmo é o

---

[1] O primeiro ponto de vista é comumente assumido, "é designado"; e concorda com o assunto em questão – a designação do sacerdote, como parece evidente do que segue nos versículos 5 e 6.

caso com relação aos profetas e apóstolos. Cristo, pois, que é o único que apagou nossos pecados por meio de seu próprio sacrifício, pode reconciliar-nos com Deus.

2. É capaz de condoer-se dos ignorantes e dos que erram. Esta quarta sentença contém certa relação com a primeira. Não obstante, deve manter-se distinta dela. Na primeira, o apóstolo estava dizendo que a humanidade foi unida a Deus na pessoa de um homem, visto que todos os homens são participantes da mesma carne e da mesma natureza. Agora ele enfatiza um ponto distinto, a saber: o sacerdote tinha de ser justo e complacente para com os pecadores, já que ele era participante de suas fraquezas. Os comentaristas, tanto gregos quanto latinos,[2] apresentam variadas interpretações do termo μετριοπαθεῖν [*suportar razoavelmente*] usado pelo apóstolo aqui. Creio que sua validade é a mesma se ele dissesse simplesmente que alguém é capaz de συμπάθεια [*simpatizar*]. Nem todas as coisas atribuídas aos sacerdotes levitas são aplicáveis a Cristo. Sabemos que Cristo estava isento de toda e qualquer infecção do pecado. Nisto ele era distinto de todos os demais, a saber: ele não tinha qualquer necessidade de oferecer sacrifício em favor de si próprio. Era bastante que levasse sobre si nossas fraquezas, ainda que ele mesmo fosse isento de qualquer mancha de pecado. No tocante aos antigos sacerdotes levitas, o apóstolo afirma que eram sujeitos à fraqueza humana, e dessa forma, por meio de seus sacrifícios, também expiavam seus próprios pecados, a fim de que fossem não só mais solícitos em relação às transgressões de

---

2 "O uso clássico ou filosófico da palavra μετριοπαθεῖν pode ser explicado sucintamente. Os estóicos mantinham que um homem deve ser ἀπαθής, isto é, não sujeito às paixões, tais como ira, medo, esperança, alegria etc. Os platonistas, em contrapartida, asseveravam que um homem sábio deve ser μετριοπαθής, moderado em suas afeições, e não ἀπαθής. O sentido primordial, pois, ou a palavra μετριοπαθεῖν, é ser moderado em nossas emoções ou paixões" (Stuart). Mas este não é exatamente seu significado aqui. Schleusner, citando os lexicógrafos gregos, mostra que ela era usada no sentido de ser indulgente, ou de agir bondosamente e de modo perdoador, ou pacientemente; e este parece ser seu significado nesta passagem. A sentença é assim traduzida por Macknight: "Ser capaz de ter uma medida certa de compaixão sobre o ignorante e faltoso." Pode ser traduzida assim: "Ser capaz de sentir devidamente pelo ignorante e faltoso", ou o enganado, isto é, pelo pecado. Veja-se no tocante ao ignorante em Levítico 5.17-19; e no tocante ao enganado pelas paixões ou interesses, veja-se Levítico 6.17.

outros, mas também sofressem com eles. Esse ofício deve aplicar-se a Cristo até aquele ponto em que se insere o qualificativo previamente mencionado, a saber: que ele participou de nossas fraquezas, porém sem pecado. Ainda que estivesse sempre isento de pecado, no entanto essa experiência das fraquezas anteriormente descrita por si somente é suficientemente poderosa para predispô-lo a socorrer-nos, fazendo--o misericordioso e disposto a perdoar, bem como torná-lo solícito para conosco em nossas misérias. Eis a suma de tudo isso: Cristo é nosso Irmão não só por causa de sua união com nossa carne e natureza, mas também porque ele é levado, por assim dizer, a conformar-se solidariamente com nossas enfermidades, movido de indulgência e beneplácito. O particípio δυνάμενος contém mais vigor que *capaz de*, em nossa linguagem comum. Ele expressa idoneidade ou aptidão. O autor toma "dos ignorantes e que andam em erro" no sentido de pecadores, em consonância com o idioma hebraico. Os hebreus usam שגגה [*shegageh*] para toda espécie de ofensa, como teremos ocasião de explicá-lo um pouco mais adiante.

4. E ninguém toma tal honra para si mesmo. Deve-se notar neste versículo em parte uma *semelhança* e em parte uma *diferença*. O que torna válido um ofício é a *vocação*, de modo que ninguém pode exercê-lo correta ou legitimamente sem antes ser eleito por Deus. Cristo e Arão têm isto em comum: cada um deles foi chamado por Deus. Em contrapartida, entre ambos há esta diferença: enquanto Cristo triunfou de uma forma nova e distinta, tornando-se Sumo Sacerdote para sempre, era evidente que o sacerdócio de Arão fosse temporário, e por isso era indispensável que cessasse. Então percebemos o objetivo do argumento do apóstolo. Sua intenção é defender o direito do sacerdócio de Cristo. Ele faz isso demonstrando que o mesmo tem Deus por seu Autor. Mas isso não seria suficiente, a menos que estabelecesse que a antiga ordem terminasse para dar lugar a uma nova. Ele prova isso retrocedendo nossa atenção para as condições em que Arão fora designado (porque elas não devem levar-nos para além daquilo que o decreto de Deus permite). Diligentemente, ele evidencia quanto tempo Deus determinou para a duração dessa antiga ordem. Cristo, pois, é Sumo Sacerdote legítimo, porquanto foi designado por autoridade divina. O que, pois, se deve dizer de Arão e de seus sucessores? Que tiveram tanto direito quanto lhes fora concedido pelo Senhor; mas, não tanto quanto os homens concebem, segundo sua própria fantasia.

Ainda que isso fosse expresso à luz do presente caso, todavia é legítimo extrair daqui um princípio geral, a saber: que não se deve estabelecer na Igreja nenhuma forma de governo segundo o critério humano, senão que os homens devem atentar bem para a ordenação divina; e, ainda mais, devemos seguir um procedimento de eleição preestabelecido, para que ninguém procure satisfazer seus próprios desejos. Ambos esses pontos têm de ser cuidadosamente observados. O apóstolo está falando aqui não só de *pessoas*, mas também de *ofício*. Ele nega, repito, que seja legítimo e santo qualquer ofício inventado pela vontade humana, sem o respaldo da autoridade divina. De acordo com a promessa de Deus de governar sua Igreja, assim ele reserva para si o direito exclusivo de prescrever a *ordem* e *forma* de sua administração. Daqui considero indisputável que o sacerdócio papal é espúrio, já que foi forjado em conformidade com a arte humana. Em parte alguma vemos Deus ordenando que se lhe ofereça *agora* um sacrifício para o perdão dos pecados. Em parte alguma ordena ele que se designem sacerdotes para tal propósito. Portanto, enquanto o papa instala seus sacerdotes para oferecer sacrifícios, o apóstolo afirma que eles não são mais considerados legítimos, a não ser que, mediante a promulgação de uma lei nova e especial, sejam os mesmos exaltados acima de Cristo, pois ele, de iniciativa própria, não ousou assumir tal honra, senão que esperou pelo mandamento do Pai.

Isso também resultaria bem no caso de pessoas, individualmente, para que ninguém, por iniciativa própria, assuma essa honra para si como um indivíduo, sem que a autoridade pública a preceda. Minha alusão é a ofícios divinamente instituídos. É possível que às vezes alguém não seja chamado por Deus, e que tenha de ser tolerado, enquanto que, por um pouco, venha ele a ser aprovado, contanto que o ofício continue santo e aprovado por Deus. Muitos o furtam, movidos por ambição ou por motivos perversos, de cuja vocação há pouca ou nenhuma evidência. Não devem ser sumariamente rejeitados, especialmente quando não é possível decidir-se através de um concílio público da Igreja. Ao longo de dois séculos antes do advento de Cristo, prevaleceram as mais detestáveis corrupções no sacerdócio em vigência, e não obstante o direito e a honra, que provinham da vocação divina, permaneceram no próprio ofício, e os homens mesmos eram tolerados, porquanto a liberdade da Igreja fora transtornada. Daqui se faz evidente que o maior problema está no caráter do ofício, quando os homens inventam para si algo que Deus jamais pensou em ordenar. De todos, os menos toleráveis são os sacrificadores romanistas, cuja tagarelice nenhum outro objetivo tem além da conservação de seus títulos sacros, enquanto eles mesmos os escolheram sem qualquer autoridade da parte de Deus.

5. Tu és meu Filho. É possível que essa afirmação pareça um tanto forçada, pois uma vez admitido que Cristo foi gerado por Deus, o Pai, não foi por isso que ele foi ordenado Sumo Sacerdote. Mas se levarmos em conta o propósito pelo qual Cristo se revelou ao mundo, se fará plenamente patente que esse qualificativo lhe pertence por necessidade. Deve-se ter em mente, primeiro e acima de tudo, como nos expressamos no primeiro capítulo, que a geração de Cristo, de que fala o salmista, foi o testemunho que o Pai deu sobre ele entre os homens. A questão aqui não é a relação mútua entre o Pai e o Filho; antes, é a relação com os homens entre os quais ele se evidenciou. Que gênero de Filho Deus nos proclamou? Alguém despido de honra e sem qualquer aptidão? Por certo que não. Ele teria que ser o Mediador entre Deus e os homens. Portanto, sua geração inclui seu sacerdócio.[3]

---

3 Esta passagem, "Tu és meu Filho" etc., neste lugar, é apenas aduzida para mostrar que Cristo era o Filho de Deus; Cristo não se honrou, nem se engrandeceu, nem se exaltou (pois aqui δοξάζω é seu significado), senão aquele que lhe disse:

"Tu és meu Filho" etc., o honrou ou o exaltou. Este é o significado da sentença. O versículo pode ser assim traduzido:

6. Como também em outro lugar diz. O propósito do apóstolo é expresso aqui de modo mais claro. A passagem, e bem assim todo o Salmo do qual é ela tomada, é bem conhecida. Pois dificilmente haverá em alguma outra parte uma profecia mais clara com referência ao sacerdócio eterno de Cristo e seu reinado. Os judeus se dão ao trabalho de engendrar todo gênero de objeções capciosas com o intuito de obscurecer a glória de Cristo, mas sem lograrem qualquer êxito. Aplicam-na a Davi, como se fosse ele a quem Deus convida a assentar-se à sua mão direita, contudo tal atitude constitui um exemplo de extrema ignorância. Bem sabemos que não era lícito aos reis exercer o sacerdócio. Foi precisamente por tal crime de imiscuir-se num ofício que não era seu que Uzias provocou a ira de Deus e foi atingido por lepra [2Cr 26.18]. Portanto, é claramente incontestável que nem Davi nem qualquer outro dos reis são referidos aqui.

Se alguém apresentar uma exceção com base no fato de que os *príncipes* [bem como os sacerdotes] às vezes são denominados כהנים[*kohenim*], admito tal alegação como um fato, todavia continuo sustentando que tal idéia não se ajusta bem à presente passagem. A comparação não deixa qualquer dúvida. Melquisedeque foi o sacerdote de Deus. O salmista declara que esse Rei, cuja posição é à destra de Deus, será um כהנו [*kohen*], *segundo a ordem de Melquisedeque*. Porventura existe alguém que deixaria de perceber que essa afirmação deva ser considerada uma referência ao sacerdócio? Como era uma ocorrência rara e quase única que a mesma pessoa exercesse ao mesmo tempo as funções de rei e sacerdote (ao menos era um caso incomum no seio do povo de Deus), Melquisedeque, portanto, surge como um tipo do Messias, como se dissesse: "Sua dignidade real não o impedirá

---

5. Assim também Cristo, a si mesmo não se exaltou para ser sumo sacerdote, mas aquele que lhe disse: Meu filho és tu, neste dia eu te gerei.

Significa o mesmo se ele dissesse: "Cristo mesmo não se fez sumo sacerdote, e sim Deus." E a razão pela qual ele fala de Deus como havendo dito: "Meu Filho" etc., parece ser a seguinte: para mostrar que aquele que o fez rei (pois sua referência no Salmo 2 é sua designação ao ofício régio) também o fez sumo sacerdote. E isto é confirmado pela próxima citação do Salmo 110; pois no primeiro versículo ele é mencionado como rei; e, então, no versículo 4, se menciona seu sacerdócio.

que exerça também a função de sacerdote, já que temos em Melquisedeque um exemplo semelhante." Por certo que todos os judeus que possuam alguma honestidade admitirão que esta passagem se refere ao Messias, e não nutrirão dúvida de que seu sacerdócio é o que está aqui compreendido.

O que no grego se traduz κατὰ τάξιν [*segundo a ordem*], no hebraico se traduz על־דברתי [*ol-deberti*], ambos significando "à semelhança de" ou "segundo a forma de", e isso confirma o que eu disse: era algo incomum entre o povo de Deus que a mesma pessoa, e ao mesmo tempo, assumisse o ofício de rei e de sacerdote; por isso adiciona-se esse exemplo antigo como prefiguração do Messias. O apóstolo explicará o restante mais detalhadamente no que segue.

7. O qual, nos dias de sua carne, tendo oferecido orações e súplicas com forte clamor e lágrimas àquele que era capaz de livrá-lo da morte, e tendo sido ouvido por causa de seu santo temor,
8. embora sendo Filho, todavia aprendeu a obediência pelas coisas que sofreu.
9. E tendo sido aperfeiçoado, tornou-se o autor da salvação eterna para quantos lhe obedecem;
10. nomeado por Deus sumo sacerdote segundo a ordem de Melquisedeque.
11. De quem temos muitas coisas que dizer, e difíceis de explicar, visto que vos tornastes morosos para ouvir.

7. Qui in diebus carnis suae, quum et precationes et supplicationes obtulisset cum clamore valido et lachrymis ei qui poterat eum ex morte servare, et exauditus esset ex suo metu:
8. Tametsi Filius erat, didicit ex iis quae passus est, obedientiam;
9. Et sanctificatus omnibus qui illi obediunt, factus fuit causa aeternae salutis,
10. Cognominatus a Deo sacerdos secundum ordinem Melchisedec:
11. De quo nobis multus sermo et difficilis explicatu, quandoquidem tardi facti estis auribus.

7. O qual, nos dias de sua carne. Como a forma e beleza de Cristo foram especialmente desfiguradas pela cruz, e como os homens não atentam para o propósito de sua humilhação, o apóstolo reitera a questão que previamente apenas tocara de leve, a saber: que sua esplendorosa benevolência resplende do fato de que ele, para nosso bem, se submeteu às nossas enfermidades [ou fraquezas]. Disso se faz evidente que nossa fé é confirmada e sua honra não sofre prejuízo por haver ele levado em si nossos males.

O autor ressalta duas causas por que Cristo tinha que sofrer – uma *imediata* e a outra *final*. A imediata consiste em que ele aprenderia a obediência; a final consiste em que, assim, ele seria consagrado Sacerdote para nossa salvação.

Nos dias de sua carne. Ninguém teria dúvida de que essa expressão deve ser tomada como uma referência à sua vida terrena. Daí se segue que o termo *carne* não significa a *substância* material, e sim a *condição* de sua vida, como em 1 Coríntios 15.50: "Carne e sangue não podem herdar o reino de Deus." Revelam total insanidade os fanáticos que imaginam Cristo como que despido de sua carne, só porque aqui se notifica que ele sobreviveu aos dias de sua carne, pois uma coisa é ser verdadeiro homem, ainda que dotado daquela bem-aventurada imortalidade; outra completamente distinta é achar-se ele sujeito às vicissitudes e fraquezas humanas, as quais Cristo suportou ao longo de sua existência terrena, condição essa da qual agora se desvencilhou, ao ser recebido no céu.

Voltemos agora à nossa matéria. Cristo, sendo o Filho de Deus, procurou obter socorro do Pai, e foi ouvido, contudo sofreu a morte para ser instruído na vereda da obediência. Aqui há em cada palavra uma importância singular.

Ao dizer "nos dias de sua carne", ele indica que o tempo de nossas misérias humanas é limitado, notícia que nos comunica não pouca confiança. Seguramente, seria um estado dificílimo, e quase impossível de suportar, se não vislumbrássemos um ponto final de nossos sofrimentos. As três sentenças que seguem também adicionam considerável conforto. Cristo, sendo o Filho, eximido da parte comum dos homens em virtude de sua própria dignidade, contudo sujeitou-se a ele por amor de nós. Que mortal dentre nós ousaria agora esquivar-se de suportar a mesma condição? Além disso, há um argumento adicional: ainda quando sejamos oprimidos por adversidades, não somos excluídos do número dos filhos de Deus, ao vermos que adiante de nós vai aquele que, por natureza, é seu único Filho. O fato de sermos contados no número dos filhos [de Deus] só é possível em virtude da graça de nossa adoção, porquanto o único que possui o direito de reivindicar tal honra nos admite em sua comunhão.

Tendo oferecido orações e súplicas. O segundo elemento que o autor menciona de Cristo é que, quando chegou o tempo, ele buscou um remédio que o livrasse dos males. Ele diz isso para que ninguém concluísse que Cristo era dotado de um coração de ferro, e que nada sentia. Devemos procurar sempre ver a razão por que algo é expresso. Se Cristo fosse intocável por qualquer dor, então nenhuma consolação, provinda de seus sofrimentos, nos atingiria. Mas quando ouvimos que ele igualmente suportou as mais amargas agonias em seu espírito, torna-se evidente sua semelhança conosco. Cristo, diz ele, não suportou a morte e todas as demais tribulações, de tal sorte, como se desdenhasse delas, ou por não se sentir oprimido por algum senso de angústia. Ele orou com lágrimas, dando assim testemunho da suprema angústia de seu espírito.[4] Por *lágrimas* e *forte clamor*, a intenção do apóstolo é expressar a intensidade de sua tristeza, em consonância com o costume normal de fazer algo mediante sinais. Não tenho dúvida de que ele está falando da oração contida nos evangelhos: "Meu Pai, se possível, passe de mim este cálice" [Mt 26.39]. E também daquela outra oração: "Deus meu, Deus meu, por que me desamparaste?" [Mt 27.46]. No segundo dos casos mencionados nos Evangelhos, há um forte clamor. Enquanto que no primeiro não é possível crer que seus olhos hajam secado, já que na imensidão de sua agonia grossas gotas de sangue emanavam de todo seu corpo. É verdade que ele se achava reduzido a uma condição extrema. Achando-se oprimido por dores reais, deveras orava ardentemente ao Pai para que fosse socorrido.[5]

---

4 "Orações e súplicas" são quase a mesma coisa; a primeira palavra significa um pedido, uma petição, estritamente, uma oração; e a segunda um rogo mais intenso e humilde. A segunda palavra só se encontra aqui, em todo o Novo Testamento; uma vez na Septuaginta, em Jó 41.3; e uma vez nos apócrifos [2 Macabeus 9.18]. Hesychius, como citado por Schleusner, dá παράκλησις, pedido, rogo, como seu significado, e é oriundo de ἱκέτης, um suplicante. A palavra ἱκετηρία, aqui usada, significa primeiramente um ramo de oliveira envolto em lã, carregado pelos suplicantes como símbolo de súplica, e daí às vezes usado no sentido de rogo e súplica.

5 Stuart observa com muita razão sobre esta passagem: "Se Jesus morreu, sofreu como um virtuoso comum, e meramente como um mártir em prol da verdade, sem qualquer sofrimento

E qual é a aplicação que se deve fazer de tudo isso? É esta: sempre que nossos males nos oprimem e nos torturam, retrocedamos nossa mente para o Filho de Deus que suportou o mesmo fardo. Enquanto ele marchar adiante de nós, não temos motivo algum para desespero. Ao mesmo tempo, somos advertidos a não buscar nossa salvação, em tempo de angústia, em nenhum outro senão unicamente em Deus. Que melhor guia poderíamos encontrar para oração além do exemplo do próprio Cristo? Ele se dirigiu diretamente ao Pai. O apóstolo nos mostra o que devemos fazer, ao dizer que ele endereçou suas orações Àquele que era capaz de livrá-lo da morte. Com isso ele quer dizer que Cristo orou corretamente, já que recorreu ao Deus que é o único Libertador. *Lágrimas* e *clamor* nos recomendam fervor e sinceridade na oração. Não devemos orar a Deus seguindo um formalismo sem vida, e sim com ardentes desejos espirituais.

E tendo sido ouvido. Há quem o traduza assim: "seu santo temor", do que discordo incisivamente. Primeiramente, o apóstolo usa simplesmente εὐλαθείας, sem o pronome *seu*. Em segundo lugar, a preposição é ἀπὸ, *desde*, e não ὑπὲρ, *por causa de*, ou qualquer outro termo que denote causa. Visto que no grego גּוּר geralmente significa temor ou ansiedade, não tenho dúvida de que o apóstolo quis dizer que Cristo foi ouvido naquilo que ele temia, de modo que, não vencido por esses males, não lhes deu lugar, nem sucumbiu em face da morte. O Filho de Deus condescendeu-se a essa luta, não porque labutasse sob a descrença, a fonte de todos os temores, mas porque ele suportava na carne mortal o juízo divino, o terror

---

vicário imposto sobre ele, então sua morte não passa de um evento totalmente inexplicável com respeito à maneira de seu comportamento enquanto sofria; e deve-se admitir que as multidões de discípulos humildes, pecaminosos, mansos e mui imperfeitos do cristianismo suplantaram ao seu Senhor em fortaleza, e reuniram firmeza e serena complacência que são requisitos para o triunfo sobre as angústias de uma hora mortuária. Mas, quem poderia crer em tal coisa? Ou quem poderia considerar Jesus como um simples sofredor na cruz de maneira ordinária, e explicar os mistérios de seu medonho horror antes e durante as horas de crucifixão?" O que se menciona aqui certamente é inexplicável, a não ser que admitamos o que nos é claramente ensinado tão amiúde e de modo tão variado na Palavra de Deus, a saber, que Cristo morreu por nossos pecados.

que não se pode vencer sem extremo esforço. Crisóstomo o interpreta como sendo a dignidade de Cristo que o Pai, de certa forma, reverenciava. Tal idéia, porém, é absurda. Outros o traduzem por *piedade*. Mas a exposição que já apresentei é muito mais adequada, e dispensa qualquer outro argumento adicional.[6]

Ele prossegue adicionando uma terceira sentença, no caso de alguém concluir que, visto que Cristo não foi imediatamente libertado de suas tribulações, sua oração foi rejeitada. Em tempo algum foi ele privado da misericórdia e socorro divinos. E desse fato podemos deduzir que Deus com freqüência ouve nossas orações, mesmo quando não nos pareça. Assim como não é de nossa competência impor-lhe alguma norma rígida e rápida, tampouco Deus se vê na obrigação de responder nossas petições que lhe façamos mentalmente ou expressas com nossos lábios, todavia ele demonstra ter cuidado de nossas orações em tudo o que nos é necessário para nossa salvação. E assim, quando parecer-nos que somos repelidos de diante de sua face, obteremos muito mais do que se ele nos concedesse tudo o que lhe pedimos.

De que forma foi Cristo ouvido naquilo que ele temia, quando enfrentamos aquela morte da qual ele tanto se esquivava? Minha resposta é que devemos atentar para aquilo que constituía seu temor. Por que ele tremia diante da morte, senão porque via nela a maldição divina, e o fato de que Deus era contra a soma total da culpabilidade humana, e contra os próprios poderes das trevas? Daí seu temor e ansiedade, já que o juízo divino é de tudo o que mais terrifica. Então ele obteve o que desejava, uma vez que emergiu das dores da morte como Vencedor, foi sustentado pela mão salvífica do Pai e, após um breve conflito, granjeou gloriosa vitória sobre Satanás, o pecado e os poderes do inferno. Às vezes sucede que pe-

---

6 A idéia do efeito de ouvir, que é livramento, sem dúvida está inclusa em εἰσακουσθεὶς, "tendo ouvido", como algumas vezes é na palavra correspondente no hebraico; de modo que Stuart é justificado em traduzi-la por *libertado* – "e sendo libertado daquilo que ele temia". Macknight faz a mesma tradução: "E sendo libertado do temor". Tanto Beza quanto Grotius traduzem a última palavra por *temor*; e este é seu significado como usado na Septuaginta.

dimos por isto, por aquilo, ou por alguma outra coisa, mas com um propósito bem distinto. E, enquanto Deus não nos concede o que pedimos, ele encontra uma maneira de socorrer-nos.

8. Ele aprendeu a obediência. O primeiro propósito dos sofrimentos de Cristo consistia em que, dessa forma, ele estaria acostumando-se à obediência. Não que ele fosse compelido a isso pela força, ou que tivesse alguma necessidade de tais práticas, da maneira como se doma a ferocidade dos bois e cavalos. Ele era plenamente disposto a prestar aquela obediência voluntária que se deve ao Pai. Ele fez isso em nosso benefício, para apresentar-nos o exemplo e o padrão de sua própria submissão, mesmo em face da própria morte. Ao mesmo tempo, pode-se dizer realmente que Cristo, por sua morte, aprendeu perfeitamente o que significava obedecer a Deus, já que esse era o ponto no qual ele atingiu sua maior auto-renúncia. Ele renunciou sua própria vontade e entregou-se de tal modo ao Pai, que espontânea e voluntariamente enfrentou a morte, à qual tanto temia. Portanto, o sentido consiste em que, pela experiência de seus sofrimentos, Cristo nos ensinou até onde devemos submeter-nos e obedecer a Deus. É justo, pois, que mediante seu exemplo sejamos ensinados e preparados por todo gênero de sofrimentos e, finalmente, pela própria morte, a prestar obediência a Deus. Aliás, nossa necessidade é ainda muito maior, porque temos uma disposição rebelde e indomável, até que Deus nos convença a levar seu jugo através de aflições como essas.

Esse benefício que provém da cruz deve adocicar em nossos corações a amargura proveniente dela. O que mais se pode desejar além de voltarmos para Deus em plena obediência? Não é possível suceder tal coisa a não ser por meio da cruz. Pois em tempos de prosperidade corremos expansivamente a rédeas soltas e, na maioria dos casos, quando nos tiram o jugo, manifesta em nós a incontinência de nossa carne. Mas quando nossa vontade é mantida sob repressão, de modo que procuramos agradar a Deus, então nossa obediência realmente se manifesta. A clara prova de nossa perfeita submissão, digo eu, é quando preferimos a morte, à qual Deus nos chama, ainda quando diante dela nos estremeçamos, em vez da vida pela qual naturalmente aspiramos.

9. E tendo sido aperfeiçoado. O propósito último, ou mais remoto, como é assim chamado, a saber, por que Cristo tinha que sofrer, foi para que dessa forma ele fosse iniciado em seu sacerdócio. É como se o apóstolo estivesse dizendo que, suportar a cruz e morrer, eram para Cristo uma solene forma de consagração, indicando assim que todos os seus sofrimentos tinham a ver com nossa salvação. Daqui se deduz que eles de forma alguma denigrem sua dignidade, antes, contribuem para sua glória. Se nossa salvação nos é preciosa, com muito maior honra devemos considerar seu Autor! Esta passagem não só fala do exemplo de Cristo, mas vai além, e afirma que, por meio de sua obediência, ele apagou nossas transgressões; tornou-se o Autor de nossa salvação, já que se fez justo aos olhos de Deus, quando remediou a desobediência de Adão, através de um ato contrário de obediência.

"Santificado" se ajusta melhor ao contexto do que "aperfeiçoado". O termo grego é τελειωθεὶς, que significa ambos os termos. Contudo, visto que a passagem é acerca do sacerdócio, o escritor, de forma apropriada e conveniente, menciona santificação. Cristo mesmo fala assim em outro lugar: "Em favor deles eu me santifico a mim mesmo" [Jo 17.19]. Daqui se faz evidente que a referência é justamente à sua natureza humana, na qual ele exerceu o ofício de Sacerdote e na qual ele sofreu.[7]

Para quantos lhe obedecem. Se desejamos que a obediência de Cristo nos seja proveitosa, então devemos imitá-la. O apóstolo su-

---

[7] A palavra τελειωθεὶς significa, aqui, o mesmo que em 2.10. Stuart lhe dá o mesmo significado, aqui, como na passagem anterior. "Então, quando exaltado à glória" etc.; mas isso não se harmoniza com o que segue, pois não foi sua exaltação à glória que o qualificou a ser "o autor (ou o causador ou efetuador) da salvação eterna", mas sua obra perfeita ou completa em sofrer, havendo realizado completa e perfeitamente a obra de expiação. E que seu sofrimento em obediência à vontade de Deus, sim, seu sofrimento vicário, está implícito aqui, transparece também da seguinte referência a ser ele sacerdote segundo a ordem de Melquisedeque. O significado, pois, parece ser que Cristo, tendo completado plenamente sua obra como sacerdote, e que, pelo sofrimento, tornou-se assim o autor da eterna salvação.

bentende que os frutos dela não vêm a qualquer um, senão somente àqueles que são obedientes. Ao dizer isso, ele nos recomenda a fé, pois nem ele nem seus benefícios se tornam nossos, a não ser na medida em que os recebemos, a ele e a seus benefícios, por meio da fé. Ao mesmo tempo, o autor inseriu um termo universal – *para quantos* – a fim de mostrar que ninguém que prove ser atento e obediente ao evangelho de Cristo é excluído desta salvação.

10. Nomeado por Deus. Como se fazia necessário que o autor desse seguimento à comparação entre Cristo e Melquisedeque, por haver dissertado sobre ela só de passagem, e para incitar a mente dos judeus a prestar mais atenção, ele agora passa a uma digressão e ao mesmo tempo retém o argumento principal.

11. Portanto, ele adiciona um prefácio a fim de expressar que tinha muito a dizer, mas deveriam estar preparados para que a palavra que lhes dirigia não fosse em vão. Ele os adverte, dizendo que o que tinha a lhes dizer seria difícil de ouvir, não para afugentá-los, mas para aguçar sua atenção. Como sucede que aquilo que se nos afigura fácil, geralmente nos torna lerdos, assim somos aptos a ouvir mais atentamente ao nos defrontarmos com algo que se nos afigura obscuro. Ele aponta para eles como a causa da dificuldade, não o tema. Aliás, Deus trata conosco de uma forma tão clara e isenta de ambigüidade que sua Palavra é com razão denominada de luz. Seu brilho, contudo, é ofuscado por nossas trevas.[8] Isso sucede em parte por causa de nosso embotamento e em parte por causa de nossa leviandade. Apesar de sermos mais do que obtusos em nosso entendimento da doutrina de

---

8 A tradução literal é "de quem temos muitas palavras a dizer, e dificilmente explicáveis", ou difíceis de serem explicadas. Esta dificuldade de explanação se devia à sua obtusidade de compreensão, como Calvino observa. "Difícil de ser pronunciado", de nossa versão, não é correto; nem correta é a versão de Doddridge, "difícil de ser entendido". Macknight é quem fornece o significado preciso, "difícil de ser explicado". A de Beza é a mesma. Adiciona-se a razão: "Visto que nossos ouvidos se tornam entorpecidos (ou indolentes)". Ter ouvidos entorpecidos é ser desatento; mas ter ouvidos preguiçosos parece significar estupidez, compreensão lenta. O último evidentemente é o sentido aqui; isto é, lerdeza ou lentidão em compreender. Ouvir com os ouvidos é, na linguagem bíblica, entender (Mt 11.15; Jo 8.43; 1Co 14.2). Daí, ter ouvidos preguiçosos é ser lento ou tardio em compreender a Palavra de Deus. Portanto, Stuart fornece o sentido: "Visto que sois de compreensão obtusa."

Deus, há ainda que adicionar a esse vício a depravação de nossos afetos. Aplicamos nossa mente mais à vaidade do que à verdade de Deus. Somos continuamente impedidos, ou por nossa rebelião, ou pelos cuidados deste mundo, ou pela luxúria de nossa carne.

De quem não se refere a Cristo, e sim a Melquisedeque. Todavia, não se refere a ele em particular, como indivíduo, mas no sentido de ser ele um tipo de Cristo e de certa forma o personificar.

12. Porque, devendo já ser mestres, pelo tempo, ainda tendes necessidade de que vos torne a ensinar os rudimentos dos primeiros princípios do oráculo de Deus; e assim vos tornastes como necessitados de leite, e não de alimento sólido.

13. Porque qualquer um que se alimenta de leite carece de experiência na palavra da justiça, porque ainda é criança.

14. Mas o alimento sólido é para os adultos, para aqueles que, pela prática, têm suas faculdades exercitadas para discernir não somente o bem, mas também o mal.

12. Nam quum debeatis esse doctores pro ratione temporis, rusum opus habetis, ut quis vos doceat elementia initii sermonum Dei; et facti estis ii quibus lacte opus sit et non solido cibo.

13. Nam quisquis lactis est particeps, imperitus est sermonis justitae, infans est enim.

14. Perfectorum vero est solidus cibus, qui propter assuetudinem sensus habent exercitatos ad discretionem boni mali.

12. Devendo já ser mestres. Tal reprovação contém uma piedosa medida de censuras visando a instigar os judeus em sua indolência. O autor diz que era um absurdo, e que deviam envergonhar-se disso, a saber, que estivessem ainda no rol do berço quando deveriam já ser mestres. "Devíeis ser mestres de outros", diz ele, "enquanto que na verdade não sois nem ainda alunos capazes de compreender o ensino mais rudimentar. Pois não compreendeis ainda os primeiros rudimentos do cristianismo. Com o fim de fazê-los ainda mais envergonhados de si mesmos, ele usa as palavras *primeiros princípios*, justamente como alguém fala do alfabeto. Devemos aprender ao longo de toda a vida, porquanto verdadeiramente sábio é aquele que sabe quão longe se acha do perfeito conhecimento. Mas devemos progredir em nosso aprendizado, a fim de não ficarmos sempre no conhecimento rudimentar. Não deixemos que a profecia de Isaías [Is 28.10] se cumpra em nós: "Porque é preceito sobre preceito, preceito e mais preceito..." Ao contrário, é indispensável que nos esforcemos para que nosso progresso corresponda *ao tempo* que nos é concedido.

Não só nossos anos, mas também nossos dias devem ser calculados, para que todos nós nos apressemos em direção ao progresso. No entanto, poucos são aqueles que se disciplinam a fazer um balanço do tempo pretérito, ou que se preocupam com o tempo por vir. Portanto, somos justamente castigados por nossa negligência, já que a maioria de nós dissipa sua vida nos estágios elementares, como crianças. Somos ainda lembrados de que o dever de cada um de nós é repartir com seus irmãos o conhecimento que tem, a fim de que ninguém guarde sua sabedoria para si, senão que cada um a use para a edificação de outros.[9]

Vos tornastes como necessitados de leite. Paulo usa a mesma metáfora em 1 Coríntios 3.1, quando reprova os coríntios contra o mesmo pecado cometido aqui, ou, pelo menos, contra um bem semelhante a ele. Ele diz, visto que eles são carnais, então não poderão ingerir alimento sólido. *Leite* é o ensino elementar no qual o ignorante se inicia. Pedro o usa num sentido distinto [1Pe 2.2], quando solicita que desejemos leite sem malícia. Existe uma dupla infância, a saber: a da *maldade* e a da *razão*. Daí Paulo, em outra passagem, dizer: "Irmãos, não sejais meninos no juízo; na malícia, sim, sede crianças" [1Co 14.20]. Aqueles, pois, que são demasiadamente tenros em idade, que não podem receber um doutrinamento mais avançado, são chamados *crianças*, à guisa de censura.

Conseqüentemente, o genuíno propósito da doutrina é adequar

---

9 Nossa versão desta sentença é muito literal e compacta, e suficientemente clara: "Pois quando por algum tempo devíeis ser mestres." Sua concisão e elegância não são retidas, nem por Macknight, nem por Stuart. O que está implícito nas palavras "por algum tempo" é suficientemente evidente sem ser expresso. Quanto à sentença seguinte, "tendes novamente necessidade disto – que alguém vos ensine os primeiros princípios dos oráculos de Deus." Tomo τίνα como acusativo antes de "ensinar". A palavra "oráculos" é usada por Pedro no mesmo sentido, como designativo das doutrinas dos Evangelhos [1Pe 4.11].

nossa união a fim de desenvolvermos o "homem perfeito", à medida da plena maturidade, "para que não mais sejamos como meninos, agitados de um lado para outro, e levados ao redor por todo vento de doutrina, pela artimanha dos homens, pela astúcia com que induzem ao erro" [Ef 4.14]. Devemos, naturalmente, revelar indulgência para com aqueles que ainda não experimentaram a Cristo, caso sejam eles incapazes de ingerir alimento sólido; mas se alguém ainda não cresceu com o passar do tempo, o tal é inescusável se permanecer perenemente no "jardim da infância". Vemos que Isaías rotula assim os réprobos: eram como crianças recém-desmamadas [Is 29.8].

Certamente que a doutrina de Cristo provê leite para as crianças, assim como provê alimento sólido para os adultos. No entanto, na forma em que uma criancinha é nutrida do leite maternal, não para que dependa sempre do peito materno, senão para que passe gradualmente a nutrir-se de alimento mais forte, assim também devemos nós obter o leite da Escritura, ao princípio, para que mais tarde nos nutramos de seu pão [integral]. O apóstolo faz distinção entre leite e alimento sólido, e faz de uma forma que não nega que ainda exista a sã doutrina em ambos; mas os ignorantes começam com o primeiro, enquanto que os que já se adiantaram no aprendizado são fortalecidos pelo último.

13. Qualquer um que se alimenta de leite. O autor tem em mente aqueles que ainda rejeitam a doutrina sólida em razão de sua debilidade, pois, em outros aspectos, um adulto não é hostil ao leite. O que ele está a reprovar aqui é a imaturidade da mente que compele Deus, continuamente, a falar-nos por enigmas. Ele diz, portanto, que tais crianças [espirituais] não são capazes de compreender a palavra da *justiça*, significando por justiça aquela perfeição que mencionaremos um pouco depois.[10]

---

10 Este é o ponto de vista de Grotius, entre outros, mas há quem considere "a palavra de justiça" como paráfrase para o evangelho; e Stuart a traduz "a palavra de salvação". O Dr. Owen diz que o evangelho é chamado "a palavra de justiça", porque ele revela a justiça de Deus (Rm 1.17). Pode ser assim chamado, porque ele revela e contém a verdade, a plena verdade, em parte revelada previamente. A palavra "justiça" tem seu significado no Antigo e Novo Testamentos (cf. Sl

Em minha opinião, o apóstolo, aqui, não está se referindo à questão, como somos justificados diante de Deus. Ele toma o termo em seu sentido mais simples, ou seja: a plenitude do conhecimento que nos conduz à perfeição. Essa é a função que Paulo, em Colossenses 1.28, atribui ao evangelho, dizendo, com efeito, que todo aquele que se deixa dominar por sua ignorância se priva de todo e qualquer genuíno conhecimento de Cristo, e a doutrina do evangelho não produz nele nenhum fruto, porquanto jamais alcança o alvo; aliás, nem mesmo se aproxima dele.

14. O alimento sólido é para os adultos. Ele chama de perfeitos aqueles que são adultos, colocando-os em oposição a bebês, como em 1 Coríntios 2.6; 14.20 e Efésios 4.13. A idade média, a idade viril, é, por assim dizer, a idade plena da vida humana. Figurativamente, ele os chama de homens espirituais em Cristo. Ele deseja que todos os cristãos sejam como esses que, pela prática constante, têm formado o hábito de "discernir entre o bem e o mal". Só seremos adequadamente instruídos na verdade, à medida que formos sendo guarnecidos por essa proteção contra as falsidades de Satanás. Isso é o que significa a "espada do Espírito". Paulo está se referindo a esse benefício da sã doutrina, quando diz: "Para que não sejamos levados ao redor por todo vento de doutrina" [Ef 4.14]. Que gênero de fé é esse que oscila confusa entre a verdade e a falsidade? Fé que a todo instante está sujeita a ficar reduzida a nada?

O escritor não se contenta em deixar esse fato apenas na mente, senão que menciona todos os sentidos para mostrar que não devemos jamais desistir até que estejamos fortalecidos e armados de todas as formas para a batalha, por meio da Palavra de Deus, no caso de Satanás assaltar-nos com suas falácias.[11]

3.4; Is 45.19, 23; Mt 21.23; 2Co 11.15). "Os ministros de justiça", no último texto, são confrontados com os falsos ministros.

11 A palavra "sentidos" significa, literalmente, os órgãos dos sentidos, tais como olhos, ouvidos, etc. Aqui, porém, significa os próprios sentidos, como ver, ouvir, provar e cheirar, por meio dos quais os que crescem são capacitados pela longa experiência a conhecer o que lhes é bom e saudável, e também o que é mau e prejudicial. Por esta comparação, que é aqui concretizada

Daqui se faz evidente que espécie de cristianismo existe dentro do papado, onde não só se exalta a crassa ignorância em nome da simplicidade, mas também rigidamente se proíbe ao povo de buscar o real discernimento. Minha tese é que é fácil de julgar o espírito que atua naqueles que mal permitem que os homens toquem o que o apóstolo os convida a usar constantemente; que pretendem que a negligência que é aqui tão severamente reprovada é de fato louvável; que suprimem a Palavra de Deus, a única norma do genuíno discernimento, a qual é aqui declarada como indispensável a todos os cristãos. Mesmo entre os que já foram libertados de tão diabólica proibição, e que já desfrutam da liberdade de aprender, há, não obstante, indiferença tanto em ouvir quanto em ler. Quando negligenciamos tal disciplina, nos tornamos insensíveis e destituídos de todo e qualquer discernimento.

---

plenamente, ele notifica que o crescimento na verdade cristã é obtida pelo hábito de exercitar todos os sentidos ou faculdades, de suas mentes, capacidade para distinguir entre o bem e o mal, entre a verdade e o erro na religião.

Capítulo 6

1. Por isso, cessemos de falar dos princípios elementares de Cristo e apressemo-nos para a perfeição, não lançando de novo o fundamento do arrependimento de obras mortas e da fé em Deus, 2. do ensino de batismos e da imposição de mãos, da ressurreição dos mortos e do juízo eterno.

1. Quare omisso sermone principii Christi, ad perfectionem feramur, non jacentes rursum fundamentum poenitentiae ab operibus mortuis et fidei in Deum. 2. (Baptismatum doctrine et impositionis manuum) et resurrectionis mortuorum et judicii aeterni.

1. Por isso, cessemos. À sua reprovação, o autor anexa esta exortação no sentido em que se deixem os princípios elementares e se avance em direção ao alvo. Pela expressão, *princípios elementares*, o autor tem em vista aquela catequese introdutória que se deve aplicar aos não-instruídos, ao serem eles recebidos no seio da Igreja. Ele os convida a deixarem tais matérias elementares, não porque os crentes devam esquecê-las, mas para que permaneçam nesse estágio menos tempo quanto possível. Esse fato desponta mais claramente no símile do *fundamento* que vem logo a seguir. Na construção de uma casa, jamais se deve esquecer o fundamento, mas, ao mesmo tempo, seria ridículo gastar alguém todo seu tempo em relançá-lo. O fundamento é lançado em função do edifício, mas aquele que gasta seu tempo em edificar, porém jamais desenvolve a estrutura do edifício, não só se cansa debalde, como também trabalha sem objetividade. Em síntese, assim como a obra de um construtor deve iniciar-se com o alicerce, ele deve dar imediato seguimento, erigindo o edifício. O mesmo se dá no cristianismo. Lançamos os primeiros princípios como sendo as bases, mas é preciso que demos seguimento a um ensino mais avançado para a conclusão do edifício. Aqueles que se acomodam nos primeiros princípios se comportam de maneira ridícula, visto que não têm nenhum alvo proposto. São semelhantes a um construtor que despende todo seu labor com o alicerce e não se preocupa em construir a casa. O desejo do escritor consiste em que nossa fé esteja tão bem fundada, desde o princípio, que ela por si só se desenvolva, até que, finalmente, seu progresso diário atinja a plena consolidação.¹

Do arrependimento de obras mortas. Essa expressão aponta para uma fórmula catequética comumente usada. Daqui se pode conjeturar com algum grau de probabilidade que esta Epístola não foi escrita imediatamente após as primeiras proclamações do evangelho, e sim quando algum padrão de organização já havia sido estabelecido nas igrejas, tal como esta: antes que os catecúmenos fossem admitidos ao batismo, tinham que fazer profissão de sua fé. Havia certas questões primordiais sobre as quais o pastor indagava dos catecúmenos, como claramente se depreende dos vários testemunhos dos pais. Tal exame se preocupava particularmente com o que comumente se conhece como *Credo dos Apóstolos*. Essa era, por assim dizer, a porta de acesso ao seio da Igreja para aqueles que eram adultos e desejavam entrar para o serviço de Cristo, quando outrora viviam alienados à fé nele. O apóstolo está se referindo à prática por meio da qual havia um curto espaço de tempo dado aos catecúmenos, durante o qual eram iniciados na doutrina de sua religião, tal como um professor instrui seus alunos nos rudimentos do alfabeto, a fim de que os possa preparar para algo mais elevado. Examinemos o que ele diz.

Ele faz referência a *arrependimento* e *fé*, dois elementos sobre os quais se radica toda a perfeição do evangelho. Que outro mandamento Cristo dá a seus apóstolos senão que pregassem arrependimento e fé? Portanto, quando Paulo quer testificar que desempenhara fielmen-

---

1 Veja-se Apêndice 18.

te sua função, ele adiciona sua preocupação e diligência em inculcar estes dois elementos. Parece absurdo, pois, que o apóstolo tenha ordenado que se pusesse de parte o arrependimento e a fé, nos quais é preciso que prossigamos ao longo de todo o curso de nossa vida. Quando, porém, ele adiciona *de obras mortas*, ele indica que está se referindo ao ato inicial de arrependimento. Ainda que todo pecado seja uma obra morta, seja porque ele opera a morte ou porque provenha ele da morte espiritual da alma, todavia dos crentes, que já renasceram pelo poder do Espírito de Deus, não se pode propriamente dizer que se arrependam de obras mortas. Certamente que a regeneração não está ainda completa neles, mas em razão de a semente da nova vida se achar já implantada neles, por pequena que seja, é possível dizer que não são mais considerados mortos diante de Deus.

O apóstolo, portanto, não está contemplando todo o arrependimento em geral, cuja prática deve prosseguir ativamente até ao fim, mas que se preocupa com o princípio do arrependimento, por meio do qual os que foram recentemente, e deveras só agora pela primeira vez, convertidos à fé começam sua nova vida. Da mesma forma, a palavra *fé* significa o breve sumário do ensino religioso que comumente se denomina os *Artigos de Fé*.

Existe a mesma relevância na frase "a ressurreição dos mortos e o juízo eterno". Estes são alguns dos mais profundos mistérios da sabedoria celestial. Aliás, este é o alvo de toda nossa religião, em direção ao qual devemos labutar durante toda nossa vida. Visto, porém, que a mesma verdade é de certa forma ensinada aos não-instruídos, e de outra forma aos que fizeram algum progresso, o apóstolo usa a forma comum de pergunta: "Vós credes na ressurreição dos mortos? Vós credes na vida eterna?" Essa era uma forma própria de se dirigir às crianças em certo momento. Retroceder a ela novamente significava simplesmente regredir.

2. Do ensino de batismos. Há quem o redija separadamente, assim: "de batismos e de ensino." No que me diz respeito, prefiro considerar os elementos juntos, embora os explique distintamente um do outro. Analiso-os, como o fazem os gramáticos, da seguinte forma: não lançando novamente as bases do arrependimento, da fé em Deus e da ressurreição dos mortos, que é a doutrina de batismos e da imposição de mãos. Se estas duas frases – "do ensino de batismos" e "da imposição de mãos" – forem postas entre parênteses, o contexto se harmonizará melhor. Porque, se o leitor não as ler na forma de aposição, então se deparará com o absurdo de uma dupla repetição. O que é doutrina de batismos senão o que é recapitulado aqui, a saber: fé em Deus, arrependimento, juízo etc.?

Crisóstomo acredita que "batismos", no plural, são assim expressos porque os que se voltavam para seus primeiros rudimentos de alguma forma destruíam seu batismo anterior. Não posso concordar com ele. Essa doutrina não se preocupa com pluralidade de batismos, e sim que, pelo termo "batismos", ela aponta para ritos solenes, ou os dias estabelecidos para a realização do batismo. Ele junta ao batismo a "imposição de mãos", já que havia duas ordens de catecúmenos, portanto havia um duplo rito. Aqueles que vinham de fora, não se chegavam ao batismo até que fizessem profissão de sua fé. Em seu caso, portanto, a doutrinação geralmente precedia o batismo.[2] Mas os filhos dos crentes eram batizados na infância, visto que eram adotados desde o ventre materno e pertenciam à

---

2 Calvino seguiu alguns dos pais em sua exposição das duas sentenças, as quais se referem ao estado de coisas que não existiam na Igreja por tempo considerável nos dias apostólicos. O que aqui lemos se assenta bem com o tempo dos apóstolos, e mais particularmente só com aquele. "Batismos", estando no plural, tem sido um nó górdio para muitos; mas há uma razão especial para isto na Epístola aos Hebreus; alguns deles sem dúvida tinham sido batizados por João, e mais tarde foram batizados somente no nome de Cristo (At 19.5), mas os que não se batizaram assim, sem dúvida foram batizados no nome da Trindade. "A imposição das mãos" sobre o batizando era uma prática apostólica, pela qual o dom miraculoso de línguas foi outorgado (At 8.15-17; 19.6). Para entender as coisas diferentes, mencionadas nos primeiros dois versículos, devemos considerar os particulares declarados nos versículos 4 e 5; são explicativos entre si. O penitente era "o iluminado"; "fé para com Deus" era "o dom celestial"; o batizando, sobre quem se estendiam as mãos, eram os que "se tornaram participantes do Espírito Santo"; o prospecto e promessa de uma "ressurreição" eram "a boa palavra de Deus"; e "juízo eterno", quando crido, os fazia sentir "os poderes (ou a poderosa influência) da palavra por vir". Assim, as duas passagens ilustram uma à outra. Tal é o significado que Schleusner dá a δυνάμεις nesta passagem, o qual foi adotado por Scott e Bloomfield.

corporação da Igreja por direito da promessa. Então, mas após o tempo da infância, e após serem instruídos na fé, também se ofereciam como catecúmenos, período esse que, em seu caso, vinha depois de seu batismo. A esse se acrescentava outro sinal, que era a imposição das mãos.

Esta passagem singular é suficiente evidência de que a origem desse rito vem dos apóstolos. Mais tarde se converteu em superstição, como o mundo quase sempre degenera em corrupções, mesmo em se tratando das melhores instituições. Inventaram a ficção de que [o batismo] é um sacramento por meio do qual se confere o espírito de regeneração. Por meio de tal invenção mutilaram o batismo. O que era peculiar a ele, transferiram para a imposição das mãos. É preciso que entendamos, pois, que o batismo foi instituído por seus autores primitivos para que fosse uma solene cerimônia de oração, como, aliás, Agostinho declara. Pretendiam, por meio deste sinal, confirmar a profissão de fé que os adolescentes faziam quando deixavam sua infância, mas não fizeram outra coisa que destruir a eficácia do batismo. Hoje é preciso manter a instituição em sua pureza, mas nosso dever é corrigir a superstição.

Esta passagem também tende a confirmar o pedobatismo. Por que a mesma doutrina deveria chamar-se batismo por alguns e imposição de mãos por outros, exceto porque posteriormente eram instruídos na fé, após o batismo, para que nada restasse senão impor as mãos sobre eles?

3. E isso faremos, se Deus o permitir.
4. Pois no tocante àqueles que foram uma vez iluminados e provaram o dom celestial, e se fizeram participantes do Espírito Santo,
5. e provaram a boa palavra de Deus e os poderes do mundo vindouro,
6. e então caíram, é impossível renová-los outra vez para arrependimento, visto que de novo crucificam para si mesmos o Filho de Deus e o expõem à ignomínia.

3. Et hoc faciemus, siquidem permiserit Deus.
4. Nam impossíbile este os qui semel fuerunt illuminati, gustaveruntque donum coeleste, et participes facti fuerunt Spiritus sancti,
5. Et gustaverunt bonum Dei verbum, virtutesque futuri seculi,
6. Prolapsi sunt, iterum renovari ad poenitentiam, rursum crucifigentes sibi ipsis Filium Dei et ostentui habentes.

3. E isso faremos. Segue-se, pois, uma espantosa denúncia. O apóstolo, porém, faz essas fulminações para que os judeus não tratassem a graça de Deus com leviandade, entregando-se em demasia à sua própria negligência. É como se ele estivesse dizendo: "Aqui não pode haver procrastinação, porque nem sempre haverá oportunidade de progresso. Não se acha no poder do homem arrancar-se do ponto de partida ao sabor de sua vontade. O avanço de nossa trajetória é dom especial de Deus."

4. É impossível. Esta passagem deu a muitos o ensejo de rejeitar esta Epístola, especialmente quando os novacianos encontraram aqui munição para negar o perdão àqueles que sofrem recaída. Os pais do ocidente, portanto, preferiram negar a genuinidade da Epístola, uma vez que os defensores da seita de Novaciano eram seus inimigos, e eles não eram tão fortes o bastante no domínio da doutrina, que pudessem refutar seus argumentos. Mas uma vez que a intenção do apóstolo é posta a descoberto, logo se faz plenamente evidente que não há aqui nada que endosse um equívoco tão estapafúrdio. Há outros para quem a autoridade da Epístola é sacrossanta, e que tentam refutar tal absurdo, porém passam o tempo todo buscando refúgio em disparates. Alguns tomam *impossível* no sentido de "incomum" ou "difícil", o que é totalmente estranho ao real sentido do termo. Outros (a maioria) restringem seu significado ao arrependimento, por meio do qual os catecúmenos, na Igreja primitiva, costumavam ser preparados para o batismo, assim como os apóstolos prescreviam o jejum e outras coisas àqueles que estavam para ser batizados. Que grande coisa, porém, estaria o apóstolo dizendo ao afirmar que o arrependimento, que é associado ao batismo, não poderia repetir-se? Ele ameaça com a mais severa vingança divina contra todos os que desprezam a graça que uma vez receberam. Que força esta sentença teria exercido, instilando temor nos displicentes e nos vacilantes, se os houvera advertido que não mais havia lugar para o primeiro arrependimento? Isso deve aplicar-se a todo tipo de ofensa. Então, o que diremos? Visto que Deus oferece esperança de misericórdia a todos, sem exceção, é absurdo que alguém, por qualquer motivo, seja excluído.

O centro desse problema está no termo *caíram*. Qualquer um que entenda sua força se esquivará facilmente de todas e quaisquer dificuldades. É indispensável que notemos que existe uma dupla queda: uma é *particular*, a outra é *geral*. Qualquer um que tenha ofendido [a Deus], de uma forma ou de outra caiu de seu status como cristão. Portanto, quantos são os pecados, tantos são as quedas. O apóstolo, porém, não está falando aqui de furto, nem de perjúrio, nem de homicídio, nem de embriaguez, nem de adultério. Sua referência é a uma apostasia irreversível do evangelho, não apenas em alguma coisa isolada pela qual o pecador haja ofendido a Deus, mas no fato de haver ele renunciado definitivamente sua graça.

Para que se entenda isso mais claramente, tracemos um contraste entre essa queda e a graça de Deus, a qual o autor tem descrito. Aquele que apostata é alguém que renuncia a Palavra de Deus, que extingue sua luz, que se nega a provar o dom celestial e que desiste de participar do Espírito. Ora, isso significa uma total renúncia de Deus. Agora podemos entender quem é excluído da esperança ou do perdão. São os apóstatas que se alienaram do evangelho de Cristo, o qual anteriormente haviam abraçado, bem como se alienaram da graça de Deus. Tal coisa não acontece a qualquer um, exceto àquele que peca contra o Espírito Santo. Aquele que viola a segunda tábua da lei, ou que, por ignorância, transgride a primeira, não é culpado dessa rebelião; e certamente Deus jamais exclui ou priva alguém de sua graça, exceto aquele que se torna totalmente réprobo. Para tal pessoa nada se deixa.

Se alguém porventura perguntar por que o apóstolo faz menção desse gênero de apostasia, quando está dirigindo-se a crentes que longe estão de traição tão pecaminosa, minha resposta é a seguinte: ele lhes está ministrando, em tempo hábil, uma advertência do perigo que os ameaça, a fim de que se pusessem em guarda contra o mesmo. Tal fato é digno de nota. Quando nos extraviamos do reto caminho, não só justificamos nossos vícios diante de outras pessoas, mas também enganamos a nós mesmos. Satanás, furtivamente, se move sobre nós e gradualmente nos alicia por meio de artifícios secretos, de modo tal que, quando chegamos a extraviar-nos, não nos apercebemos de como o fizemos. Escorregamos gradualmente, até que, finalmente, nos precipitarmos na ruína. Tal fato pode ser constatado todos os dias em um sem fim de casos. Portanto, o apóstolo com muita razão alerta a todos os seguidores de Cristo a tomarem cuidado em seu próprio favor, enquanto é tempo. A constante inatividade quase sempre leva a uma letargia que é seguida de alienação mental.

Devemos notar de passagem os termos pelos quais ele denota conhecimento do evangelho. Ele o denomina de *iluminação*. Disso se segue que os homens são cegos até que Cristo, que é a luz do mundo, brilhe sobre eles. Ele o denomina de *a degustação do dom celestial*. Por isso ele tem em vista que os dons que nos são conferidos em Cristo estão acima do mundo natural, e são degustados pela fé. Ele o denomina de *participação do Espírito Santo*, porque este é quem distribui a cada um, segundo seu beneplácito, a luz e o entendimento que nos são indispensáveis. Pois sem ele nenhuma pessoa tem condição de chamar Jesus de *Senhor* [1 Co 12.3]. Ele abre os olhos de nossa mente e nos revela as coisas ocultas de Deus. Ele o denomina de *a degustação da boa palavra de Deus*, significando que a benevolência divina não nos é revelada de uma forma qualquer, mas de uma forma tal que a mesma nos traz contentamento. Essa descrição adicional denota a diferença existente entre a lei e o evangelho. Aquela nada contém senão severidade e juízo, enquanto que este é uma agradável evidência do amor divino e da paternal benevolência para conosco. Finalmente, ele o denomina de *a experiência dos poderes do mundo vindouro*. Por essa expressão ele quer dizer que pela fé somos admitidos no reino dos céus, de modo que, no Espírito, visualizamos aquela bem-aventurada imortalidade que se acha oculta de nossos sentidos.[3]

Devemos reconhecer, pois, que o evangelho não pode ser adequadamente conhecido a não ser através da iluminação do Espírito; e, conhecendo-o dessa forma, somos afastados deste mundo e elevados

---

3 Veja-se Apêndice 19.

até ao céu; e, ao percebermos a benevolência de Deus, descansamos em sua Palavra.

Ora, desse fato vem a luz um novo questionamento, a saber: como é possível que alguém que uma vez alcançou tal altitude venha depois a apostatar? Na verdade, o Senhor chama eficazmente somente os eleitos, e Paulo testifica [Rm 8.14] que os que são guiados pelo Espírito de Deus são verdadeiramente seus filhos, e nos ensina que é um seguro penhor da adoção quando Cristo faz alguém participante de seu Espírito. Por conseguinte, os eleitos se acham fora do perigo da apostasia final, porquanto o Pai que lhes deu Cristo, seu Filho, para que sejam por ele preservados, é maior do que todos, e Cristo promete [Jo 17.12] que cuidará de todos eles, a fim de que nenhum deles venha a perecer.

Minha resposta é a seguinte: Deus certamente confere seu Espírito de regeneração somente aos eleitos, e que eles se distinguem dos réprobos no fato de que são transformados à imagem de Deus, e recebem o penhor do Espírito na esperança de uma herança por vir, e pelo mesmo Espírito o evangelho é selado em seus corações. Em tudo isso, porém, não vejo razão por que Deus não toque os réprobos com o sabor de sua graça, ou não ilumine suas mentes com alguns lampejos de sua luz, ou não os afete com algum senso de sua benevolência, ou em alguma medida não grave sua Palavra em seus corações. De outro modo, onde estaria aquela fé temporária que Marcos menciona [Mc 4.17]? Portanto, no réprobo há aquele conhecimento que mais tarde se desvanece, seja porque ele estende suas raízes com menos profundidade do que se espera, ou porque, ao crescer, é sufocado e murcha.[4]

Ao fazer uso desse freio, o Senhor nos conserva em temor e humildade. E assim vemos com toda clareza quão inclinada é a natureza humana à displicência e tola confiança. Ao mesmo tempo, nossa solicitude deve ser tal que não perturbe a paz de nossa consciência. O Senhor prontamente e ao mesmo tempo encoraja nossa fé e subjuga nossa carne. Ele deseja que nossa fé permaneça serena e repouse

---

4 Veja-se Apêndice 20.

como se estivesse segura num sólido abrigo. Ele exercita nossa carne com várias provas a fim de que ela não se precipite na indolência.

6. Renová-los outra vez para arrependimento. Ainda que isso pareça duro, não há razão para lançar sobre Deus a culpa de crueldade quando alguém sofre tal penalidade simplesmente em virtude de sua rebelião. Esse fato não é inconsistente com as demais passagens bíblicas onde a misericórdia de Deus é oferecida aos pecadores tão logo suspirem por ela [Ez 18.27]. Nelas requer-se aquele arrependimento pelo qual aquele que uma vez apostata completamente do evangelho jamais é realmente alcançado. Tais pessoas são merecidamente privadas do Espírito de Deus e são entregues a uma mentalidade reprovável, de tal modo que são também entregues ao diabo e caminham para a destruição. Assim sucede que não cessam de acrescentar pecado sobre pecado, até que, completamente endurecidos, desprezam a Deus ou, à semelhança daqueles que caem em desespero, o fulminam com seu furioso ódio. Todos aqueles que apostatam vêm para este clímax: ou são atingidos por profunda insensibilidade e ausência de temor, ou amaldiçoam a Deus, que é seu Juiz, por não conseguirem escapar dele.[5]

Em suma, o apóstolo nos adverte para o fato de que o arrependimento não está no poder do homem. Ele é por Deus conferido somente aos que não apostataram da fé completamente. Eis aqui uma advertência que nos é em extremo saudável, para não suceder que, com o constante postergar para amanhã, nos tornemos mais e mais distantes

---

5 Há quem traduza o verbo "renovado" ativamente, desta maneira: "Pois impossível para aqueles que uma vez foram iluminados, e provaram o dom celestial, e foram feitos participantes do Espírito Santo, e provaram a boa palavra de Deus os poderes do mundo vindouro, e caíram, sejam renovados novamente para arrependimento, visto que crucificam outra vez para si mesmos o Filho de Deus e o expõem à ignomínia." Isto é mais consistente com o precedente, pois o apóstolo fala de ensino. É como se ele quisesse dizer: "É impossível para nós, como mestres"; como não tinham comissão. "Renovar" pode ser traduzido por "restaurar". Só se encontra aqui, mas é usado pela Septuaginta para um verbo que significa renovar no sentido de restaurar. Vejam-se Salmo 103.5; 104.30; Lamentações 5.21. Josefo o aplica à renovação ou restauração do templo. O "crucificar" foi o que fizeram por sua apostasia; pois com isso professavam que mereciam ser crucificados como impostores, e assim consideravam seu sangue, como lemos em 10.29, "profanos", como o sangue de um malfeitor; e assim também o exibiam como um objeto de desprezo público.

de Deus. Os ímpios se enganam com tais sentimentos, como se lhes bastasse arrepender-se de sua vida ímpia no momento da morte. Mas quando chegam a esse momento extremo, torturados com medonhos tormentos em sua consciência, então se convencem de que a conversão do pecador não é um acontecimento comum. Portanto, quando o Senhor promete perdão a nenhum outro senão àquele que se arrepende de seus pecados, então não é de admirar que pereçam aqueles que, seja pelo desespero, seja pelo menosprezo, se fizeram endurecidos em sua obstinação até a morte. Mas se alguém se ergue novamente de sua queda, podemos concluir que, por mais gravemente tenha ele pecado, o mesmo não é culpado de apostasia.

Visto que de novo crucificam para si mesmos. O autor adiciona esta frase para justificar a severidade de Deus contra a difamação humana. Seria em extremo vergonhoso que Deus exponha seu Filho ao ridículo, perdoando aqueles que se rebelam contra ele. Portanto, tais pessoas são indignas de obter misericórdia. Seu propósito em dizer que Cristo é outra vez crucificado, isso se deve ao fato de que morremos com ele precisamente com o propósito de, finalmente, entrarmos na nova vida. Portanto, aqueles que se voltam para a morte necessitam de um segundo sacrifício, como veremos no capítulo dez. Crucificar para *si mesmos* significa o quanto depender deles. Seria como se Cristo fosse um prisioneiro numa procissão triunfal, permitindo que os homens se volvam para ele depois de o haverem negado.

7. Porque a terra que absorve a chuva que desce sobre ela, e produz ervas proveitosas para aqueles por quem é também cultivada, recebe a bênção de Deus;

8. mas, se produz espinhos e abrolhos, é rejeitada, e perto está da maldição; cujo destino é ser queimada.

9. Mas, amados, de vós esperamos melhores coisas, e coisas que acompanham a salvação, ainda que falamos dessa maneira.

7. Siquidem terra quae imbrem saepius in se venientem imbibit, et proginit herbam commodam iis opera quorum et colitur, recipit benedictionem a Deo:

8. At quae produxerit spinas et tribulos, réproba est, et obnoxia maledictioni, cujus exitus tendit ad combustionem.

9. Caeterum persuasimus nobis de vobis, dilecti, quae sint iis meliora, et cum salute conjuncta, tametsi sic loquamur.

10. Porque Deus não é injusto para olvidar vosso trabalho e o amor que tendes demonstrado para com seu nome, pois ministrastes e continuais ministrando aos santos.

10. Non enim injstus est Deus, ut obliviscatur operis vestri et laboris in charitatem impensi, quem ostendistis erga nomen ejus, dum ministrastis sanctis, et ministratis.

7. Porque a terra. Temos aqui uma comparação muitíssimo apropriada para despertar aquele zelo que costuma induzir ao esperado progresso. Assim como a terra não pode apresentar uma boa produção no tempo da colheita, a menos que a semente comece a germinar quase imediatamente após ser semeada, também nós, caso queiramos produzir bom fruto, imediatamente após o Senhor ter semeado sua Palavra, devemos criar raízes para que a planta brote e cresça sem delonga. Não podemos esperar que ela produza fruto se for sufocada ou feneça. Como a comparação é muitíssimo apropriada, devemos aplicá-la cuidadosamente ao propósito do apóstolo.

A terra, diz ele, que, ao absorver a chuva, prontamente produz um caule frutífero, a partir do momento em que é semeada, por fim, por meio da bênção de Deus, apresentará exuberante colheita. Da mesma forma, aqueles que recebem a semente do evangelho em seus corações, e daí produzem um genuíno broto, continuarão progredindo até que produzam os frutos sazonados. Em contrapartida, a terra que após ser cultivada e irrigada nada produz, exceto espinhos, não apresenta nenhuma esperança de colheita. E quanto mais ela produz espinhos, mais cresce sua desesperança. A única cura que o agricultor encontra para ela é queimar as ervas inúteis e nocivas. Semelhantemente, aqueles que adulteram a semente do evangelho, seja por sua indiferença, seja por seus apetites depravados, não produzindo qualquer sinal de progresso positivo, por sua vida demonstram que são desleais e réprobos, de quem não se pode esperar nenhuma colheita.

A referência do apóstolo aqui não é só aos frutos do evangelho. Ele está igualmente dirigindo-nos seu conselho para que abracemos o evangelho prontamente e com o coração inflado de regozijo. Além do mais, ele diz que as folhas devem surgir tão logo a semente tenha sido semeada, e que o crescimento vem normalmente da irrigação diária. Θοτάνην εὔθετὸν é traduzido por alguns por "erva oportuna"; e, por outros, por "erva própria para eles". Ambos os sentidos se coadunam bem ao contexto. A primeira tradução se refere ao tempo; a última, à qualidade.[6] Passo por alto os significados alegóricos com os quais outros expositores se têm entretido aqui, uma vez que os mesmos se encontram completamente ausentes da mente do escritor.

9. De vós esperamos melhores coisas. Visto que as expressões precedentes ecoaram como trovões, e quem sabe atordoaram os leitores, tal aspereza carecia de ser amenizada. Dessa forma o autor diz agora que não falara assim como se tivesse tal opinião deles. Certamente que todo aquele que deseja ser um bom professor terá que tratar seus alunos de tal maneira que os encoraje sempre, em vez de desanimá-los. Não há nada que exerça maior efeito em alienar-nos da devida atenção ao ensino da verdade do que o fato de percebermos que somos qualificados como pessoas que não oferecem esperança. O apóstolo assegura aos judeus que lhes ministrava essa advertência em função de nutrir por eles boa esperança, e desejava conduzi-los à salvação. Disso apreendemos que não são somente os incrédulos que devem ser repreendidos com severidade e energia, mas também os próprios eleitos, ainda quando os consideramos ocupando um lugar entre os filhos de Deus.

10. Porque Deus não é injusto. Essas palavras de fato significam que ele está afirmando que de um bom começo ele esperava um bom fim.

---

6 A palavra βοτάνη aqui significa tudo o que a terra produz serve de alimento. Só ocorre aqui em todo o Novo Testamento, mas é comumente usado pela Septuaginta, pois עשב, que tem o mesmo significado extensivo: fruto ou frutos seria sua melhor tradução aqui. A palavra εὔθετος se encontra também em Lucas 9.62; 14.34; e significa conveniente, próprio, adequado ou útil; e o último termo é o significado dado aqui por Grotius, Schleusner, Stuart, Bloomfield, entre outros. É a verdadeira necessidade que é usada na Septuaginta, no sentido de oportuno (cf. Sl 32.6).

No entanto, aqui surge uma dificuldade, porque parece que Deus está obrigado pelos serviços dos homens. "Estou persuadido de vossa salvação", diz ele, "visto que Deus não pode esquecer vossas obras." E isso parece pressupor que sua salvação se acha fundamentada nas obras, e que Deus se põe na posição de devedor em relação a eles. Os sofistas, que opõem os méritos das obras à graça de Deus, põem grande ênfase nesta sentença: "Deus não é injusto." Deduzem daqui que Deus seria injusto se ele não pagasse as obras com o salário da salvação eterna.

A isso apresento uma breve resposta, a saber: que aqui o apóstolo não está se referindo expressamente à *causa* de nossa salvação, e, portanto, não se deve extrair desta passagem nenhuma conclusão referente aos méritos das obras, nem é possível determinar desse fato que as obras são dívida. Em toda a Escritura se faz evidente que não existe outra fonte de salvação além da graciosa misericórdia divina. O fato de Deus, aqui e ali, prometer recompensar as obras, depende da promessa graciosa pela qual ele nos adota como filhos, bem como nos reconcilia consigo mesmo, não nos imputando nossos pecados. Uma recompensa se encontra reservada para as obras, sim, mas não com base nos méritos, e sim com base na livre e espontânea generosidade divina, e mesmo essa graciosa recompensa das obras não ocorre senão depois de sermos recebidos na graça por meio da bondosa mediação de Cristo.

Desse fato, concluímos que Deus não está *quitando* uma dívida contraída conosco, e sim está *cumprindo* a promessa que já nos fez, e deveras a cumpre no ato de perdoar, a nós e às nossas obras. Não são propriamente nossas *obras* em si que Deus considera, e sim sua *graça* em nossas obras. Por isso sucede que ele não ignora nossas obras, já que reconhece nelas, respectivamente, a si próprio e a obra de seu Espírito. Temos aqui a justiça como o apóstolo a entende, posto que Deus não pode negar a si próprio. Esta passagem, portanto, corresponde às palavras de Paulo: "Estou plenamente certo de que aquele que começou boa obra em vós há de completá-la até o dia de Cristo Jesus" [Fp 1.6]. Que outra coisa poderá Deus encontrar em nós, que o induza a amar-nos, a não ser aquilo que ele já nos deu?

Em suma, os sofistas se equivocam quando imaginam que existe certa relação mútua entre a justiça de Deus e os méritos de nossas obras. A verdade, ao contrário disso, é que Deus considera a si próprio e aos seus dons, assim levando a bom termo o que começou em nós, e isso de sua própria e livre vontade, e não movido por alguma persuasão ou imposição de nossa parte. Repito que a justiça de Deus em recompensar as obras [humanas] se encontra no fato de que ele é fiel e verdadeiro. Ele fez a si mesmo nosso devedor, não por receber algo de nós, e sim pelo fato de graciosamente nos prometer todas as coisas, segundo Agostinho.[7]

O amor que tendes demonstrado. Literalmente, *o trabalho do amor*. Por isso o autor tem em vista que não devemos poupar-nos da luta, caso queiramos cumprir nosso dever para com nosso próximo. Devemos auxiliá-los não só financeiramente, mas também com conselhos e pelo uso de todos os nossos esforços, de todos os meios e em todas as suas necessidades. É indispensável que, para esse fim, demonstremos grande zelo e passemos por muitas dificuldades, e às vezes até mesmo enfrentemos muitos riscos. Todos quantos desejam engajar-se nos deveres do amor devem estar preparados para uma vida de muito sacrifício.[8]

O apóstolo encontra provas do amor deles no fato de que "haviam ministrado e continuavam ministrando aos santos". Isso nos lembra que não devemos recusar o serviço de nossos irmãos. Ao mencionar expressamente *os santos*, sua intenção não é que somos devedores exclusivamente a eles. Nosso amor deve estender-se visivelmente a toda a raça humana. Uma vez, porém, que os domésticos da fé nos são especialmente recomendados, eles devem receber nos-

---

[7] Nada pode exceder a clareza e a veracidade das observações precedentes.

A palavra ἄδικος, injustiça, é por muitos traduzida por incompassivo ou destituído de bondade. Mas a razão para tal significado é esta: podemos dizer que há três tipos de justiça – a da lei e a da promessa. Agir de acordo com a lei é ser justo; cumprir o que o amor requer, isto é, ser bondoso e caridoso é ser justo, e daí dar esmolas é denominado de *justiça*, e às vezes tem o significado de fidelidade ou misericórdia (cf. 1Jo 1.9). Portanto, o significado aqui é que Deus de modo algum é injusto deixando de cumprir sua promessa. Daí ser infundada a noção de mérito [humano].

[8] Veja-se Apêndice 21.

so especial cuidado. Como o amor, quando movido a fazer o bem, em parte age com respeito a Deus, e em parte com respeito à nossa comum natureza, segue-se, pois, que, quanto mais perto alguém se encontra de Deus, mais digno é ele de nosso auxílio. Aliás, quanto mais reconhecermos alguém como filho de Deus, tanto mais devemos cercá-lo com nosso amor fraternal.

Ao dizer, **ministrastes e continuais ministrando**, o autor enaltece sua perseverança, a qual é muitíssimo necessária nesta conjuntura. Nada é mais fácil do que nos sentirmos exaustos de fazer o bem. Embora haja muita gente que esteja disposta a socorrer seus irmãos, todavia a virtude da constância é algo raro, e um bom número de pessoas, logo que começam, perdem seu entusiasmo, como se seu ardor de repente arrefecesse. No entanto, essa palavra singular deve injetar-nos constante encorajamento, ou seja, quando o apóstolo afirma que o amor demonstrado em favor dos santos, na verdade é demonstrado para com o Nome do Senhor. O que ele pretende é que Deus aceita como dádiva de nossa parte tudo o que fazemos em favor de nosso semelhante, segundo as palavras de Mateus 25.40: "sempre que o fizestes a um destes meus pequeninos irmãos, a mim o fizestes." E ainda aquelas de Provérbios 19.17: "Quem se compadece do pobre, ao Senhor empresta, e este lhe paga seu benefício."

11. E desejamos que cada um de vós continue mostrando até ao fim a mesma diligência para a plena certeza da esperança;	11. Desideramus autem ununquemque vestrum idem ostendere studium ad certitudinem spei usque in finem.
12. para que não sejais morosos, mas imitadores daqueles que, pela fé e pela paciência, herdaram as promessas.	12. Ne segnes (vel, melles, aut fluxi) reddamini, sed potius imitatores eorum qui per fidem et patientiam haereditario obtinuerunt promissiones.
13. Pois quando Deus fez a promessa a Abraão, visto que não tinha ninguém superior por quem jurar, jurou por si mesmo,	13. Abrahae enim promittens Deus, quandoquidem majorem per quem juraret, non habebat, jaravit seipsum;
14. dizendo: Certamente, abençoando te abençoarei, e multiplicando te multiplicarei.	14. Dicens, Nisi benedicens benedixero tibi, et multiplicans multcavero te.
15. E assim, tendo pacientemente suportado, obteve a promessa.	15. Atque ita quum patienter expectasset, consequutus est promissionem.

11. E desejamos. Assim como o autor mistura louvor com admoestação, com o fim de não irritar seus ânimos exacerbadamente, ele agora lhes dirige uma advertência sem rodeios, mostrando o que ainda lhes falta, para que sua civilidade não lhes fosse uma demonstração de lisonja fingida. "Tendes apresentado evidência de vosso amor", diz ele, "através de muitas provas e demonstrações. Ora, resta que vossa fé corresponda ao vosso amor. Tendes ardorosamente labutado para não decairdes em vossas obrigações para com os homens; deveis agora aplicar-vos com não menos ardor ao progresso de vossa fé, e assim manifestar diante de Deus que ela é firme e plenamente sólida."

Ao fazer tal declaração, o apóstolo demonstra que há duas partes no cristianismo que correspondem às duas tábuas da lei. Qualquer um que separa uma da outra fica com algo dilacerado e mutilado. Desse fato evidencia-se que sorte de mestres são aqueles que omitem qualquer menção da fé, e simplesmente recomendam honestidade e integridade para com os homens. Meu argumento é que tal atitude não passa de filosofia pagã que se refugia por detrás da máscara de uma justiça superficial, se é que tal coisa mereça o nome de filosofia, porquanto tal justiça dispõe tão mal seus dogmas que rouba a Deus, a quem pertence a preeminência de seus direitos. Portanto, lembremo-nos de que a vida cristã não é completa em todas as suas partes, a menos que direcionemos nossas energias para ambos: a fé e o amor.

Para a plena certeza da esperança. Visto que aqueles que professavam a fé cristã estavam sendo confundidos por todo gênero de opiniões, ou eram ainda embaraçados por muitas formas de superstição, o autor os convida a que vivessem tão bem alicerçados na certeza de fé, que não mais viveriam titubeantes nem mais seriam arremessados de um lado para outro, como que suspensos entre os ventos alternativos das dúvidas. Tal advertência se aplica a todos. Como a verdade de Deus é invariável, assim também a fé, que descansa nele; e se de fato ela é genuína, deve ser inabalável e pairar acima de toda e qualquer dúvida. Ela é πληροφορία,⁹ ou, seja, uma convicção inabalável, pela qual a mente piedosa por si só determina a não pôr em dúvida o que Deus, que não pode enganar nem mentir, falou.

O termo *esperança* é aqui usado no sentido de fé, em razão de sua estreita associação. O apóstolo parece tê-lo usado intencionalmente, já que ele está falando de perseverança. À luz desse fato podemos concluir quão longe da fé se encontra aquele gênero de discernimento geral que é comum a incrédulos e a demônios. Eles também crêem que Deus é justo e verdadeiro, porém não extraem qualquer boa esperança de tal crença, visto que não podem experimentar sua graça paternal em Cristo. Devemos, pois, saber que a fé genuína está sempre de braços dados com a esperança.

Ele diz *até o fim*, ou, até a perfeição, a fim de que soubessem que ainda não haviam alcançado o alvo e, portanto, pensassem em mais progresso. Ele faz menção de *diligência*, para que soubessem que não podiam entregar-se à ociosidade, senão que tinham que esforçar-se com todo empenho. Não é algo de pouca importância subir acima dos céus, especialmente para aqueles que a duras penas têm se arrastado sobre a terra. O caminho se encontra entulhado de incontáveis obstáculos. Não há nada tão difícil como manter nossos pensamentos fixos nas coisas celestiais, quando todo o vigor de nossa natureza nos arrasta para baixo, e quando Satanás, usando de todo gênero de astúcia, nos mantém assombrados com as coisas terrenas. Por essas razões, o autor nos instrui a vivermos em constante alerta contra a indolência ou contra as deficiências.

12. Mas imitadores daqueles que, pela fé e pela paciência, herdaram as promessas. À inatividade, o autor contrasta imitação.

---

9 Este substantivo e o verbo do qual ele provém são peculiares ao Novo Testamento, mas o último é usado uma vez na Septuaginta (Ec 8.11). A metáfora é tomada de um navio a plena vela, ou de uma árvore plenamente carregada de frutos. Plenitude ou perfeição é a idéia geral. Em Colossenses 2.2, aplica-se ao conhecimento, e em Hebreus 10.22, à fé. Encontra-se também, uma vez mais, em 1 Tessalonicenses 1.5, e é aplicado à certeza com que o evangelho foi pregado. Pode ser traduzido por *certamente*, ou *certeza*, ou *plena certeza*. Como um particípio passivo, significa ser plenamente persuadido, em Romanos 4.21 e 14.5. Veja-se Apêndice 22.

É precisamente como se dissesse que devemos manter constante atividade mental. Isso recebe muito mais peso ao lembrar-nos de que os antepassados só se tornaram participantes das promessas através da firmeza inabalável de sua fé. Os exemplos nos comunicam uma idéia mais nítida das coisas. Quando se nos propõe uma verdade nua, a mesma não nos afeta tanto como quando vemos o que se nos demanda plenamente cumprido na pessoa de Abraão. O exemplo de Abraão é considerado, não porque seja o único, mas porque ele é mais proeminente que os demais. Ele tem esse testemunho em comum com todos os santos; todavia, merecidamente foi feito o pai dos fiéis. Portanto, não é de estranhar que, dentre todos, o apóstolo o tenha escolhido, para quem direciona a atenção de seus leitores, ao preocupar-se em provê-los de um espelho mais nítido da fé.

Fé e *paciência* são usadas por hipálage, significando uma fé paciente, aquela fé que tem a paciência como sua companheira. Requer-se fé em primeiro lugar. Visto, porém, que muitos revelam, inicialmente, uma fé extraordinária, para logo depois fracassarem, a paciência é a prova genuína daquela fé que não é fugaz nem evanescente. Ao dizer, "pela fé herdaram as promessas", o autor descarta a noção de mérito; tal coisa se torna ainda mais clara quando ele diz que elas vieram como herança. Somos herdeiros simplesmente por direito de adoção.[10]

13. Pois quando Deus fez a promessa a Abraão. O propósito do escritor, aqui, consiste em mostrar que a graça de Deus nos é oferecida em vão, a menos que aceitemos a promessa pela fé e pacientemente a nutramos no âmago de nossos corações. E ele o comprova por meio deste argumento, a saber: que quando Deus prometeu a Abraão uma descendência inumerável, tal promessa parecia ser incrível. Sara fora

---

10 A palavra para "paciência" é propriamente longanimidade ou tolerância (Rm 2.4); mas é usada no mesmo sentido para expectativa paciente, como no versículo 15 o particípio significa claramente. Quanto a "herdar", o presente, no dizer de Grotius, é usado pelo pretérito – "quem herdou", ou melhor, "tornou-se herdeiro das promessas". Realmente não as possuíam, como lemos em 11.13, mas as herdaram, poderíamos dizer, e morreram na fé e adquiriram o direito a elas. A palavra "promessas" é usada aqui e no capítulo 11; pois muitas coisas foram inclusas no que Deus prometera aos pais, mas principalmente o Messias e a herança celestial.

estéril ao longo de toda a sua vida; ambos haviam atingido a idade senil – estavam mais próximos do túmulo do que do leito conjugal; não possuíam mais vigor para gerar filhos, e o ventre de Sara, que fora estéril mesmo no período fértil de sua vida, agora era sem vida. Quem poderia crer que de ambos nascesse uma raça, cujo número seria como as estrelas do céu e como a areia do mar? Tal coisa ia de encontro a toda e qualquer razão. Não obstante, Abraão atentou para tudo isso, sem medo de ficar desapontado, porquanto creu na Palavra que Deus falara.[11]

A fim de seguir o raciocínio do apóstolo, é preciso que notemos as circunstâncias temporais de tudo isso. Eis a essência do que segue: ele foi feito participante desta bênção depois de haver esperado por aquilo que ninguém imaginaria pudesse um dia acontecer. Devemos dar glória a Deus pela maneira como tranqüilamente esperamos pelo que ele ainda não revelou aos nossos sentidos, mas o oculta e prorroga para um futuro distante, a fim de exercitar nossa paciência.

A razão por que Deus jura *por si mesmo* a veremos daqui a pouco. A significação do juramento – **Certamente, abençoando te abençoarei** – já ficou explicada no capítulo três. Aqui não se usa o nome de Deus expressamente, mas deve ser subentendido, porque, a menos que cumpra sua promessa, ele não seria revelado como fiel.

16. Pois os homens juram pelo que é maior do que eles, e o juramento para confirmação é, para eles, o fim de toda disputa.	16. Nam homines quidem per eum jurant qui major est, et omnis ipsis controversiae finis est jusjurandum in confirmationem.
17. Por isso Deus, querendo mostrar mais abundantemente aos herdeiros da promessa a imutabilidade de seu conselho, se interpôs com juramento;	17. In quo Deus volens uberius ostendere haeridibus promissionis immutabilem consilii sui firmitudinem, interposuit jusjurandum;

---

11 Lemos que, por haver "suportado pacientemente", ou, melhor, esperado, "ele obteve a promessa", isto é, de uma posteridade numerosa, a coisa particular previamente mencionada. Depois de haver esperado vinte anos [cf. Gn 12.1-4 e Gn 17.1-16], foi lhe dado um filho; e este princípio da promessa cumprida foi um penhor de sua plena concretização. Este caso é apresentado como um exemplo da fé que espera.

18. para que por duas coisas imutáveis, nas quais é impossível que Deus minta, sejamos fortemente encorajados, nós que corremos para o refúgio a fim de lançar mão da esperança proposta;
19. a qual temos por âncora da alma, uma esperança segura e firme, e que penetra até ao interior do véu;
20. onde Jesus, como precursor, entrou por nós, tendo sido feito sumo sacerdote para sempre, segundo a ordem de Melquisedeque.

18. Ut per duas res immutabiles, in quibus impossibile sit Deum mentiri, validam consolationem habeamus nos qui confugimus ad obtinendam propositam spem;
19. Quam velut anchoram habemus animae tutam et firmam, et quae ingreditur ad ea quae intro velum sunt;
20. Quo praecursor noster ingressus est Iesus, secundum ordinem Melchisedec factus in aeternum pontifex.

16. O argumento do escritor parte do menor para o maior. Se confiança é depositada no juramento de um ser humano, que por natureza é infiel, uma vez que ele invoca o nome de Deus como garantia, quanto mais confiança se deve a Deus, que é a eterna verdade, quando jura por si próprio! O autor adorna esta sentença com bastante amplitude.

Primeiramente, ele diz que "os homens juram pelo que é maior do que eles", significando que, já que são carentes da devida autoridade, então a tomam de outro. Ele prossegue dizendo que há tanta reverência na natureza de um juramento, que o mesmo é suficiente confirmação e põe termo final a todas as disputas, onde não houver testemunho humano ou outras evidências comprobatórias. Então, porventura não teria valor o juramento daquele para quem todos apelam como testemunha, sendo ele uma testemunha por si só suficiente? Como não receberia crédito pelo que diz aquele cuja autoridade dissipa todas as dúvidas dos demais? Se quando alguém pronuncia o nome de Deus, tal ato assume um caráter de extrema seriedade, quanto mais quando é Deus mesmo quem jura por seu próprio nome! Isso é suficiente para o ponto principal.

De passagem, há duas coisas a serem notadas aqui. Primeiro, devemos jurar pelo Nome de Deus quando a necessidade demanda que juremos; segundo, aos cristãos se permite jurar, uma vez que este um meio lícito de resolver controvérsias. Deus, em termos claros, nos ordena que juremos por seu Nome, e caso se misturem outros nomes com o seu, ele nos adverte que tal coisa equivale à profanação do juramento.

Há três razões específicas para isso. Primeiramente, quando não houver meio de pôr em evidência a verdade, para que a mesma seja averiguada, não é lícito lançar mão de qualquer outro recurso além de Deus, que por si só é a eterna verdade. Em segundo lugar, já que Deus é o único que sonda os corações [Jr 17.10], nós o privamos de seu próprio ofício, se porventura apelarmos para algum outro juiz em questões que se acham envoltas em mistério e ocultas da investigação humana. Em terceiro lugar, quando juramos, não só o invocamos para que seja nossa testemunha, mas também apelamos para que ele seja o vingador de nosso perjúrio, caso estejamos sendo falsos. Portanto, não surpreende se ele acende sua ira contra aqueles que juram por algum outro nome. Pois agir assim equivale a usurpar sua própria honra.

O fato de a Escritura usar de tempo em tempo diferentes formas [de juramento] não causa contradição nesta doutrina. Os homens não juram pelo céu e pela terra como se lhes atribuíssem algum poder divino ou lhes atribuíssem a mais minúscula partícula de divindade. Por esse juramento indireto, por assim dizer, eles se referem tão-somente a Deus. Há vários tipos de juramentos. O mais importante é quando invocamos a Deus como Juiz e apelamos diretamente para seu tribunal. Outro é quando nomeamos coisas que nos são especialmente queridas, tais como a vida, ou nossa cabeça, entre outras. Um terceiro é quando pomos diante de Deus criaturas como testemunhas. Em todas essas formas, estamos, propriamente, jurando a ninguém mais senão a Deus somente. Por essa razão, aqueles que defendem ser lícito associar os santos falecidos ao nome de Deus, atribuindo-lhes também o direito de punição, revelam sua depravação não menos que sua ignorância.

Além do mais, como se tem dito, esta passagem nos ensina que alguma forma de juramento é legítima entre os cristãos. Devemos levar em conta este fato contra alguns extremistas que repudiam completamente as normas dos juramentos solenes que Deus estabeleceu em sua lei. Por certo que aqui o apóstolo fala da prática do juramento como de algo santo e aprovado por Deus. Ele não diz que o juramento outrora praticado cessou, mas declara que ele ainda está em vigor. Portanto, recorramos a esse fato para o estabelecimento da verdade, quando outras formas de prova nos faltarem.

17. Por isso Deus, querendo mostrar mais abundantemente. Veja o leitor quão ternamente Deus se acomoda à nossa lentidão, como um bom Pai que é. Como ele sabe que jamais ficaremos satisfeitos simplesmente com sua Palavra, então, para imprimi-la mais solidamente em nossos corações, ele adiciona seu juramento. Isso põe em evidência quão importante nos é que se manifeste a certeza de sua benevolência para conosco, a fim de que não ofereçamos mais ocasião à hesitação ou medo. Quando Deus proíbe que seu Nome seja tomado em vão, ou levianamente, e proclama inexorável vingança sobre todos os que temerariamente abusam dele, insistindo que se deve prestar o devido respeito à sua majestade, ele está nos instruindo que seu Nome deve ser tido na mais elevada consideração e honra. A certeza da salvação é, portanto, algo profundamente necessário; e, a fim de assegurá-la, Deus, que proíbe o juramento temerário, houve por bem confirmar sua promessa com juramento. Desse fato podemos concluir quão grande importância ele atribui à nossa salvação, demonstrando interesse não só em perdoar nossa incredulidade, mas também em renunciar seu próprio direito, em nosso favor, concedendo-nos muito mais do que poderíamos reivindicar, e bondosamente provê-lhe o remédio.

Aos herdeiros da promessa. O autor parece indicar os judeus em particular. Ainda quando a herança finalmente fosse concedida também aos gentios, todavia os judeus eram seus primeiros e legítimos herdeiros. Os gentios, sendo estranhos, são herdeiros em segundo plano, e isso além do direito da natureza. Por isso é que Pedro, em Atos 2.39, se dirige aos judeus, em seu primeiro sermão, dizendo: "Pois para vós outros é a promessa, para vossos filhos, e para todos os que ainda estão longe, isto é, para quantos o Senhor nosso Deus chamar." Naturalmente, ele deixa um lugar para os herdeiros incomuns, todavia põe os judeus na linha de frente, como diz novamente em 3.25: "Vós sois os filhos dos profetas e da aliança que Deus estabeleceu com vossos pais." E assim, nesta mesma passagem, com o fim de fazer os judeus mais dispostos a aceitarem o pacto, o apóstolo diz que foi precisamente por causa deles que ele [o pacto] fora confirmado pela adição de um juramento. Por conseguinte, esta declaração também é dirigida a nós, na atualidade, porquanto tomamos o lugar que eles deixaram vago em virtude de sua infidelidade.

Observe-se que o autor chama *conselho* de Deus àquilo que o evangelho nos apresenta como testemunho, de modo que ninguém tenha dúvida de que esta doutrina é a expressão do mais profundo sentimento de Deus. Aqueles que crêem devem estar firmemente persuadidos de que, toda vez que ouvem a Palavra do evangelho, lhes está sendo proclamado o conselho secreto de Deus, que se encontra escondido nele, e que disto está sendo revelado o que ele decretou acerca de nossa salvação, antes que houvera Deus criado o mundo.

18. Por duas coisas imutáveis. No que diz respeito a Deus, tanto o que ele diz quanto o que ele jura são imutáveis. Com os homens se dá precisamente o oposto. Sua vaidade resulta em que sua palavra também não é confiável. A Palavra de Deus, porém, é descrita em termos tais, que ela se nos apresenta pura e incorruptível como o ouro sete vezes depurado [Sl 12.7]. Aliás, Balaão, ainda quando fosse um inimigo declarado, se viu forçado a dar este testemunho: "Deus não é homem, para que minta; nem filho do homem, para que se arrependa. Porventura, tendo ele prometido, não o fará? ou tendo falado, não o cumprirá?" [Nm 23.19].

A Palavra de Deus é, portanto, uma verdade fidedigna, καὶ αὐτόπιστος. Quando a esta Palavra se adiciona um juramento, o que já era uma medida completa recebe um excedente. Daqui recebemos um forte alento, ante o fato de que Deus, que não pode mentir quando fala, não se contentando em meramente prometer, ainda a confirma por um juramento.[12]

Corremos para o refúgio. Com essa expressão o autor quer dizer que realmente não confiamos em Deus, a menos que nos dispamos de toda e qualquer outra defesa e busquemos refúgio em sua firme promessa, encontrando aí nosso único asilo. O particípio καταφυγόντες expressa nossa miséria e necessidade, pois não buscamos refúgio em Deus sem que sejamos forçados a fazer isso. Quando adiciona, "a fim de lançar mão da esperança proposta", ele indica que não temos que ir longe em busca da assistência de que carecemos, já que Deus nos sacia de sua livre vontade, e põe, por assim dizer, a substância da fé [*fidendi materiam*] em nossas mãos. Assim como sua vontade era estimular os judeus com esta verdade, a fim de que abraçassem o evangelho em que a salvação lhes era oferecida, assim ele privou os que não crêem de qualquer justificativa por rejeitarem a graça que lhes foi oferecida. Certamente, pode-se dizer tal coisa com muito mais razão agora que o evangelho já foi revelado, do que se podia ao tempo da promulgação da lei. Agora não há nenhum motivo para se dizer: "Quem subirá ao

---

12 As "duas coisas imutáveis", diz a maioria, são a promessa e o juramento. Mas alguns, mais recentemente, como Stuart, tem discordado desta interpretação; e afirmam que são dois juramentos – o primeiro feito a Abraão acerca de um Filho (o Messias) em quem todas as nações seriam abençoadas; e o segundo se refere ao sacerdócio de Cristo, registrado no Salmo 110.4. Este é claramente o fluxo da passagem para sua interpretação. A questão dos pais, e especialmente Abraão, nos versículos 12-15, foi introduzida à guisa de ilustração. E, tendo mencionado o juramento de Deus com respeito a Abraão, ele continua no versículo 16 declarando o uso de um juramento entre os homens, e evidentemente se volvendo para a promessa de vida eterna implícita em "a esperança" mencionada no versículo 11, ele diz que Deus confirmou aquela promessa, aqui chamada o "conselho" de Deus, com um juramento; e este juramento especialmente mencionado parece ter sido aquele com respeito ao sacerdócio de seu Filho, mencionado mais de uma vez antes de terminar este capítulo; pois seu sacerdócio, de uma maneira especial, depende da promessa de vida eterna. O "conselho" de Deus significa seu conselho, ou propósito gracioso, revelado, sua promessa de vida eterna para os que crêem. Ao estabelecer um sacerdócio com um juramento, ele confirmou esta promessa, pois sua concretização depende desse sacerdócio. Denominar dois juramentos de duas coisas imutáveis nada há de mais estranho do que denominar assim a promessa e o juramento pelos quais o sacerdócio foi estabelecido.

céu? ou: Quem descerá ao abismo? ou: Quem atravessará o mar? A palavra está perto de ti, em tua boca e em teu coração" [Dt 30.12; Rm 10.6].[13]

O termo *esperança* é usado por metonímia, o efeito sendo tomado pela causa. Entendo-o como uma referência à promessa sobre a qual nossa esperança descansa, e não concordo com aqueles que tomam esperança no sentido da coisa esperada. Além disso, deve-se adicionar algo mais, a saber: o apóstolo não está falando da promessa dentro de um vácuo ou suspensa no ar, e sim daquela que é recebida na fé; ou, se o preferir numa só palavra, aqui esperança significa a promessa recebida pela fé. O verbo κρατῆσαι, assim como o substantivo *esperança*, indica a mesma imutabilidade de antes.

19. Temos por âncora da alma. Existe aqui um símile muitíssimo apropriado na comparação da fé, que repousa na Palavra de Deus, a uma âncora. Certamente que, enquanto peregrinamos neste mundo, não temos terra firme onde pisar, senão que somos arremessados de um lado para o outro como se estivéssemos em meio a um oceano atingido por devastadora tormenta. O diabo jamais cessa de acionar incontáveis tempestades, as quais imediatamente fariam soçobrar e submergir nossa embarcação, se não lançássemos nossa âncora, com firmeza, nas profundezas. Olhamos, e nossos olhos não divisam nenhum porto, senão que, em qualquer direção que volvamos nossa vista, a única coisa que divisamos é água; na verdade, só vemos ondas em gigantescos vagalhões a nos ameaçarem. Mas

---

13 A "forte consolação" é traduzida por Teofilato "forte encorajamento"; não é impróprio aqui. A influência das "duas coisas imutáveis" não era outra senão imprimir forte encorajamento nos que crêem; a tendência era confirmá-los na fé. Stuart lhe dá o significado de "persuasão", e traduz a passagem assim: "de modo que, por duas coisas imutáveis, acerca das quais é impossível que Deus minta, nós, que buscamos refúgio, sejamos fortemente persuadidos a manter firme a esperança que é posta diante de nós." A grande objeção a isto é a separação de "fuga" da última parte da sentença, que descobrimos não ser feita por ninguém; e a busca de refúgio, ou fugir para o refúgio, não é o significado de καταφυγόντες, mas meramente fugir; e construí-lo assim não dá nenhum sentido. Daí estarmos sob a necessidade de construí-lo com o que segue: "Para que tenhamos forte consolação (ou encorajamento), nós que temos fugido para estarmos firmes na esperança posta diante de nós." Assim Beza, em essência, e Doddridge e Macknight.

assim como se lança uma âncora no vazio das águas, a um lugar escuro e oculto, e, enquanto permanece ali, invisível, sustenta a embarcação que se encontra exposta ao sabor das ondas, agora segura em sua posição para que não afunde, assim também nossa esperança está firmada no Deus invisível. Mas há uma diferença: uma âncora é lançada ao mar porque existe solo firme no fundo, enquanto que nossa esperança sobe e flutua nas alturas, porquanto ela não encontra nada em que se firmar neste mundo. Ela não pode repousar nas coisas criadas, senão que encontra seu único repouso no Deus vivo. Assim como o cabo, ao qual a âncora se acha presa, mantém o navio seguro ao solo de um profundo e escuro abismo, também a verdade de Deus é uma corrente que nos mantém jungidos a ele, de modo que nenhuma distância de lugar e nenhuma escuridão podem impedir-nos de aderir a ele. Quando nos sentimos unidos assim a Deus, mesmo que tenhamos de enfrentar as constantes tempestades, estaremos a salvos do risco de naufrágio. Eis a razão por que o autor nos diz que a âncora é uma esperança *segura* e *firme*.[14] É possível que uma âncora se quebre, ou que um cabo se rompa, ou que um navio se faça em pedaços pelo impacto das ondas. Isso sempre sucede no mar. Mas o poder de Deus, que nos protege, é algo completamente distinto, bem como também é a força da esperança e a plena estabilidade de sua Palavra.

E que penetra até ao interior do véu. Como já dissemos, até que a fé alcance a Deus, ela não encontra nada mais senão o que é instável e transitório. Portanto, é necessário que ela penetre o céu. Visto, porém, que o apóstolo se preocupa com os hebreus, sua referência é o antigo tabernáculo, e diz que eles não devem delongar-se nas coisas que se vêem, mas devem entrar no santo dos santos que

---

14 "A salvo", isto é, fixado com segurança; e "firme", isto é, forte, a ponto de não ser dobrado nem quebrado, como afirma Parens. Stuart parece ter invertido o significado próprio das palavras, quando aplica ἀσφαλῶ à âncora, como tendo sido feita de bom material, e θεβαίαν como significando que ela está solidamente fixada, e a outra significa firme, estável, constante, duradouro. Assim Schleusner traduz as palavras: "tutam ac firmam", *a salvo e firme*; e cita Phavorinus como a imprimir o significado da primeira palavra, ἕδραιος, *inabalável*.

se encontra por detrás do véu. É como se dissesse que devemos avançar para além das antigas formas externas, para podermos depositar nossa fé unicamente em Cristo.

É preciso observar cuidadosamente essa linha de raciocínio, a saber: uma vez que Cristo entrou no céu, nossa fé também deve dirigir-se para lá. Temos aqui a fonte de nosso conhecimento, a saber: que nossa fé não deve buscar nenhum outro lugar. De nada vale que os homens busquem a Deus em sua nua majestade, já que ela se encontra tão remota e fora de seu alcance. Cristo, porém, estende sua mão e nos guia ao céu, como foi, aliás, antigamente prefigurado na lei. O sumo sacerdote costumava entrar no santo dos santos não só em seu próprio nome, mas em nome do povo, como aquele que levava em seu peito e em seus ombros as doze tribos [de Israel], até porque as doze pedras estavam engastadas em seu peitoral e seus nomes estavam gravados nas duas pedras de ônix em seus ombros para ser um memorial do povo, a fim de que todos pudessem entrar no santuário na pessoa de um único homem. O apóstolo, pois, está certo ao afirmar que nosso Sumo Sacerdote entrou no céu, visto que ele não o fez visando tão-somente a si próprio, e sim a nós também. Não há, portanto, motivo para temer-se que a porta do céu se feche à nossa fé, já que ela jamais se dissocia de Cristo. Visto que nos compete seguir a Cristo que nos precedeu, por isso ele é chamado nosso *Precursor*.[15]

---

15 A versão de Calvino é "onde nosso precursor Jesus entrou". O πρόδρομος é aquele que vai adiante a preparar o caminho para aqueles que o seguem. É usado na Septuaginta para designar a colheita das primeiras uvas e a colheita dos primeiros figos (Nm 13.20; Is 28.4). Para nós (ou, por nossa causa), estes eram precursores: "Jesus entrou." Ele não só foi preparar lugar para seu povo, mas é também seu guia, a quem devem seguir; e onde ele entrou também entrarão. Seu acesso é uma garantia do acesso deles.

Capítulo 7

1. Porque este Melquisedeque, rei de Salém, sacerdote do Deus Altíssimo, que saiu ao encontro de Abraão quando voltava da matança dos reis, e o abençoou,
2. para quem também Abraão separou o dízimo de tudo (sendo primeiramente, por interpretação, rei de justiça, e então também rei de Salém, ou seja, rei de paz;
3. sem pai, sem mãe, sem descendência, não tendo princípio de dias nem fim de vida, feito, porém, semelhante ao Filho de Deus), permanece sacerdote para sempre.

1. Hic enim erat Melchisedec rex Salem, pontifex Dei altissimi, qui occurrit Abrahae revertenti a caede regum, et benedixit illi;
2. Cui et decimas ex omnibus impartitus est Abraham; qui primum quidem ex interpretatione dicitur Rex justitiae, deinde etiam Rex Salem, quod estR ex pacis;
3. Sine patre, sine matre, sine genere, nec initium dierum, nec vitae finem habens; sed assimilatus Filio Dei Manet sacerdos in perpetuum.

1. Porque este Melquisedeque. Em suas exortações, o autor, até aqui, encorajara os judeus a prestarem atenção na força da comparação entre Cristo e Melquisedeque. No final do último capítulo, voltou a citar os salmos a fim de voltar-se dessa digressão para seu ponto de partida. E agora aborda mais satisfatoriamente o tema no qual tocara apenas de leve, e enumera um a um os pontos a serem observados sobre Melquisedeque, a quem apresenta como sendo semelhante a Cristo. Não surpreende que ele tenha disposto seu argumento de modo tão meticuloso. Não era ocorrência comum que em um país dominado por tanta superstição pagã fosse encontrado um homem que mantivesse, em sua pureza, o culto estabelecido por Deus. Pois de um lado ele tinha por vizinhos Sodoma e Gomorra; e, de outro, os cananeus, e assim de todos os lados ele se via rodeado por pessoas ímpias.

Além do mais, o mundo todo se havia naufragado na impiedade, de tal forma, que dificilmente se podia crer que Deus fosse cultuado genuinamente em algum lugar ou por alguém, além da família de Abraão. Seu pai e seu avô, que deveriam ter sido homens da mais evidente integridade, haviam caído na idolatria. Era, pois, algo por demais notável que houvesse ainda um rei que não só preservara a religião genuína, mas ele próprio exercesse o ofício sacerdotal. Certamente era indispensável que tudo que existisse de excelente fosse encontrado naquele que se fizera tipo do Filho de Deus. À luz dos salmos se faz evidente que Cristo fora prefigurado nesse tipo. Não foi sem razão que Davi disse: "Tu és sacerdote para sempre segundo a ordem de Melquisedeque." Aliás, neste versículo põe-se diante da Igreja um sublime mistério. Olhemos agora para as diferentes formas nas quais o apóstolo delineia uma comparação entre Cristo e o próprio Melquisedeque.[1]

A primeira similaridade está no *título*. Não há ausência de mistério em ser ele chamado *rei de justiça*, porque, ainda que se atribua tal honra aos reis que governam com moderação e eqüidade, todavia esse título pertence, propriamente, exclusivamente a Cristo, visto que ele não só exerce um governo justo como os demais, mas, em acréscimo a isso, ele nos comunica a justiça de Deus. Isso ele faz, em parte ao tornar possível que fôssemos considerados justos por meio de um gracioso ato de reconciliação; e, em parte, ao renovar-nos por meio de seu Espírito, de modo a vivermos vidas santas e piedosas. Dele, pois, declara-se ser rei de justiça, em razão do que ele faz: comunicando justiça a todo seu povo.[2] Daqui se conclui que fora de seu reino

---

1 A passagem é preferivelmente lida, e o significado parece mais evidente, quando consideramos *foi* como implícito no primeiro versículo, como faz Calvino. A primeira parte se refere ao que ele fez no tocante a Abraão; e a segunda, o que ele era como um tipo de Cristo. Ora, este Melquisedeque, rei de Salém, era sacerdote do Deus Altíssimo; o qual encontrou Abraão regressando da derrota infligida contra os reis, e o abençoou; com quem Abraão também dividiu a décima parte de tudo; de fato sendo ele, por interpretação, primeiro rei de justiça, e, segundo, também rei de Salém, isto é, rei de paz: sem pai, sem mãe, sem descendente, não tendo princípio de dias nem fim de vida, mas ao dizer que ele "abençoou" a Abraão, devemos entender que ele orou a Deus que o abençoasse, como já explicamos em Gênesis 14.19.

2 Não é na qualidade de rei, e sim de sacerdote, que Cristo é nossa justiça. Portanto, estritamente falando, como rei ele ministra justiça ou age de modo justo. "O rei de justiça" pode ser

nada existe senão pecado reinando entre os homens. Assim, quando Zacarias o compele a tomar posse de seu reino, como por um solene decreto divino, ele assim o louva: "Alegra-te muito, ó filha de Sião; eis aí te vem o teu Rei, justo e salvador" [Zc 9.9]. O que ele pretende nos dizer é que essa *justiça*, que de outra forma nos faltaria, nos foi outorgada com o advento de Cristo.

A segunda similaridade que o apóstolo faz notar consiste no reinado da *paz*. E essa paz é o fruto da justiça sobre o qual esteve falando. Daqui se infere que, aonde quer que o reino de Cristo se estenda, ali deve haver paz, tal como vemos em Isaías capítulos 2 e 9, bem como em outros lugares. Visto, porém, que para os hebreus paz é sinônimo de uma condição de prosperidade e felicidade, esta passagem pode ser assim considerada. Prefiro, entretanto, entendê-la como a *paz interior* que nos proporciona uma consciência tranqüila e feliz aos olhos de Deus. Não se pode apreciar com propriedade o real valor de tal bênção, a menos que se descubra, por outro lado, quão terrível é ser torturado por uma contínua inquietude, sorte que a todos nós se faz inevitável, até que nossas consciências sejam apaziguadas pela reconciliação com Deus através de Cristo.

3. Sem pai. Prefiro esta à tradução "de um pai desconhecido." A intenção do apóstolo era expressar algo mais enfático do que o mero fato de a família de Melquisedeque ser obscura ou desconhecida. Tampouco me deixo impressionar pela objeção de que a realidade não corresponde à figura ou tipo de Cristo, já que ele tem um Pai e uma mãe na terra. O apóstolo prontamente revela seu significado, ao adicionar a frase singular: "sem descendência", ou parentesco. Ao expressar-se assim, o autor exime Melquisedeque do que é comum a todos, a saber: da lei geral de descendência por meio do nascimento, indicando com isso que ele era eterno, e que não se deve buscar entre os homens seu recente nascimento. Por certo que ele nasceu de pais [terrenos]; o apóstolo, porém, não está

---

traduzido, como faz Stuart, "um rei justo" (cf. Sl 45.7).

discutindo, aqui, sobre ele na qualidade de um ser humano, mas, ao contrário, o estabelece como tipo de Cristo. Portanto, o autor não permite que se veja nele algo mais além do que a Escritura ensina. Ao tratarmos de tudo o que tem a ver com Cristo, é preciso observar escrupulosamente que não temos de aceitar nada que não esteja revelado na Palavra de Deus. Ora, visto que o Espírito Santo, ao introduzir esse rei como o mais eminente de seu tempo, não menciona sua origem, nem posteriormente faz qualquer menção de sua morte, por acaso ele não faz isso com o propósito de atribuir-lhe eternidade? O que foi prefigurado em Melquisedeque, foi na realidade revelado em Cristo. Convém-nos, pois, estar satisfeitos com esta perspectiva moderada, pois ao mostrar-nos Melquisedeque como alguém que nunca nasceu e que nunca morreu, a Escritura está retratando a verdade de que, para Cristo, não existe nem começo nem fim.[3]

Desse fato aprendemos com quanta reverência e reserva devemos revestir-nos, ao tratarmos dos mistérios espirituais de Deus. O que ele não pode encontrar escrito em algum lugar na Escritura, o apóstolo não só espontaneamente ignora, mas deseja também que o ignoremos. Com certeza não nos é lícito depreender tudo sobre Cristo a partir de nossos próprios sentidos. Aqui não se deve imaginar Melquisedeque (como a frase propõe) em sua capacidade individual, e sim como um santo tipo de Cristo. Não se deve concluir que foi por omissão, ou por acidente, ou por falta de recurso mental, que o autor deixou de apresentar qualquer conexão familiar e nem sequer uma palavra sobre sua morte. O fato é que o Espírito Santo fez tal coisa propositalmente, com o fim de elevá-lo acima da origem comum dos homens. Tudo indica ser totalmente destituída de plausibilidade a conjetura daqueles que aceitam Melquisedeque como sendo Sem, filho de Noé. Se insistirmos em

---

3 Há quem considere o que é dito de Melquisedeque, que era sem pai etc., no sentido em que ele não era assim em seu ofício régio e sacerdotal, não levando em conta que tivesse predecessor ou sucessor; mas este ponto de vista não pode ser levado em conta com base nestas palavras: "sem mãe, sem descendente" etc. A explanação de Calvino comumente é a aceita.

nos reportarmos a algum homem específico e conhecido, então não se confirmará esta terceira similaridade entre Melquisedeque e Cristo.

Feito semelhante. Ou seja, até onde a significação [*significandi ratio*] o requeira – pois é indispensável que mantenhamos em nossa mente a analogia entre a *realidade* e o *sinal* [*analogia inter rem et signum*]. Aqueles que inventam a estória absurda de que ele desceu do céu, fazem isso para que haja uma perfeita similaridade. É-nos bastante ver nele os traços de Cristo, assim como se podem perceber numa pintura as formas de uma pessoa viva, e, no entanto, a pessoa mesma é distinta de sua figura.[4] Parece não valer a pena refutar as fantasias daqueles que imaginam que, fora Cristo, quem apareceu ali é ou o Espírito Santo, ou um dos anjos, a menos que se entenda ser o dever de uma pessoa honrada argumentar com Postellus e fanáticos como ele. Pois esse insano impostor assevera que ele mesmo é Melquisedeque, com não menos arrogância do que aqueles espíritos insanos de tempos idos (de quem fala Jerônimo), os quais acreditavam que eram Cristo.

4. Considerai, pois, como era grande esse a quem Abraão, o patriarca, deu o dízimo do melhor dos despojos.

5. E aqueles dentre os filhos de Levi que recebem o ofício do sacerdócio têm ordem de tomar os dízimos do povo, segundo a lei, isto é, de seus irmãos, ainda que estes tenham saído dos lombos de Abraão.

6. Mas aquele cuja genealogia não é contada entre eles tomou dízimos de Abraão, e abençoou ao que tinha as promessas.

7. Ora, sem qualquer discordância, o menor é abençoado pelo maior.

4. Considerate autem quantus sit hic, cui et decimas dedit de spoliis Abraham patriarcha.

5. Atque ii quidem qui sacerdotium accipiunt, qui scilicet sunt ex filiis Levi, praeceptum habent a populo decimas sumendi juxta legem, hoc est, a fratribus suis licet egressis ex lumbis Abrahae:

6. Cujus autem genus non recensetur ex ipsis, decimas sumpsit ab Abraham, et habentem promissiones benedixit.

7. Porro sine controversia quod minus est a potiore benedicitur.

---

4 Nossa versão, "feito semelhante" etc. é contestada por Stuart; e ele traduz assim a expressão: "sendo semelhante", alegando que o objetivo do apóstolo é mostrar não que Melquisedeque foi "feito semelhante" a Cristo na qualidade de sacerdote, mas, ao contrário, em conformidade com o Salmo 110.4. Mas o objetivo aqui parece ser diferente. Ele mostra por que não há nenhum registro do ofício de Melquisedeque quanto ao seu início nem seu fim. Isso se deu para que ele viesse a ser um tipo adequado, e assim representar o Filho de Deus.

8. E aqui homens que morrem é quem recebe dízimos; ali, porém, aquele de quem se testifica que vive.

9. E, por assim dizer, por meio de Abraão, até Levi, que recebe dízimos, pagou dízimos.

10. Porque aquele ainda estava nos lombos de seu pai quando Melquisedeque saiu ao seu encontro.

8. Atque hic quidem homines qui moriuntur, decimas accipiunt; illic autem is de quo testatum est quod vivat:

9. Et ut ita loquar, in Abraham decimatus est ipse Levi qui decimas solet accipere;

10. Nam is adhuc in lumbis patris erat quum occurrerit Abrahae Melchisedec.

4. Considerai, pois. O quarto ponto, na comparação entre Cristo e Melquisedeque, consiste no fato de que Abraão lhe pagou dízimos. Embora sejam diversas as causas da instituição dos dízimos, o apóstolo, aqui, faz referência a uma que serve ao seu presente propósito. Uma das razões por que os dízimos eram pagos aos levitas, foi porque eram os filhos de Abraão a cuja posteridade a terra fora prometida. Assim, por direito hereditário, lhes foi destinada uma porção da terra. Ora, já que foram privados da possessão da terra, foi-lhes dada uma compensação na forma de dízimos. Havia também outra razão, a saber: já que viviam ocupados com o culto divino e com o ministério público da Igreja, era justo que fossem mantidos à custa de todo o povo. O restante de Israel lhes devia seus dízimos como justa recompensa de seu trabalho. Mas essas razões não são relevantes ao presente argumento, daí o apóstolo as passar por alto. A que é pertinente à presente discussão consiste no fato de que o povo oferecia dízimos a Deus como um santo tributo, e os levitas os recebiam. Daqui se deduz que esta não era uma honra de somenos importância, visto que Deus, de alguma forma, os usava como seus substitutos. Portanto, sendo Abraão um proeminente servo de Deus e um profeta, ao oferecer dízimos a Melquisedeque, na função de sacerdote, com isso reconhecia que Melquisedeque o excedia em honra. Se *Abraão, o patriarca*, o considerava como a possuir precedência sobre ele, sua estirpe devia ser de uma singularidade tal que o excedia muitíssimo em dignidade. A designação *patriarca* é adicionada para aumentar a significância. É especialmente uma marca de honra para Abraão ser chamado "pai da Igreja de Deus".

O argumento, portanto, é o seguinte: Abraão, que excedia a todos os demais, ele mesmo é inferior a Melquisedeque. Este, pois, possui um lugar de muito mais honra e precedência sobre todos os levitas. Isso é provado pelo fato de Abraão haver pagado a Deus o que lhe era devido, e o fez pelas mãos de Melquisedeque. E assim, pelo pagamento dos dízimos, ele admitiu sua inferioridade.

5. E aqueles dentre os filhos de Levi. Esta tradução é preferível àquela outra, "porque eles são os filhos de Levi." O apóstolo não está apresentando, como razão, que os sacerdotes recebem os dízimos porque são dentre os filhos de Levi, e sim que está comparando toda a tribo com Melquisedeque, desta forma: quando Deus deu aos levitas o direito de recolher dízimos do povo, ele os colocou acima de todos os israelitas, embora tivessem todos, igualmente, descendido do mesmo pai. No entanto, Abraão, que é o pai de todos eles, pagou dízimos a um sacerdote de outra raça. Portanto, todos os descendentes de Abraão estão sujeitos a esse sacerdote. Assim, o direito conferido aos levitas era exclusivo em relação ao restante de seus irmãos; Melquisedeque, porém, sem exceção, ocupa o lugar de maior preeminência, de modo que todos lhe estão sujeitos. Há quem acredite que o apóstolo esteja falando do dízimo dos dízimos que os levitas pagavam aos sumos sacerdotes, porém não há razão para limitar assim o curso de seu argumento. A interpretação mais plausível é aquela que já apresentei.

6. Abençoou ao que tinha as promessas. Temos aqui o quinto elemento que o apóstolo realça em sua comparação entre Cristo e Melquisedeque. Ele admite um dos axiomas aceitos, a saber, "o menor é abençoado pelo maior." Portanto, segue-se que Abraão é o menor. Com o fim de acrescentar peso, ele novamente tributa a Abraão um elogio particular, já que, por mais excelente fosse Abraão, o que sobressai é a dignidade do próprio Melquisedeque. Com esse propósito, ele diz que Abraão tinha as promessas, querendo dizer com isso que Abraão era o fundador do povo santo com o qual Deus fez um pacto de vida eterna. Não era uma honra de menor importância o fato de Deus o haver escolhido, a ele somente, dentre todos os homens, a quem concedeu o direito de adoção e o testemunho de seu amor. Mas tudo isso não constituía um obstáculo a que, com toda a sua excelência, se submetesse ao sacerdócio de Melquisedeque. Daqui se pode ver quão grande é aquele a quem Abraão sujeitou-se em duas questões, a saber: primeira, permitiu que ele mesmo fosse abençoado por Melquisedeque; segunda, lhe pagou dízimos, como a um representante de Deus.

7. O menor é abençoado.[5] Antes de tudo, é preciso perguntar aqui o que o termo *abençoar* significa. Abençoar é um ato solene de invocação, mediante o qual aquele que se acha investido de alguma honra, eminente e pública, apresenta a Deus indivíduos específicos que se encontram sob seu cuidado. Há outra maneira de abençoar, a qual sucede quando oramos sucessivamente uns pelos outros. Essa é uma prática comum entre todas as pessoas piedosas. O abençoar de que o apóstolo fala é símbolo de um poder maior. Dessa forma Isaque abençoou ao seu filho Jacó [Gn 27.27], e o próprio Jacó abençoou aos seus netos, Efraim e Manassés [Gn 48.15]. Esse abençoar não podia ser feito mutuamente, fazendo o filho igual ao pai, porquanto se fazia necessário uma autoridade mais elevada para validar a bênção. Além do mais, pode-se encontrar uma evidência para tal fato no sexto capítulo de Números [6.23], onde, após os sacerdotes receberem a ordem de abençoar o povo, adiciona-se imediatamente uma promessa, a saber: aqueles sobre quem ministrassem sua bênção seriam abençoados. A bênção sacerdotal, repito, dependia do seguinte princípio: ela provinha não propriamente do homem, e sim de Deus. Assim como o sacerdote, ao oferecer sacrifícios, assumia o lugar de Cristo, assim também, ao abençoar o povo, outra coisa não era ele senão servo e representante do Deus Altíssimo. Devemos tomar nesse mesmo sentido quando Lucas registra [Lc 24.50] que Cristo estendeu as mãos e abençoou os apóstolos. Indubitavelmente, ele emprestou dos

---

5 As palavras estão no gênero neutro, "o que é menos abençoado pelo maior". Esta é uma expressão idiomática; o neutro é expresso pelo masculino, como πᾶν é usado para todos os homens em João 6.37, e πᾶν μωρὰ, para homens insensatos em 1 Coríntios 1.27. O significado é: "o inferior é abençoado por seu superior."

sacerdotes o rito de estender as mãos, com o fim de mostrar que ele é aquele por meio de quem Deus o Pai nos abençoa. Encontramos nos Salmos 116.17 e 118.1 uma menção dessa mesma bênção.

Apliquemos agora essa idéia à discussão do apóstolo. Visto que a bênção sacerdotal é uma obra divina, ao mesmo tempo ela é evidência de uma honra mais elevada. Portanto, ao abençoar a Abraão, Melquisedeque arrogou para si um status mais eminente. Ele não fez isso presunçosamente, mas o fez em consonância com os direitos sacerdotais. Ele, portanto, é mais eminente que Abraão. Não obstante, Abraão é aquele com quem aprouve Deus consolidar um pacto de salvação. No entanto, apesar de haver excedido a todos os demais, em eminência, ele somente foi suplantado por Melquisedeque.[6]

8. Aquele de quem se testifica que vive. O autor toma o silêncio sobre sua morte como evidência de vida (como eu disse anteriormente). Certamente isso não se emprega em outros casos, mas que é propriamente válido no caso de Melquisedeque, até onde é ele um tipo de Cristo. Visto que ele, aqui, está tratando do reino espiritual e do sacerdócio de Cristo, não há espaço para conjeturas humanas, nem nos é justificável buscar alguma informação além do que lemos nas Escrituras. Ao mesmo tempo, não nos é lícito concluir daqui que o mesmo homem que foi ao encontro de Abraão continua vivo, como alguns estúpida e engenhosamente têm imaginado. Deve-se aplicar tal verdade a outra figura a quem Melquisedeque representava, a saber, o Filho de Deus. Neste versículo, o apóstolo está argumentando que a *dignidade* do sacerdócio de Melquisedeque é perpétua, enquanto que a dos levitas é temporária.[7]

---

[6] Há três tipos de bênção mencionados na Escritura – oração por uma bênção (Mt 5.44); bênção profética, como no caso dos patriarcas (Hb 11.20-21); e a bênção sacerdotal, como a registrada em Números 6.23-27. O último tipo é o que está implícito aqui. Era uma bênção anunciada no nome do Senhor, ou uma oração oferecida em seu nome e por sua autoridade.

[7] Os críticos amiúde causam dificuldade onde não existe nenhuma. O significa óbvio deste versículo é dado por Calvino – sucessão contínua, devido à morte, indicava o caráter insuportável do sacerdócio levítico; mas a perpetuidade do sacerdócio de Melquisedeque é provada por isto: que ele vive. Viver amiúde significa ser perpétuo; e morrer notifica o que é evanescente. Os levitas eram homens mortais que exibiam o caráter de seu ofício; Melquisedeque é representado como sendo imortal, o que indica que seu ofício sacerdotal é perpétuo.

O autor argumenta assim: aqueles a quem a lei destina os dízimos são homens mortais, indicando assim que os direitos do sacerdócio em certo tempo seriam anulados, assim como sua própria vida chegaria ao fim. Mas a Escritura, ao descrever como os dízimos lhe foram pagos, não faz qualquer registro da morte de Melquisedeque. Portanto, o direito de seu sacerdócio não se restringe a um período de tempo, mas, ao contrário, o texto indica que ele é de caráter eterno.

Esse acréscimo é feito para que não transpareça que uma lei posterior (como é usual) tenha assumido o lugar de uma anterior. Pois, de outra forma, se poderia contestar que o direito uma vez possuído por Melquisedeque não tinha mais validade alguma, já que Deus introduzira outra lei por intermédio de Moisés, transferindo esse direito aos levitas. O apóstolo satisfaz tal objeção, dizendo que os dízimos eram pagos aos levitas só por algum tempo, porque eles não viviam ainda, enquanto que Melquisedeque, sendo imortal, conservou até o fim o que Deus uma vez lhe conferira.

9. Até Levi pagou dízimos. Ele prossegue dizendo que até Levi, "que ainda estava nos lombos de Abraão", não estava imune da mesma sujeição, porque, ao pagar dízimos, Abraão sujeitou ao sacerdócio de Melquisedeque, respectivamente, a si próprio e àqueles que viessem depois dele.[8] Em contrapartida, poder-se-ia objetar que da mesma forma Judá, de cuja ancestralidade Cristo nasceu, também pagou dízimos. Esse problema não pode ser facilmente resolvido, tendo em mente duas coisas que devem ser estabelecidas pelos cristãos como sendo além de qualquer dúvida. Primeiramente, não se deve considerar Cristo simplesmente como um dentre os filhos de Abraão, e sim que é ele excluído da massa comum dos homens por um privilégio especial. Eis o que ele mesmo disse: "Se Davi, pois, lhe chama Senhor, como é ele seu filho?" [Mt 22.45]. Vemos, pois, ser errôneo argumentar de Levi para Cristo.

---

8 Nossa versão, "pois ele estava, cont udo" etc., ἔπι, aqui, não é *contudo*, mas *ainda*, como em Lucas 1.15, ou *então*, como traduzido por Stuart; "Pois ele estava ainda (ou então) nos lombos de seu pai, quando Melquisedeque o encontrou."

Em segundo lugar, visto que Melquisedeque é tipo de Cristo, não devemos levar a culpa daquele raciocínio que põe um em oposição ao outro. Devemos ter em mente o dito comum, a saber: "o que é subordinado não entra em conflito." Portanto, visto que o tipo carece de sua realidade, não se deve pôr aquele em contraste com esta, nem poderia ser de outra forma. Tal seria um conflito entre iguais.

Com esses cinco pontos, o apóstolo completa sua comparação entre Cristo e Melquisedeque; e, ao proceder assim, repudia-se a crítica daqueles que procuram demonstrar que a principal semelhança entre eles está no oferecimento de pão e vinho. Vemos que o apóstolo, aqui, cuidadosamente e com muito escrúpulo, está examinando cada ponto. Menciona um a um o nome das pessoas, a sede de seu reino, o fato da eternidade de sua vida, a lei dos dízimos e a bênção.

Há quem diga que essas questões são menos importantes do que a oferenda. Diríamos, porventura, que o Espírito de Deus sofreu amnésia, de modo a ocupar-se somente dos pequenos detalhes, e, todavia, deixou escapar o que era principal e o que era mais relevante ao seu propósito? Muito me espanta que grande número dos antigos doutores da Igreja se deixassem perder por esse curso de pensamento, de modo a confinar sua atenção tão-somente na oferenda de pão e vinho. É como se falassem: "Cristo é sumo sacerdote segundo a ordem de Melquisedeque. Este ofereceu pão e vinho. Portanto, os sacrifícios de pão e vinho são símbolo do sacerdócio de Cristo." Daqui em diante, o apóstolo prosseguirá falando extensamente dos antigos sacrifícios, porém nada diz desse novo sacrifício de pão e vinho. Donde, pois, os escritores eclesiásticos extraíram tal idéia? Indiscutivelmente, foi assim: já que um erro leva a outro, tendo eles inventado para si um sacrifício na Ceia do Senhor sem qualquer autoridade provinda de Cristo, e tendo assim vilipendiado a Ceia, ao adicionar-lhe a idéia de sacrifício, em seguida tentaram encontrar justificativa que credenciasse seu erro. Esse oferecimento de pão e vinho pareceu atraente, então o adotaram imediatamente sem qualquer ponderação. Quem admitiria que tais pessoas fossem mais inteligentes que o Espírito de Deus? Caso aceitemos sua tradição, então o Espírito de Deus será culpado de ignorância ao haver omitido um fato tão importante, especialmente quando ele faz uma referência direta à matéria em questão.

Minha conclusão é que esses pais inventaram para si um sacrifício acerca do qual Moisés jamais pensara. O autor não registra que Melquisedeque haja oferecido a Deus pão e vinho, e sim a Abraão e seus companheiros. Eis aqui as palavras: "E Melquisedeque, rei de Salém", saiu ao seu encontro e "trouxe pão e vinho; e era ele sacerdote do Deus Altíssimo. E o abençoou" [Gn 14.18]. A primeira coisa que ele registra foi um ato de majestade real, a saber: o refrigério daqueles que se achavam exaustos depois da batalha e da jornada. A bênção referida foi um ato de seu ofício como sacerdote. Portanto, se sua oferenda continha algum caráter místico, só se pode encontrar a consumação dela em Cristo, já que ele nos alimenta quando famintos e dominados pela fadiga. Mas os papistas são extremamente ridículos, os quais, ainda que neguem que haja pão e vinho na missa, todavia tagarelam sobre o sacrifício de pão e vinho.

11. Ora, se houvera perfeição mediante o sacerdócio levítico (porque sob ele o povo recebeu a lei), que necessidade havia ainda de que outro sacerdote se levantasse, segundo a ordem de Melquisedeque, e que não fosse contado segundo a ordem de Arão?
12. Porque, quando se muda o sacerdócio, necessariamente se faz também mudança da lei.
13. Porque aquele de quem se dizem essas coisas pertence a outra tribo, da qual ninguém prestou serviço ao altar.
14. Pois é evidente que nosso Senhor procedeu de Judá, tribo à qual Moisés nada falou a respeito de sacerdotes.

11. Porro si conummatio per Leviticum sacerdotium erat (populus enim sub eo legem accepit) quid adhuc opus fuit secundum ordinem Melchisedec alterum exorir sacerdotem, et non secundum ordinem Aaron dici?

12. Etenim dum transfertur sacerdotium, necessario etiam fit legis translatio.

13. Certe is de quo haec dicuntur, alterius fuit tribus particeps, ex qua nemo adstitit altari.

14. Clarum enim est quod ex tribu Judae natus sit Dominus noster, de qua tribu nihil loquutus est Moses quod ad sacerdotium spectat.

11. Se houvera perfeição.[9] Com base na mesma evidência, o apóstolo conclui que a antiga dispensação foi cancelada com a vinda de Cristo. Até aqui ele esteve discutindo a função e a pessoa do sacerdote. Visto, porém, que Deus instituiu o sacerdócio a fim de ratificar a lei, segue-se que, quando um é abolido, o outro também cessa. A fim de entendermos melhor esse fato, é oportuno que tenhamos em mente o seguinte axioma: nenhum pacto entre Deus e os homens é confirmado e ratificado, a menos que o mesmo seja apoiado em um sacerdócio. O apóstolo diz que a lei foi imposta ao antigo povo sob o sacerdócio levítico, implicando com isso não só que esse sacerdócio prevalecia no tempo da lei, mas também que ele foi instituído a fim de estabelecer a lei, como já afirmamos.

O argumento agora acompanha o seguinte raciocínio: Se o ministério da Igreja fosse perfeito sob a ordem de Arão, por que se fez necessária a transição para uma ordem diferente? Não existe mudança onde há perfeição. Segue-se, pois, que o ministério da lei não era perfeito, visto que uma nova ordem tinha de ser estabelecida, da qual fala Davi.[10]

Porque sob ele o povo recebeu a lei. Esse parêntese foi inserido a fim de que pudéssemos saber que a lei estava vinculada ao sacerdócio. O alvo do apóstolo era demonstrar que a lei de Moisés não tinha um propósito final em que nos devêssemos deter. Ele o demonstra pela abolição do sacerdócio, da seguinte forma: se o antigo sacerdócio possuísse autoridade eficiente para estabelecer a lei sobre um sólido

---

9 As partículas Εἰ μὲν οὖν são traduzidas por Elsner, "mas se"; por Doddridge, "ora se"; por Stuart, "demais se"; e por Macknight, "demais, se deveras"; e todos estes consideram que aqui existe o início do que precedeu.

10 "Perfeição", ou completação, em vez de consumação, sem dúvida é a melhor palavra τελείωσις. Traduzi-la "expiação perfeita", como faz Schleusner, não é traduzir a palavra, e sim explicá-la. A imperfeição do sacerdócio levítico estava sem dúvida em sua incapacidade de fazer expiação pelo pecado, visto que sua obra era cerimonial e típica; mas era suficiente, para o presente propósito, meramente dizer que ele não era perfeito, quando deixou de corresponder ao grande fim de estabelecer um sacerdócio. E o apóstolo baseia sua deficiência, ou caráter imperfeito, no fato de que se prometeu um sacerdote de outra ordem. Este era um argumento que os judeus não podiam resistir, como se encontrava nas Escrituras, as quais eles mesmos reconheciam como divinas.

fundamento, Deus jamais haveria introduzido em seu lugar algo novo e distinto. Agora, porém, visto que se poderia lançar dúvida se a abolição da lei era uma conseqüência do fim do sacerdócio, o autor diz que aquela não somente foi entregue à tutela deste, mas também foi por ele estabelecida.[11]

12. Porque, quando se muda o sacerdócio. Uma vez que as circunstâncias da lei e do sacerdócio são as mesmas, Cristo se fez não só *Sacerdote*, mas também *Legislador*. De modo que lhe foi transferido não só o direito de Arão, mas também o de Moisés. A essência disso consiste em que o ministério de Moisés não foi menos temporário do que o de Arão, e que por isso, com a vinda de Cristo, ambos foram anulados, visto que um não poderia subsistir sem o outro.

Pela frase, *da lei*, devemos entender o que se refere particularmente a Moisés. A lei contém tanto a norma do bom viver como o pacto da graça para a vida, e nela descobrimos que por toda parte há muitas e extraordinárias passagens que nos instruem na fé e no temor de Deus. Nenhuma delas foi abolida em Cristo, senão somente aquela parte envolvida com o antigo sacerdócio.

Cristo, aqui, está sendo comparado com Moisés. O que é comum a ambos não entra no argumento, mas somente aqueles pontos onde diferem um do outro. É comum a ambos oferecer a benevolência de Deus em nosso favor, instituir normas para uma vida santa e piedosa, ensinar o genuíno culto divino e encorajar-nos na fé e na paciência, bem como em todas as práticas da santidade. Há, contudo, esta diferença entre Moisés e Cristo: visto que o evangelho não fora ainda revelado em toda a sua clareza, Moisés manteve o povo envolto por um véu; visto que a realidade não havia ainda sido desvendada, ele apresentou a prelibação de Cristo em tipos e sombras; ele adaptou-se a fim de convencer o povo de sua ignorância e que não avançara para além dos elementos infantis. Devemos lembrar que a lei expressa aquela parte do ministério que fora peculiar a

---

[11] Veja-se Apêndice 23.

Moisés, e que era diferente do [ministério] de Cristo. Visto que ela se encontrava sujeita ao antigo sacerdócio, quando este foi abolido, também aquela chegou concomitantemente ao seu fim.

Visto que Cristo é estabelecido como Sacerdote, bem como é investido daquela autoridade de Legislador a fim de ser o Servo e Intérprete do Novo Testamento, a palavra *lei* é aplicada, um tanto impropriamente, ao evangelho. Essa impropriedade, contudo, não chega a ser realmente um absurdo, senão que, ao contrário, por sua própria antítese, adiciona graça ao argumento, como sucede em Romanos 7.

A depravação do papa chegou ao ponto máximo em inserir ele em suas decretais que ele agora se acha dotado com aquela mesma autoridade que fora a de Arão, a saber: que a lei e o sacerdócio foram transferidos para ele. Vejamos o que de fato o apóstolo está afirmando. Ele defende a tese de que as cerimônias haviam cessado desde o tempo em que Cristo se manifestou com a ordem de proclamar o novo pacto. É irracional concluir daqui que tudo foi transferido para os ministros de Cristo. O que se contrasta com Moisés e Arão é tão-somente a pessoa de Cristo. Sob que pretexto arrogará o Anticristo para si tal autoridade? Aqui não argumento com o intuito de refutar tão grosseira insolência, mas vale a pena lembrar os leitores dessa sacrílega audácia, para que saibam que este notório servo dos servos de Cristo desconsidera totalmente a honra de seu Mestre, e quão ousadamente confunde as Escrituras a fim de conferir algum gênero de pretensão à sua tirania.

13. Aquele de quem se dizem essas coisas.[12] Em razão de o apóstolo estar escrevendo àqueles que confessavam que Jesus, o Filho de Maria, é o Cristo, ele demonstra que o antigo sacerdócio

---

12 Calvino traduz "pois", γὰρ, "indubitável, certo"; e Stuart, "agora"; mas o termo pode ser mais bem traduzido, aqui, "porque", quando se dá uma razão para mudança em "a lei" com respeito ao sacerdócio. O γὰρ, no versículo anterior, pode ser traduzido "deveras" ou "portanto", como faz Macknight. No versículo 11, o apóstolo prova a imperfeição ou deficiência do sacerdócio levítico, pela promessa de outro sacerdote segundo a ordem de Melquisedeque, porquanto Cristo não era da tribo especificada pela lei.

chegara fim, posto que este novo Sacerdote que tomava o lugar do antigo é procedente de uma tribo distinta da tribo de Levi. Ora, de acordo com a lei, aquela tribo deveria ficar de posse da dignidade sacerdotal como um privilégio especial. Diz ele que era *evidente* que Cristo nascesse da tribo de Judá, uma vez que esse fato era muitíssimo notório naquele tempo. Havia uma convicção inabalável repousando na promessa. Quando o reconheceram como Cristo, era igualmente indispensável que fossem convencidos de que ele era o Filho de Davi; pois aquele que fora prometido não podia vir de qualquer outra fonte.

15. E o que dizemos é ainda muito mais evidente, se segundo a semelhança de Melquisedeque se levanta outro sacerdote,
16. constituído não conforme a lei de um mandamento carnal, mas segundo o poder de uma vida indissolúvel.
17. Porque dele assim se testifica: Tu és sacerdote para sempre, segundo a ordem de Melquisedeque.
18. Pois, com efeito, o mandamento anterior é anulado por causa de sua fraqueza e inutilidade
19. (pois a lei não torna nada perfeito), e dessa sorte é introduzida uma melhor esperança, pela qual nos aproximamos de Deus.
20. E visto que não foi sem prestar juramento

21. (porque, na verdade, aqueles, sem juramento, foram feitos sacerdotes, mas este com juramento daquele que lhe disse: O Senhor jurou e não se arrependerá: Tu és sacerdote para sempre, segundo a ordem de Melquisedeque),
22. de tanto melhor aliança Jesus se tornou fiador.

15. Idque magis etiam liquet, sequidem ad similitudinem Melchisedec exoritur sacerdos alius;
16. qui non juxta legem mandati carnalis factus fuit, sed secundum potentiam vitae insolubilis.
17. Testatur enim ad hunc modum, Tu serdos in aeternum secundum ordinem Melchisedec.
18. Abrogatio enim sit prioris mandati propter imbecillitatem et inutilitatem.
19. Nihil enim lex perfecit, sed accessit introductio ad spem potiorem per quam appropinquamus Deo:
20. Atque hoc potiorem, quod non absque jurejurando res acta sit: nam illi quidem citra jusjurandum sacerdotes facti sunt:
21. Hic vero cum jurejurando, per eum qui dixit illi, Tu sacerdos in aeternum secundum ordinem Melchisedec.

22. Tanto potioris Testamenti sponsor factus est Iesus.

15. É ainda muito mais evidente. O autor adiciona outro argumento com o fim de provar que a lei foi cancelada. Até aqui ele argumentou com base na *pessoa* do sacerdote; agora ele argumenta com base na *natureza* do sacerdócio e a razão pela qual o mesmo foi estabelecido. O antigo sacerdócio, diz ele, fora estabelecido por meio de ritos exteriores; o sacerdócio de Cristo, porém, outra coisa não é senão espiritual. Isso evidencia que o primeiro era passível de mudança e transitório, e ao mesmo tempo revela a natureza eterna do último.

16. Mandamento carnal é tomado no sentido físico, ou seja, composto de cerimônias externas. Conhecemos a forma como Arão e seus filhos eram iniciados. O que se cumpriu em Cristo pelo poder secreto e celestial do Espírito foi, em seu caso, prefigurado pelo óleo, pelas várias vestimentas, pela aspersão do sangue e pelos ritos terrenos. Esse gênero de instituição adequou-se à natureza do sacerdócio. Segue-se, pois, que o sacerdócio por sua própria natureza era passível de mudança, ainda que, como veremos mais adiante, não fosse tão carnal que não pudesse ser ao mesmo tempo espiritual. Aqui o apóstolo está simplesmente preocupado com a diferença entre Arão e Cristo. Por mais espiritual que fosse o significado dessas sombras, não obstante eram meramente sombras, e com razão são chamadas *terrenas*, já que consistiam de elementos deste mundo.

Segundo o poder de uma vida indissolúvel. Visto que Cristo é o Sacerdote eterno, ele deve ser distinto de Arão pela forma de sua instituição. E assim o foi em razão de não ser Moisés, um mortal, quem o sagrara, e sim o Espírito Santo; e não com óleo, nem com sangue de bodes, nem com vestimentas exteriores, mas com o poder celestial, o qual o apóstolo contrasta com os elementos frágeis. Vemos, pois, como se exibe em Cristo a eternidade do sacerdócio.

17. Tu és sacerdote para sempre. Nesta passagem, o apóstolo realça uma expressão em particular – *para sempre*. Ele ressalta que

Cristo é distinto de toda a tribo de Levi, uma vez que ele foi feito Sacerdote para sempre.[13]

Pode-se objetar (como o fazem os judeus) que לעולם [le'olam] nem sempre significa *eternidade*; significa, antes, o espaço de um período, ou um longo tempo. O fato é que, quando Moisés fala dos sacrifícios antigos [Êx 12.17; 19.9], com freqüência usa este tipo de linguagem: "Fareis isso por estatuto perpétuo." Minha resposta consiste em que, sempre que os sacrifícios da lei são mencionados, a expressão "para sempre" [*perpétuo*] se confina ao período de vigência da lei. Isso não deveria soar como algo estranho, porquanto a vinda de Cristo, em certo sentido, trouxe consigo uma renovação do mundo. Toda vez que Moisés fala do status de seu próprio ministério, ele o estende por um tempo mais alongado, não, porém, para além de Cristo.

Não obstante, ao mesmo tempo deve-se notar que a duração da idéia "para sempre" se aplica aos sacrifícios antigos, não tanto com referência ao rito externo, quanto com relação à sua significância mística. No entanto, presentemente devemos contentar-nos com este raciocínio: que "para sempre" se refere a Moisés e seu ministério, o qual seria conduzido a um termo final pelo reino de Cristo, sob quem o mundo seria renovado. Quando Cristo surgisse, e se lhe conferisse um sacerdócio eterno, não poderíamos divisar nenhuma interrupção que afetasse a continuidade de sua era. Não devemos, pois, tomar essa expressão em nenhum outro sentido senão de *eternidade*. Deve-se julgar sempre a força da palavra לעולם [le'olam] neste contexto.

18. O mandamento anterior é anulado. Visto que o argumento do apóstolo gira em torno do ponto de que a lei e o sacerdócio se encaminhavam para seu término, ele explica a razão por que teriam que ser abolidos: porque eram fracos e fúteis. Ele diz isso em relação às cerimônias que não possuíam substância em si mesmas, nem em si mesmas podiam possuir al-

---

13 Este parágrafo se estende do versículo 11 até o fim do 17. A "lei", entre parêntese, referida no versículo 11 parece não ser a lei mosaica em geral, como tão comumente se presume, e sim a lei relativa ao sacerdócio levítico, como parece evidente à luz do versículo 12 e dos seguintes, pois o que se menciona é Cristo como sendo sacerdote, não na sucessão de Arão, mas segundo a ordem de Melquisedeque. Veja-se Apêndice 24.

gum poder salvífico. A promessa referente à graça que se associaria a elas (como Moisés constantemente testifica), de que Deus seria aplacado pelos sacrifícios, e que os pecados seriam expiados, na verdade não pertencia organicamente aos sacrifícios, senão que lhes era transitória. Pois como todos os tipos tinham a Cristo como sua referência última, assim também todos eles derivavam dele todo seu poder e eficácia. Por si eles somente nada podiam fazer nem efetuar, senão que todo seu poder dependia exclusivamente de Cristo. Visto que os judeus, em sua estupidez, colocavam esses ritos em oposição a Cristo, o apóstolo relaciona seu argumento com o modo de pensar deles e delineia o genuíno contraste entre as cerimônias e Cristo. Estando assim separadas de Cristo, não deixaram nada senão as fraquezas sobre as quais ele está falando. Em suma, não se achará nas cerimônias antigas nenhum benefício, até que sejam relacionadas com Cristo. Ele fez os judeus mais seguros da graça de Deus, mantendo-os, em certa medida, em expectativa por ela. Portanto, tenhamos em mente o que se diz da lei, a saber: que ela é de nenhuma utilidade enquanto está divorciada de Cristo. O fato de qualificá-lo de *mandamento anterior*, o autor está confirmando esse ensino. Há um adágio popular que diz que uma lei antiga é anulada por uma nova. A lei fora promulgada muito antes de Davi. Ele estava no trono de seu reino quando proferiu sua profecia sobre a ordenação de um novo sacerdote. A nova lei, portanto, anulou a antiga.

19. Pois a lei não torna nada perfeito. Já que havia falado da lei de uma forma um tanto abrupta, o autor agora justifica sua aspereza e, por assim dizer, corrige-a. Ele admite que haja nela uma parcela de utilidade, ou seja, ela havia assinalado um caminho que por fim conduz à salvação. Entretanto, ela era de tal natureza, que longe estava de ser perfeita. Eis o argumento do apóstolo: a lei, por algum tempo, foi somente um começo; por isso, algo mais perfeito tinha que vir depois, porquanto não é justo que os filhos de Deus permaneçam para sempre sob a diretriz de elementos infantis. Pelo termo *introduzida*, o autor tem em vista que por meio da lei se fez alguma preparação, assim como as crianças são instruídas nas coisas elementares, as quais lhes abrem uma via para que sejam introduzidas naquela instrução mais avançada. Visto que a preposição ἐπί indica resultado, quando uma coisa é o resultado de outra, creio que o versículo deva ser assim traduzido: "De sorte que ela é apenas a introdução de uma esperança superior". Como o entendo, ele está mencionando duas introduções. A primeira, no tipo de Melquisedeque; e a segunda, na lei, a qual, quanto ao tempo, veio depois. Além do mais, pelo termo *lei* ele tem em mente o sacerdócio levítico que foi adicionado ao sacerdócio de Melquisedeque.

Uma melhor esperança. Por essa expressão entende-se a condição dos crentes sob o reinado de Cristo; o autor estava pensando também nos pais que não puderam descansar satisfeitos com o estado em que viviam, e por isso aspiravam por coisas melhores. E é o que Lucas diz: "Pois vos digo que muitos profetas e reis desejaram ver o que vós vedes, e não o viram; e ouvir o que ouvis, e não o ouviram" [10.24]. Eram guiados pela lei, como no caso de um antigo pedagogo, para que pudessem avançar mais.[14]

Pela qual nos aproximamos de Deus. Existe aqui um contraste implícito entre nós e os [antigos] pais. Excedemos a eles em privilégio, no sentido em que Deus se nos fez conhecido face a face, enquanto que apareceu a eles só à distância e envolto em sombras. Aqui se faz uma alusão à forma do tabernáculo ou do templo. O povo permanecia no átrio exterior, à distância, e a ninguém era permitido que se aproximasse mais do santuário, exceto os sacerdotes. Só o sumo sacerdote adentrava o interior do santuário. Mas agora que o tabernáculo se encontra abolido, Deus nos admite à sua íntima presença, da qual os pais foram proibidos. Quem quer que ainda se prenda às sombras da lei, ou queira restaurá-la, não só obscurece a glória de Cristo, mas também nos priva de uma bênção incomensurável, já que põe uma enorme barreira entre nós e Deus, a cujo acesso o evangelho nos deu plena liberdade. Todo aquele que se aferra à lei, consciente e voluntariamente se priva da intimidade de Deus.

---

14 Calvino é peculiar em seu ponto de vista sobre este versículo. Ele considerava a lei como sendo "uma introdução a uma esperança superior". Muitos concordam com nossa versão, tais como Beza, Doddridge, Macknight, Stuart, entre outros. Mas há os que traduzem "introdução" em conexão com "abolir". Veja-se Apêndice 25.

20. Visto que não foi sem prestar juramento. Temos aqui um argumento adicional, ou seja: dar a lei lugar ao evangelho significa que Deus deu precedência ao sacerdócio de Cristo sobre o de Arão, quando ele pronunciou um juramento para honra do primeiro [Cristo]. Quando estabeleceu os antigos sacerdotes, ele não interpôs nenhum juramento. Mas de Cristo, se diz: "O Senhor jurou" – e tal ato, sem qualquer sombra de dúvida, visava a honrá-lo. É possível percebermos o propósito pelo qual ele novamente cita o Salmo: para que possamos saber que, à vista do juramento de Deus, se atribuiria mais dignidade ao sacerdócio de Cristo do que ao dos outros. Este princípio deve estar em nossa mente continuamente: que um sacerdote é designado como fiador de um pacto. O apóstolo conclui desse fato que o pacto que Deus fez conosco pela mão de Cristo é muito melhor do que o antigo, cujo intérprete foi Moisés.

23. E, na verdade, aqueles foram feitos sacerdotes em grande número, porque, pela morte, foram impedidos de continuar;
24. este, porém, porque permanece para sempre, tem o seu sacerdócio imutável.
25. Por isso também pode salvar totalmente os que por meio dele se chegam a Deus, visto que vive sempre para interceder por eles.
26. Com efeito nos convinha um sumo sacerdote como este, santo, inculpável, sem mácula, separado dos pecadores, e feito mais elevado do que os céus,
27. que não tem necessidade, como os outros sumos sacerdotes, de oferecer todos os dias sacrifícios, primeiro por seus próprios pecados, e depois pelos do povo;
28. porque isso fez ele uma vez por todas, quando a si mesmo se ofereceu. Porque a lei constitui sumos sacerdotes a homens sujeitos à fraqueza, mas a palavra do juramento, que foi posterior à lei, constitui o Filho, perfeito para sempre.

23. Et illi quidem plures facti fuerunt sacerdotes, quod prohiberentur morti permanere:
24. Hic autem quia perpetuo Manet immutabile habet sacerdotium.
25. Unde et servare in aeternum potest eos qui per ipsum Deo appropinquant, semper vivens ut intercedat pro nobis.
26. Talis enim nos decebat Pontifex, sanctus, innocens, impollutus, segregatus a peccatoribus, et excelsior coelis factus;
27. Qui non necesse habeat quotidie, quemadmodum sacerdotes, primum pro suis peccatis hostias offerre, deinde pro populi: hoc enim semel fecit, quum seipsum obtulit.
28. Lex quidem homines constituit sacerdotes habentes informatem; sermo autem jurisjurandi, quod lege posterius est, Filium in aeternum perfectum.

23. E, na verdade. O autor já havia mencionado esta comparação, mas, visto que a matéria é digna de mais detida atenção, ele a expõe de uma forma mais minuciosa, ainda que a conexão de seu argumento, aqui, seja distinto daquele exposto anteriormente. Ele concluiu anteriormente que era indispensável que o antigo sacerdócio sofresse interrupção, já que aqueles que ministravam nele eram homens mortais; mas agora ele simplesmente realça a razão por que Cristo permanece Sumo Sacerdote para sempre. Ele segue argumentando a partir dos opostos. Os antigos sacerdotes eram em maior número em razão de seu sacerdócio ser interrompido pela morte. Quanto a Cristo, não há morte que o impeça de cumprir seu ofício. Por isso, ele é o único e eterno Sacerdote. Propósito distinto produz resultados distintos.

25. Por isso também pode salvar. Nossa salvação é o fruto do sacerdócio eterno, caso pela fé colhamos esse fruto, como devemos fazê-lo. Pois onde a morte ou mudança se faz presente, aí buscaremos a salvação sem qualquer resultado. Por isso, aqueles que aderem ao antigo sacerdócio jamais alcançarão a salvação.

Quando diz **os que por meio dele se chegam a Deus**, o autor usa essa circunlocução com o fim de descrever os crentes que são os únicos que desfrutam a salvação comunicada por Cristo. Ao mesmo tempo, indica que gênero de fé deve repousar num mediador. O mais excelente bem humano deve estar radicado no Deus que é a fonte de vida e de todas as bênçãos excelentes. O que nos impede de nos aproximarmos de Deus é nossa própria indignidade. Portanto, é próprio do ofício do Mediador socorrer-nos aqui e estender sua mão a guiar-nos ao céu.

O autor insiste em fazer alusão às antigas sombras da lei. Embora o sumo sacerdote levasse em seus ombros os nomes das doze tribos, e seus símbolos em seu peito, todavia ele entrava sozinho no santuário enquanto o povo permanecia no átrio. Mas agora que descansamos em Cristo como Mediador, entramos pela fé no próprio céu, visto que não há mais véu algum para nos obstruir a passagem.

Deus nos aparece abertamente, e amorosamente nos convida a um encontro com ele face a face.[15]

Visto que vive sempre para interceder por eles. Qual é a natureza e a extensão da garantia de seu amor para conosco? O fato de Cristo viver para nós, e não para si próprio, e também o fato de que ele foi recebido na bem-aventurança eterna com o fim de reinar no céu – isso se deu, diz o apóstolo, por nossa causa. Por conseguinte, a vida, o reino e a glória de Cristo visam à nossa salvação como seu alvo, e Cristo nada possui que não seja destinado ao nosso bem, já que ele nos foi dado pelo Pai nessa condição, a saber, para que tudo o que é dele seja também nosso. Ao mesmo tempo, o autor nos mostra, por meio do exemplo de Cristo, em sua função de Sacerdote, que a função de um sacerdote é fazer intercessão, a fim de que o povo encontre graça da parte de Deus. Cristo faz isso continuamente, porquanto ressuscitou dentre os mortos com esse mesmo propósito. Ele justifica seu direito ao título de Sacerdote, em sua ininterrupta tarefa de fazer intercessão.

26. Com efeito nos convinha um sumo sacerdote. O autor raciocina a partir das conexões. Há condições ou qualidades (como comumente são chamadas) que são necessariamente requeridas num sacerdote, a saber: que ele deve ser justo, irrepreensível e puro de toda e qualquer mancha. Tal honra se ajusta unicamente a Cristo. O que se requeria para o adequado desempenho do ofício estava ausente nos sacerdotes sob a lei. Daqui se deduz que

---

15 A versão de Calvino da primeira parte do versículo é: "Daí ele estar também apto a salvar para sempre os que, através dele, se chegam a Deus." Em vez de "ao máximo", de nossa versão, temos aqui "para sempre", de acordo com a Vulgata. Macknight traduz a frase como faz Stuart, "para sempre". Mas o original, εἰς τὸ παντελὲς, não se refere a *tempo*, e sim ao que é feito plenamente ou perfeitamente. Ela é assim tomada por Erasmo, Beza, Capellus e Schleusner. Há outra diferença, quer se conectem as palavras com "apto" ou com "salvar". A maioria as associa com "salvar": "Ele é também plenamente (ou para sempre) apto para salvar." Quando consideramos qual é o sujeito – a *perfeição* de Cristo como sacerdote, e não o *caráter* de sua salvação. Vejamos bem que o último é o ponto de vista correto, e que a passagem teria sido assim traduzida: "E por isso ele é plenamente (ou perfeitamente) apto para salvar os que através dele vão a Deus." E as palavras que seguem podem ser consideradas como a favorecer uma razão para isto: "vivendo sempre para interceder por eles", ou, "para interceder em seu favor". Entretanto, não há muita diferença no significado, quer seja a palavra "plenamente" ou "perfeitamente" conectada com "apto" ou com "salvar"; a mesma verdade é essencialmente comunicada.

não havia perfeição alguma no sacerdócio levítico, e nem era ele intrinsecamente legítimo, senão até onde servia a Cristo. Aliás, o adorno externo do sumo sacerdote revelava tal defeito. Qual era o ponto essencial daquelas preciosas e esplêndidas vestimentas que Deus ordenara que Arão usasse quando ministrasse os ritos santos, senão que fossem símbolos de santidade e excelência humanas que sobrepujam a todo gênero de virtude? Esses tipos eram utilizados, uma vez que a *realidade* se achava ausente. Portanto, aqui se evidencia que Cristo é o único Sacerdote qualificado.

A frase, **separados dos pecadores**, inclui *a totalidade* deles. Evidentemente havia em Arão alguma santidade, irrepreensibilidade e pureza, mas apenas em pequeníssimo grau. Pois ele e seus filhos eram maculados por muitas manchas. Cristo, porém, que se achava acima da massa comum dos homens, era o único isento do pecado. Conseqüentemente, a genuína santidade e irrepreensibilidade se encontram unicamente nele. Ele é descrito como *separado* de nós, não porque ele nos rejeite em sua comunhão, e sim porque ele possui esse excepcional atributo que o faz superior a nós, para que ele fosse isento de toda e qualquer impureza.[16] Daqui concluímos que todas as orações que não se apóiem na intercessão de Cristo são rejeitadas.

Poder-se-ia também indagar se os anjos são também separados dos pecadores. Se o são, o que os impede de exercerem o sacerdócio e de serem nossos mediadores diante de Deus? A resposta é simples. Ninguém pode ser legítimo sacerdote, a menos que seja designado por um mandado divino; e Deus jamais delegou tal honra aos anjos. Seria blasfema usurpação se eles se intrometessem no ofício sem se-

---

16 Cristo, como sacerdote, era "santo" com respeito a Deus; "imaculado", ou inocente, ou inculpável, segundo Crisóstomo, com respeito aos homens; "imaculado", com respeito a si próprio, moralmente, como os sacerdotes sob a lei eram assim cerimonialmente; "separado", ou desligado, "dos pecadores", removido de sua sociedade para outro lugar, e "exaltado muito acima dos céus". Há uma alusão ao sumo sacerdote levítico, especialmente nas três últimas palavras, e um contraste nas duas últimas; o sumo sacerdote levítico continuava entre os pecadores; Cristo é removido de seu seio; o primeiro entrava no santo dos santos; o último já entrou num lugar mais elevado que os céus, sim, os céus dos céus. Quão imensurável é a superioridade de nosso Sumo Sacerdote!

rem convocados para isso. Além do mais, como veremos no início do próximo capítulo, é indispensável que o mediador entre Deus e os homens seja homem, embora essa última condição, à qual o apóstolo se refere, seja por si só suficiente resposta à presente questão. Ninguém pode unir-nos a Deus, exceto alguém que alcance a Deus. Tal coisa não é atribuída nem mesmo aos anjos, já que deles não se diz que são elevados acima dos céus. Reconciliar-nos com Deus é prerrogativa exclusiva de Cristo, já que ele ascendeu acima de todos os céus. Tal descrição contém a força de permitir que se diga que Cristo foi posto acima de todas as ordens criadas, de modo que ele exerce a preeminência sobre os anjos.

27. Que não tem necessidade. O autor continua o contraste entre Cristo e os sacerdotes levitas, no qual ele observa dois defeitos específicos, por assim dizer, nos antigos sacerdotes, dos quais se depreende claramente que não eram perfeitos em todos os aspectos. Ele aqui toca apenas de leve na essência da questão. Mais adiante expõe os pontos com mais detalhe e extensão, especialmente o segundo, que é sobre os sacrifícios diários, já que a controvérsia principal era sobre o mesmo. Também tocará de forma breve nos tópicos individuais. Uma das deficiências do antigo sacerdócio consistia em que o sumo sacerdote oferecia sacrifícios por seus próprios pecados. Como poderia ele aplacar a Deus em favor de outrem, quando este estava, com razão, irado contra o próprio sacerdote? Eles eram completamente desqualificados para a tarefa de fazer expiação pelos pecados. A segunda deficiência consistia em que eles ofereciam vários sacrifícios todos os dias; portanto, segue-se desse fato que não existia genuína expiação, porque, ao repetir-se a purificação, os pecados reincidiam. No caso de Cristo, isso é completamente diferente. Ele não carece de nenhum sacrifício, já que ele não foi maculado por qualquer macha de pecado. Seu sacrifício foi tal que, por si só, foi e será suficiente até ao fim do mundo, uma vez que ele a si mesmo se ofereceu.[17]

---

17 Veja-se Apêndice 26.

28. Porque a lei constitui. Dos vícios dos homens, o autor deduz a fragilidade do sacerdócio, como se estivesse dizendo: Visto que a lei não constitui sacerdotes genuínos, tal falha tem de ser corrigida de alguma outra maneira. Então é corrigida pela "palavra do juramento", porque Cristo não foi constituído da massa comum dos homens, sendo ele o próprio Filho de Deus, não sujeito a falha alguma, mas adornado e dotado de suprema perfeição. Ele novamente nos lembra que o juramento foi posterior à lei, para demonstrar que Deus não se satisfez com o sacerdócio sob a lei, senão que sua vontade era que algo superior fosse constituído. Nas instituições divinas, o que vem depois é sempre melhor do que o que vem antes, visando a um estado superior, ou se anula o que foi feito para ter validade por um período limitado.

Capítulo 8

1. Ora, do que estamos dizendo, o ponto principal é este: Temos um sumo sacerdote tal, que se assentou à direita do trono da Majestade nos céus,
2. ministro do santuário e do verdadeiro tabernáculo, que o Senhor fundou, não o homem.
3. Porque todo sumo sacerdote é constituído para oferecer assim dons como sacrifícios; pelo que era necessário que esse sumo sacerdote também tivesse alguma coisa que oferecer.
4. Ora, se ele estivesse na terra, nem seria sacerdote, visto que há aqueles que oferecem os dons segundo a lei,
5. os quais servem àquilo que é figura e sombra das coisas celestiais, assim como Moisés foi avisado por Deus quando estava para construir o tabernáculo; porque lhe foi dito: Olha, faze tudo segundo o modelo que te foi mostrado no monte.
6. Mas agora ele alcançou um ministério muito mais excelente, quanto é mediador de um pacto superior, o qual foi promulgado sobre melhores promessas.

1. Porro eurum quae dicuntur summa est, Talem habemus pontificem qui consedit in dextera throni majestatis in coelis;
2. Sanctorum minister et tabernaculi veri quod fixit Dominus et non homo.
3. Omnis enim pontifex ad offerendum dona et sacrificia constituitur; unde necesse est hunc quoque habere quod offerat.
4. Sane si in terra esset, ne pontifex quidem esset, quamdiu essent sacerdotes qui secundum legem offerrent dona;
5. Qui in exemplari et umbra ministrant coelestium, quemadmodum oraculo admonitus fuit Moses, quum tabernaculum esset perfecturus, Vide, inquit, ut facias omnia secundum typum qui tibi ostensus fuit in monte.
6. Nunc autem excellentius obtinuit ministerium, quanto et potioris testamenti Mediator, quod supeer praestantioiribus promissionibus promulgatum fuit.

1. Ora, do que estamos dizendo, o ponto principal é este. Para que seus leitores soubessem qual era a essência de seu argumento, o autor os informa de que sua preocupação era mostrar que o sacerdócio de Cristo, pelo qual o sacerdócio sob a lei fora abolido, é de caráter espiritual. Ele emprega o mesmo argumento. Visto, porém, que segue em frente com vários argumentos, ele introduz esta admoestação para que seus leitores atentassem bem para aquilo a que ele tinha em vista. Ele já estabelecera que Cristo é o Sumo Sacerdote. Agora argumenta que seu sacerdócio é celestial. Daqui se segue que, com sua vinda, o que Moisés estabeleceu sob a lei desapareceu, porquanto não era celestial. Posto que Cristo sofreu na humilde condição humana, e, ao assumir a forma de servo, abriu mão de sua reputação perante o mundo [Fp 2.7], o apóstolo se volta para sua ascensão, pela qual não só se removeu o escândalo da cruz, mas também aquela humilhante e inglória condição que ele assumira para si juntamente com nossa carne. Foi pelo poder do Espírito, o qual manifestou-se na ressurreição e ascensão de Cristo, que há de se conhecer a dignidade de seu sacerdócio. Eis seu argumento: Posto que Cristo ascendeu à destra de Deus com o fim de reinar gloriosamente no céu, ele é o Ministro, não de nosso santuário terreno, e sim do celestial.[1]

2. O genitivo *sanctorum* é tomado aqui como sendo do gênero neutro, e o apóstolo se explica melhor adicionando **do verdadeiro tabernáculo**.[2]

Poder-se-ia indagar se o tabernáculo erigido por Moisés fora construído falsa e presunçosamente, uma vez que nestas palavras há uma contradição implícita. Minha resposta é que não se contrasta a verdade de que o apóstolo fala com falsidade, mas somente com tipos, como em João 1.17: "Porque a lei foi dada por intermédio de Moisés; a graça e a verdade vieram por meio de Jesus Cristo." O antigo tabernáculo

---

[1] Veja-se Apêndice 27.
[2] É melhor tomar "coisas santas" como designativo dos deveres santos do sacerdote, depois especificado quando se menciona o oferecimento de dons e sacrifícios, do que significando "o santuário". Cristo é sacerdote e ministro nas coisas santas, e ministro no verdadeiro tabernáculo. Ele tem a ver com coisas santas, e as faz, não no tabernáculo prefigurado e típico, mas naquele que é real e celestial. Achamos que a palavra, no próximo capítulo, significa o lugar santíssimo, aqui acompanhado do artigo (9.8-12), e sem o artigo, o lugar santo, ou o santuário (9.2). Assim, pois, se este significado for aceito, a tradução, aqui, deve ser: "o ministro do santíssimo"; e então é usado "tabernáculo" como incluindo todo o edifício, como em 9.2. Mas o contexto, aqui, parece favorecer o primeiro significado. A versão de Doddridge é "ministro das coisas santas".

não fora uma fútil invenção humana, e sim a figura de um tabernáculo celestial. Visto, porém, que a sombra difere da substância, e o sinal, da coisa significada, assim o apóstolo diz que aquele não era o verdadeiro tabernáculo, como se afirmasse que ele era uma mera sombra.

Que o Senhor fundou. Qual era a intenção do apóstolo ao dizer que o sacerdócio de Cristo está situado no céu? Por certo que ele sofreu na terra e fez expiação por nossos pecados com sangue terreno (visto que ele derivou sua origem da semente de Abraão); o sacrifício de sua morte foi visível; aliás, para oferecer-se ao Pai, ele teve que descer do céu à terra e viver em sujeição, como homem, às lutas da vida mortal, e por fim à morte. Respondo que tudo o que surge superficialmente como sendo terreno em Cristo deve ser visualizado com os olhos da fé, deve ser visto como sendo espiritual. Daí sua carne, que veio da semente de Abraão, era o templo de Deus, e, portanto, poder vivificante. Aliás, a morte de Cristo foi vida para o mundo todo, e tal coisa seguramente é de caráter supernatural. O apóstolo está se referindo não tanto às propriedades particulares da natureza humana, mas, antes, ao poder secreto do Espírito. Por isso é que a morte de Cristo não possui nada de mundano. Ao tratarmos de Cristo, aprendamos a elevar todos os nossos pensamentos ao nível do reino de Deus. E assim não nos ficará dúvida alguma.

Em 2 Coríntios 5.1, Paulo fala quase com o mesmo propósito. Ele qualifica Deus de construtor deste tabernáculo, a fim de declarar sua estabilidade e durabilidade, já que, em contrapartida, tudo o que é edificado por mãos humanas é instável, ou, no mínimo, passível de transformar-se em ruínas. Ele diz isso porque a redenção operada pela morte de Cristo foi uma obra verdadeiramente divina, e nela o poder de Cristo foi demonstrado de forma portentosa.

3. Porque todo sumo sacerdote. A intenção do apóstolo era mostrar que o sacerdócio de Cristo não podia coexistir com o antigo sacerdócio levítico. Em seguida temos seu método de prová-lo. A lei instituiu sacerdotes para que oferecessem sacrifícios a Deus. Daí se depreende que o sacerdócio sem sacrifício é fútil. Cristo, porém, não tinha vítimas sacrificiais como as oferecidas sob o regime da lei. Daí se segue que seu sacerdócio não é de caráter terreno ou carnal, e sim de um caráter muito mais excelente.

Examinemos agora as sentenças, uma a uma. Na primeira, deve--se observar que ele diz que não se designa nenhum sacerdote a não ser para oferecer dons. Disto se depreende que os homens não podem achar favor diante de Deus a não ser pela intervenção de um sacrifício. Portanto, para que nossas orações sejam ouvidas, elas devem estar fundadas sobre um sacrifício, resultando que, aqueles que vão a Cristo e ignoram sua morte, e, todavia, se lançam na presença de Deus, são culpados de soberba fatal. Caso queiramos orar convenientemente, então que aprendamos a ter sempre diante de nós a morte de Cristo, a qual santifica nossas orações. Deus jamais nos ouvirá, a menos que ele seja favoravelmente inclinado, e antes disso ele deve ser aplacado, já que nossos pecados excitaram sua ira contra nós. Daí a necessidade de um sacrifício a preceder nossas orações, a fim de que sejam eficazes. Desse fato podemos inferir que ninguém, seja homem, seja anjo, é suficientemente bom para pacificar a Deus, porquanto todos eles não têm sacrifício propriamente seu que possam oferecer e assim pacificar a Deus. Isso refuta satisfatoriamente a impertinência dos papistas que fazem dos apóstolos e mártires, indiscriminadamente, mediadores e intercessores juntamente com Cristo. Inutilmente lhes dão tal tarefa, a menos que também os supram de sacrifícios.[3]

4. Ora, se ele estivesse na terra. Ora, indiscutivelmente, Cristo é o Sumo Sacerdote. Assim como o ofício de um juiz não pode existir sem leis e estatutos, também o ofício de sacrificar deve ser conectado a Cristo na qualidade de sacerdote. Todavia, como ele não tem um sacrifício terreno ou visível, por isso ele não pode ser um sacerdote terreno. É preciso que defendamos sempre esta verdade: enquanto o apóstolo está descrevendo a morte de Cristo, ele não faz isso com

---

3 "Este homem" de nossa versão, na última sentença do versículo, deve ser ou "ele", ou "este sumo sacerdote", em contraste o sumo sacerdote no princípio do versículo. Essa é a tradução de Macknight e Stuart.

base em seu ato externo, e sim em seu resultado espiritual. Ele sofreu a morte como todos os homens, mas foi como Sacerdote que fez expiação pelos pecados do mundo de uma forma divina. Externamente, ele derramou seu sangue, sim, mas foi interna e espiritualmente que ele operou purificação. Em suma, ele morreu na terra, mas o poder e eficácia de sua morte vieram do céu.

Há quem traduza o que vem em seguida da seguinte forma: "Do número daqueles que oferecem dons segundo a lei." As palavras do apóstolo, porém, contêm um significado diferente. Prefiro tomá-las assim: "Contanto que haja, ou visto que há sacerdotes." O autor pretendia mostrar uma dessas duas coisas: ou que Cristo não é Sacerdote enquanto vigorasse o sacerdócio sob a lei ainda, já que não oferecia sacrifícios, ou que os sacrifícios da lei cessaram tão logo Cristo se manifestou. A primeira delas é absurda, visto ser impossível privar Cristo da honra do sacerdócio. Portanto, resta-nos admitir que a ordem levítica se encontra agora abolida.

5. Os quais servem àquilo que é figura. Tomo λατρεύειν no sentido de realizar coisas santas, com a partícula ἐν ou ἐπὶ estando implícita no contexto grego. Isso se ajusta muito melhor do que a tradução de alguns – "os quais servem de sombras e exemplos das coisas celestiais" –, e a construção grega facilmente admite o significado que dei. Em suma, ele está dizendo que o genuíno culto divino não consiste em cerimônias legalmente instituídas, e, por conseguinte, os sacerdotes levitas, ao exercerem sua função, só possuíam uma sombra e uma cópia de segunda mão, a qual é inferior ao original. Esse é o significado do termo ὑποδείγμα, modelo. Dessa forma ele antecipa uma possível objeção, pois diz que o culto divino contido nos antigos sacrifícios não era desnecessário, porquanto visualizava o que era mais elevado, a saber, a verdade celestial.[4]

---

4 Nossa versão desta sentença é quase ininteligível. A tradução de Calvino, com uma pequena adição, comunicaria um significado claro. "Quem serve naquele tabernáculo é o exemplar e sombra das coisas celestiais." Stuart considera "tabernáculo" como estando implícito. Temos as palavras "quem serve o tabernáculo" (13.10), isto é, "quem fizer o serviço pertinente ao tabernáculo", ou, "quem assistir ao tabernáculo". Assim, a tradução literal aqui é: "quem serve o modelo

Assim como Moisés foi avisado. Essa passagem se encontra em Êxodo 25.40, e o apóstolo a cita a fim de mostrar que todo o culto prescrito pela lei nada mais eram que um quadro que prefigurava o espiritual em Cristo. Deus ordena que todas as partes do tabernáculo correspondessem ao modelo original que fora mostrado a Moisés no monte. Se a forma do tabernáculo se referia a algo mais, o mesmo deve ser verdadeiro acerca dos ritos e de todo o sacerdócio. Segue-se disso que não há nada permanente neles.

Temos aqui uma passagem digna de nota, pois contém três coisas que merecem atenção especial. Aqui aprendemos, primeiramente, que os ritos antigos não foram instituídos com o fim de Deus manter seu povo ocupado, como se fossem jogos infantis, e que a construção do tabernáculo não era algo vazio ou desprovido de significado, meramente para chamar a atenção daqueles que olhavam para ele, para que vissem seu esplendor exterior. Havia um real significado espiritual em tudo; foi por isso que Moisés recebeu a ordem de fazer tudo segundo o modelo original que se encontrava no céu. Completamente ímpia é a opinião dos que acreditam que as cerimônias foram ordenadas com o fim de refrear o desatino do povo, para que não fossem atrás dos ritos extravagantes dos pagãos. Essa é parte da verdade, mas não toda a verdade. Omitem o que é muito mais relevante, a saber: que essas práticas tinham o propósito de aguçar a fé do povo no Mediador. Não há razão para sermos demasiadamente curiosos aqui, saindo em busca de algum mistério sublime em cada prego e em outras minudências, à semelhança de Hesychius e uma boa parte dos antigos escritores, os quais trabalharam exaustivamente

---

e sombra das coisas celestiais", significando: "quem faz o serviço pertinente ao modelo e sombra das coisas celestiais". O tabernáculo, sem dúvida, é o que está implícito; e é chamado "modelo", ou semelhança, porque representava como emblema, ou exibia as coisas celestiais; e "sombra", porque não era a substância ou a realidade. Stuart parece ter combinado confusamente as duas palavras: "mera cópia"; pois as duas idéias que comunicam não são vistas tão claramente. Mas, "servir", ou fazer o serviço, inclui o que era feito pelo povo e igualmente pelos sacerdotes. Os que ofereciam os sacrifícios, bem como os sacerdotes através de quem ofereciam os sacrifícios, ou realizavam os serviços pertinentes ao tabernáculo; estes é que estão implícitos aqui, e não aqueles ou ambos (10.2; 13.10). Servir ao Senhor e oferecer-lhe sacrifícios são em Êxodo representados como sendo a mesma coisa (cf. 8.1; 10.7, 26).

nessa tarefa. Em seu anseio de filosofar com sutileza sobre coisas das quais eram ignorantes, se enlearam em imaginações infantis, e se mostraram ridículos por sua estupidez. É-nos indispensável que revelemos moderação aqui; e isso se dará, caso não tentemos saber mais do que nos é revelado em Cristo.

Em segundo lugar, aqui somos informados de que são falsas e espúrias todas as formas de culto que os homens se permitem inventar, movidos por sua engenhosidade, mas que são contrárias ao mandamento de Deus. Quando Deus estabelece que tudo deve ser feito em consonância com sua norma, não nos é permitido fazer nenhuma outra coisa diferente. Estas duas sentenças têm o mesmo sentido: "Olha que faças tudo segundo o modelo"; e: "Vê que não faças nada além do modelo." E assim, ao enfatizar a norma que estabelecera, Deus nos proíbe afastar-nos dela, sequer um mínimo. Por essa razão, todas as formas de culto produzidas pelos homens caem por terra, bem como aquelas coisas a que chamam sacramentos, e, contudo, não têm sua origem em Deus.

Em terceiro lugar, é indispensável que aprendamos que não há símbolos religiosos genuínos, exceto aqueles que se conformam a Cristo. Devemos precaver-nos para que, cedendo ao desejo de adequar Cristo às nossas próprias invenções, não o mudemos tanto (como fazem os papistas), que ele se torne completamente diferente de si próprio. Não nos é permitido inventar tudo ao sabor de nossos gostos pessoais, mas que a Deus pertence exclusivamente instruir-nos "segundo o modelo que te foi mostrado".

6. Mas agora ele alcançou um ministério muito mais excelente. Como previamente o apóstolo deduzira a excelência do pacto da dignidade do sacerdócio, assim também agora sustenta que o sacerdócio de Cristo é muito mais excelente, uma vez que ele é o Intérprete e Mediador de um pacto superior. Ambas as coisas eram necessárias, já que os judeus tinham de ser advertidos acerca de observâncias supersticiosas e acerca de cerimônias, as quais os impedem de avançar mais no correto caminho, em busca da genuína e pura verdade do evangelho. O apóstolo diz que era justo que Moisés e Arão cedessem o lugar a Cristo, como a uma figura que é muito mais excelente, porque o evangelho é um pacto muito mais excelente que a lei, e a morte de Cristo é um sacrifício muito mais nobre que as vítimas sob o regime da lei levítica.

Há certa dificuldade no que ele diz mais adiante sobre o pacto do evangelho que foi proclamado sobre melhores promessas.[5] É evidente que aos pais, que viveram sob o regime da lei, foi ministrada a mesma esperança de vida eterna, e de igual modo receberam a graça da adoção. Portanto, sua fé, indubitavelmente, repousou sobre as mesmas promessas. A comparação do apóstolo, contudo, tem referência mais à forma do que à substância. Embora Deus lhes prometesse a mesma salvação que nos é prometida hoje, todavia, nem a *natureza* nem a *forma* da revelação são as mesmas que temos hoje. Se alguém deseja mais informação sobre isso, então que a busque no quarto e quinto capítulos da Epístola aos Gálatas, bem como em minhas *Institutas*.

7. Porque, se aquele primeiro pacto fora sem defeito, então não se buscaria lugar para um segundo. 8. Porque, repreendendo-os, diz: Eis que virão dias, diz o Senhor, que farei com a casa de Israel e com a casa de Judá um novo pacto, 9. não segundo o pacto que fiz com seus pais, no dia em que os tomei pela mão para guiá-los para fora da terra do Egito; pois não permaneceram em meu pacto, e eu não atentei para eles, diz o Senhor. Pois este é o pacto que farei com a casa de Israel, depois daqueles dias, diz o Senhor;	7. Si enim primum ellud reprehensione caruisset, non fuisset secundo quaesitus lócus. 8. Porro incusans eos, dicit, Ecce dies veniunt, dicit Dominus, quum perficiam super domum Israel, et super domum Judá foedus novum: 9. Non secundum foedus quod feci cum patribus eorum in die, quo apprehendi manum eorum, ut educerem eos e tarra, Aegypti, quai ipsi non persisterunt in foedere meo, et ego neglexi eos, dicit Dominus.

---

5 Em vez de "proclamou", em nossa versão é "estabeleceu"; e na de Doddridge, Macknight e Stuart, "sancionou". O verbo significa o que é promulgado como lei; isto é, fixado firme irrevogavelmente. Era uma aliança promulgada ou fundada solidamente em promessas mais excelentes. Quais são estas, aprendemos nos versículos seguintes. Este versículo é conectado com o quarto; e o quinto deve ser interposto por parêntese. O raciocínio é: Ainda que ele não seja sacerdote terreno, contudo exerce um ministério mais excelente, visto que a aliança da qual ele é Mediador é muito superior àquela dos sacerdotes terrenos; isto é, os sacerdotes levíticos. Então segue até o fim do capítulo com a aliança, e mostra sua superioridade.

10. porei minhas leis em sua mente, e em seus corações também as escreverei; e eu serei o seu Deus, e eles serão o meu povo;

11. e não ensinará cada um a seu concidadão, e cada um a seu irmão, dizendo: Conhece ao Senhor; porque todos me conhecerão, desde o menor deles até ao maior.

12. Porque serei misericordioso para com suas iniqüidades, e de seus pecados não me lembrarei mais.

13. Ao dizer: Novo pacto, ele tornou antiquado o primeiro. E o que se torna antiquado e envelhece, perto está de se desvanecer.

10. Quia hoc est foedus quod disponam domui Israel illus diebus, dicit Dominus, Ponam leges meãs in mente ipsorum, et in cordibus eorum scribam eos; et erro illis in deum et ipsi erunt mihi in populum:

11. Et non docebunt unusquisque civem suum et unusquisque frtarem suum, dicendo, Cognosce Dominum; quia omnes me scient a parvo inter vos usque ad magum.

12. Quoniam propitius erro injustitiis, et peccatorum eorum et iniquitatum non recordador amplias.

13. Dicende novum antiquavit prius; quod autem antiquatur et veterascit prope est ut evanescat.

7. Porque, se o primeiro pacto. O autor adiciona uma confirmação do que já havia dito sobre a excelência do pacto que Deus fizera conosco, pelas mãos de Cristo, e procede assim com base no fato de que o pacto sob o regime da lei não era estável nem permanente. Se nada estava errado com ele, por que então foi substituído por outro? No entanto, tal substituição foi efetuada, e assim se faz evidente que aquele antigo não era perfeito em todos aspectos. Como evidência desse fato, ele cita o testemunho de Jeremias, o qual examinaremos a seguir.

Em contrapartida, não parece consistente que, após dizer que não se pode encontrar lugar para um segundo pacto caso o primeiro estivesse isento de falha, ele então diz que a imperfeição está no povo, e por essa razão foi introduzido o remédio na forma de um novo pacto. Era injusto, pois, que a culpa fosse posta no pacto divino, quando a imperfeição estava no povo. O argumento, pois, não parece procedente, porque, ainda que muitas centenas de vezes Deus culpasse o povo, todavia o pacto não podia ser considerado defeituoso por essa causa. Há uma resposta simples para tal objeção. Ainda quando a culpa de quebrar o pacto deva ser, com justiça, imputada ao povo, porquanto havia apostatado de Deus por sua própria infidelidade, todavia a fragilidade do pacto é simultaneamente revelada, porquanto não fora ele escrito em seus corações. Portanto, para tornar-se perfeito e válido, Deus diz que o mesmo necessita de retificação. Por isso, não é sem razão que o apóstolo diz que se deve buscar um lugar para um segundo [pacto].[6]

8. Eis que virão dias. O profeta está apontando para o futuro [Jr 31.31]. Ele culpa o povo de infidelidade, visto que este recebeu a lei, no entanto não permaneceu firme em sua fé. Portanto, a lei era o pacto violado pelo povo, segundo a queixa de Deus. Para remediar esse mal, Deus promete um novo pacto, diferente do primeiro, cujo cumprimento profético foi a anulação do antigo pacto. O apóstolo, aparentemente, força essa profecia para que a mesma se encaixe no seu propósito. O que se acha envolvido aqui é a questão cerimonial; o profeta, porém, está se referindo à lei como um todo. O que tem a lei a ver com cerimônias quando escreve no coração dos homens uma norma de uma vida santa e piedosa, transmitida pelo ensino e escritos de homens? Minha resposta é que o argumento procede do todo para a parte. Não há dúvida de que o profeta inclui toda a dispensação mosaica, quando diz: "Fiz convosco um pacto, o qual não guardastes." Além do mais, a lei, de certa forma, se revestia de cerimônia. Que necessidade há de vestes, depois que o corpo está morto? O adágio popular reza que o acessório não é do mesmo caráter que o essencial. Portanto, não é de estranhar que as cerimônias, que são simplesmente os acessórios da antiga dispensação, expirem juntamente com toda a dispensação mosaica. Tampouco é inusitado que o apóstolo, numa controvérsia sobre cerimônias, aborde a questão geral de toda a lei. Portanto, ainda que esta profecia de Jeremias tenha uma referência mais ampla do que

---

6 Esta aparente inconsistência é evitada por alguns que traduzem o versículo 8 diferentemente: "Mas, achando falha", isto é, na primeira aliança; "ele", Crisóstomo, Beza, Doddridge, como nossa própria versão, bem como Calvino e a Vulgata, conectam "eles", com "achando falha em", e muito mais corretamente; pois os israelitas são culpados na mesma passagem que é citada. Há uma dupla falha ou defeito, que é explicada em Romanos 8.3: "Porquanto o que fora impossível à lei, no que estava enferma pela carne" etc. Esta dupla falha ou fraqueza expressa mais plenamente a excelência da nova aliança.

simplesmente falar de cerimônias, contudo, ao incluí-las também sob o nome de antigo pacto, pode-se aplicá-las com toda propriedade ao presente propósito.

Os dias mencionados pelo apóstolo são universalmente tidos como significando o reino de Cristo. Desse fato deduzimos que o antigo pacto foi retificado pela vinda de Cristo. Ele dá o nome de "casa de Israel e casa de Judá" em razão de os filhos de Abraão se acharem divididos em dois reinos. A promessa consiste em reunir novamente todos os eleitos em um só corpo, não importando que tenham vivido até então separados.

9. Não segundo o pacto que fiz com seus pais. Essa frase expressa a diferença entre o pacto até então em vigor e aquele novo pelo qual esperavam. De outro modo, o profeta teria simplesmente dito: "Renovarei o pacto que por vossa culpa fracassou." Ora, ele diz expressamente que ele será diferente. Ao dizer que o pacto feito nos dias em que os tomou pela mão e os tirou da escravidão, Deus agrava a culpa de sua apostasia, lembrando-os de tão incomensurável bênção. Embora não acuse de ingratidão só a uma geração, contudo, como esses mesmos homens que haviam sido libertados fracassaram imediatamente, seus descendentes também fracassaram, seguindo o mesmo exemplo. Daí deduzir-se que toda a nação passou a ser transgressora do pacto. Diz ele: "Eu não atentei para eles", ou não se preocupara mais com eles, significando que não lhes teria sido de nenhum proveito tê-los Deus adotado como seu povo, a menos que viesse em seu socorro com um novo tipo de remédio. O profeta diz algo um pouco diferente, em hebraico, todavia isso tem pouco a ver com a presente questão.[7]

10. Pois este é o pacto que farei. Há dois pontos principais neste pacto: o primeiro diz respeito ao perdão gratuito dos pecados; e o segundo diz respeito à renovação interior do coração. Há um terceiro que depende do segundo, a saber: a iluminação da mente, proveniente do conhecimento de Deus. Temos aqui muitos pontos que são dignos de atenção.

---

7 Veja-se Apêndice 28.

O primeiro consiste em que Deus nos chama para si, porém sem qualquer efeito enquanto nos fala meramente com voz humana. Certamente que ele ensina e ordena o que é justo, todavia suas palavras caem no vazio. Se nos parece ouvir algo, nossos ouvidos são atingidos por meros sons externos; nossos corações, porém, sendo dominados pela impiedade e pela obstinação, rejeitam toda a sã doutrina. Em suma, a Palavra de Deus nunca alcança nossos corações, visto que eles são de aço ou de pedra, até que sejam amolecidos por Deus. Aliás, nossos corações têm uma lei contrária neles escrita, e são governados por paixões perversas que nos conduzem à rebelião. Portanto, Deus em vão proclama sua lei por meio de voz humana, a menos que, através de seu Espírito, a grave em nossos corações, ou seja, a menos que nos molde e nos prepare para a obediência. Daqui se faz evidente de quão pouca força é nosso livre-arbítrio e inoperante a justiça que há em nossa natureza antes de Deus nos renovar. Queremos e escolhemos, sim, e livremente agimos; nossa vontade, porém, é levada por um quase furioso impulso a resistir a Deus, e não pode, em hipótese alguma, submeter-se à sua justiça. Assim, pois, a lei vem a ser-nos fatal e mortífera enquanto a mesma permanecer escrita em tábuas de pedra, no dizer de Paulo em 2 Coríntios 3.3. Em suma, aceitamos o mandamento de Deus com um espírito de obediência quando ele muda e corrige, pela ação do Espírito, a depravação inerente de nossos corações. De outra forma ele nada achará em nós senão paixões malignas e um coração totalmente rendido ao mal. Afirma-se claramente que é preciso estabelecer um novo pacto, pelo qual Deus escreverá suas leis em nossos corações, porque de outra forma ele seria ineficaz.[8]

O segundo ponto consiste no gracioso perdão dos pecados. Ainda que pequem (diz o Senhor), eu os perdoarei. Era mais do que necessário dizer isso, porque Deus jamais nos molda para a obediência de sua justiça sem que fiquem muitos resquícios de paixões em nossa carne

---

8 O apóstolo, aqui, adota a versão Septuaginta. O hebraico é "porei minha lei em suas partes mais íntimas, e em seu coração a escreverei [ou gravarei]." As palavras "lei" e "coração" são expressas aqui no plural, e "partes mais íntimas" é traduzido por "mente". Estas mudanças seguem o caráter peculiar dos dois idiomas.

pecaminosa. Aliás, a pecaminosidade de nossa natureza só é em parte corrigida; de modo que a luxúria se manifesta de quando em quando. É daqui que se origina a luta lamentada por Paulo [Rm 7.19], ou seja: que o fiel não obedece a Deus como deveria, senão que o ofende de todas as formas. Por mais que desejemos viver retamente, ainda seremos culpados de morte eterna diante de Deus, porquanto nossa vida se acha muito longe da perfeição requerida pela lei. Portanto, não haveria nenhuma estabilidade no pacto, a não ser que Deus graciosamente nos perdoasse os pecados. Esse é um privilégio especial daqueles que crêem, daqueles que aceitaram o pacto uma vez lhes oferecido em Cristo, aqueles que sabem com certeza que Deus lhes é favorável e que não há pecado ao qual estejam sujeitos e para o qual não têm a promessa de perdão. É digno de nota que tal promessa não lhes é feita por apenas um dia, mas até ao fim da vida [terrena], de modo que são diariamente reconciliados com Deus. Essa graça se estende a todo o reino de Cristo, como Paulo claramente o demonstra em 2 Coríntios 5. Só existe um único refúgio de nossa fé; se não nos refugiarmos nele, estaremos expostos a um contínuo desespero. Seremos todos mantidos como culpados, e não poderemos obter a libertação a menos que nos refugiemos na misericórdia de Deus, o único que pode nos perdoar.

Eles serão o meu povo. O fruto do pacto consiste em que Deus nos escolhe para sermos seu povo e proclama que será o guardião de nossa salvação. Esse é o significado da sentença "eu serei o seu Deus", já que ele não é Deus dos mortos, nem tampouco nos toma em sua proteção sem que nos faça participantes da justiça e da vida, como Davi oportunamente exclama: "Bem-aventurado é o povo cujo Deus é o Senhor" [Sl 144.15]. Não há dúvida de que este ensino se aplica a nós. Ainda que os israelitas mantenham o primeiro lugar e sejam os herdeiros próprios e legítimos do pacto, não obstante sua prerrogativa não nos impede do direito a ele. Em suma, por mais amplo que seja o reino de Cristo, ali este pacto de salvação estará em vigor.

Pode-se indagar: havia sob o regime da lei uma promessa segura e eficaz de salvação? Os pais tiveram a graça do Espírito? Desfrutaram do paternal favor divino no perdão de seus pecados? É evidente que adoraram a Deus com sinceridade de coração e pureza de consciência, e também andaram em seus mandamentos. Isso não seria possível, a menos que fossem intimamente instruídos pelo Espírito. Também é evidente que, sempre que meditavam em seus pecados, eram novamente soerguidos por sua confiança no perdão gratuito. O apóstolo, todavia, parece privá-los de todas essas bênçãos, ao referir à profecia de Jeremias sobre a vinda de Cristo. Minha resposta é que ele não está simplesmente negando que Deus uma vez escreveu a lei em seus corações e perdoou seus pecados, mas está fazendo uma comparação entre o maior e o menor. Visto que Deus liberou o poder de seu Espírito muito mais profusamente no reinado de Cristo, como também derramou sua misericórdia sobre a humanidade, essa proeminência torna insignificante a pequena porção de graça que lhe aprouve conceder aos pais sob o regime da lei. Vemos que as promessas feitas então eram obscuras e complexas, de modo que brilharam apenas como a lua e as estrelas em comparação à clareza do evangelho que cintila sobre nós.

Se alguém contesta, dizendo que a fé e obediência de Abraão eram tão extraordinárias que nenhum exemplo equivalente é possível encontrar hoje no mundo inteiro, respondo que o autor não está discutindo *pessoas*, e sim a *economia* que governaria a Igreja. Além do mais, sejam quais forem os dons espirituais que os pais obtiveram, os mesmos eram contingenciais à sua época. Era-lhes indispensável que volvessem seus olhos para Cristo a fim de se tornarem participantes dele. Portanto, não é sem razão que o apóstolo, ao comparar o evangelho com a lei, tenha excluído da lei o que é propriedade do evangelho. Ao mesmo tempo, não há razão por que Deus não deva estender a graça do novo pacto também aos pais. Esta é a verdadeira solução do problema.

11. E não ensinará. Havíamos dito que este terceiro ponto é como se fosse parte do segundo, onde lemos: "Porei minhas leis em sua *mente*." É obra do Espírito de Deus iluminar nossas mentes a fim de conhecermos a vontade de Deus e converter nossos corações a fim de o obedecermos. O genuíno conhecimento de Deus é uma sabedoria que muito excede ao que se pode compreender pelo entendimento humano, e por isso ninguém pode obtê-lo exceto pela revelação secreta do Espírito. É por essa razão que Isaías, ao falar da renovação da Igreja, diz que todos os filhos de Deus serão seus discípulos [Is 28.16, 26]. Nosso profeta quer dizer a mesma coisa quando apresenta Deus dizendo: "Eles me conhecerão." Deus não promete o que está em nosso poder, mas o que só ele pode fazer por nós. Em suma, essas palavras do profeta significam o mesmo que dizer que nossas mentes são cegas e vazias do reto entendimento até que sejam iluminadas pelo Espírito de Deus. Portanto, este só é corretamente conhecido por aqueles a quem ele mesmo fez dignos de possuírem esta revelação por seu especial favor.

Ao dizer **desde o menor deles até ao maior**, a intenção do autor, antes de tudo, é que a graça de Deus seria derramada sobre todas as pessoas de todas as condições, para que ninguém fosse privado dela. Pretendia dizer ainda que nem mesmo as pessoas comuns são excluídas dessa sabedoria celestial, e que os grandes e nobres não a podem alcançar por sua própria perspicácia ou pelo mero auxílio da ciência. E assim Deus associa o simples e inculto com o erudito e de fina estirpe, de modo que a ignorância não seja impedimento para aqueles, nem tampouco os últimos subam aos mais altos cumes por sua própria astúcia, senão que o Espírito seja igualmente o Professor de todos.

Os fanáticos têm-se aproveitado desse fato para suprimir a pregação pública como se a mesma fosse algo supérfluo no reino de Cristo. Sua insanidade, porém, é facilmente refutável. Eis sua objeção: "Após a vinda de Cristo não há necessidade que cada um ensine a seu semelhante. A pregação pública, pois, deve ser suprimida para que se dê lugar à inspiração interior de Deus." Passam por alto aquilo que é especialmente digno de nota. O profeta não nega terminantemente que ensinarão uns aos outros, mas simplesmente diz:

"Não ensinarão, dizendo: Conhece ao Senhor", como se estivesse dizendo que a ignorância não mais tomaria posse da mente dos homens como antigamente, para que não viessem a saber quem é Deus. Sabemos que *ensinar* possui um duplo propósito: primeiro, aqueles que são completamente iletrados possam iniciar seus primeiros rudimentos; e, segundo, aqueles que já começaram possam avançar no caminho do progresso. Portanto, visto que os cristãos devem progredir ao longo de sua vida terrena, o fato é que ninguém é tão sábio que não necessite de ser instruído, de modo que a boa vontade em aprender constitui não pequena parte de nossa sabedoria. O caminho do progresso, caso queiramos ser discípulos de Cristo, é delineado por Paulo em Efésios 4.11: "E ele mesmo concedeu uns para apóstolos, outros para profetas, outros para evangelistas, e outros para pastores e mestres." Desse fato deduzimos que nada estava tão longe da mente do profeta que privar a Igreja de um benefício tão indispensável.[9] Seu único desejo era mostrar que Deus se revelaria tanto ao pequeno quanto ao grande, como Joel também proclamou no capítulo 3.1-2. Devemos igualmente observar de passagem que essa luz do conhecimento saudável é particularmente prometida à Igreja, e por isso essa passagem se refere somente aos domésticos da fé.[10]

13. Ao dizer: Novo pacto. Partindo do fato de que um pacto foi estabelecido, o autor deduz a anulação do outro; e, ao denominá-lo *antigo pacto*, ele pressupõe sua supressão, pois o que envelhece tende a desaparecer.[11] Já que um novo substituiu o antigo, necessário se faz

---

9 É uma resposta suficiente aos fanáticos aqui aludidos dizer que sua conclusão de seu texto milita contra a prática da Igreja apostólica como estabelecida por Cristo mesmo, tendo ele enviado apóstolos, evangelistas, pastores e mestres.

10 O versículo 12 é descartado. Difere em palavras, ainda que não em substância, do hebraico e da Septuaginta, respectivamente. Aliás, é da segunda versão com a adição destas palavras: "E suas iniqüidades." Em hebraico, os substantivos estão no singular: "justiça" e "pecado". Quando o apóstolo cita outra vez a passagem em 10.17, ele exclui "injustiça" e só menciona "pecados e iniqüidades". Há também uma nuança de diferença quanto ao primeiro verbo. Em hebraico, seu significado é remissão ou perdão; aqui, porém, a idéia é misericórdia. O apóstolo, sem dúvida, considerava que a verdade estava essencialmente comunicada na versão grega.

11 Este versículo pode ser assim traduzido: "Ao dizer, uma nova aliança, ele fizera obsoleta a primeira; ora, o que é obsoleto e se torna velho, está perto da dissolução (ou desaparecimento)."

que o antigo chegue ao fim, porquanto o segundo, por assim dizer, é de uma natureza distinta. Se toda a dispensação mosaica, até onde é ela contrária à dispensação de Cristo, expirou, então as cerimônias também cessaram.

Diz-se ser *obsoleto* em contraste com o *novo*; e velho ou idoso é adicionado depois de obsoleto a fim de mostrar seu caráter fraco e débil, sendo como um homem velho já cambaleando à beira do túmulo; o qual, quando sepultado, desaparece do convívio dos vivos. Presume-se que há aqui uma notificação da dissolução de toda a política judaica, a qual logo depois desapareceu.

Capítulo 9

1. Ora, também o primeiro pacto tinha ordenanças de serviço divino, e seu santuário, um santuário deste mundo.
2. Pois houve um tabernáculo preparado, o primeiro, no qual estava o candelabro, e a mesa, e os pães da proposição, o qual é chamado o lugar santo.
3. Mas depois do segundo véu estava o tabernáculo que é chamado o santo dos santos,
4. que tinha o incensário de ouro e a arca do pacto, toda coberta de ouro ao redor; na qual estava um vaso de ouro, que continha o maná, e a vara de Arão, que havia brotado, e as tábuas do pacto;
5. e sobre a arca, os querubins de glória, que cobriam o propiciatório; das quais coisas não falaremos agora pormenorizadamente.

1. Habebat quidem prius illud justificationes cultus et sanctum mundanum:
2. Tabernaculum enim primum compositum erat, in quo candelabrum et mensa et panum propositio; quod dicitur sanctuarium.
3. Post secundum autem velum tabernaculum quod sancta sanctorum dicitur;
4. Aureum habens thuribulum et arcam foederis undique coopertam Auro, in qua urna aurea habens manna, et virga Aaronis quae floruerat, et tabulae testamenti;
5. Supra autem ipsam cherubin gloriae obumbrantes propitiatorium; de quibus non attinet nunc dicere sigillatim.

1. Também o primeiro pacto.[1] Tendo falado em termos gerais sobre a supressão do antigo pacto, o autor agora direciona sua consideração particularmente para as cerimônias. Seu propósito é de-

---

[1] Melhor, "Mesmo agora a primeira" etc. Está conectado com o último versículo do capítulo precedente; como se ele dissesse: "Ainda que a aliança se tornasse antiquada, contudo tinha muitas coisas divinamente designadas em conexão com ela." Μὲν οὖν significa "contudo", ou não obstante. Veja-se At 8.4. Macknight tem "realmente agora", e Stuart, "Demais".

monstrar que tudo o que outrora se praticava chegou ao fim com a vinda de Cristo. Em primeiro lugar, ele diz que no antigo pacto havia uma norma fixa de culto divino que se adequava perfeitamente àquela época. A guisa de comparação, mais tarde se evidenciará que tipo de ritos foi ordenado no regime da lei.

Alguns manuscritos trazem πρώτη σκηνὴ, o primeiro tabernáculo. Creio, porém, que há um equívoco no substantivo *tabernáculo*, e não tenho dúvida de que algum leitor iletrado, vendo o adjetivo sem um substantivo, em sua falta de conhecimento relacionou-o ao tabernáculo em vez de ao pacto, e assim, inadvertidamente, adicionou σκηνὴ, tabernáculo. Sinto-me realmente surpreso que o equívoco tenha persistido a ponto de figurar no consenso geral dos manuscritos gregos.[2] Eu, entretanto, sinto-me compelido pela necessidade de seguir a redação antiga. Como já disse, o apóstolo falou até aqui sobre o antigo pacto, e agora focaliza as cerimônias que lhe eram, por assim dizer, um apêndice. Ele mostra que todos os ritos da lei mosaica eram parte do antigo pacto e desfrutavam da mesma antiguidade, e, por conseguinte, estavam destinados a perecer.

Muitos tomam λατρείας como um acusativo plural. Sinto-me inclinado a concordar com aqueles que mantêm juntos δικαιώματα λατρείας, pois as instituições ou os ritos que os hebreus chamam חקים [*huqqim*] são descritos em grego como δικαιώματα, ordenanças. O sentido geral é que todo o sistema de tributar culto a Deus, o qual consistia de sacrifícios, purificações e outros símbolos, juntamente com o santuário, se achava conectado ao antigo pacto. Ele o denomina de "um santuário deste mundo", visto que não havia ainda naqueles ritos nenhuma verdade celestial. Ainda que houvera sido tipo do modelo original que fora mostrado a Moisés, não obstante o tipo difere da realidade, especialmente quando são comparados um com o outro como elementos opostos entre si, como

---

2 Desde que foi descoberto que ele não consta em muitos manuscritos, é por Griesbach e todos os críticos modernos descartado do texto. O substantivo implícito evidentemente é "aliança" ou pacto, mencionada no capítulo precedente.

se faz aqui. O santuário era, em sua própria natureza, de caráter terreno, e se acha corretamente classificado entre os elementos do mundo, todavia era celestial quanto ao seu significado.³

2. Pois houve um tabernáculo. Visto que aqui o apóstolo toca apenas de leve na estrutura do tabernáculo, e não gasta muito tempo além do necessário segundo a demanda de seu argumento, também eu, propositadamente, abstenho-me de apresentar quaisquer outras sutilezas. É suficiente para nosso presente propósito dividir o tabernáculo em três partes, a saber: a primeira das quais é o *átrio do povo*; a segunda, sendo aquela a que comumente chamam *santuário*; e a última, o santuário interior a que chamam o *santo dos santos*, κατ' ἐξοχήν.⁴

No que diz respeito ao primeiro santuário que se encontrava próximo do átrio do povo, o autor diz que havia nele o candelabro e a mesa, sobre a qual se colocavam os pães da proposição. Ele denomina esse lugar no plural – τὰ ἅγια [*os sagrados*]. Em seguida vem o lugar mais secreto de todos, ao qual chamavam *santo dos santos*, o qual ficava ainda mais afastado dos olhos do povo e no qual não se permitia a entrada nem mesmo dos sacerdotes que ministravam na parte externa do santuário. Como a parte externa do santuário era isolada por um véu, assim também um segundo véu mantinha os sacerdotes fora do santo dos santos. O apóstolo afirma que ali se encontrava o θυμιατήριον [*thimiatérion*], termo que entendo ser o altar do incenso ou fragrância, e não *incensário*.⁵ Então havia "a arca da aliança com sua cobertura, os

---

3 Muitos, com Grotius e Beza, consideram que "ordenanças" e "serviços" (não serviço) são distintos, e ambos no caso objetivo, e traduzem as palavras por "rituais, serviços e um santuário terreno". E se a seqüência for devidamente examinada, se descobrirá que esta é a construção correta. O apóstolo, segundo a maneira do profeta, reverte a ordem e fala distintamente destes três particulares: primeiro, "o santuário terreno" – o tabernáculo, nos versículos 2-5; segundo, "os serviços", nos versículos 6 e 7; e, terceiro, "os rituais", no versículo 10, onde a palavra "ordenanças" ocorre novamente. Portanto, dificilmente pode haver dúvida aí quanto à construção do primeiro versículo. O santuário é chamado *terreno* em contraste com o que é celestial ou divino, não feito por mãos. Veja-se versículo 11.
4 Veja-se Apêndice 29.
5 Isto, evidentemente, é um equívoco, pois o altar do incenso estava no santuário – o primeiro tabernáculo. Veja-se Êxodo 30.1-6. A palavra é usada na Septuaginta para "incensário" (2Cr 26.19). Presume-se que havia muitos incensários feitos de bronze; pois eram usados diariamente no santuário para o incenso; mas este incensário de ouro provavelmente era usado só no dia da

dois querubins, um vaso de ouro contendo o maná, a vara de Arão e as duas tábuas" [de pedra, contendo os dez mandamentos]. Temos aqui o conteúdo da descrição que o apóstolo faz do tabernáculo.

O apóstolo diz que o vaso onde Moisés depositara o maná e a vara de Arão que brotara estavam na arca juntamente com as duas tábuas. Tal descrição, porém, parece chocar-se com a história bíblica, a qual, em 1 Reis 8.9, afirma que não havia nada na arca senão as duas tábuas. A conciliação dessas passagens é simples. Deus havia ordenado que a urna e a vara de Arão fossem colocadas diante do testemunho; e, portanto, é provável que fossem incluídas na arca ao lado das tábuas. Ao se construir o templo, esses elementos foram dispostos numa ordem diferente. Certamente que a história registra, como se fosse algo novo, que a arca não continha nada mais além das duas tábuas.[6]

5. Das quais coisas não falaremos. Visto que nada satisfaz a instintiva curiosidade dos homens, o apóstolo corta ocasião para as sutilezas que nada tinham a ver com seu presente propósito, já que uma discussão prolongada sobre tais elementos poderia interromper as ligações de seu argumento. Se alguém, porventura, vier a desmerecer a advertência do apóstolo e desenvolver mais minuciosamente este tema, então estará agindo inconvenientemente. Poderá haver ocasião para se fazer tal coisa, em algum outro espaço; no momento, porém, é aconselhável prestar atenção ao assunto em questão, já que filosofar, ultrapassando os limites prescritos (como alguns costumam fazer), é não só uma questão de futilidade, mas também algo muito arriscado. Há certas coisas que não são obscuras e são oportunas para a edificação da fé; no entanto é sensato demonstrar discrição e moderação, caso desejemos saber mais do que aprouve a Deus revelar.

---

expiação, quando o sumo sacerdote entrava no lugar santíssimo; e a probabilidade é que, embora não haja nenhum relato disto no Antigo Testamento, ele era posto ou depositado no santo dos santos, como pensa Stuart.

6 Stuart observa: "Nosso autor está falando do tabernáculo, e não do templo; ainda menos do segundo templo, que estaria até mesmo sem as mesas do testemunho. A probabilidade é que a arca, durante suas muitas remoções, e particularmente durante seu cativeiro pelos filisteus, ficou privada daqueles sacros depósitos; pois não mais ouvimos falar deles."

6. Ora, estando essas coisas assim preparadas, os sacerdotes entram continuamente no primeiro tabernáculo, executando os serviços de Deus;

7. no segundo, porém, só o sumo sacerdote, uma vez por ano, não sem sangue, o qual oferece por si mesmo e pelos erros do povo;

8. dando o Espírito Santo a entender com isso, que o caminho do lugar santo não está ainda manifesto, enquanto o primeiro tabernáculo está ainda em vigor,

9. que é uma parábola para o tempo presente, segundo a qual se oferecem tanto dons como sacrifícios que, quanto à consciência,

10. não podem aperfeiçoar o adorador. Não passando de ordenanças carnais (como comidas, bebidas e diversas abluções), impostas até ao tempo de reforma.

11. Mas Cristo, tendo vindo como sumo sacerdote dos bens vindouros, através do maior e mais perfeito tabernáculo, não feito por mãos, isto é, não desta criação,

12. nem ainda através do sangue de bodes e novilhos, mas através de seu próprio sangue, entrou uma vez por todas no santo lugar, havendo obtido uma eterna redenção.

6. His vero sic compositis, in prius tabernaculum semper ingrediuntur sacerdotes qui sacra peragunt:

7. At in secundum semel quotannis solus pontifex, non sine sanguine quem offert pro suis et populi ignorantiis:

8. Hoc declarante Spiritu Sancto, nondum manifestatum esse sanctorum viam, stante adhuc priore tabernaculo;

9. Quae similitudo erat in praesens tempus, quo dona et hostiae offeruntur quae non possunt secundum conscientiam sanctificare cultorem;

10. Solum in cibis et potibus et diversis ablutionibus et sanctifictionibus carnis usque ad tempus correctionis imposita.

11. Christus autem superveniens prontifex futurorum bonorum per majus et perfectius tabernaculum non manufactum, hoc est, non hujus creationis;

12. Neque per sanguinem hircorum et vitulorum, sed per proprium sanguinem intravit semel in sancta, aeterna redemptione inventa.

6. Ora, estando essas coisas assim preparadas. Omitindo muitas outras coisas, o autor agora volta sua atenção para aquele assunto que suscita controvérsia mais séria. Ele afirma que os sacerdotes que ofereciam os sacrifícios costumavam entrar, todos os dias, no primeiro tabernáculo, mas que o sumo sacerdote entrava no santo dos santos apenas uma vez ao ano com sacrifícios solenes. À luz de tal evento, ele deduz que, enquanto o tabernáculo segundo a lei estivesse em vigor, o santuário estaria fechado, e que não se nos poderia abrir nenhum caminho de acesso no reino de Deus, a menos que aquele fosse destruído. Percebemos que a própria forma do antigo tabernáculo abria os olhos dos judeus para o fato de que teriam que elevar suas aspirações em outra direção. Aqueles que retêm as sombras da lei e desse modo obstruem sua própria via de acesso, voluntariamente revelam sua insensatez.

Ele aqui usou πρώτην σκηνὴν em um sentido diverso do versículo 2. Anteriormente, ele o tomou no sentido do santuário comum; agora, porém, ele o toma no sentido da forma do santuário como um todo; ele faz isso ao colocá-lo em oposição ao santuário espiritual de Cristo, do qual fará menção um pouco depois. Garante que foi para nosso mais elevado benefício que o mesmo tenha sido destruído, já que, por meio de sua destruição, logramos acesso à presença mais íntima de Deus.

7. O qual oferece por si mesmo e pelos erros do povo. Como o verbo שגג [*shagag*] significa, em hebraico, *errar*, sua derivação é o substantivo שגגה [*shgagah*], o qual, propriamente, denota "erro", mas é tomado em termos gerais para significar qualquer gênero de pecado. É certo que nunca pecamos a menos que sejamos enganados pelas seduções de Satanás. Com isso o apóstolo não tem em vista uma simples *ignorância* (como se diz), mas, ao contrário, ele inclui todos os pecados que se praticam conscientemente. Como eu já disse, não existe pecado que esteja isento de erro. Por mais que alguém peque consciente e voluntariamente, não obstante deve reconhecer que é cegado por sua luxúria, tanto que não julga acertadamente ou, melhor, se esquece de si próprio e de Deus. Pois os homens jamais se precipitam deliberadamente em sua própria ruína, a menos que sejam enredados pelas ilusões de Satanás e percam a capacidade de avaliar judiciosamente.[7]

---

[7] Afirma-se que o sumo sacerdote entrava no lugar santíssimo "uma vez ao ano", isto é, em determinado dia, o dia da expiação, a cada ano; mas naquele dia ele entrava ao menos três vezes (cf. Lv 16.12-15); e provavelmente quatro vezes, segundo a tradição judaica; e uma das vezes, como Stuart presume, era com o propósito de apresentar o incensário de ouro. A palavra traduzida por "erros", literalmente significa "ignorâncias", e por isso há quem a traduza por "pecados de ignorância"; mas é usada nos Apócrifos como designativo de pecados em geral; e Grotius se refere a Tobias 3.3; Judite 5.20; Siraque 23.2; 1 Macabeus 13.39. E que significa pecados de todos os tipos é evidente à luz do relato dado em Levítico 16 da expiação feita pelo homem anualmente; diz Estius: "É ignorante; e todos os pecados procedem do erro em juízo." Disto transparece que os pecados

9. Que é uma parábola. O termo aqui usado, παραθολὴ, significa, como penso, ἀντίτυπος, *antítipo*; pois o autor tem em mente que o segundo tabernáculo era um modelo correspondente ao primeiro. Porque o retrato de uma pessoa deve ser tão parecido com ela que, quando o vemos, nossa mente se dirige imediatamente para a própria pessoa. Ele diz mais que era uma parábola para o presente tempo, ou seja: enquanto a observância externa estivesse em vigor, a fim de limitar seu uso e duração ao período da lei. Contém o mesmo sentido aquele que adiciona um pouco depois, a saber, que todas as cerimônias foram estabelecidas até ao tempo de reforma. Não há objeção em que ele use o tempo verbal presente, quando diz que *sacrifícios são oferecidos*, porque, visto estar tratando dos judeus, ele se expressa à guisa de concessão, como se ele mesmo fosse um daqueles que oferecem sacrifício. "Dons e sacrifícios" diferem entre si, já que o primeiro é um termo geral, enquanto que o segundo é particular.

Quanto à consciência. Ou seja, não penetravam até à alma para comunicar-lhe a genuína santidade. Não descarto o termo *aperfeiçoar*, segundo a preferência de outros, mas o termo *santificar* parece-me mais ajustável ao contexto. A fim de que os leitores pudessem compreender mais nitidamente a intenção do apóstolo, deve-se observar o contraste entre *carne* e *consciência*. Ele diz que os adoradores não poderiam ser purificados espiritual e interiormente pelos sacrifícios da lei. Ele adiciona como uma das razões o fato de todos aqueles ritos serem da carne ou carnais. Então, que lugar lhes fica? Presume-se comumente que eram úteis como meios de preparar os homens a que fossem encorajados à honestidade e à decência. Entretanto, os que pensam assim não dão suficiente importância às promessas que se acrescentam. Portanto, deve-se descartar totalmente tal conceito. Os que entendem "ordenanças carnais" como mera purificação ou santificação do corpo, procedem ignorante e estupidamente, visto que o apóstolo entende que essas obras são meros símbolos terrenos que

---

eram chamados *ignorâncias*.

não penetram a alma. Ainda que fossem evidência genuína de santidade perfeita, em si mesmos não continham nada dela, nem poderiam conferi-la às demais pessoas. É por meio de tais auxílios que os fiéis são guiados a Cristo a fim de obterem dele o que falta nos símbolos. Se alguém perguntar por que o apóstolo revela tão pouco respeito, e até mesmo desdém, pelos sacramentos divinamente instituídos, e deprecia sua virtude, a resposta é que ele age assim com o fim de distingui-los de Cristo. Sabemos que, quando são visualizados em sua própria natureza, não passam de frágeis elementos do mundo, como Paulo os qualifica [Gl 4.9].

10. Quando o autor fala do **tempo de reforma**, sua referência é ao profeta Jeremias [31.37].[8] O Novo Testamento sucedeu ao Antigo como exemplo de reforma. Ele fala expressamente de "comidas e bebidas", bem como de outras coisas similares de pouca importância, porque, por essas observâncias fúteis, é possível a alguém formar um juízo mais exato de quão longe a lei estava da perfeição do evangelho.[9]

11. Mas Cristo, tendo vindo como sumo sacerdote dos bens vindouros. Ele agora volta sua atenção para a *realidade* daquelas coisas que jaziam sob a lei com o fim de levar-nos a desviar delas nossos olhos para pô-los na verdade. Quem quer que creia que as coisas que foram prefiguradas na lei foram anunciadas em Cristo, não mais permanecerá nas sombras, mas abraçará a própria substância e a sólida realidade. É preciso que notemos criteriosamente os particulares nos quais o autor compara Cristo com o antigo sumo sacerdote. Ele dissera que o sumo sacerdote só entrava no santuário uma vez ao ano, com sangue, para fazer expiação pelos pecados. Nesse aspecto, Cristo se assemelha ao antigo sumo sacerdote, já que somente ele possui a dignidade e o ofício *sacerdotal*. Entretanto, ele é diferente do antigo neste aspecto: traz consigo as bênçãos eternas que asseguram eternidade ao seu sacerdócio. Há

---

8 Embora o texto original, no livro, se refira a Jeremias 31.37, o qual alerta contra uma rejeição final de Israel, pareceria que Jeremias 31.31 é mais apropriado no corrente contexto de reforma.
9 Veja-se Apêndice 30

uma segunda semelhança entre o antigo sumo sacerdote e o nosso, a saber: ambos entram no santo dos santos através do santuário; diferem, porém, no seguinte aspecto: somente Cristo entrou no céu através do templo de seu corpo. O fato de que o santo dos santos se abria somente uma vez ao ano para que o sumo sacerdote entrasse e fizesse expiação solene, constituía uma vaga prefiguração do singular sacrifício de Cristo. Essa entrada singular foi comum a ambos: no tocante ao [sacerdote] terreno, porém, era cada ano; mas no tocante ao [Sacerdote] celestial, foi para sempre, até o fim do mundo. A oferenda de sangue é comum a ambos: há, porém, uma imensa diferença no [tipo de] sangue, já que Cristo não ofereceu sangue de animais, e sim o seu próprio. A expiação é comum a ambos: a antiga expiação, sob a lei, porém, uma vez que era ineficaz, era repetida a cada ano; enquanto que a expiação consumada por Cristo tem validade eterna, e a mesma é a base de nossa salvação eterna. Portanto, existe uma profunda importância em quase cada palavra. A frase que alguns traduzem "com o auxílio de Cristo", não expressa com justiça a intenção do apóstolo; pois sua intenção consiste nisto: depois que os sacerdotes levitas executaram seu ofício por um tempo prefixado, Cristo veio no lugar deles, como já vimos no capítulo sete, supra.[10]

Dos bens vindouros deve ser considerado no sentido de "coisas eternas". Como o tempo por vir é contrastado com o [tempo] presente, assim também as bênçãos futuras são contrastadas com as [bênçãos] presentes. Eis a essência: somos guiados ao reino celestial de Deus pelo sacerdócio de Cristo, e somos feitos participantes da justiça espiritual e da vida eterna, de sorte que não nos fica bem desejarmos algo superior. Cristo é o único que possui, por mérito próprio, os meios de satisfazer-nos e de confirmar-nos.[11]

---

10 Veja-se comentário sobre o capítulo 7.
11 "Boas coisas (ou bênçãos) vindouras" poderia ter uma referência às bênçãos prometidas no Antigo Testamento como as bênçãos do reino de Cristo, inclusas em "a redenção eterna" mencionada no próximo versículo.

Através do maior e mais perfeito tabernáculo. Ainda que esta passagem receba diversas explicações, não tenho dúvida de que o apóstolo tem como alvo o corpo de Cristo. Como houve um tempo em que o sumo sacerdote levita tinha acesso ao santo dos santos, através do santuário comum, assim também Cristo entrou na glória celestial através de seu próprio corpo; porque, ao revestir-se de nossa carne e sofrer nela, obteve para si o privilégio de se tornar nosso Mediador diante de Deus. Em primeiro lugar, o termo *santuário* é apropriado e perfeitamente aplicado ao corpo de Cristo, visto ser ele o templo no qual habita toda a Majestade divina. Diz-se que, através de seu corpo, fez-se uma via de acesso ao céu; visto que ele consagrou-se a Deus em seu corpo, nesse corpo ele santificou-se com o fim de ser nossa verdadeira justiça, e nele preparou-se para oferecer seu sacrifício. Além do mais, visto que nesse mesmo corpo ele esvaziou-se e suportou a morte de cruz, assim também o Pai o exaltou e lhe deu um Nome que está acima de todo nome, para que diante dele se dobre todo joelho etc. [Fp 2.8-10]. Ele entrou no céu através de seu próprio corpo, visto que agora se encontra assentado à destra do Pai. Ele intercede por nós no céu, porquanto se vestiu de nossa carne e consagrou-se a Deus o Pai como templo, e santificou-se nesse mesmo corpo para fazer expiação por nossos pecados e conquistar para nós eterna justiça.[12]

---

12 Não há outro ponto de vista que seja satisfatório. A idéia sugerida por alguns de que o "melhor tabernáculo" é o céu visível através do qual ele entrou no céu dos céus, não conta com evidência em seu apoio. Alguns dos antigos, tais como Ambrósio e também Doddridge e Scott, consideram o céu como estando em pauta, como em 8.2 (mas "tabernáculo", naquela passagem, significa toda a estrutura, especialmente o santo dos santos). Segundo este ponto de vista, διά é traduzido "em um tabernáculo maior e mais perfeito". Mas, Crisóstomo, Teofilato, Grotius, Beza, entre outros, concordam com Calvino com respeito à natureza humana de Cristo como significada pelo "tabernáculo"; e o que confirma esta exposição é o que encontramos em 10.5, 20. "Não feito por mãos", e "não desta criação", sem qualquer objeção; pois o corpo de Cristo foi formado de modo supernatural; e o contraste é com o tabernáculo material, uma estrutura humana, feita por homens e feita de materiais terrenos. Entretanto, é preferível conectar "tabernáculo" com as palavras precedentes do que com as seguintes:
Cristo, porém, se fazendo o sumo sacerdote das boas coisas vindouras, por meio de um tabernáculo melhor e mais perfeito, não feito por mãos, isto é, não desta criação, entrou uma vez por todas no santíssimo, deveras não com (ou por) o sangue de bodes e bezerros, mas (ou por) seu próprio sangue, tendo obtido eterna redenção.
"Criação", aqui, significa o mundo; este não foi feito de materiais terrenos. Veja-se versículo 1.

Pode parecer estranho que o autor negue que o corpo de Cristo tenha sido desta criação. Com certeza ele foi criado da semente de Abraão e sujeitado ao sofrimento e à morte. Minha resposta é que aqui ele não se preocupa com o corpo material ou suas qualidades, e sim com o poder espiritual que nos flui dele. Quanto mais a carne de Cristo gera vida e é alimento celestial para sustentar nossas almas; quanto mais seu sangue é bebida e purificação espirituais, menos devemos imaginar que haja neles algo terreno ou elementar. Lembremo-nos do que é dito do antigo tabernáculo, a saber: que fora feito de madeira, bronze, peles, vários revestimentos, como ouro e prata, sendo tudo isso coisas inanimadas. Mas o poder de Deus sopra sobre a carne de Cristo e a faz viva e a transforma em templo espiritual.

12. Nem ainda através do sangue de bodes e novilhos. Todas essas coisas apontam para o fato de que aquelas qualidades que se encontram em Cristo são de tal excelência, que reduzem a nada todas as sombras da lei. Qual seria o valor do sangue de Cristo se fosse ele avaliado pelo prisma do sangue de animais? Que gênero de expiação seria efetuado por meio de sua morte, caso as purificações sob o regime da lei se conservassem em vigência? Tão logo Cristo se manifesta com a eficácia influência de sua morte, todas as observâncias típicas têm de necessariamente cessar.

13. Porque, se a aspersão do sangue de bodes e touros, e das cinzas de uma novilha, santifica os contaminados, quanto à purificação da carne,

14. quanto mais o sangue de Cristo, que pelo Espírito eterno se ofereceu a si mesmo imaculado a Deus, purificará de obras mortas a vossa consciência, para servirdes ao Deus vivo?

15. E por isso ele é o mediador de um novo pacto, para que, intervindo a morte para remissão das transgressões cometidas debaixo do primeiro pacto, aqueles que foram chamados recebam a promessa da herança eterna.

13.Si enim sanguis taurorum et hircorum, et cinis vitulae aspersus eos qui communicant, sanctificat ad carnis puritatem,

14. Quanto magis sanguis Christi, qui per Spiritum aueternum sepsum obtulit irreprehensibilem Deo, mundabit conscientiam vestram a mortuis operibus ad serviendum Deo viventi?

15. Ac propterea testamenti novi mediator est, ut morte intercedente in redemptionem transgressionum quaesub priore testamento erant, qui vocati sunt promissionem accipiant aeternae haereditatis.

16. Pois onde há testamento, necessário se faz a morte daquele que o fez.
17. Porque um testamento só tem força onde haja morte, visto que nunca tem valor enquanto vive aquele que o fez.

16. Nam ubi est testamentum, illic necesse est mortem testaris intercedere.
17. Testamentum enim in mortuis firmum est, quia nunquam validum est quandiu vivit testator.

13. Porque, se a aspersão do sangue de bodes e touros. Esta passagem tem dado ocasião a muitas interpretações equivocadas, levando muitos intérpretes a ignorarem que aqui a preocupação do autor é com os *sacramentos* que tinham um significado espiritual. Eles explicam a purificação da carne como algo que só tem validade entre os homens, da mesma forma que os pagãos também têm seus atos de penitência, por meio dos quais eliminam o escândalo do crime. Tal explicação é completamente anticristã, porquanto lança injúria à promessa de Deus, caso restrinjamos sua força meramente às relações terrenas. Com freqüência ocorre nos escritos de Moisés este gênero de sentença: quando um sacrifício for devidamente executado, então a iniqüidade é eliminada. Seguramente, esse é o ensino espiritual da fé. Além do mais, todos os sacrifícios eram destinados a este propósito: levar os homens a Cristo. Como a salvação eterna da alma está em Cristo, assim os sacrifícios eram genuínas evidências desta salvação.

Qual, pois, era a intenção do apóstolo ao falar da purificação da carne? Evidentemente ele a entende simbólica ou sacramentalmente, no seguinte sentido: se o sangue de animais era um genuíno símbolo de purificação, no sentido em que ele agia de uma forma sacramental, quanto mais o sangue de Cristo, que é a própria verdade, não só dará testemunho da purificação por meio de um rito externo, mas também aquele que realmente penetrará as próprias consciências humanas! O argumento, pois, parte dos sinais para as coisas significadas, visto que o efeito, por um longo tempo, precedeu a realidade dos sinais.

14. Pelo Espírito eterno. O autor agora mostra claramente como a morte de Cristo deve ser avaliada – não pelo prisma de seu ato externo, mas do poder do Espírito. Cristo sofreu como homem, no entanto, a fim de que sua morte pudesse efetuar nossa salvação, sua eficácia fluiu do poder do Espírito. O sacrifício que produziu a expiação eterna foi muito mais que uma obra meramente humana. O autor diz que o Espírito é eterno, para que saibamos que a reconciliação que ele efetua é eterna.[13] Ao dizer, *imaculado*, embora a alusão seja às vítimas sob o regime da lei, as quais não podiam ser mutiladas ou exibir qualquer defeito, não obstante, ele tem em vista que Cristo foi ao mesmo tempo a única vítima legal e capaz de satisfazer a Deus. Todas as demais [vítimas] eram sempre deficitárias, e por isso disse anteriormente que o pacto da lei não desfrutava de perfeição. Somente o último sacrifício é que desfruta de perfeição absoluta.

Das obras mortas. Entenda-se por essa expressão, ou aquelas [obras] que produzem morte, ou que são frutos da morte. Assim como nossa união com Deus é a vida da alma, os que se apartam dele por causa do pecado podem com razão considerar-se mortos.

Para servirdes ao Deus vivo. Devemos observar que esse é o alvo da expiação. Não somos purificados por Cristo para outra vez nos imergirmos constantemente na impureza da carne, e sim para que nossa pureza sirva à glória de Deus. Ele prossegue dizendo que nada que proceda de nós poderá ser do agrado de Deus enquanto não formos purificados pelo sangue de Cristo. Visto que todos nós somos inimigos de Deus antes de nossa reconciliação, tudo o que fizermos lhe será

---

13 Há quem tome, com Grotius e Schleusner, "o Espírito eterno" como significando o mesmo que "vida infindável", em 7.16: "que tendo (ou em) um espírito eterno", ou vida, etc., dão o sentido de "em" a διὰ. A comparação que representam é entre vítimas perecíveis e o sacrifício de Cristo, que possui um espírito ou vida que é eterna. Outros, com Junius e Beza, consideram a natureza divina de Cristo como significada por "o Espírito eterno". Beza diz que era a Deidade unida à humanidade que consagrou todo o sacrifício e o suportou com poder vivificante. O ponto de vista de Stuart dificilmente pode ser compreendido. Mas a explicação mais comumente adotada é a dada aqui por Calvino, de que o Espírito Santo está implícito, cujo auxílio e influência são amiúde mencionados em conexão com Cristo (cf. Mt 12.28; At 1.2; 10.38). Alguns manuscritos e pais têm "santo" em vez de "eterno", mas o maior número e os melhores têm a última palavra. Dr. Owen, Doddridge e Scott assumem este ponto de vista. Por que o Espírito é chamado "eterno" não é muito evidente. Poderia ter sido com o propósito de mostrar que o Espírito mencionado antes no versículo 8 é o mesmo Espírito, sendo ele eterno, e assim com o intuito de provar que o oferecimento de Cristo foi de conformidade com a vontade divina. Lemos em Romanos 16.26 que Deus é eterno, onde se faz uma referência à dispensação pretérita e presente, com vistas, como parece, a mostrar que ele é o Autor de ambas. Mas é possível que a explanação de Calvino seja a mais adequada.

igualmente odioso. A reconciliação, pois, é o princípio do culto genuíno. Visto que nenhuma obra é tão pura ou isenta de pecado, que por si só agrade a Deus, faz-se necessário que intervenha a purificação proveniente do sangue de Cristo, a qual destrói toda e qualquer mácula. Aqui está o contraste entre o Deus vivo e as obras mortas.

15. E por isso ele é o mediador de um novo pacto. A conclusão do apóstolo é que agora não há mais necessidade de qualquer outro sacerdote, visto que Cristo desempenha esse ofício sob o regime do Novo Testamento. Ele não reivindica para Cristo a honra de um Mediador como a conceder a outros o mesmo direito de, ao mesmo tempo, compartilhar do mesmo ofício, senão que ele sustenta que todos os demais foram rejeitados ao ser este ofício posto sobre os ombros de Cristo. Para confirmar tal fato mais plenamente, ele recorda como Cristo desincumbiu-se do ofício de Mediador precisamente com a intervenção de sua morte. Já que isso só se encontra em Cristo, e está ausente em todos os outros, então se deduz que ele é o único verdadeiro Mediador.[14]

Ele nos lembra ainda mais o poder e eficácia da morte do Mediador, a qual descreve como o valor pago pelo pecado, o qual não poderia ser quitado por meio do sangue de animais sob o regime do Antigo Testamento. Ao afirmar tal fato, seu alvo visava a desviar a atenção dos judeus, da lei para Cristo. Pois se a lei era tão frágil a ponto de nenhum dos paliativos, que ela aplicava para expiar o pecado, poderia satisfazer o que ele requeria, quem, pois, encontrará nela um porto seguro como seu refúgio? Digo que só esse fato deveria ser suficiente para incitá-los a buscarem algo superior à lei, visto que em seu caso nada podiam sentir senão contínua ansiedade. Em contrapartida,

---

14 Aqui começa um novo tema, o da aliança, ou pode ser visto como o resumo do que se encontra em 8.6-7. "Por esta causa", ou por esta razão, se refere, como parece, ao que segue, "a fim de que" etc. E por esta razão é ele o Mediador de uma nova aliança, a fim de que, sendo a morte suportada para a redenção das transgressões sob a primeira aliança, os que foram chamados recebam a promessa da herança eterna. Como em Romanos 3.25-26, a referência é à oferta retrospectiva do sacrifício expiatório de Cristo. Daí, "são chamados" não é correto; e o particípio está no pretérito. "Receber a promessa" significa desfrutar de seu cumprimento.

quando chegamos a Cristo, não há coisa alguma que nos tire a paz, uma vez que nele obtemos plena redenção. Ao dizer isso, o autor prova quão impotente era a lei, para que os judeus cessassem de pôr nela sua confiança, e os ensina como ficar firmes em Cristo, porque nele se encontra tudo o de que necessitam para que sua consciência experimente a paz. Se alguém perguntar se os pecados dos [antigos] pais foram perdoados sob [o regime de] a lei, devemos manter a resposta que já apresentamos anteriormente, a saber: que eles foram perdoados, sim, porém por meio da misericórdia de Cristo. No tocante ao aspecto externo [ou cerimonial] de sua expiação, porém, eram ainda mantidos em escravidão por sua culpa. É por isso que Paulo diz que a lei era "o escrito de dívida, que era contra nós e que constava de ordenanças, o qual nos era prejudicial" [Cl 2.14]. Porque, quando um pecador francamente confessava sua culpabilidade diante de Deus, e reconhecia, ao sacrificar um animal inocente, que era digno de morte eterna, o que se depreendia de seu sacrifício senão que selava sua própria morte, confirmando-a com seu próprio sinal? Só quando olhavam para Cristo é que encontravam satisfatória remissão dos pecados. No entanto, se era somente pela contemplação de Cristo que tinham seus pecados extintos, então aqueles que permaneciam na lei jamais eram de fato livres. Davi proclamou: "Bem-aventurado o homem a quem o Senhor não atribui iniquidade" [Sl 32.2]. A fim de participar dessa bem-aventurança, porém, é indispensável ignorar a lei e olhar para Cristo. Se uma pessoa põe sua confiança na lei, jamais se desvencilhará de sua culpa.

Aqueles que foram chamados recebam a promessa da herança eterna. O propósito do pacto divino consiste em que, depois de sermos adotados como filhos, sejamos, por fim, feitos herdeiros da vida eterna. O apóstolo diz que alcançamos isso através da misericórdia de Cristo, e disso se depreende claramente que o cumprimento do pacto se encontra nele. A promessa da herança é tomada no sentido de herança prometida, como se ele quisesse dizer: "A promessa de vida eterna nos é feita para que a desfrutemos somente através da morte de Cristo." Certamente que a vida foi prometida aos [antigos] pais, e que desde o início foi ela a herança dos filhos de Deus, mas só tomamos posse dela através do sangue de Cristo previamente derramado por nós.

Ele se refere àqueles que foram chamados com o fim de causar uma impressão mais profunda sobre os judeus que eram participantes desse chamamento. O conhecimento de Cristo, que nos é outorgado, deve ser considerado como um favor muitíssimo singular. Portanto, é preciso que tomemos o maior cuidado possível para que não negligenciemos um tesouro tão inestimável, nem tampouco permitir que nossas mentes vaguem a esmo. Há quem considere *chamados* no sentido de *eleitos*, o que, em meu conceito, é errôneo. O apóstolo está dizendo aqui o mesmo que em Romanos 3.25, ou seja, que a justiça e a salvação foram alcançadas por meio do sangue de Cristo, e só podemos apropriar-nos delas mediante a fé.

16. Pois onde há testamento. Esta sentença fornece prova de que a Epístola não foi escrita em hebraico, já que em hebraico ברית significa um *pacto*, não, porém, um *testamento*. Em grego, διαθήκη inclui ambos. A referência do apóstolo é a esse segundo significado, e argumenta que a promessa só poderia ser ratificada e validada caso fosse selada pela morte de Cristo. Ele o prova evocando o costume de se fazerem testamentos, cujo efeito ficava suspenso até que ocorresse a morte dos testadores.

Entretanto, o apóstolo parece apoiar-se num argumento por demais frágil, de modo que o que ele afirma pudesse ser refutado sem muita dificuldade. Deus não formulou um testamento sob [o regime de] a lei, senão que fez um pacto com o antigo povo. Assim, pois, nem partindo do fato em si nem da terminologia se pode chegar à conclusão de que a morte de Cristo era necessária. Se ele, partindo do fato em si, inferisse que Cristo tinha que morrer porque só se pode ratificar um testamento através da morte do testador, deparamo-nos imediatamente com uma exceção na qual ברית [*berit*] (termo que Moisés usa constantemente) é um pacto feito entre pessoas vivas, e não há nenhum outro significado do fato em si. Até onde o termo está envolvido, o autor se referiu simplesmente (como eu já disse) ao significado ambíguo que traz o grego. Portanto, ele constrói seu problema principalmente no fato em si. Nem constitui objeção afirmar que Deus fez o pacto com seu povo porque o mesmo era semelhante a um testamento nesse respeito, visto ter sido ratificado por meio de sangue.[15]

Temos que defender a verdade de que nenhum símbolo jamais foi introduzido por Deus desnecessariamente ou sem alguma causa. Todavia, ao estabelecer o pacto sob o regime da lei, Deus empregou sangue. Portanto, não era um contrato entre pessoas vivas (como se diz), mas um contrato que demandava morte. Além do mais, a condição própria de um testamento é que seu efeito começa a partir do momento da morte. Se levarmos em conta que o apóstolo está argumentando a partir do fato e não do termo, e mais, se admitirmos que ele tenha por admitido (como eu já disse) que nada jamais foi estabelecido por Deus sem um propósito, então a dificuldade será amenizada.

Se alguém objetar, dizendo que os gentios ratificavam pactos mediante sacrifícios em sentido diverso, admito que tal observação procede. Deus, porém, não tomou por empréstimo o rito sacrificial da prática dos gentios, mas, ao contrário, todos os sacrifícios dos gentios eram corrupções indignas, os quais, não obstante, tiveram sua origem naqueles instituídos por Deus. Devemos, pois, voltar sempre a este ponto: que o pacto divino, o qual foi selado com sangue, pode ser adequadamente comparado a um testamento, visto que ele desfruta das mesmas condições e caráter.

18. Por conseguinte, nem o primeiro pacto foi sancionado sem sangue. 19. Porque, havendo Moisés anunciado todos os mandamentos, a todo o povo, segundo a lei, tomou o sangue dos novilhos e dos bodes, com água, lã tinta de escarlate e hissopo, aspergindo tanto o próprio livro como todo o povo,	18. Inde neque primum illud ine sanguine dedicatum fuit. 19. Nam postquam exposuisset Moses secundum legem totum mandatum universo populo, accipiens sanguinem vitulorum et hircorum, cum aqua et lana coccinea et hysopo, librum et totum populum aspersit,

---

15 Veja-se Apêndice 31.

20. dizendo: Este é o sangue do pacto que Deus ordenou a vós outros.
21. Igualmente, também aspergiu com sangue o tabernáculo e todos os vasos do ministério.
22. E, segundo a lei, posso dizer que quase todas as coisas se purificam com sangue, e sem derramamento de sangue não há remissão.
23. Era necessário, pois, que as figuras das coisas que estão no céu assim se purificassem, mas as próprias coisas celestiais com sacrifícios melhores do que estes.

20. Dicens, Hic est sanguis testamenti quod Deus mandavit vobis omnibus.
21. Quin tabernaculum et omnia vasa ministerii sanguine similiter aspersit.

22. Et propemodum sanguine omnia purgantur secundum legem, nec sine sanguins effusione sit remissio.

23. Necesse igitur est exempla eorum quae sunt in coelis istis purgari; ipsa vero coelestia melioribus quam illae fuerint hostiis.

18. Por conseguinte, nem o primeiro pacto foi sancionado sem sangue. Daqui se faz evidente que o apóstolo está se referindo principalmente ao *fato*, e que a questão não consiste de um vocábulo, embora ele tenha tirado vantagem de um termo que lhe viera à mente no idioma em que escrevia, assim como alguém, ao falar do mesmo pacto de Deus que com freqüência em grego é chamado um μαρτυρία [*testemunho*], o recomendaria, entre outras coisas, sob esse título. Indubitavelmente, este é um testemunho, μαρτυρία, sobre o qual os anjos celestiais têm dado testemunho, e sobre o qual tem havido um testemunho mui amplo sobre a terra – todos os santos profetas, apóstolos e a grande multidão de mártires – e sobre o qual, finalmente, o próprio Filho de Deus se fez o *Fiador*. Ninguém diria que há algum absurdo em tal argumento. Ao mesmo tempo, o significado particular do termo hebraico, תעודה [*te'wudah*], não admite o sentido de *pacto*, mas já que nada se diz que seja inconsistente com o próprio fato, não precisamos revestir-nos de demasiado escrupuloso quanto ao termo.

O apóstolo afirma que o antigo pacto foi sancionado com sangue, e deduz desse fato que os homens eram então instruídos que o mesmo não poderia ter validade ou ser eficaz, a menos que a morte se interpusesse. Diz ainda que o fato de o sangue de animais ser derramado não serve para validar a confirmação do pacto eterno.

Para tornar isso ainda mais claro, devemos observar o rito da aspersão que aqui ele põe sob Moisés. Antes de tudo, ele diz que o pacto fora consagrado, não porque fosse, em si mesmo, profano, mas porque nada há tão sagrado entre os homens que não seja por eles conspurcado, em virtude de sua própria impureza, a menos que Deus mesmo intervenha por um ato de renovação aplicado a tudo. A consagração, pois, se fazia necessária por causa dos homens, os únicos que dela necessitam.

Em seguida, o autor acrescenta que o tabernáculo e todos os vasos, bem como o próprio livro da lei, eram aspergidos. Por meio dessa cerimônia, o povo era instruído que Deus não podia ser buscado ou antecipado para a salvação, ou corretamente cultuado, a menos que em cada caso a fé visualizasse a mediação do sangue. A majestade de Deus com razão nos infunde temor, e a via de acesso a ela se nos torna um pavoroso labirinto, até que descubramos que ele é apaziguado pelo sangue de Cristo, e até que esse mesmo sangue nos proporcione livre acesso à sua presença. Todas as formas de culto são imperfeitas e profanas, a menos que Cristo as purifique pela aspersão de seu sangue.[16]

O tabernáculo era uma espécie de imagem visível de Deus, e os vasos do ministério foram feitos para seu culto, e se tornaram assim

---

16 É digno de nota que o apóstolo mencione aqui várias coisas que não são particularmente mencionadas por Moisés em Êxodo 24.3-8, onde se faz o relato; e no entanto o que se menciona ali autoriza os particulares mencionados aqui. Não se menciona sangue de "bodes", e, no entanto, lemos que se ofertavam oferendas queimadas, e assim se ofereciam bodes (cf. Lv 1.10). Moisés nada diz de "lã escarlate e hissopo"; porém menciona "aspersão", e comumente isso era feito ali (cf. Lv 14.51). "Sangue" só é mencionado por Moisés; mas descobrimos que, quando aspergida, às vezes se conectava "água" com ele (cf. Lv 14.52; Nm 19.18). A principal dificuldade é com respeito à aspersão de "o livro", o que não é mencionado por Moisés. Mas, como o altar era aspergido, havia a mesma razão para aspergir o livro, ainda que não mencionado expressamente. Entretanto, é evidente que esta era a opinião geral entre os judeus, pois de outro modo o apóstolo não o teria mencionado numa Epístola especialmente dirigida a eles. Então não se menciona expressamente que o "tabernáculo" fosse aspergido com sangue quando consagrado; e isto se deu algum tempo depois que a aliança foi celebrada. O assentamento do tabernáculo é mencionado em Êxodo 40.17-33. Nos versículos prévios, 9 e 10, há uma orientação dada para ungir-se o tabernáculo e todos os vasos e também santificá-los e ungir o altar e santificá-lo. A consagração ou santificação sem dúvida era feita aspergindo-os com sangue. Como prova disto, veja-se Êxodo 29.21. Daí percebemos quão bem familiarizado estava o escritor com os rituais judaicos.

símbolos de culto genuíno. Ora, se nenhum deles, sem sangue, continha salvação para o povo, podemos concluir, sem pensar muito: onde Cristo não comparece com seu próprio sangue, nada temos a ver com Deus. Por mais imutável que a benevolência divina seja, a doutrina, por si só, nos será de nenhum proveito, a menos que ela seja sancionada por meio de sangue, como se expressa claramente neste versículo.

Estou consciente de que outros interpretarão isso de uma forma diferenciada. Para eles o tabernáculo é o corpo da Igreja; os vasos são os crentes individualmente, de cujo ministério Deus se utiliza. O que tenho afirmado, porém, é muito mais adequado. Pois sempre que Deus era invocado, os adoradores se voltavam para o santuário, e era-lhes uma forma comum de expressar-se que, quando compareciam no templo, eles se viam diante da face do Senhor.

20. Este é o sangue do pacto que Deus ordenou.[17] Se esse foi o sangue do testamento, então o testamento não é ratificado sem sangue, nem o sangue foi de alguma eficácia para a expiação sem o testamento. Era necessário que ambos fossem interligados. Vemos, pois, que não se adicionou nenhum símbolo enquanto a lei não foi explicada. Que gênero de sacramento seria ele, a não ser que a Palavra o precedesse? Portanto, um símbolo não é outra coisa senão uma espécie de adendo à Palavra. Note-se que essa Palavra não foi *sussurrada* à semelhança de um encanto mágico, senão que foi *proclamada* em alta voz. As palavras do pacto, "que Deus ordenou a vós outros", concorda com o fato de que ele se destina ao povo.[18] Portanto, pratica-se perversão e abuso do sacramento, bem como é uma corrupção pagã, onde não se ouve nenhuma explicação do mandamento, a qual é como se fosse a própria

---

17 Calvino e nossa versão, igualmente, retêm a palavra "testamento", como derivada do versículo 17; mas, como aquele versículo e o precedente devem ser visto como parêntese, a palavra "aliança" é o termo usado por Moisés. Aliança é o termo adotado por Beza, Doddridge, Macknight e Stuart: "Este é o sangue da aliança" etc.

18 Aqui, o apóstolo não segue o hebraico nem a Septuaginta. O hebraico é "que o Senhor (Iavé) fez convosco"; e a Septuaginta, "que o Senhor pactuou (διέθετο) convosco." E, em vez de "eis o sangue da aliança" (o mesmo em ambos), temos aqui "Este é o sangue da aliança". Mas, ainda quando as palavras sejam diferentes, contudo o significado é essencialmente o mesmo – as principais coisas consideradas pelos apóstolos em suas citações.

alma do sacramento. Por isso os papistas, que eliminam dos símbolos seu genuíno significado, não retêm outra coisa senão os elementos mortos.

Esta passagem nos lembra que todas as promessas de Deus só são proveitosas quando a confirmação delas flui do sangue de Cristo. O que Paulo testifica [2Co 1.20], dizendo que todas as promessas de Deus são *sim* e *amém* em Cristo, só tem lugar quando seu sangue é estampado em nossos corações à semelhança de um selo, ou quando não só ouvimos Deus falar, mas também o discernimos se nos oferecendo como penhor do que Deus falou. Se esse único pensamento viesse às nossas mentes – que o que lemos está escrito não tanto com tinta, mas com o sangue do Filho de Deus, e que, quando o evangelho é proclamado, seu sacro sangue, juntamente com as palavras, é aspergido sobre nós – tanto nossa atenção quanto nossa reverência seriam muito mais profundas. O símbolo disso foi a aspersão mencionada por Moisés, embora haja muito mais conteúdo aqui do que contêm as palavras de Moisés.

Ele não registra que o livro ou que o povo fosse aspergido, nem tampouco menciona os bodes, nem a lã escarlate, nem o hissopo. Com respeito ao livro, nem mesmo se pode provar claramente que ele tenha sido aspergido. Todavia, há a probabilidade de que o fosse, pois tal coisa está implícita à luz do fato de que se expressa que Moisés o trouxe para fora depois de haver sacrificado, e que ele procedeu assim com o fim de unir o povo a Deus por meio de um acordo solene. No tocante às outras coisas, parece-me que o apóstolo envolveu em um só os vários tipos de expiações que tinham o mesmo referencial. Não há nada de absurdo nisso, visto que ele está tratando, de uma forma geral, da questão referente à purificação no Antigo Testamento que era feita por meio de sangue. Ora, no tocante à aspersão, em que se usavam o hissopo e lã escarlate, é evidente que representava a aspersão mística que deriva do Espírito. Sabemos que o hissopo tem poder particularmente eficaz na purificação e aperfeiçoamento, e assim Cristo se vale de seu Espírito para aspergir-nos e lavar-nos com seu próprio sangue, ao guiar-nos ao genuíno sentido de penitência, ao purificar-nos das imundas luxúrias de nossa carne e ao tocar-nos com o precioso dom de sua justiça. Não foi em vão que Deus instituiu esse rito. Davi também se referiu a ele no Salmo 51.9, quando disse: "Senhor, purifica-me com hissopo, e ficarei limpo." Essas ponderações serão suficientes para aqueles que gostam de maquinar com soberba em seu coração.

22. E quase todas as coisas. Ao valer-se do termo *quase*, o autor parece indicar que algumas coisas eram purificadas de outra forma. Indubitavelmente, freqüentemente costumavam lavar-se, bem como outras coisas, com água, mas nem mesmo a água derivava dos sacrifícios seu poder de purificar, de modo que o apóstolo está certo quando diz, afinal, que sem sangue não havia remissão.[19] Atribuía-se impureza, até que a mesma fosse expiada por meio de sangue. Como não existe pureza nem salvação fora de Cristo, assim também sem sangue nada podia ser nem puro nem salvo, visto que Cristo nunca pode ser separado do sacrifício de sua morte. Tudo o que o apóstolo pretendia dizer é que quase sempre se fazia uso desse símbolo. Mas se alguma vez a purificação não ocorresse, o problema não estava no sangue, visto que todos os ritos, de alguma forma, derivavam sua eficácia da expiação geral. O povo não era aspergido individualmente (como seria possível que uma pequena porção de sangue fosse suficiente para tão grande número?), não obstante a purificação se estendia a todos. O termo *quase* tem a função de expressar que freqüentemente se praticava essa cerimônia, que raramente a omitiam nos casos de purificação. É estranho ao propósito do apóstolo o conceito de Crisóstomo, de que se denota aqui uma inadequação, visto que essas não passavam de meras figuras.

Não há remissão. Aos homens está vedado o comparecimento à presença de Deus em virtude do fato de que, visto que ele está, com

---

19 Os metais são purificados com fogo, e as roupas são lavadas com água (Nm 31.22-24); mas estas eram purificações não acompanhadas de remissão de pecados. De modo que o que se diz aqui é literalmente verdadeiro.

razão, irado contra todos, não há motivo para que esperem dele a promessa de algum favor, até que ele seja pacificado. A única forma de Deus ser pacificado é através de sangue expiatório; daí não se pode esperar perdão algum enquanto não nos apresentarmos com sangue. E isso se dá quando, pela fé, encontramos refúgio na morte de Cristo.

23. As figuras das coisas. No caso de alguém contestar, dizendo que o sangue, no qual o antigo pacto foi consagrado, era diferente daquele de um testador, o apóstolo antecipa e diz que não há que estranhar que aquele tabernáculo, sendo terreno, fora consagrado por meio de sacrifícios de animais. Havia uma analogia e uma semelhança [*analogiam et similitudinem fuisse*] entre a purificação e as coisas que eram purificadas. Por outro lado, o modelo celestial, sobre o qual ele está falando, fora consagrado de uma maneira muito diferente. Não há lugar, aqui, para bodes ou novilhos, e isso vem confirmar que a morte do testador era necessária.

O significado, aqui, é o seguinte: visto que sob [o regime de] a lei havia tipos terrenos de coisas espirituais, assim o rito de expiação era também carnal e (por assim dizer) figurativo. Visto, porém, que o modelo celestial não admite nada que seja terreno, então ele requer algo mais além do sangue de animais que corresponda à sua excelência. A morte do testador é, portanto, necessária para produzir a genuína consagração do testamento.

Ele denomina de *celestial* o reino de Cristo,[20] já que ele é espiritual

---

20 "Coisas celestiais" significam as coisas lá do alto, do céu, e não o reino do céu na terra. Os comentaristas se viram sob a necessidade de alterar o sentido da palavra "purificou". O tabernáculo representava todo o reino de Cristo, quer na terra, quer no céu. O santuário e o átrio, onde ficava o altar do holocausto, representava o que Cristo tem feito e está fazendo sobre a terra; e o santo dos santos era uma representação do reino de Cristo no céu. As vítimas eram mortas no átrio sem o véu; o derramamento de sangue era a expiação, mas a aspersão dele era sua purificação e efeitos purificadores. Todas as coisas celestiais na Igreja sobre a terra requerem purificação pela aspersão do sangue do sacrifício expiatório uma vez oferecido por Cristo; e é a isto que aqui se faz referência. E, tendo provido meio de purificação, ele, como sumo sacerdote, pela virtude de seu sacrifício, entrou no santíssimo, as coisas celestiais na terra, para a Igreja aqui embaixo, a fim de prepará-la para o santíssimo acima. "Nos céus" provavelmente se refira ás duas partes do reino de Cristo, uma no céu e a outra na terra; e esta, como coisas que requerem sacrifício; e então, no versículo seguinte, a primeira parte se alude ao reino lá do alto, sim, o céu, representado pelo santo dos santos.

e possui em si uma plena revelação da verdade. Ele fala de *melhores sacrifícios*, em vez de *vítima*, visto que esta é uma só, enquanto usa o plural com mais freqüência em razão do contraste.

24. Pois Cristo não entrou num santuário feito por mãos, figura do verdadeiro, mas no próprio céu, para agora comparecer por nós perante a face de Deus;
25. nem ainda para oferecer-se muitas vezes, como o sumo sacerdote que, uma vez ao ano, entrava no santo dos santos, não com seu próprio sangue;
26. doutra sorte, necessário lhe fora sofrer muitas vezes desde a fundação do mundo; mas agora, na consumação dos séculos, manifestou-se uma vez por todas para destruir o pecado pelo sacrifício de si mesmo.
27. E, como aos homens está ordenado morrerem uma só vez, vindo depois disso o juízo,
28. assim também Cristo, oferecendo-se uma só vez para levar os pecados de muitos, aparecerá segunda vez, sem pecado, aos que o esperam para a salvação.

24. Neque enim in manufacta sancta ingressus est Christus, exempla verorum; sed in ipsum coelum, ut nunc appareat coram facie Dei pro nobis:
25. Neque ut saepe offerat seipsum, quemadmodum pontifex ingeditur in sancta quotannis cum sanguine aliena;
26. (Quando quidem oportuisset illum saepius pati a creatione mundo:) nunc autem in consummatione seculorum, semel in destructionem peccati per victimam sui ipsius apparuit.
27. Et quatenus constitutum est hominibus semel mori, post hoc vero judicium;
28. Ita et Christus semel oblatus, ut multorum anferret peccata: secundo absque peccato conspicietur iis qui eum expectant in salutem.

24. Porque Cristo não entrou num lugar santo feito por mãos. Essa é uma confirmação do versículo anterior. Ele falou do verdadeiro santuário, ou seja, aquele que é celestial, e agora acresce que Cristo entrou nele. Há necessidade de uma confirmação adequada. Ele toma "santo dos santos" no sentido de santuário. Descreve-o como não feito por mãos, visto que não deve ser incluído entre as coisas criadas, as quais são passíveis de corrupção. O que ele tem em vista aqui não é o céu que visualizamos com nossos olhos e onde brilham as estrelas, mas a glória do reino de Deus, a qual se encontra muitíssimo acima de todos os céus. Ele denomina o antigo santuário de *cópia* do verdadeiro, ou seja, do espiritual; porque todos os tipos revelam como num espelho o que de outra forma não se pode vivenciar por nossos sentidos naturais. Os escritores gregos às vezes usam a mesma palavra quando discutem nossos sacramentos, e o fazem de forma inteligente e adequada, visto que cada sacramento é a imagem visível de coisas invisíveis.

Para agora comparecer. Nos dias antigos, o sacerdote levita ficava diante da face de Deus em nome do povo, porém como tipo. Em Cristo, porém, existe a sólida realidade e a plena consumação do *tipo*. A arca era símbolo da divina Presença, mas é Cristo que verdadeiramente se oferece diante de Deus, e fica ali a buscar sua graça em nosso favor, de modo que agora não há nenhuma razão por que temos de fugir do tribunal de Deus, quando temos Advogado tão excelente, por cuja fidelidade e patrocínio, somos postos a salvo e em confiança. Certamente que Cristo era nosso Advogado enquanto vivia na terra, mas foi uma concessão adicional em virtude de nossa fragilidade haver ele ascendido ao céu para desempenhar a tarefa de Defensor nosso. Sempre que se faz menção de sua ascensão ao céu, devemos ter em mente que nos é vantajoso que ele comparecesse ali diante de Deus para defender-nos através de sua santa Advocacia. Existe uma questão tanto estúpida quanto inoportuna suscitada por alguns, como se Cristo nem sempre estivesse presente ali. Aqui, porém, o apóstolo está falando tão-somente de sua intercessão em função da qual ele entrou no santuário celestial.

25. Nem ainda para oferecer-se muitas vezes. Como, pois, perguntaria alguém, é ele Sacerdote, se não tem sacrifícios a oferecer? Minha resposta é que o ofício ou a pessoa do sacerdote não requer o ato contínuo de oferecer sacrifício. Sob [o regime de] a lei, havia dias designados, a cada ano, para os principais sacrifícios, bem como seus horários prescritos diariamente, tanto matutinos quanto vespertinos. Visto que esse único sacrifício que Cristo ofereceu uma vez por todas possui eficácia eterna, bem como é perpétuo em seus efeitos, não surpreende que o eterno sacerdócio de Cristo, que é endossado por seu poder, jamais fracasse. E uma vez mais aqui o autor está demonstrando como e onde Cristo é distinto do sacerdote levita. Previamente, ele falou do santuário, porém observa uma diferença na natureza do sacrifício, visto que Cristo a si mesmo se ofereceu, e não a um animal irracional. Em seguida adiciona uma segunda diferença no fato de que Cristo não repete o sacrifício como se dava sob [o regime de] a lei, com sua freqüente e quase incessante reiteração.

26. Doutra forma. Ele demonstra agora quão absurda será nossa atitude se não dermos valor ao único sacrifício de Cristo, o qual efetua eficiente expiação. Se isso é assim, ele infere que Cristo deveria morrer muitas vezes, visto que a morte está sempre relacionada com sacrifício. Ainda bem que essa última suposição é completamente absurda. Segue-se, pois, que a eficácia desse sacrifício único é eterna e se estende por todos os séculos.

Desde a fundação do mundo, diz ele, visto que em cada época, desde o princípio,[21] houve pecados que necessitavam de expiação. Portanto, a menos que o sacrifício de Cristo fosse eficaz, nenhum dos [antigos] pais haveria obtido a salvação. Visto que se achavam sujeitos à ira divina, qualquer remédio para livrá-los teria resultado em nada, se Cristo, ao sofrer uma vez por todas, não sofresse o suficiente para reconciliar os homens com a graça de Deus, desde o princípio do mundo e até o fim. A não ser que desejemos muitas mortes, contentemo-nos com um só sacrifício.

Daqui se faz evidente quão frívola é a distinção, em cuja perspicácia os papistas se deleitam, quando dizem que o sacrifício de Cristo na cruz foi cruento, enquanto que o da missa, o qual pretendem oferecer a Deus todos os dias, é incruento. Se uma evasiva tão sutil fosse de fato válida, o Espírito de Deus seria acusado de inadvertência, por não

---

21 Esta sentença não deve ser tomada estritamente em seu significado literal; pois o mundo foi fundado e todas as coisas foram postas em sua devida ordem antes que o pecado penetrasse nele. A frase é usada de uma maneira semelhante em Lucas 11.50. É um modo popular de falar inteligível aos leitores comuns, ainda que não próprio para os críticos escrupulosos e minuciosos. A verdade implícita, como Beza observa, é que os pecados, desde o começo do mundo, só foram expiados pelo sangue de Cristo, cuja virtude se estende a todos os pecados, passados e futuros. Os efeitos de seus sofrimentos, sendo perpétuos e os mesmos em todos os tempos, desde o princípio até o fim do mundo, não havia necessidade de havê-los repetido. Quanto à sua influência retrospectiva, vejam-se o versículo 15 e Romanos 3.25, 26.

haver pensado em tal coisa, visto que o apóstolo toma por admitido que não há sacrifício sem morte. Não me interessa quão antigos sejam os escritores que assim se expressam, porquanto não está no poder do homem inventar sacrifícios como lhe apraz. Temos aqui uma verdade expressa pelo Espírito Santo, a saber, que os pecados não são expiados por um sacrifício, a menos que haja derramamento de sangue. Por conseguinte, a idéia de que Cristo é sacrificado muitas vezes não passa de uma invenção diabólica.

Mas agora, na consumação dos séculos. O que em Gálatas 4.4 é chamado "a plenitude dos tempos", aqui o apóstolo chama "consumação dos séculos". Essa plenitude dos tempos foi determinada por Deus em seus decretos eternos. Dessa forma fica eliminada toda e qualquer ocasião de se satisfazer a curiosidade humana, para que ninguém se atreva a indagar por que não foi há mais tempo, ou por que ocorreu nessa época e não noutra. A nós compete submeter-nos ao conselho secreto de Deus, cuja razão para ele é plenamente clara, ainda quando para nós pareça obscura. Em suma, o apóstolo está dizendo que a morte de Cristo ocorreu em seu devido tempo, visto que ele foi enviado ao mundo, pelo Pai, com esse propósito, em cujo poder está o justo governo de todas as coisas e de todos os tempos, e que ordena a sucessão de tudo com perfeita sabedoria, ainda que freqüentemente tal fato nos pareça oculto.

Essa consumação dos séculos é confrontada com a imperfeição do tempo já dissipado. Deus manteve seu antigo povo em suspense para facilitar-lhe a conclusão de que o tempo de estabilidade não havia ainda chegado. Daí Paulo declarar em 1 Coríntios 10.11: "De nós outros, sobre quem os fins dos séculos têm chegado", querendo dizer com isso que o reino de Cristo trazia em si o cumprimento de todas as coisas. Visto que a plenitude dos tempos se deu quando Cristo apareceu para fazer expiação pelos pecados, os que procuram renovar seu sacrifício lhe fazem uma terrível injúria, insinuando que Cristo não satisfez ainda todas as coisas através de sua morte. Ele apareceu uma vez por todas, já que, caso houvera vindo segunda ou terceira vez, tal coisa provaria que seu primeiro sacrifício fora imperfeito, e ao mesmo tempo negaria essa plenitude.

Para destruir o pecado.[22] Isso está em consonância com a profecia de Daniel [9.24, 27], onde, depois de se prometer a selagem da visão e a eliminação dos pecados, se designa o fim dos sacrifícios. Que sentido teria a expiação depois que os pecados são destruídos? Essa destruição consiste no fato de que os pecados não mais são imputados àqueles que buscam refúgio no sacrifício de Cristo. Ainda que seja preciso que busquemos diariamente o perdão, justamente como diariamente provocamos a ira divina, todavia, visto que somos reconciliados com Deus unicamente pela garantia da morte única de Cristo, é correto dizer que o pecado já se encontra destruído.

27. E, como aos homens está ordenado. O significado dessa sentença é como segue: visto que depois da morte aguardamos pacientemente pelo dia do juízo, já que essa é a sorte comum da natureza contra a qual não há que lutar, por que deveria haver menos paciência em aguardar a segunda vinda de Cristo? Se um longo intervalo de tempo nada subtrai, em relação aos homens, da esperança de uma bem-aventurada ressurreição, quão infeliz seria conceder a Cristo uma honra menor! Essa honra seria ainda menor, se lhe solicitássemos que suportasse a morte segunda vez, depois de havê-la suportado uma vez para sempre. Se alguém contestar, dizendo que alguns morreram duas vezes, como sucedeu a Lázaro e a outros, a resposta é simplesmente esta: aqui o apóstolo está falando da condição ordinária dos homens, porém isenta dessa condição os que, por uma súbita mudança, foram poupados da corrupção [1Co 15.51], já que o apóstolo inclui somente aqueles que se encontram no pó por um longo período de tempo, aguardando a redenção de seus corpos.

---

22 Literalmente, é "pela abolição do pecado", como Doddridge o traduz. A palavra ocorre somente em outro lugar (cf. 7.18), e é traduzida por "anular" ou "cancelar", e é o significado que Macknight dá aqui, tomando "pecado" no sentido de oferta pelo pecado: "Ele se manifestou para abolir a oferta pelo pecado, mediante o sacrifício de si mesmo." Mas isto é inconsistente com a nuança da passagem. O que está implícito é sem dúvida a remoção ou abolição do pecado. A versão de Beza é "tirar o pecado", e a de Stuart é "remover a punição devida ao pecado".

28. Aparecerá segunda vez, sem pecado. O apóstolo recomenda uma única coisa: que não nos perturbemos por desejos irracionais e equivocados, esperando novas modalidades de expiação, uma vez que a morte singular de Cristo nos é plenamente suficiente. Diz ainda que Cristo apareceu uma vez por todas e ofereceu sacrifício para tirar o pecado; e que em sua segunda vinda manifestará de forma gloriosa a eficácia de sua morte, a fim de que o pecado não mais tenha o poder de nos ferir.[23]

Para levar os pecados de muitos significa livrar da culpa os que pecaram, através da satisfação de Cristo. Ao dizer *muitos*, ele tem em vista *todos*, como em Romanos 5.15. Naturalmente, nem todos desfrutam dos resultados da morte de Cristo; isso, porém, sucede em decorrência de sua incredulidade, que os impede de crer. Essa questão não tem que ser tratada aqui, porquanto o apóstolo não está discutindo sobre os *poucos* ou sobre os *muitos* que desfrutam dos benefícios da morte de Cristo, mas simplesmente implica que ele morreu em favor de outros, e não de si próprio. Portanto, seu contraste é traçado entre *muitos* e *um*.[24]

O que ele tinha em mente quando diz que ele [Cristo] aparecerá sem pecado? Há quem o explique como sendo propiciação ou a vítima fazendo expiação pelo pecado, como em Romanos 8.3 e 2 Coríntios 5.21, bem como em tantas outras passagens em Moisés. Em minha opinião, sua intenção era expressar algo mais específico, ou seja: que Cristo, em sua segunda vinda, dará a conhecer plenamente quão realmente ele destruiu os pecados, de modo que já não haverá necessidade de outro sacrifício para satisfazer a Deus. É como se ele

---

23 "Foi uma vez oferecido", προσενεχθεὶς – Grotius considerava seu particípio como tendo um sentido reflexivo, "tendo uma vez por todas se oferecido"; e assim faz Stuart. O primeiro aoristo passivo às vezes tem este sentido. "Por quem foi ele oferecido?", indaga Teofilato; ele mesmo responde: "por ele mesmo, por ser sumo sacerdote." Isto equivale a mesma coisa.

24 "Somos informados que οἱ πολλοὶ às vezes equivale a πάντες. Não obstante, nem sempre é certo que o apóstolo, aqui, quisesse expressar ge
 ; o versículo conclui com menção dos que 'esperam por ele', isto é, que esperam pela segunda vinda de Cristo na humilde esperança de receber seu galardão; e estes, manifestamente, não representam toda a raça humana." – Middleton, citado por Bloomfield.

estivesse dizendo que quando nos aproximarmos do tribunal de Cristo, descobriremos que em sua morte nada foi imperfeito.[25]

Essa é a essência da frase que vem imediatamente, **aos que o esperam para a salvação**. Outros a traduzem diferentemente, assim: aos que confiam nele para a salvação. Mas o significado anterior é mais adequado, visto que o apóstolo tem em mente que aqueles que confiam com um espírito tranqüilo encontrarão plena salvação na morte de Cristo. Esse gênero de expectativa se adequa às circunstâncias do presente tema. Em outra parte [1 Ts 1.10], a Escritura tem atribuído aos crentes uma esperança comum em relação à vinda do Senhor, com o fim de distingui-los dos incrédulos, para quem a simples menção dela é algo terrível. Como o apóstolo agora mantém que devemos achar descanso no único sacrifício de Cristo, ele o chama *a expectativa de Cristo*, visto que quando nos sentimos satisfeitos com sua singular edenção, não iremos após novos antídotos ou suportes.[26]

---

25 Schleusner e Stuart consideram "sem pecado" no sentido de "sem oferta pelo pecado", sem qualquer sacrifício pelo pecado. Doddridge e Scott adotam este significado: "sem existir na semelhança de carne pecaminosa", ou, sem aquela humilhante forma em que expiou o pecado. Há quem tenha afirmado, "sem que pecado" lhe fosse imputado. A construção que a passagem parece propiciar é esta: "Sem levar pecado." A sentença anterior é levar ou sofrer por, tendo ele, pela primeira vez, feito plena e completa expiação. "Levar pecados" não é, como dizem alguns, removê-los, em alusão ao bode expiatório, e sim suportar a punição que lhes era devida, fazer por eles expiação; veja-se 1 Pedro 2.24, onde se usa o mesmo verbo "levar", em conexão com "pecados"; e onde evidentemente significa levar a penalidade do pecado; o final do versículo reza: "com cujos açoites somos curados."

26 A maioria dos comentaristas adota o mesmo conceito, como o comunicado em nossa versão, conectando "salvação" com aparecimento, como fazem Beza, Grotius, Doddridge, Scott e Stuart.

Capítulo 10

1. Porque tendo a lei a sombra dos bens vindouros, não a imagem exata das coisas, jamais pode, pelos mesmos sacrifícios que se oferecem continuamente, ano após ano, aperfeiçoar os que a eles se chegam.
2. Doutra sorte, não teriam deixado de ser oferecidos, porquanto os adoradores, tendo sido uma vez purificados, nunca mais teriam consciência de pecado.
3. Mas nesses sacrifícios se faz, cada ano, recordação dos pecados.
4. Porque é impossível que o sangue de touros e de bodes tire pecados.

1. Umbram enim habens lex futurorum bonorum, non ipsam vivam imaginem rerum, sacrifiis quae quotannis eadem continenter offeruntur nunquam potest eos qui accedunt perficere (vel, sanctificare.)
2. Alioqui annon desiisent offeri? propterea quod nullam amplius conscientiam peccatorum haberent cultores semel purgati.
3. Atqui in his fit quotannis commemoratio peccatorum.
4. Impossible enim est ut sanguis taurorum tollat peccata.

1. Porque tendo a lei a sombra. O autor emprestou esta metáfora da arte pictórica. Porque, uma *sombra*, aqui, significa algo distinto do que em Colossenses 2.17; ali o apóstolo descreve as cerimônias antigas, as quais não possuíam a substância sólida do que representavam. Agora ele diz que elas assemelhavam a rascunhos imprecisos, os quais prefiguram a pintura perfeita. Pois antes de introduzir as cores vivas com seu pincel, o artista costuma traçar um rascunho com lápis, delineando assim a imagem que tem em mente. Essa representação indistinta é denominada pelos gregos de σκιαγραφία, o que em latim você pode chamar de *sombra* [*umbratilem*]. Os gregos tinham também a εἰκών, a plena semelhança.

Daí também "eiconia", imagens [*imagines*] em latim, a qual representa a verdadeira aparência de pessoas, de animais ou de lugares. O apóstolo estabelece essa diferença entre a lei e o evangelho, isto é, que a lei prefigurou de forma elementar e imprecisa o que hoje [no evangelho] é expresso com cores vivas e graficamente visíveis. E assim uma vez mais confirma o que ele disse previamente: que a lei não foi inútil, nem suas cerimônias destituídas de proveito. Embora não houvesse nela nenhuma imagem das coisas celestiais como o toque final da mão do artista, por assim dizer, todavia transmitiu alguma sorte de indicação que era de alguma utilidade aos [antigos] pais, embora nossa condição seja muitíssimo preferível. Deve-se notar que as coisas que lhes foram mostradas à distância eram as mesmas que agora são postas diante de nossos olhos. Ambas se propunham revelar o mesmo Cristo, a mesma justiça, santificação e salvação. A diferença estava na *maneira* de pintá-las ou de apresentá-las.

Bens vindouros. Creio que estes significam as coisas eternas. Admito que o reino de Cristo, que agora é um fato presente conosco, outrora foi anunciado como futuro; mas as palavras do apóstolo significam que temos uma imagem viva dos bens vindouros. Ele está visualizando aquele modelo espiritual, cuja fruição é postergada até a ressurreição e a era por vir, ainda que admito também que esses bens começaram a revelar-se desde o início do reino de Cristo. Aqui o autor se preocupa em dizer que os bens vindouros são bênçãos futuras não só em relação ao antigo pacto, mas também em relação a nós que ainda esperamos por elas.

Os mesmos sacrifícios, ano após ano. O autor está falando principalmente do sacrifício anual mencionado em Levítico 17, ainda que todo o assunto esteja incluso aqui sob uma só espécie. Ele argumenta assim: Onde não há mais consciência de pecado, também não há necessidade de sacrifício. Todavia, sob a lei, o oferecimento do mesmo sacrifício era continuamente reiterado. Portanto, Deus não estava satisfeito, a culpa não estava ainda removida e as consciências não se achavam apaziguadas. Do contrário, os sacrifícios não teriam chegado ao fim. Deve-se observar cuidadosamente que o autor imprime o mesmo nome aos sacrifícios, os quais tinham um propósito similar. Eram lembrados mais em relação à instituição de Deus do que aos diferentes animais. Só esse fato seria suficiente para refutar as cavilações dos papistas, mediante as quais parecem encontrar um modo engenhoso de defender seu absurdo em relação ao sacrifício da missa. Quando são confrontados com a objeção de que a reiteração de um sacrifício é supérflua, visto ser eterna a eficácia daquele que Cristo ofereceu uma vez por todas, imediatamente se justificam dizendo que na missa não se efetua nenhum sacrifício diferente, senão que é aquele mesmo. Essa é sua resposta; mas, o que diz o apóstolo? Diz que o sacrifício oferecido segunda vez, ainda que seja o mesmo, não tem eficácia, nem é capaz de produzir a expiação. Embora os papistas bradem mil vezes dizendo que o sacrifício que Cristo ofereceu uma vez por todas, na cruz, e aquele que eles oferecem hoje não são diferentes, e sim um só e o mesmo, ainda manterei, extraindo dos próprios lábios do apóstolo que, se o sacrifício de Cristo foi suficiente para satisfazer a Deus, não só os sacrifícios anteriores chegaram ao fim, mas também se torna impossível sua reiteração. Daqui se torna evidente que o oferecimento de Cristo na missa é um sacrilégio.[1]

---

1 Não se faz observação no segundo versículo. Doddridge e Beza lêem a primeira sentença sem negativa ούκ, e não como uma pergunta, como faz a Vulgata. E as versões Siríacas, "De outro modo, teriam cessado de ser oferecidos". A maioria dos manuscritos favorece nossa atual redação. Não há diferença real no significado. As palavras, "não mais consciência de pecados", são traduzidas por Beza, "não mais cônscios de pecados"; por Doddridge, "não mais percepção de pecados"; e por Stuart, "já não sendo cônscios de pecados". O significado genuíno, sem dúvida, é assim comunicado. Deparamo-nos com outros dois casos de consciência, συνειδήσης, sendo seguidos pelo que pode ser chamado o caso genitivo do objeto, consciência do ídolo", isto é, no tocante ao ídolo (1Co 8.7) – "consciência de Deus" isto é, no tocante a Deus, ou para com Deus (1Pe 2.19). E aqui "consciência de pecados" deve significar consciência com referência aos pecados, isto é, convicção de pecados, uma consciência apreensiva do que merecem os pecados. Eis uma palavra, diz Parkhurst, que "raramente se encontra nos antigos escritores pagãos"; porém ocorre reiteradamente no Novo Testamento, ainda que não apenas uma vez na Septuaginta (Ec 10.20). Seu significado comum é consciência, e não percepção, ainda que possa ser assim traduzida aqui, consistentemente com o significado real da passagem. Michaelis, em sua Introdução ao Novo Testamento, é referido por Parkhurst como tendo produzido duas instâncias, uma de Platão e a outra de Diod. Siculus, onde significa "percepção".

3. Mas nesses sacrifícios se faz, a cada ano, recordação de pecados. Ainda que o evangelho seja a mensagem de nossa reconciliação com Deus, é indispensável que recordemos todos os dias de nossos pecados. A intenção do apóstolo é mostrar que nossos pecados são postos diante de nossos olhos, para que a culpa seja removida pela mediação desse atual sacrifício. Ele não quer dizer qualquer tipo de recordação, mas aquele que nos leva a fazer confissão da culpa diante do Deus que requereu um sacrifício que fosse um remédio eficaz. Tal é o sacrifício da missa para os papistas: imaginam que nele nos é aplicada a graça da morte de Cristo, para que nossos pecados sejam eliminados. Se o apóstolo, porém, está certo em concluir que os sacrifícios sob a lei eram deficitários em virtude de serem eles repetidos anualmente, para que o perdão fosse alcançado, justamente por isso podemos concluir que o sacrifício da morte de Cristo seria deficitário, caso fosse ele oferecido diariamente para que pudéssemos vivenciar seu poder. Então não importa com que espécie de disfarce eles porventura cubram sua missa, jamais poderão escapar da acusação de medonha blasfêmia contra Cristo.

4. Porque é impossível. O autor confirma a sentença precedente sobre aquela mesma base que anteriormente apresentara, a saber: que o sangue de animais não purifica as almas. Os judeus possuíam esse símbolo e penhor da purificação real, mas numa relação diferente, ou seja, em que o sangue de um novilho representava o sangue de Cristo. Aqui o apóstolo está discutindo o valor do sangue dos animais em sua própria natureza, do qual, com razão, elimina a eficácia de purificar. Aqui se aprende um contraste não expresso, como se o autor dissesse que não se deve estranhar que os antigos sacrifícios fossem deficitários, porquanto tinham que ser reiteradamente oferecidos. Não continham nada inerentemente senão o sangue de animais, o qual não podia atingir a alma, enquanto que o sangue de Cristo é algo completamente diferente. Não é correto, pois, comparar o sacrifício de Cristo com aqueles de outrora.

5. Por isso, ao entrar no mundo, diz: Sacrifício e oferta não quiseste, porém um corpo me preparaste;
6. não te deleitaste com holocaustos e ofertas pelo pecado.
7. Então eu disse: Eis aqui estou (no rolo do livro está escrito a meu respeito) para fazer, ó Deus, a tua vontade.
8. Tendo dito acima: Sacrifícios e ofertas não quiseste, nem holocaustos e oblações pelo pecado, nem neles te deleitaste (os quais se oferecem segundo a lei),
9. então ele disse: Eis-me aqui para fazer a tua vontade. Ele tira o primeiro, para estabelecer o segundo.
10. Nessa vontade é que temos sido santificados pela oferta do corpo de Jesus Cristo, uma vez por todas.

5. Quapropter egrediens in mundum dicit, Sacrificium et oblationem noluisti, corpus autem aptasti mihi;
6. Holocausta et victimas pro peccato non probasti;
7. Tunc dixi, Ecce adsum; in capite libri scriptum est de me, ut faciam, O Deus, voluntatem tuam.
8. Quum prius dixesset, sacrificium et oblationem, holocausta et victimas pro peccato noluisti, neque comprobasti quae secundum legem offeruntur;
9. Tunc dixit, Ecce adsum ut faciam, O Deus, voluntatem tuam, tollit prius ut secundum statuat:
10. In qua voluntate sanctificati sumus per oblationem corporis Iesu Christi semel.

5. Por isso, ao entrar no mundo. Essa entrada no mundo consistiu na manifestação de Cristo na carne; pois quando ele se vestiu da natureza humana para que fosse o Redentor do mundo, e apareceu aos homens, lemos que ele entrou no mundo, assim como em outro lugar lemos ter ele descido do céu [Jo 6.41]. O Salmo 40, que ele cita, parece aplicar-se impropriamente a Cristo, na sentença "minhas iniqüidades me alcançaram", pois o que encontramos ali de modo algum se encaixa à sua pessoa, a menos que ele, espontaneamente, tomasse sobre si os pecados de seus membros. Indubitavelmente, o argumento como um todo se encaixa à pessoa de Davi de maneira perfeita, mas, como bem se sabe que Davi era tipo de Cristo, não constitui nenhum absurdo transferir para Cristo o que Davi declarara acerca de si próprio, especialmente quando, nesta passagem, se faz menção da abolição dos sacrifícios sob a lei. Nem todos concordam que as palavras contenham esse significado. Muitos concluem que o que se rejeita aqui não são simplesmente sacrifícios, mas o que se condenava era a idéia supersticiosa que geralmente prevalecia, a saber, que todo o culto divino se compunha deles. Se esse é o caso, então essa evidência é de pouco valor para o presente propósito.

Portanto, vale a pena examinar esta passagem mais detidamente, para vermos se o apóstolo a introduziu de maneira relevante. Sentenças desse gênero percorrem os profetas, a saber: que os sacrifícios não agradam a Deus, não são requeridos por ele e não possuem valor algum; aliás, na verdade, para ele são uma abominação. O que se nota aqui não é a imperfeição inerente à natureza dos sacrifícios, e sim seu caráter acidental. Quando os hipócritas se mostravam obstinados em sua impiedade, e mesmo assim insistiam em agradar a Deus com sacrifícios, não obstante eram reprovados. Os profetas rejeitam os sacrifícios, não pelo fato de que eram de instituição divina, mas em virtude de serem maculados pelos homens perversos e profanados pelas consciências impuras. Aqui a razão é diferente, pois o autor não está condenando os sacrifícios oferecidos hipocritamente, nem tampouco porque eram oferecidos inapropriadamente em virtude da perversidade e pecaminosidade humana, senão que o autor está afirmando que eles já não são requeridos dos piedosos e honestos adoradores de Deus. Ele está falando de si próprio, dizendo que lhes foi oferecido com coração puro e mãos limpas e, todavia, não agradaram a Deus.

Caso alguém objete dizendo que os sacrifícios não foram aceitos em virtude de sua própria natureza, ou porque eram indignos, e sim em virtude de outro propósito, repito que um argumento desse gênero não se encaixa nesta passagem. Ali, os homens estão sendo convocados ao culto espiritual, caso estejam atribuindo às cerimônias externas mais do que é devido. Então o Espírito Santo seria considerado como que declarando que as cerimônias são de nenhum valor diante de Deus, quando, pelo erro humano, são exaltadas muito acima do que se devia.

Davi, vivendo sob o regime da lei, certamente não teria negligenciado o rito de sacrificar. Concordo que ele teria cultuado a Deus com profunda sinceridade de coração, todavia não lhe era lícito omitir o que Deus lhe havia ordenado. Ele recebera a ordem de sacrificar em comum acordo com todos os outros. Desse fato concluímos que ele visualizava algo que transcendia o padrão de sua própria época, quando disse: "Não te deleitaste com holocausto e oferta pelo pecado." Mesmo na época de Davi, em certa medida ficou provado que Deus não se preocupava propriamente com sacrifícios; entretanto, já que o povo se encontrava ainda sob o jugo do pedagogo [a lei], Davi não podia executar o culto divino de uma forma plena, a menos que o culto fosse revestido, por assim dizer, de forma apropriada. Devemos, pois, achegar-nos, necessariamente, ao reino de Cristo, para que transpareça mais plenamente a verdade de que Deus não tem prazer em receber sacrifício.

Há uma passagem semelhante no Salmo 16.10: "Nem permitirás que o teu santo veja corrupção." Ainda que Deus, por algum tempo, salvou Davi da corrupção, contudo isso não se consumou plenamente, exceto em Cristo. E não é de pouca importância que, ao professar que faria a vontade de Deus, ele não deixou lugar algum para os sacrifícios. Daqui concluímos que os mesmos são contrários à perfeita obediência a Deus, fato que não poderia ser procedente, a menos que a lei fosse abolida. Não nego que Davi, seja aqui, seja no Salmo 51.16, deprecia de tal forma a eficácia dos sacrifícios externos, a ponto de preferir aquilo que é primordial. Não há dúvida de que em ambos os passos ele buscava o reino de Cristo. O apóstolo é testemunha de que Cristo é corretamente apresentado como quem fala nesse Salmo, no qual nem mesmo se deixa um lugar de importância inferior, entre os mandamentos divinos, para os sacrifícios que Deus estritamente requeria na época da lei.

Um corpo me preparaste. As palavras de Davi soam de forma distinta: "Abriste meus ouvidos." Há quem creia que essa frase foi emprestada de um antigo ritual de caráter legal [Êx 21.6]. Se alguém recusasse a liberdade concedida no jubileu, e preferisse ser mantido em escravidão perpétua, sua orelha tinha de ser furada com uma sovela. Segundo crêem, o significado seria este: "Senhor, tu me terás como um servo preso a ti para sempre." Tomo isso de outra forma, como uma expressão que revela docilidade e obediência. Somos surdos, até que Deus abra nossos ouvidos, ou seja, até que ele cure a obstinação que nos é inerente. Há um contraste implícito entre o povo (para quem os sacrifícios não passavam de espetáculo destituído de poder) e Davi, a quem Deus revelara com mais exatidão sua aplicação espiritual e legítima. O apóstolo segue o grego, e diz: "Tu me preparaste um corpo." Os apóstolos não eram excessivamente escrupulosos na citação de palavras, uma vez que seu uso das Escrituras não as pervertesse segundo sua própria conveniência. Devemos mirar sempre o propósito para o qual as citações eram feitas, porque eles eram muito cuidadosos no tocante ao objetivo primordial, para que o sentido das Escrituras não fosse falseado. Mas no que diz respeito a palavras, bem como em outras coisas que não eram relevantes ao presente propósito, costumavam agir com certa liberdade.[2]

7. No rolo do livro. O significado próprio do termo hebraico é *volume*. Sabemos que, nos tempos mais antigos, os livros eram enrolados numa forma cilíndrica. Não é fora de propósito tomar o vocábulo *livro* no sentido de lei que estabelece a norma de vida santa a todos os filhos de Deus, ainda que me pareça uma explicação mais natural dizer que o autor está se incluindo no rol daqueles que se entregam em obediência a Deus. A lei nos concita a obedecer a Deus; Davi, porém, tem em mente que ele estava incluído no número dos que são chamados a obedecer a Deus. Ele indica que está obedecendo a Deus, ao agregar: "Eis aqui estou para fazer a tua vontade." E isso se aplica a Cristo de uma forma singular. Ainda que todos os santos aspirem à justiça de Deus, Cristo é o único plenamente capacitado a fazer a vontade de Deus.

Esta passagem, não obstante, deveria compelir a todos nós a uma pronta obediência. Cristo é o exemplo de perfeita obediência, para que todos os que são dele se esforcem zelosamente por imitá-lo, e juntos respondam positivamente ao chamado de Deus e confirmem sua vocação ao longo de toda sua vida, pronunciando sempre estas palavras:

---

2 Isto, sem dúvida, é procedente; aqui, porém, a identidade do significado é difícil de ser extraída. Veja-se Apêndice 32.

"Eis aqui estou para fazer a tua vontade." O que segue visa ao mesmo propósito: "Está escrito no livro", ou seja: que devemos fazer a vontade de Deus, como lemos em outro lugar: que o propósito de nossa eleição é para que sejamos santos e irrepreensíveis aos olhos de Deus [Cl 1.22].

9. Ele tira o primeiro. Note-se a razão e o propósito desta citação, isto é, para que saibamos que a perfeita e sólida justiça no reino de Cristo não depende de sacrifícios segundo a lei. Quando estes são removidos, a vontade de Deus se estabelece como norma de perfeição. Segue-se, pois, que os sacrifícios de animais foram removidos pelo sacerdócio de Cristo, já que neste não havia lugar para aqueles. Como já dissemos, não havia razão para se rejeitarem os sacrifícios em virtude de alguma imperfeição acidental, visto que o autor não está tratando de hipócritas nem está condenando a superstição de um culto distorcido, e sim está dizendo que os sacrifícios costumeiros não são mais exigidos de alguém que é santo e corretamente instruído, e dá testemunho de que Deus é perfeitamente obedecido mesmo quando se omitem os sacrifícios.

10. Nessa vontade. Tendo relacionado o testemunho de Davi ao seu tema, o autor agora aproveita a ocasião para aplicar algumas das palavras ao seu propósito pessoal, mais em função de adorno do que de explicação. Davi confessa que está preparado para fazer a vontade de Deus, não tanto em sua própria pessoa, mas na de Cristo. Isso se estende para que se incluam todos os membros de Cristo. Esse é o ensino geral de Paulo, quando declara: "Pois esta é a vontade de Deus, a vossa santificação: que vos abstenhais da fornicação" [1Ts 4.3]. Visto que o exemplo de obediência que Cristo deu superou proeminentemente a todos os demais, a ponto de se doar espontaneamente para morrer na cruz, e visto que, para esse propósito particular, ele assumiu a forma de servo, o apóstolo diz que, ao oferecer-se, Cristo cumpriu o mandamento do Pai, e dessa forma fomos santificados.[3]

---

3 "Santificado" aqui, como em 2.11, inclui a idéia de expiação; é ser santificado ou purificado da culpa, em vez de poluição, porque lemos que isso se dá pelo oferecimento do corpo de Cristo, que foi

Ao acrescentar, **pela oferta do corpo**, sua alusão é à sentença do Salmo: "Corpo me preparaste." Pelo menos é assim que está em grego. O autor tem em mente que Cristo entendeu que em si mesmo podia agradar a Deus, de modo que não teve qualquer necessidade de buscar auxílios externos. Se os sacerdotes levitas possuíssem um corpo apropriado, então o sacrifício de animais teria sido supérfluo; mas Cristo sozinho é suficiente, e por si só está apto a realizar tudo o Deus requer.

11. E assim todo sacerdote se apresenta dia após dia, ministrando e oferecendo muitas vezes os mesmos sacrifícios, que nunca podem tirar pecados;	11. Et omnis quidem sacerdos quotidie ad ministradum adstat, et easdem saepius offerendum victimas, quae nunquam possunt tollere peccata:
12. mas este, havendo oferecido para sempre um único sacrifício pelos pecados, assentou-se à destra de Deus,	12. Ipse autem uma pro peccatis oblata victima, perpetuo sedet in dextera Dei;
13. daí em diante esperando até que os seus inimigos sejam feitos o estrado de seus pés.	13. Quod reliquum est experctans donec ponantur inimici sui scabellum pedum suorum.
14. Pois com uma só oferta ele aperfeiçoou para sempre os que são santificados.	14. Uma enim oblatione consecravit (vel, perfecit) in perpetuuum eos qui sanctificantur.
15. E o Espírito Santo também no-lo testifica, porque depois de haver dito:	15. Testimonium autem reddit nobis etiam Spiritus Sanctus; nam postquam praedixerat,
16. Este é o pacto que farei com eles depois daqueles dias, diz o Senhor: Porei minhas leis em seus corações, e também as escreverei em suas mentes; e então diz:	16. Hoc esse testamentum quod statuam cum ipsis post dies illos, dicit Dominus, ut ponam leges meãs in corda illorum, et in mentibus eorum inscribam illas,
17. E de seus pecados e de suas iniqüidades jamais me lembrarei.	17. Et peccatorum et iniquitatum eorum hnon recordabor amplis.
18. Ora, onde há remissão destes, não há mais oferta pelo pecado.	18. Porro ubit fit horum remissio, non est amplius oblatio pro peccato.

---

especialmente uma expiação dos pecados, como transparece do que segue; e o principal objetivo da citação feita mais adiante era mostrar que, por sua morte, se obteve remissão de pecados. "Nessa vontade", ou por cuja vontade, comumente é tomado no sentido de "pela concretização de cuja vontade"; ou ἐν pode ser tomado como em 4.11, no sentido de κατὰ, "segundo essa vontade somos purificados (i.e., da culpa) pelo oferecimento do corpo de Cristo feito uma vez". Aqui, "vontade" não significa o ato de querer, mas o objeto da vontade, aquilo que Deus quer, aprova e lhe agrada, e é posto em oposição aos sacrifícios legais. E como há um οἱ em muitas boas cópias depois de ἐσμὲν, há quem traduza o versículo assim: "Por cuja vontade somos purificados, nós que somos purificados pelo oferecimento do corpo de Cristo feito uma vez." Assim, "a vontade", ou o que agradou a Deus, é primeiramente oposto aos sacrifícios, e então identificado com o oferecimento do corpo de Cristo.

11. E assim todo sacerdote. Temos aqui a conclusão de todo o argumento, a saber: que a prática de sacrificar diariamente é de todo inconsistente e estranha ao sacerdócio de Cristo; e, por conseguinte, depois de sua vinda, os sacerdotes levitas ficaram privados de seu ofício, já que seu lugar e propósito eram sacrificar diariamente. É próprio da natureza das coisas contrárias que, quando uma é estabelecida, a outra é excluída. Até aqui o autor se esforçou com eficiência e mais que suficientemente em defender o sacerdócio de Cristo; então chega à conclusão de que o antigo sacerdócio, sendo oposto ao novo, cessou, uma vez que não está em sincronia com Cristo. Todos os santos encontram uma completa consagração no sacrifício singular de Cristo. O termo τετελείωκεν, que já traduzimos por *consagrado*, pode ser traduzido por *aperfeiçoado*; quanto a mim, porém, prefiro o primeiro significado, porque o autor está tratando agora de coisas sagradas.[4]

Ao dizer: **os que são santificados**, ele inclui, nesta frase, todos os filhos de Deus, e nos lembra que será inútil buscar a graça da santificação em qualquer outra fonte. Em caso de os homens imaginarem que Cristo está agora tranqüilo no céu, o autor repete novamente que ele "está assentado à destra de Deus", denotando com esta frase (como já vimos em outro lugar) seu reino e seu poder. Não há, pois, razão para temer-se que ele permita que seu poder seja destruído pela morte, ou que permaneça sepultado, senão que ele vive com o mesmo propósito de encher o céu e a terra com seu poder. Ele mostra, a partir das palavras do salmista, quanto tempo deve durar esse estado de coisas, ou seja: até que Cristo tenha vencido a todos os seus inimigos. E assim, se nossa fé busca Cristo assentado à destra de Deus, e repousa em tão gloriosa verdade, no final desfrutaremos dos resultados dessa vitória, juntamente com ele como nossa Cabeça; e quando nossos inimigos forem vencidos, juntamente com Satanás, o pecado, a morte e o mundo inteiro, e quando tivermos destruído a corrupção de nossa carne, então triunfaremos.

---

4 Veja-se Apêndice 33.

15. E o Espírito Santo também no-lo testifica.[5] Não é irrelevante nem supérfluo o fato de este testemunho de Jeremias ser adicionado pela segunda vez. Ele o citou antes com outro propósito, a saber: para mostrar que era necessário que o antigo pacto fosse abolido, já que um novo e diferente fora prometido, com o propósito de corrigir a deficiência do antigo.[6] Agora seu alvo e perspectiva são diferentes. Ele constrói sua tese unicamente sobre esta frase, "e de suas iniqüidades jamais me lembrarei", e conclui a partir dela que não há mais nenhuma necessidade de sacrifício, conquanto seus pecados são apagados.[7]

Pode suceder que esta conclusão não pareça suficiente. Ainda que na lei e nos profetas haja inumeráveis promessas sobre a remissão de pecados, não obstante a Igreja não cessou de oferecer sacrifícios por eles. Portanto, a remissão de pecados não exclui sacrifícios. Se o leitor, porém, ponderar sobre os pontos individuais mais detidamente, então descobrirá que os [antigos] pais também tiveram as mesmas promessas relativas à remissão de pecados, sob a lei, tal como as temos atualmente. Invocavam a Deus em plena confiança e se gloriavam no perdão que obtinham. No entanto o profeta promete que sob o novo pacto não mais haveria lembrança de pecados diante de Deus, como se estivesse introduzindo algo novo e jamais ouvido. Desse fato

---

5 "Agora nos testifica também o Espírito Santo"; essa pode ser a tradução das palavras. Macknight traduz o δὲ por "E", e Stuart, por "Além do mais"; mas "Agora" parece mais adequado.

6 A citação, como feita aqui, propicia um notável exemplo do que Calvino disse previamente: que o apóstolo não era muito escrupuloso no uso das palavras, mas que atentava bem para o significado. As palavras foram citadas antes em 8.10-12. Ali temos "em sua mente – καρδίας"; aqui, "em suas mentes – διανοιῶν"; e em 8.12 e 17 temos palavras totalmente diferentes, ainda que, essencialmente, no mesmo sentido. Não carece que fiquemos surpresos quando às vezes há variedade nas citações feitas do Antigo Testamento, já que o apóstolo variava a citação ao fazê-la segundo vez.

7 Esta citação mostra claramente o significado do termo "santificados". Os santificados, ou os propiciados, ou expiados eram aperfeiçoados pelo fato de seus pecados serem perfeita e completamente perdoados. A suficiência do sacrifício de Cristo em remover os pecados, por uma plena e completa remissão, é o tema do princípio ao fim, e não o efeito daquele sacrifício na obra de santificação. O capítulo começa com pecados no tocante à consciência; e aqui se reporta às palavras de Jeremias, não com o propósito de mostrar que a nova aliança provê a renovação do coração (ainda que inclua também isso), mas de prover que lhe assegure livre e plena remissão de pecados, granjeada, como já se afirmou, pelo único sacrifício de Cristo, uma vez oferecido e perpetuamente eficaz.

podemos concluir que os pecados são agora remitidos de uma forma diferenciada daquela anterior. A diferença está não na palavra ou na fé, mas no *preço* real da remissão. Deus agora não mais se lembra dos pecados, porque a expiação foi efetuada uma vez por todas. De outra forma, o profeta estaria falando em vão, quando diz que este será o benefício do novo pacto: Deus não mais se lembrará dos pecados.

Uma vez que agora chegamos ao final da discussão que temos desenvolvido em torno do sacerdócio de Cristo, o leitor deve lembrar sucintamente que os sacrifícios sob a lei são aqui revogados não de forma mais contundente do que se refuta a invenção dos papistas acerca do sacrifício da missa.

Defendem a tese de que sua missa é um sacrifício para a expiação dos pecados dos vivos e dos mortos. O apóstolo diz que agora não há mais lugar para sacrifício desde o tempo em que se cumpriu a profecia de Jeremias.

Os papistas replicam que isso não constitui algo novo ou diferente do sacrifício de Cristo, senão que é a mesma coisa. O apóstolo, em contrapartida, mantém que o mesmo sacrifício jamais se repetirá, e diz que o sacrifício de Cristo foi não só único, mas também foi oferecido uma vez por todas. Acresce-se a isso o fato de que ele reivindica exclusivamente para Cristo a honra do sacerdócio, de modo que ninguém foi capaz de oferecê-lo, senão unicamente ele.

Os papistas apresentam outra evasiva, denominando seu sacrifício de *incruento*; mas o apóstolo mantém, sem exceção, que é indispensável que haja *morte* para que se consuma um sacrifício.

Os papistas apresentam uma justificativa, dizendo que a missa é a aplicação do sacrifício único que Cristo ofereceu; o apóstolo, porém, em contrapartida, ensina que os sacrifícios sob a lei foram abolidos pela morte de Cristo, já que havia neles recordação de pecados. Disto se faz evidente que desapareceu esse gênero de aplicação inventada por eles.

Em suma, deixemos que os papistas se emaranhem na fórmula que mais gostam, pois não podem escapar do fato de que o presente argumento do apóstolo põe a descoberto que sua missa está saturada de todo gênero de sacrilégio. Em primeiro lugar, através do testemunho do apóstolo, somente Cristo foi capaz de oferecer a si próprio; na missa, ele é oferecido por outras mãos. Em segundo lugar, o apóstolo mantém que o sacrifício de Cristo é não só o único, mas foi oferecido uma vez para sempre, de tal modo que não se pode repetir; contudo podem tagarelar, dizendo que na missa o sacrifício é o mesmo, todavia admitem que ele tenha de se repetir todos os dias. O apóstolo reconhece que não há sacrifício sem sangue e sem morte; eles emitem sons estranhos quando dizem que o sacrifício que oferecem é incruento. Ao tratar da obtenção do perdão dos pecados, o apóstolo nos concita a buscar refúgio naquele único sacrifício que Cristo ofereceu na cruz, e nos distingue dos [antigos] pais com este sinal: que o rito do sacrifício contínuo foi revogado com a vinda de Cristo; os papistas, em contrapartida, a fim de fazer eficaz a morte de Cristo, exigem aplicações diárias através de um sacrifício, de modo que não existe qualquer diferença entre cristãos e judeus, exceto no sinal externo.

19. Tendo, pois, irmãos, ousadia para entrarmos no santo dos santos, pelo sangue de Jesus,
20. pelo novo e vivo caminho que ele nos consagrou, através do véu, isto é, de sua carne,
21. e tendo um grande sumo sacerdote sobre a casa de Deus,
22. aproximemo-nos com sincero coração em plenitude de fé, tendo nossos corações aspergidos contra uma má consciência e nosso corpo lavado com água pura,
23. retenhamos inabalável a confissão de nossa esperança, porque fiel é aquele que fez a promessa.

19. Habentes itaque, fratres, fiduciam ingrediendi in sacta per sanguinem Iesu,
20. Via quam dedicavit nobis recentem ac vivam per velum, hoc est carnem suam,
21. Et sacerdotem magnum super domum Dei,
22. Accedamus cum sincero corde in certitudine fidei, aspersi cordibus a conscientia mala, et abluti corpore aqua munda;
23. Teneamus confessionem spei inflexibilem, Fidelis enim qui promisit.

19. Tendo, pois, irmãos. O autor agora ajunta a conclusão, ou resumo do ensino precedente, ao qual adiciona uma exortação oportuna e autoritativa, e ameaça severamente àqueles que rejeitam a graça de Cristo. Eis a suma do apóstolo: todas as cerimônias pelas quais se obtinha acesso ao santuário de Deus, sob o regime da lei, encontravam sua sólida realidade em Cristo, de modo que a utilização delas por alguém que já possui a Cristo é completamente desnecessária e sem proveito. Para deixar isso ainda mais claro, o autor descreve alegoricamente o caminho de acesso que Cristo nos abriu. Ele compara o céu com o antigo santuário e apresenta o que é espiritualmente cumprido em Cristo na forma de alegorias. É indubitável que as alegorias às vezes obscurecem o ponto em vez de ilustrá-lo. Mas quando o apóstolo transfere para Cristo as antigas figuras da lei, não deixa de haver elegância no que diz, ao mesmo tempo em que lança não pouca luz sobre a matéria; e assim o expressa a fim de que possamos reconhecer como se manifesta agora, de forma real, o que na lei é representado obscuramente. Como há grande importância em quase toda palavra, recordemos bem que há implícito um contraste, de modo que a verdade que é vista em Cristo suprime os tipos antigos.

Primeiramente, ele afirma que devemos ter **ousadia para entrar no santo dos santos**. Tal privilégio jamais fora dado aos pais sob o regime da lei. Ao povo se proibia aproximar-se do santuário visível, exceto o sumo sacerdote que levava em seus ombros os nomes das tribos, e em seu peito as doze pedras como um memorial delas. Mas agora o caso é muito diferente. O caminho para o céu se nos abre não só simbolicamente, mas em plena verdade, pela misericórdia de Cristo, porque ele nos transformou num sacerdócio real.[8]

Diz ele: **pelo sangue de Jesus**, porque a porta do santuário não se abria para a solene entrada do sumo sacerdote, senão pela intervenção de sangue. Ele prossegue fazendo uma observação sobre a diferença existente entre este sangue e o de animais. O sangue de ani-

---

[8] Macknight toma este "acesso" como sendo a morte! Como se o apóstolo estivesse falando do que era futuro, enquanto no versículo 22, com o qual ele conecta este versículo e o seguinte, afirma: "aproximemo-nos", isto é, nós, que temos acesso, sim, "o novo e vivo caminho". Possuindo tal privilégio, deviam aproximar-se. Evidentemente, é um acesso e um caminho que os crentes agora possuem.

mais não poderia reter sua eficácia por muito tempo, porquanto logo a seguir começa a se decompor; enquanto o sangue de Cristo não se corrompe por qualquer decomposição, senão que flui continuamente em pureza incorruptível, e nos será suficiente até o fim do mundo. Não surpreende que os animais mortos em sacrifício não possuíssem qualquer poder de conferir vida, foram e permaneceram mortos; mas Cristo, que ressuscitou dentre os mortos para comunicar-nos vida, ele mesmo derramou em nós sua própria vida. Eis a contínua consagração de sua vida – o sangue de Cristo está sendo continuamente aspergido diante da face do Pai, para irrigar o céu e a terra.

20. Através do véu. Assim como o véu cobria os recessos do santuário, e ao mesmo tempo lhe abria uma porta de acesso, também, embora sua divindade estivesse oculta na carne de Cristo, ele nos conduz ao céu; e assim ninguém encontrará a Deus, a menos que o *Cristo-Homem* seja seu caminho e sua porta. Dessa forma somos lembrados que a glória de Cristo não deve ser avaliada pelo prisma dos aspectos externos de sua carne, nem tampouco deve sua carne ser desmerecida só porque ela esconde, à semelhança de um véu, a majestade de Deus, porquanto é ela que nos conduz a usufruir de todos os benefícios divinos.

21. E tendo um grande Sacerdote. Tudo o que o autor disse previamente acerca da abolição do antigo sacerdócio deve ser uma vez mais refletido em nossa memória. Cristo jamais teria sido sumo sacerdote, a menos que os antigos sacerdotes fossem despojados de seu ofício, visto que o mesmo era de outra ordem. O autor quer dizer, pois, que todas aquelas coisas que Cristo mudou com sua vinda devem ser descartadas. Ele põe Cristo sobre toda a casa de Deus, para que todo aquele que buscar refúgio na Igreja se submeta a Cristo, e não escolha a nenhum outro, senão a ele somente, como seu Guia e Governante.[9]

22. Aproximemo-nos com sincero coração. Como o apóstolo demonstra que não há em Cristo e em seu sacrifício nada que não seja espiritual ou celestial, assim ele deseja que de nossa parte façamos o que

---

9 Veja-se Apêndice 34.

nos compete. Nos dias de outrora, os judeus se purificavam através de várias lavagens, para que estivessem preparados para o culto divino. Não surpreende que o ritual de purificação fosse de caráter carnal, visto que o próprio culto divino, envolto em sombras, em certa extensão participasse da natureza carnal. Um sacerdote, de natureza mortal, era escolhido dentre os pecadores, por certo tempo, para a execução do ofício sagrado. Ele era vestido com vestes preciosas, embora de caráter terreno, a fim de permanecer na presença de Deus. Só se aproximava da arca da aliança; e, a fim de santificar sua entrada, ele tomava para o sacrifício um animal do rebanho ou do gado. Em Cristo, porém, tudo é muito superior. Ele mesmo é não só puro e irrepreensível, mas também a própria fonte de toda santidade e retidão, e foi feito Sumo Sacerdote através de um oráculo celestial, não por um curto espaço de tempo em que vive um mortal, mas para sempre. Para ratificar sua designação, interpôs-se um juramento. Ele apareceu adornado com todos os dons do Espírito Santo na mais sublime perfeição. Ele propiciou a Deus através de seu próprio sangue, e o reconciliou com os homens. Subiu acima de todos os céus para comparecer perante Deus como nosso Mediador.

À vista de tudo isso, de nossa parte nada podemos apresentar que não seja correspondente, visto que deve haver uma mútua harmonia entre o Sacerdote e o povo. Devem suprimir-se, pois, todas as lavagens exteriores, e cessar todo aparato cerimonial. O apóstolo contrasta essas figuras externas com um *coração veraz* e a *plena certeza de fé*, bem como a supressão de todo mal. Desse fato concluímos como devemos portar-nos a fim de desfrutarmos dos benefícios de Cristo. Não podemos achegar-nos a ele exceto com um reto e sincero coração, com uma fé em plena certeza e uma consciência pura.

Contrasta-se um coração honesto e sem dolo com aquele que é dissimulado ou enganoso.[10] Pelo termo πληροφορία [*plena certeza*], o

---

10 Este coração veraz, sincero ou reto, isento de vício e poluição, foi simbolizado pela lavagem no final do versículo. Sem lavagem, não se permitia que os sacerdotes ministrassem, e eram ameaçados com morte [Ex 30.19-21]; e quando algum deles tocava algo imundo, não lhe era permitido comer as coisas santas até que se lavasse [cf. 12.6]. Lavar o corpo era algo mui importante, visto que simbolizava a lavagem interior do coração, única forma de sermos verdadeiros, ou sinceros,

apóstolo descreve a natureza da fé, e ao mesmo tempo nos diz que a graça de Cristo só pode ser recebida por aqueles que exibem uma convicção inabalável e bem direcionada. Ele denomina de "aspergindo o coração contra uma má consciência", seja quando somos apresentados puros perante Deus, ao obtermos o perdão de nossos pecados, seja quando nosso coração é purificado de toda e qualquer afeição impura, e que não se deixa levar pelos impulsos da carne. Eu incluo ambos os aspectos.[11]

O que vem a seguir acerca de **lavar o corpo com água pura** é considerado pela maioria dos intérpretes como uma referência ao batismo. Quanto a mim, porém, parece-me mais provável que o apóstolo esteja aludindo às antigas cerimônias da lei, e pelo termo *água* queira referir-se ao Espírito de Deus, como diz o profeta Ezequiel: "E então aspergirei água pura sobre vós" [Ez 36.25]. A suma disso consiste em que somos feitos participantes de Cristo, caso nos acheguemos a ele santificados no corpo e na alma. Tal santificação não é a mesma que consiste na pompa visível de cerimônias, mas que é a fé inabalável, a consciência pura e a santidade de corpo e alma que fluem de Deus e são efetuadas pelo Espírito de Deus. É assim que Paulo exorta os fiéis, em 2 Coríntios 7.1, a que se purifiquem de toda impureza da carne e do espírito, visto que eles são adotados por Deus como seus filhos.[12]

23. Retenhamos inabalável a confissão de nossa esperança. Visto que o autor está aqui a induzir os judeus à perseverança, ele fala da *esperança*, em vez de falar da fé. Assim como a esperança é filha

---

ou fiéis a Deus. Temos aqui duas coisas – um coração sincero e uma fé inabalável; a segunda é então apresentada pela aspersão, palavra emprestada dos ritos levíticos; e a primeira pela lavagem do corpo como sob a lei.

11 Em hebraico, רע significa Πονηρὸς, o mal do pecado, perversos, e também o efeito do pecado, miseráveis. Tudo indica que aqui parece ser o último sentido; uma consciência miserável é aquela oprimida pela culpa. Grotius e Stuart consideram ser esse o significado. É o mesmo que "consciência de pecados", no versículo 2. O que parece estar implícito é uma consciência acusadora ou culpada, labutando sob a pressão de pecado consciente. Mas, Doddridge e Scott, como Calvino, combinam as duas idéias de culpa e poluição; ainda que lavagem, mencionada mais adiante, pareça mais propriamente referir-se à última; e perdão é o que se conecta mais comumente com o sangue de Cristo.

12 Veja-se Apêndice 35.

da fé, ela é também nutrida e sustentada pela fé até o fim. Além do mais, ele demanda *confissão*, visto que não há fé genuína a menos que a demonstremos diante dos homens. O apóstolo parece estar tocando indiretamente na pretensão daqueles que se mantinham com excessivo escrúpulo em relação aos ritos da lei com o intuito de agradar os de sua própria raça. Portanto os convida não só a crerem com seus corações, mas também a demonstrarem, mediante sua confissão, o quanto era real sua obediência a Cristo.

Devemos atentar cuidadosamente para a sentença seguinte, a saber: que **fiel é aquele que fez a promessa**. O apóstolo nos diz antes de tudo que nossa fé repousa no fundamento de que Deus é verdadeiro. Além do mais, esta verdade se acha contida em sua promessa, porquanto a voz divina tem de soar primeiro para que possamos crer. Não é qualquer gênero de voz que pode produzir fé, senão a que repousa sobre uma única promessa. Desta passagem, pois, podemos deduzir a relação mútua entre a fé dos homens e a promessa de Deus. Se Deus não prometer, ninguém poderá crer.[13]

24. E consideremo-nos uns aos outros, para nos estimularmos ao amor e às boas obras,	24. Et consideremus nos mutuo in aemulationem charitatis et bonorum operum;
25. não deixando de congregar-nos, como é costume de alguns, antes admoestemo-nos uns aos outros; e tanto mais, quanto vedes que vai se aproximando aquele dia.	25. Neque deseramus aggregationem nostri, quemadmodum mos est quibusdam; sed exhortemur, idque eo magis, quia videtis appropinquantem diem.
26. Porque, se pecarmos deliberadamente, depois de termos recebido o pleno conhecimento da verdade, já não resta mais sacrifício pelos pecados,	26. Voluntarie enim peccantibus nobis post acceptam veritatis notitiam, non amplius relinquitur pro peccati hostia;
27. e, sim, uma certa expectação terrível de juízo e um ardor de fogo que há de devorar os adversários.	27. Sed terribilis expectatio judicii, et zelus ignis qui devorabit adversarios.

---

13 Nossa versão traz "fé", mas seria "esperança", como se encontra em quase todas as cópias. "Confissão de esperança" é um hebraísmo para esperança professada, ou a esperança que professamos. Ele mencionou "fé" no versículo precedente, e agora "esperança" como sendo sua filha, e como aquela que especialmente os sustentava em suas provações.

24. E consideremo-nos uns aos outros. Estou plenamente certo de que essa exortação é dirigida particularmente aos judeus. A extensão do orgulho daquela raça é notória. Uma vez que eram filhos de Abraão, vangloriavam-se de que, pela exclusão de todos os demais, foram os únicos escolhidos pelo Senhor para a participação do pacto de vida eterna. Sentiam-se excessivamente ensoberbecidos por esse privilégio, e assim desprezavam todos os demais povos, acostumando-se a incluir na Igreja de Deus somente a eles. Arrogavam para si, com a mais intensa soberba, o título exclusivo de *Igreja*. Foi a duras penas que o apóstolo tentou corrigir esse orgulho e, em minha opinião, é precisamente o que ele está tentando fazer agora, fazendo com que os judeus não se indispusessem com a presença dos gentios, os quais se achavam agora unidos a eles no mesmo corpo da Igreja.

Antes de tudo, diz ele: "Consideremo-nos uns aos outros", porquanto Deus estava, então, reunindo sua Igreja, composta de gentios e judeus, havendo entre eles acirrada e inacabável divisão, de modo que essa união se assemelhava a um misto de fogo e água. Diante de tal fato, os judeus recuavam, porquanto entendiam que lhes seria humilhante colocar-se em pé de igualdade com os gentios. Em contraste com essa vergonhosa rivalidade que os aguilhoava, o apóstolo sugere outro componente em contraposição, a saber: *o amor*. O termo que ele usa, παροξυσμὸς, significa o fogo da contenda. Para que os judeus não fossem dominados pela inveja e conduzidos à contenda, ele os incita à santa competição, ou seja, os estimula ao exercício do amor recíproco.[14]

---

14 Literalmente, as palavras são: "E observemos (ou tomemos nota de) uns aos outros pela instigação do amor das boas obras"; isto é, "Notemos o estado e circunstâncias uns dos outros com o propósito de estimular o amor e os atos de bondade e benevolência, seus frutos próprios." O amor é o princípio, e as obras boas ou benevolentes são o que ele produz.
"Consideremos atentamente uns aos outros
para a vivificação do amor e das boas obras." – Macknight.
"Além do mais, consideremos atentamente uns aos outros,
buscando estimular o amor e as boas obras." – Stuart.
A idéia de competição parece não estar inclusa nas palavras. O significado da exortação é aproveitar a oportunidade que as circunstâncias propiciam para promover o amor e o exercício da benevolência. Como um exemplo da ausência do amor, ele nota, no versículo seguinte,

25. Ele reforça esta exposição com o que segue imediatamente, dizendo: **não deixando de congregar-nos**. É bom notar a etimologia do termo grego. Como ἐπὶ significa *uma adição*, portanto ἐπισυναγωγὴ equivale a uma congregação que cresce através de novas adesões. Ao derrubar a barreira [Ef 2.14], Deus adicionou a seus filhos aqueles que haviam sido estranhos à Igreja. E, assim, os gentios passaram a ser uma nova e inusitada adição à Igreja. Os judeus tomavam tal coisa como um insulto a eles dirigido, e por isso muitos se separavam da Igreja, imaginando que tal coisa os munia de um pretexto justo para fugirem de tal mistura. Não é fácil persuadi-los a cederem seus direitos. Criam que o direito de adoção era particular e exclusivamente deles. O apóstolo, pois, os admoesta a que não permitissem que essa igualdade os incitasse a abandonarem a Igreja; e, para que não concluíssem que os exortava em vão, lhes recorda que tal atitude era comum a muitos.[15]

É possível agora apreendermos o propósito do apóstolo e a necessidade que o impelia a elaborar tal exortação, e ao mesmo tempo nos propicia inferir daqui uma doutrina de referência geral. Temos aqui uma enfermidade que assola toda a raça humana: todos preferem a si próprios em detrimento de outrem, especialmente os que parecem excedê-los em algum aspecto, e de alguma forma não permitem facilmente que seus inferiores lhes sejam iguais. Há tanta rabugice em quase todos esses indivíduos que, estando em seu poder, de bom grado fariam para si suas próprias igrejas, porquanto se torna difícil acomodarem-se aos modos das demais pessoas. Os ricos invejam uns aos outros, e raramente se encontra um entre cem que acredite que os pobres são também dignos de ser tidos e incluídos entre seus irmãos. A menos que haja similaridade em nossos hábitos, ou alguns atrativos pessoais, ou vantagens que nos unam, será muito difícil manter uma

---

a negligência deles em congregar-se para o culto divino; e, não se congregando, não tinham a oportunidade de fazer boa obra, admoestando e exortando reciprocamente.

15 Comumente se fornece outro ponto de vista da causa de tal negligência: se devia ao medo de perseguição, segundo Doddridge; e Scott afirma que se devia à "timidez" ou "indiferença". Como o apóstolo mencionara previamente o "amaor", a probabilidade é que a causa principal fosse a frieza e indiferença; e a causa de tal negligência é, em sua maior parte, a mesma.

perene comunhão entre nós. Essa advertência, pois, vem a ser mais que necessária a todos nós, a fim de sermos encorajados a amar, antes que a odiar, e não nos separarmos daqueles a quem Deus nos uniu. Torna-se urgente que abracemos com fraternal benevolência àqueles que nos são ligados por uma fé comum. É indubitável que a nós compete cultivar a unidade da forma a mais séria, porque Satanás está bem alerta, seja para arrebatar-nos da Igreja, seja para desacostumar-nos dela de maneira furtiva. Essa unidade se fará concreta, desde que ninguém procure agradar a si próprio mais do que lhe é de direito; ao contrário disso, se todos tivermos um só e o mesmo alvo, a saber: estimularmo-nos ao amor mútuo, não permitiremos que a rivalidade se ostente, exceto no campo das boas obras. Por certo que o menosprezo direcionado a algum irmão, a rabugice, a inveja, a supervalorização de nós mesmos, bem como outros impulsos nocivos, claramente demonstram, ou que nosso amor é gélido, ou que realmente não existe.

Ao dizer, "não deixemos de congregar-nos", em seguida agrega: **admoestemo-nos uns aos outros**, significando que todos os crentes devem, por todos os meios possíveis, esforçar-se em congregar a Igreja, em toda parte. É sob essa condição que somos chamados pelo Senhor: para que todos procurem trazer outros, esforçando-se por guiar os transviados de volta ao caminho, estendendo a mão aos caídos, bem como ganhando também os de fora. Se havemos de nos esforçar tanto em favor daqueles que ainda são estranhos ao rebanho de Cristo, quanto mais solicitude se exige de nós no sentido de animar os irmãos a quem Deus já uniu a nós.

Como é costume de alguns. É fácil de deduzir dessa sentença que os primeiros sintomas de todo cisma são oriundos do orgulho que menospreza outrem e se gratifica além do direito legítimo. Quando ouvimos que mesmo nos tempos dos apóstolos havia homens incrédulos que abandonavam a Igreja, isso deveria abalar-nos menos e deixar-nos menos perturbados diante de semelhantes exemplos de deserção tão comuns hoje. Naturalmente, não podemos considerar uma ofensa leve o fato de pessoas que haviam apresentado algum sinal de santidade e haviam demonstrado alguma fé como a nossa e, contudo, apostataram do Deus vivo. Como, porém, isso não tem nada de novo, não devemos, como eu já disse, sentir-nos excessivamente perturbados. O apóstolo inseriu essa sentença para mostrar que não estava falando sem motivo, mas que seu propósito era aplicar o antídoto indispensável à enfermidade que ora lograva sucesso.

E tanto mais, quanto vedes. Há quem pense que esta passagem é paralela àquela de Paulo: "E isto digo, conhecendo o tempo, que já é hora de despertarmos do sono; porque nossa salvação está agora mais perto de nós do que quando aceitamos a fé" [Rm 13.11]. Ao contrário disso, creio que a referência, aqui, é à segunda vinda de Cristo, a cuja expectação devemos despertar-nos com mais urgência para a contemplação de uma vida santa, bem como nos diligenciarmos, criteriosa e zelosamente, por manter a Igreja unida e reunida. Qual é o propósito da vinda de Cristo senão reunir em um só corpo os dispersos que ainda se encontram errantes? Portanto, quanto mais próxima é sua vinda, mais devemos redobrar nossos esforços para que os dispersos sejam reunidos e estejam unidos, a fim de que venha o tempo em que seremos um só rebanho e teremos um só Pastor [Jo 10.16].

Caso alguém indague como o apóstolo poderia afirmar que aqueles que ainda se encontravam longe da revelação [ou da volta] de Cristo viram o dia próximo e quase ao seu alcance, minha resposta é que a Igreja se encontrava tão bem constituída desde o início do reino de Cristo, que os fiéis pensavam na vinda do Juiz como algo iminente. Não eram enganados por alguma falsa imaginação, sentindo-se preparados para receberem a Cristo a qualquer momento, pois a condição da Igreja, desde o tempo da promulgação do evangelho, era tal que todo aquele período foi legítima e apropriadamente chamado *os últimos dias*. Aqueles que já se encontravam mortos desde muitas gerações viveram os últimos dias não menos que nós. Os ardilosos e sarcásticos, para quem se afigura ridículo que nutramos alguma fé na ressurreição da carne e no juízo final, se riem de nossa simplicidade diante de tais questões. Mas para que nossa fé não tremule diante de seus deboches, o Espírito Santo nos ensina "que para o Senhor mil anos é como um dia, e um dia como mil anos" [2Pe 3.8]. De modo que, toda vez que ponderarmos sobre a eternidade do reino celestial, nenhum período de tempo nos deverá parecer longo. Além do mais, já que Cristo, depois de haver completado toda a obra de nossa salvação, subiu ao céu, é justo e próprio que esperemos continuamente sua segunda revelação [ou vinda], e pensemos de cada dia como se ele fosse o último.[16]

26. Porque, se pecarmos deliberadamente. Ele realça quão severa é aquela vingança de Deus que aguarda todos aqueles que apostatam da graça de Cristo, uma vez que se privam de sua única salvação; é como se eles se entregassem à sua própria destruição. Foi à luz desse testemunho que Novato e seus asseclas se armaram em sua tentativa de eliminar de todos os que caem após o batismo qualquer esperança de perdão, sem discriminação alguma. Os que não puderam refutar tal falsidade acharam mais fácil impugnar a fidedignidade desta Epístola do que enfrentar tal absurdo. No entanto, o genuíno significado desta passagem é por si só suficiente para refutar a impertinência de Novato, sem o auxílio de qualquer apoio ou artifício externo.

Os *pecadores*, mencionados pelo apóstolo, não são os que de alguma forma *caem*; são, antes, aqueles que abandonam a Igreja e se separam de Cristo. Ele não está tratando, aqui, desse ou daquele gênero de pecado, mas está simplesmente expondo pelo nome aqueles que renunciam deliberadamente a comunhão da Igreja. Não há muita diferença entre apostasia individual e uma deserção universal desse tipo,

---

16 "Como vedes que o dia se aproxima"; literalmente, as palavras têm esta conotação. O dia do juízo, dizem alguns; o dia da destruição de Jerusalém, dizem outros. Doddridge introduz ambas as idéias em sua paráfrase; e Scott e Bloomfield consideram o dia do juízo como estando em pauta; mas Stuart favorece a opinião de que é a destruição de Jerusalém que está em pauta, e assim Hammond e Mede. A palavra "dia" está implícita em ambas as idéia. O dia do juízo é chamado "aquele dia" (Jd 6); e a destruição de Jerusalém é chamada o dia do Filho do homem, "seu dia" (Lc 17.24). E ambos esses dias teriam sido bem conhecidos dos hebreus, a quem Paulo estava escrevendo. É possível, pois, que a referência tenha sido a ambos [os dias] sem qualquer adição. Mas a sentença em si parece favorecer a opinião de que está em pauta o dia de Jerusalém: "como vedes", diz ele; denotando que havia coisas nas circunstâncias dos tempos que indicavam claramente a ruína iminente daquela cidade e nação.

pela qual apostatamos irrevogavelmente da graça de Cristo. Visto que tal coisa não pode suceder senão a alguém que já foi iluminado, ele diz: "Se pecarmos deliberadamente, depois de termos recebido o pleno conhecimento da verdade", como se estivesse dizendo: "Se alguém consciente e voluntariamente despreza a graça que uma vez recebeu." É evidente, agora, quão longe esta doutrina está do erro de Novato.

À luz do contexto se faz evidente que o apóstolo está se referindo, aqui, tão-somente aos apóstatas. Ele age assim para que os que uma vez foram recebidos no seio da Igreja não desertem como alguns que têm o hábito de fazê-lo. Ele declara que para tais não há mais qualquer oferta pelo pecado, visto que têm pecado deliberadamente depois de haverem recebido o conhecimento da verdade. Ao mesmo tempo, Cristo se oferece diariamente pelos pecadores que têm caído de alguma outra forma, de modo que não precisam buscar alguma outra oferta para expiar seus pecados. Diz ainda que não resta nenhuma outra oferta para aqueles que rejeitam a morte de Cristo, visto que tal rejeição não é oriunda de alguma ofensa particular, mas de uma total rejeição da fé.

Essa severidade divina é sem dúvida terrível, mas ela se manifesta com o intuito de inspirar o temor. Ao mesmo tempo, ele não pode ser acusado de selvageria. Visto que a morte de Cristo é o único antídoto para livrar-nos da morte eterna, não é justo que aqueles que destroem, o quanto podem, seja sua eficácia, sejam seus benefícios, mereçam outra coisa senão o desespero? Aqueles que confessam a Cristo são diariamente chamados à reconciliação com Deus e encontram diariamente a expiação para seus pecados através de seu sacrifício eterno. Se de modo algum há salvação fora dele, então não devemos sentir-nos surpresos ante o fato de que todos os que deliberadamente o abandonam sejam privados de toda esperança de perdão. Esse é o significado do advérbio ἔτι, *mais*. O sacrifício de Cristo é eficaz para os crentes, até a morte, ainda que reiteradamente pequem. Além disso, ele mantém sempre sua eficácia, visto que eles não podem viver plenamente livres do pecado enquanto estiverem na carne. O apóstolo está, portanto, dirigindo sua atenção somente para aqueles que se afastam de Cristo em sua incredulidade, e assim deixam de receber o benefício de sua morte. A frase **depois de havermos recebido o conhecimento da verdade** é inserida para pôr em maior relevo a ingratidão deles, posto que qualquer um que, voluntariamente e com perversidade deliberada, extingue a luz de Deus, que uma vez foi acesa em seu coração, não tem justificativa a alegar diante de Deus. Aprendamos daqui não só a aceitar a verdade que nos é comunicada, e isso com reverência e uma viva humildade de espírito, mas também a perseverar continuamente no conhecimento dela, para que não soframos tão medonho castigo por desprezá-la.[17]

27. Mas uma certa expectação terrível. O autor quer dizer com isso aquela tortura de uma má consciência que é sofrida pelo ímpio, não só aquele que jamais provou a graça, mas sobretudo aquele que tem consciência de a haver provado e a perdeu para sempre por culpa unicamente sua. Tais pessoas merecem não só ser aguilhoadas e dilaceradas, mas ainda torturadas e despedaçadas da forma mais terrível. Isso as leva a se digladiarem furiosamente contra Deus, visto que não podem suportar um Juiz tão inclemente. Sem dúvida tentam de todas as formas esquivar-se do pressentimento da ira divina, porém em vão. Tão logo Deus lhes conceda uma breve trégua, imediatamente os faz comparecer ante seu tribunal e os acossa com tormentos dos quais por todos os meios tentam escapar.

Ele adiciona **um ardor de fogo**, significando, por esta última palavra [fogo], a meu ver, um veemente impulso ou uma violenta paixão. A palavra *fogo* denota uma metáfora muito comum. Como agora os incrédulos são inflamados pelo temor da ira divina, assim também arderão, então, sentindo esse mesmo fogo. Não ignoro aqueles filósofos que especularam, com certa agudeza, sobre a natureza desse fogo; não presto, porém, a mínima atenção aos seus comentários, posto ser

---

17 Veja-se Apêndice 36.

evidente que a Escritura, aqui, emprega a mesma forma de linguagem, quando conecta *fogo* com *verme* [Is 66.24]. Não há a menor dúvida de que ele usa o termo *verme* metaforicamente para o terrível tormento da consciência que devora os incrédulos.[18]

Que há de devorar os adversários. Assim os devorará como para destruí-los, porém não consumi-los, porque ele [o fogo] será inextinguível. E assim ele nos lembra que todos quantos rejeitam o lugar que lhes é dado entre os fiéis são incluídos entre os inimigos de Cristo. Não há meio termo. Aqueles que abandonam a Igreja se entregam a Satanás.

28. O homem que desprezar a lei de Moisés, morre sem compaixão, pela palavra de duas ou três testemunhas.
29. De quanto mais severo castigo julgais vós será considerado digno aquele que calcou aos pés o Filho de Deus, e profanou o sangue do pacto, com que foi santificado, e ultrajou o Espírito da graça?
30. Porque bem conhecemos aquele que disse: A vingança me pertence, eu darei a recompensa. E outra vez: O Senhor julgará o seu povo.
31. Terrível coisa é cair nas mãos do Deus vivo.

28. Qui abjecerit legem Mosis, sine misericordia sub duobus vel tribus testibus moritur:
29. Quanto putatis graviore dignus judicabitur supplicio qui Filium Dei conculcaverit, et sanguinem Testamenti, per quem fuerat sanctificatus, profanum duxerit, et Spiritum gratiae contumelia affecerit?
30. Novimus enim quis dicat, Mihi vindicta, ego rependam, dicit Dominus; et rursum, Dominus judicabit populum suum.
31. Horribile est incidere in manus Dei viventis.

28. O homem que desprezar a lei de Moisés. Este é um argumento do menor para o maior. Porque, se violar a lei de Moisés era uma ofensa capital, como não há de merecer um castigo mais severo

---

18 Este πυρὸς ζῶλος, "calor de fogo"; significando quente ou fogo ardente; aqui o genitivo, como em alguns outros casos, é o principal objeto. Veja-se 3.13, nota. A linguagem é ainda emprestada do Antigo Testamento: Deus amiúde destruía com fogo os rebeldes dentre os israelitas – símbolo da terrível punição futura dos perversos (cf. Lv 10.2; Nm 16.35). A palavra ζῶλος é propriamente calor, mas é usada numa variedade de sentidos: o calor da emulação – "inveja" (At 13.45); a ira – "indignação" (At 5.17); da preocupação, boa e ruim – "zelo" (Rm 10.2; Fp 3.6); da suspeita quanto ao amor – "ciúme" (2Co 11.2); e da afeição – "amor" (2Co 11.2). É o contexto que determina o caráter deste calor. Aqui, evidentemente, tem seu significado literal, como estando conectado com fogo, somente o substantivo é usado pelo adjetivo.

aquele que rejeitar o evangelho, sendo que semelhante ato de profanação envolve perversidade tão nefanda? Essa forma de argumentar era muito eficaz para demover os judeus. Porque esse castigo tão severo aplicado aos apóstatas sob o regime da lei não era novo para eles, nem poderia parecer-lhes injusto. É possível que tenham reconhecido como uma punição justa, ainda que severa, por meio da qual Deus, hoje, sanciona a majestade de seu evangelho.[19]

Isso confirma o que referi acima, ou seja: que o apóstolo não está argumentando sobre pecados específicos, e sim sobre uma negação geral de Cristo. A lei não punia com a morte qualquer tipo de transgressão, senão somente a apostasia, quando alguém se afastava irrevogavelmente de sua religião. O apóstolo fez referência à passagem de Deuteronômio 17.2-5,[20] a qual declara que, se alguém transgredir o pacto de seu Deus para servir a outros deuses, então deveria ser levado para fora do portão e apedrejado até a morte.

Ainda que a lei fora promulgada por Deus, e Moisés não fora seu autor, e sim seu ministro, o apóstolo a denomina de "lei de Moisés", visto que ela fora entregue por ele. E isso foi dito com o fim de elevar ainda mais a sublimidade do evangelho, o qual nos foi comunicado pelo próprio Filho de Deus.

Pela palavra de duas ou três testemunhas. Essa sentença não é relevante para a presente passagem, mas é parte da constituição civil de Moisés, visto que se requeriam duas ou três testemunhas para provar a culpabilidade de um acusado. Contudo, podemos deduzir desse fato o gênero de crime que o apóstolo queria enfatizar, pois se esse acréscimo não fosse feito, haveria deixado margem para muitas e fal-

---

19 "Desprezado" de nossa versão deveria ser "rejeitado", como Calvino traduz a palavra, pois o que está implícito é a renúncia da lei. Seguido por "mandamento", em Marcos 7.9, é traduzido por "rejeitar", e "lançar fora", quando seguido de "fé", em 1 Timóteo 5.12; e "lançar fora" seria muito próprio aqui.

20 Ambos, Doddridge e Stuart, apontam para Números 15.30, 31, porém incorretamente, como ali não se menciona o pecado específico de apostasia, nem se faz menção ali de testemunhas. Além disso, não é o pecado presunçoso e voluntário que se menciona ali, que aqui está em pauta, mas o pecado de apostasia, quando resulta de uma escolha espontânea, sem qualquer força compulsória externa, quando sob perseguição violenta.

sas conjeturas. Agora, porém, fica provado de maneira iniludível que se tratava de apostasia. Ao mesmo tempo, devemos ter em mente o sentido de *justiça* que quase todos os estadistas têm observado, ou seja: que ninguém seja condenado sem que sua culpabilidade seja provada pelo testemunho de duas ou três testemunhas.[21]

29. Aquele que calcou aos pés o Filho de Deus. Há uma semelhança entre os apóstatas da lei e os apóstatas do evangelho – ambos perecerão sem misericórdia; o gênero de morte, porém, é diferente. Pois, aos que desprezam a Cristo, o apóstolo ameaça não só com morte corporal, mas também com destruição eterna. Portanto, ele afirma que para os tais resta ainda uma punição muito pior. Ele expressa essa deserção do cristianismo sob três formas de linguagem. Diz que dessa forma o Filho de Deus é *calcado aos pés*; que seu sangue é *profanado*; e que o Espírito da graça é *desprezado*. Esmagar com os pés é pior do que lançar fora; e a dignidade de Cristo é muito mais especial que a de Moisés. Acresce-se a esse fato que ele não traça simplesmente um contraste entre evangelho e lei, mas também entre a pessoa de Cristo e do Espírito Santo, e a pessoa de Moisés.

O sangue da aliança. Ele intensifica a ingratidão, confrontando-a com os benefícios. É algo muito indigno profanar o sangue de Cristo, o qual é o agente de nossa santificação; e é precisamente o que fazem aqueles que se desviam da fé. Nossa fé não é simplesmente uma questão de doutrina, mas do sangue pelo qual nossa salvação foi ratificada. O autor o chama "o sangue do pacto [ou aliança]", porque as promessas nos foram confirmadas quando se adicionou esse penhor. Ele chama a atenção para a forma dessa confirmação, dizendo que fomos santificados por ela, pois o sangue derramado para nada nos serviria,

---

[21] "Nem o rei nem o senado", diz Grotius, "tinha o poder de perdoar." Deve-se observar que Deus delegou aos líderes de Israel o poder de executar os apóstatas; aqui, porém, descobrimos que ele, sob o evangelho, reassumiu esse poder e o retém em suas próprias mãos; a execução da vingança pertence exclusivamente a ele, e a punição será perdição eterna. Então, ao assumir tal poder, agora é uma presunção em extremo ímpia ser executada por líderes civis ou eclesiásticos. Expor os apóstatas ou hereges à morte não recebe sanção do evangelho, e é totalmente estranho ao seu espírito.

a menos que fôssemos aspergidos com ele pelo Espírito Santo. É daí que provêm nossa expiação e santificação. O apóstolo está, ao mesmo tempo, se referindo ao antigo rito da aspersão, a qual não era eficaz para a genuína santificação, mas era sua sombra ou tipo.²²

O Espírito da graça. O apóstolo o chama "o Espírito da graça" pelos efeitos que ele produz, porque é através dele e por seu poder que recebemos a graça que nos é oferecida em Cristo. É ele que ilumina nossas mentes com fé; que sela em nossos corações a adoção divina; que nos regenera para uma nova vida; e que nos enxerta no corpo de Cristo, para que ele viva em nós e nós nele. O Espírito da graça, portanto, é assim corretamente chamado, uma vez que é através dele que Cristo, com seus benefícios, se tornam nossos. Tratar com desprezo aquele através de quem somos dotados com tão grandes bênçãos, é o mais perverso de todos os crimes. Aprendamos desse fato que todos aqueles que voluntariamente tornam sua graça inútil, depois de desfrutarem seu favor, estão expondo o Espírito de Deus ao desprezo. Portanto, não surpreende que Deus se vingue de uma blasfêmia desse gênero, de forma tão severa; e não é de estranhar que ele se mostre implacável para com aqueles que pisam sob a planta de seus pés a Cristo, o Mediador, o único que intercede por nós; e não é de estranhar que ele obstrua o caminho da salvação àqueles que rejeitam o Espírito Santo, como seu único e verdadeiro Guia.²³

---

22 As palavras "aliança", "santificados", "impuros" ou "profanos" se derivam da antiga dispensação. "O sangue da aliança" foi o sangue derramado na cruz; e a referência a ele não é como aspergido para a ratificação da aliança, mas como o sangue expiatório, como "o sangue do Novo Testamento", ou, melhor, da aliança, "derramado por muitos para a remissão de pecados" (Mt 26.128). Então, "santificados", aqui, tem o mesmo sentido, como no versículo 10 e em 2.11, de expiado ou propiciado; "pelo qual ele expiou". Aquele que professa a fé cristã professa crer no sacrifício expiatório de Cristo, que Cristo derramou seu sangue por muitos para a remissão de pecados. Quanto a "profanos", ou melhor, impuros, esse sangue era de um malfeitor ou impostor, e como tal Cristo foi tido pelos judeus e por cada judeu que voltava para o judaísmo.

23 Schleusner parafraseia esta sentença de modo muito estranho: "Repudiando o favor divino de maneira repulsiva". O caso aqui contemplado era o mesmo de 6.4-6. O Espírito Santo é aqui mencionado tão distintamente, que é impossível reverter ou mudar o claro sentido da passagem; e ser "participantes do Espírito Santo" sem dúvida era estar naquela época. Aqui ele só é mencionado como o santo Espírito da graça, isto é, aquele que outorga graça, ou pode ser tomado no sentido de "Espírito gracioso" ou benevolente, como "Deus de toda graça", em 1 Pedro 5.10,

30. Porque conhecemos aquele que disse. Ambas as passagens são tomadas de Deuteronômio 23.35. Quando Moisés promete, ali, que Deus se vingaria dos males trazidos sobre seu povo, o que ele diz aqui, acerca da vingança, aparentemente é imprópria e violentamente distorcido. Com o quê o apóstolo se preocupa, a não ser que a descrença daqueles que desprezam a Deus não ficaria impune? Em Romanos 12.19, Paulo segue o verdadeiro significado da passagem, e lhe imprime uma aplicação distinta. Em seu anseio por exortar-nos a que cultivemos a paciência, ele diz que devemos dar a Deus o direito de exercer a vingança, já que esse papel lhe pertence; e busca apoio nesse testemunho de Moisés. Seguramente, não há razão por que não devemos aplicar sentenças particulares a ensino de caráter universal. Ainda que o propósito de Moisés seja imprimir coragem nos fiéis, diante do fato de que eles terão a Deus como o vingador das injúrias que sofrem, não obstante é sempre admitido concluir de suas palavras que vingar-se dos ímpios é próprio do ofício de Deus. Não significa abusar desse testemunho dizer que o desprezo dirigido a Deus não ficará impune, já que ele mesmo é aquele justo Juiz que reivindica o direito de exercer a vingança.

É possível que o apóstolo esteja, aqui, argumentando do menor para o maior, assim: Deus afirma que não permitirá que seu povo seja injuriado impunemente, e promete que certamente será seu vingador. Se ele não permite que a injúria dirigida a pessoas humanas fique impune, não vingaria ele a injúria dirigida a sua própria Pessoa? Teria ele tão pouco cuidado, ou teria ele em tão pouca conta sua própria glória, para não dizer absolutamente nada, que ignore ou seja indiferente aos insultos que lhe são dirigidos? É mais simples, porém, e menos forçado considerar o ponto de vista de que o apóstolo está simplesmente demonstrando que Deus não será ridicularizado impunemente, já que seu ofício peculiar consiste em dar aos ímpios o que eles bem merecem.[24]

---

pode significar ou o autor e doador de toda graça, ou o Deus mui gracioso, ainda que o primeiro significado seja mais consistente com o contexto.

24 A citação literal não é do hebraico nem da Septuaginta, mas é a mesma citada em Romanos

O Senhor julgará o seu povo. Suscita-se aqui a mesma dificuldade ou outra ainda maior, visto que a intenção de Moisés parece não coadunar-se com a intenção do apóstolo. O que realmente parece é que ele cita esta passagem como se Moisés quisesse escrever *julgar* no sentido de *punir*. Ao adicionar imediatamente, como forma de explicação, "Ele será misericordioso para com seus santos", torna-se evidente que o termo *julgar* é tomado no sentido de exercer o papel de *governador*, sentido esse usado amiúde no hebraico. Tal coisa, aparentemente, tem pouco a ver com o presente propósito. Não obstante, qualquer um que examine tudo isso, detidamente, reconhecerá que esta passagem é citada aqui de forma apropriada e sábia. Deus não pode governar sua Igreja sem purificá-la e regulamentá-la para eliminar toda e qualquer confusão que nela exista. Além do mais, esse governo será merecidamente terrível para os hipócritas, os quais serão castigados por usurpar um lugar entre os fiéis, bem como por perfidamente abusar do santo Nome de Deus, quando o próprio Senhor compromete-se a manter em ordem sua própria casa. Afirma-se que Deus se levanta para julgar seu povo no sentido em que ele separa os piedosos dos hipócritas [Sl 1.4; 145.20]. Semelhantemente, no Salmo 125.3,[25] onde o profeta fala de exterminar os hipócritas, para que não mais se vangloriem de pertencer à Igreja, visto que Deus tem sido indulgente para com eles, ele promete que haverá paz para Israel quando esse julgamento for consumado.

Não é sem razão que o apóstolo lhes recorda que Deus é a Cabeça de sua Igreja e não deixa fora de seu poder nada do que torna justo seu governo, para que todos aprendam a manter-se criteriosamente sob sua autoridade e se lembrem de que terão de prestar contas ao seu Juiz.[26]

12.19; que parece mostrar que Paulo é o autor de ambas as epístolas. O hebraico é: "Minha é a vingança e a recompensa"; e a Septuaginta: "No dia da vingança recompensarei". O sentido é o mesmo, ainda que as palavras sejam diferentes.

25 O texto original aponta para o Salmo 125.3, que parece ser dirigido mais ao fato de que os perversos não perseverarão sobre os justos, enquanto o Salmo 125.5 se refere aos perversos se juntando aos "obreiros da iniqüidade", e que a "paz estará sobre Israel"; nem são tão bem explícitas como o comentário em termos da destruição final dos perversos; mas, em minha humilde opinião, o versículo 5 tem mais relevância.

26 Veja-se Apêndice 37.

Ele conclui, à luz desse fato, que **horrível coisa é cair nas mãos do Deus vivo**, porque o homem mortal, por mais hostil que seja, não pode estender sua vingança para além da morte; o poder de Deus, porém, não se acha limitado por fronteiras tão tacanhas. Amiúde escapamos dos homens, no entanto em tempo nenhum podemos escapar do juízo divino. Todo aquele que pondera sobre o fato de que um dia terá que enfrentar a Deus, tem de necessariamente (a menos que seja por demais estúpido) temer e seriamente estremecer. Aliás, não é possível que esse senso de Deus deixe de permear todo o ser humano, de modo que nenhuma dor nem tortura se pode comparar a ele. Por mais que nossa carne nos proporcione infindáveis deleites, ou seja, qual for a forma que nossos pecados nos iludam, esta advertência deve ser suficiente para despertar-nos quanto à seguinte realidade: que é algo excessivamente terrível cair nas mãos do Deus vivo, cuja ira se encontra armada com pavorosos castigos para a morte eterna.

Os sentimentos de Davi [2Sm 24.14], aparentemente, são contrários a essa sentença, quando ele declara ser preferível cair nas mãos de Deus do que nas mãos dos homens. A resposta a essa questão se torna simples, quando consideramos que Davi, em sua confiança na fiel misericórdia de Deus, preferiu ter a Deus como Juiz, do que enfrentar o julgamento dos homens. Embora soubesse que Deus estava por justa razão irado com ele, confiou que receberia a reconciliação divina; porque, ainda que estivesse prostrado em terra, todavia seria soerguido pela promessa da graça. Já que sua confiança se apoiava no fato de Deus não ser insensível, não surpreende que ele temesse menos a ira divina do que a ira dos homens. Aqui, o apóstolo está declarando que a ira divina é algo espantoso em relação aos réprobos, os quais se encontram privados de qualquer esperança de perdão, e nada esperam senão a extrema severidade divina, quando eles mesmos já fecharam contra si as portas da graça divina. Sabemos que Deus é descrito de várias maneiras de acordo com o caráter dos homens a quem ele fala. Essa é a intenção de Davi no Salmo 18.25-27: "Para com o benigno, benigno te mostras; com o íntegro, também íntegro. Com o puro, puro te mostras; com o perverso, inflexível."[27]

32. Lembrai-vos, porém, dos dias passados, em que, depois de serdes iluminados, suportastes grande conflito de sofrimentos;	32. Recordamini dierum superiorum, quibus illuminati multum certamen sustinuistis, passionum;
33. em parte, fostes feitos espetáculo, tanto por vitupérios como por tribulações; e, em parte, vos tornastes companheiros dos que foram assim tratados.	33. Partim dum probris et afflictionibus fuistis traducti, partim dum socii facti estis eorum qui sic conversabantur.
34. Pois não só tivestes compaixão dos que estavam nas prisões, mas também aceitastes com alegria a espoliação de vossos bens, sabendo que vós mesmos tendes uma possessão melhor e permanente.	34. Etenim vinculis méis conpassi estis, et rapinam bonorum vestrorum suscepistit cum guidio, scientes vos habere meliorem substantiam in coelis et manentem:
35. Não lanceis fora, pois, a vossa ousadia, que tem uma grande recompensa.	35. Ne abjiciatis igitur fiduciam vestram quae remunerationem magnam habet.

32. Lembrai-vos, porém, dos dias passados. Tencionando estimulá-los e despertar seu fervor para que seguissem avante, o autor traz à sua memória o exemplo de piedade que anteriormente demonstraram. É algo deprimente quando alguém começa bem no ponto de partida, para depois sentir-se desanimado em meio à jornada; ainda mais deprimente, porém, é ele voltar atrás depois de haver feito considerável progresso. Com esse propósito em vista, é sempre proveitoso recordar o combate passado, se o temos travado fiel e energicamente sob a bandeira de Cristo; não como forma de buscar pretexto à indolência, como se já tivéssemos concluído nosso caminho, mas sempre prontos a alcançar o ponto final que foi posto diante de nós. Porque Cristo não nos recrutou sob termos tais que depois de alguns anos pudéssemos

---

27 O texto original tinha o Salmo 18.27, mas, visto que a citação em parte vem da primeira metade do versículo 25, e em parte da última metade do versículo 26, e é enfatizado pelo versículo 27, decidi que os três versículos seriam referenciados.

solicitar licença como os soldados que já cumpriram seu serviço; ao contrário, é para que continuemos o combate até o fim.

Ele reforça sua exortação, dizendo que haviam realizado notáveis atos de bravura em um tempo em que eram ainda recrutas. Seria, pois, vergonhoso, se agora desertassem, depois de um longo tempo de experiência. O termo *iluminados* se restringe ao tempo em que, pela primeira vez, começaram a servir a Cristo, como se dissesse: assim que iniciastes vossa fé em Cristo, enfrentastes acirradas e árduas batalhas; e agora vossa experiência deveria ter-vos fortalecido para vos fazer ainda mais corajosos. Ao mesmo tempo, ele lhes recorda que, se realizaram tais proezas, foi pela benevolência divina que o fizeram, de sorte que sua fé deveria estar posta nos esforços divinos, e não em suas próprias obras. Foram *iluminados* quando viviam imersos em trevas e sem olhos para ver, mas a luz do alto resplandecera sobre eles. Sempre que venham à nossa mente as coisas que temos feito ou sofrido por Cristo, consideremo-las como outros tantos incentivos que nos estimulem a proezas ainda mais excelentes.[28]

33. Em parte, fostes feitos espetáculo, tanto por vitupérios etc. Assim vemos que aqueles a quem o escritor se dirige são aqueles cuja fé fora testada por tribulações incomuns, e todavia não cessa de exortá-los a maiores esforços. Que ninguém se engane com ilusória vanglória, crendo que já alcançou o alvo, ou que não tem nenhuma necessidade de incentivos por parte de outrem.

Ele diz que "haviam se tornado espetáculo tanto por vitupérios como por tribulações", como se fossem exibidos em espetáculo

---

[28] "Grande luta de aflição" é traduzido por Doddridge "uma grande competição de sofrimentos"; por Macknight, "um grande combate de aflições"; e por Stuart, "uma grande contenda com os sofrimentos". A última palavra pode ser considerada como o caso genitivo do objeto, "uma grande competição no tocante aos sofrimentos"; ou a palavra πολλὴν pode ser traduzida "longo combate em meio aos sofrimentos". Doddridge observa que combate, ὑπομέω, é usado para mostrar a coragem exibida. Mas "suportar", no caso, não é a palavra própria, e sim "sustentar". Se "suportar" for retido, então devemos dar seu sentido secundário a ἄθλησιν, trabalhar duramente, labutar, lutar; e assim faz Schleusner: "Suportastes a grande dificuldade dos sofrimentos", ou uma grande luta com sofrimentos.

público.²⁹ Daqui concluímos que as perseguições que suportaram eram especificamente notáveis. É preciso que se note cuidadosamente a última sentença, onde o escritor diz que foram companheiros de outros crentes em suas perseguições. Porque, visto que a causa pela qual todos os crentes lutam é a causa de Cristo, e a qual é comum a todos eles, sempre que um deles sofre, todos os demais também pessoalmente sofrem com ele, e isso deve ser praticado universalmente, salvo se quisermos separar-nos do próprio Cristo.³⁰

34. Aceitastes com alegria.³¹ Não há dúvida de que, como eram pessoas sujeitas aos sentimentos humanos, a perda de seus bens certamente lhes trouxe sofrimento; sua tristeza, porém, foi de tal natureza que não os privou da alegria de que fala o apóstolo. A pobreza está inclusa entre as desvantagens da vida, e a privação de seus bens, considerada em si mesma, lhes trouxe angústias; mas quando olhavam um pouco mais alto, encontravam motivo de alegria, a qual suavizava qualquer dor que porventura sentissem. É conveniente que nossos sentimentos sejam, assim, conduzidos deste mundo pela antecipação do galardão celestial. Não digo outra coisa senão o que todos os crentes têm experimentado. In-

---

29 As palavras podem ser traduzidas assim: "Quando publicamente vos expusestes ao opróbrio e às aflições"; ou às injúrias e perseguições. Foram difamados com maus nomes, ou caluniados, e também oprimidos e perseguidos.

30 A última sentença deste versículo é traduzida em nossa versão da mesma forma como fizeram Beza e Macknight; enquanto Grotius, Doddridge, Stuart e Bloomfield a propósito dão esta tradução: "Quando vos tornastes participantes (i.e., com solidariedade e em suas privações) com os que foram assim tratados". Significa, diz Grotius, que se solidarizavam com seus irmãos em suas calamidades, e também os socorriam o quanto podiam, orando por eles e ministrando suas necessidades. Em Mateus 23.30, κοινωνοὶ αὐτῶν é traduzido por "participantes com eles", ou partilhando com eles; e assim pode ser traduzido aqui, "partilhando com aqueles que eram assim tratados", isto é, partilhando do opróbrio e sofrimento.

31 A sentença precedente, literalmente, é "Pois vos solidarizastes com minhas prisões". Há uma redação diferente: "Pois vos solidarizastes com os prisioneiros – δεσμίοις" A autoridade no tocante aos manuscritos é quase igual; e nada há de decisivo no contexto. Uma frase semelhante se encontra em 4.15: "que não pode solidarizar-se com nossas fraquezas". Grotius, Hammond e Stuart encaram o texto como fazem também Jebb e Bloomfield. Aqui há um claro exemplo de uma ordem invertida quanto aos sujeitos previamente mencionados, o que ocorre com freqüência nos profetas e em outras partes da Escritura. O último sujeito no versículo anterior é aqui referido em primeiro lugar, e então o primeiro.

contestavelmente, aceitamos de boa vontade tudo aquilo sobre o quê estamos persuadidos contribuirá para nossa salvação, e os filhos de Deus, indubitavelmente, possuem este sentimento sobre os conflitos que suportam para a glória de Cristo. De modo que as emoções de nossa carne nunca são tão fortes a ponto de mergulhá--los em sofrimento, que também não sejam dominados pela alegria espiritual, ao elevarem ao céu suas mentes.

Esse é o significado do que segue: **sabendo** (diz ele) **que vós mesmos tendes uma possessão melhor e permanente**. Aceitavam com alegria o espólio de seus bens, não porque lhes fosse agradável se virem saqueados, mas porque suas mentes buscavam o galardão prometido, o que os fazia esquecer facilmente o sofrimento ocasionado por seu constante senso de desgraça. Aliás, sempre que a percepção dos bens celestiais é forte, o mundo, com todas as suas seduções, não é tão atrativo, que ou a pobreza ou a vergonha mergulhem completamente nossas mentes em profundo sofrimento. Caso queiramos, pois, suportar tudo por amor a Cristo, com paciência e equanimidade, habituemo-nos a freqüente meditação sobre aquela felicidade, em comparação à qual todos os bens deste mundo não passam de refugo. Não devemos passar por alto as palavras "sabendo que vós mesmos tendes".[32] A não ser que alguém se convença de que a herança que Deus promete a seus filhos também lhe pertence, todo seu conhecimento será indiferente e inútil.

35. Não lanceis fora, pois, vossa ousadia. O autor mostra que o que especialmente nos injeta força para a perseverança é o apego à nossa fé; porque, quando deixamos esse fato escapar-nos, também nos privamos do galardão prometido. Disso se faz evidente que esse galardão é a base do santo e piedoso viver. Ao usar o termo *galardão*

---

32 Calvino omite ἐν ἑαυτοῖς, como faz a Vulgata. O ἐν é pela maioria considerado espúrio, mas essa maioria retém ἑαυτοῖς, ainda que o conecte, como em nossa versão, com "sabendo", e traduz a sentença assim: "sabendo que tendes para vós mesmos, no céu, uma subsistência [ou propriedade, ou possessão] superior e duradoura". A palavra para "subsistência" ocorre somente aqui, exceto no plural em Atos 2.45. Então ocorre na Septuaginta, e no hebraico está para as palavras que significam substância, riqueza, opulência, possessões.

[*recompensa*], o autor não está a prejudicar em nada a promessa da salvação com base na graça. Os crentes têm consciência de que seu labor no Senhor não é em vão, de tal maneira que sua confiança é posta unicamente na misericórdia divina. Nesta conexão, tem-se dito amiúde que a idéia de galardão não é incompatível com a imputação graciosa da justiça.

36. Porque necessitais de paciência, para que, depois de haverdes feito a vontade de Deus, recebais a promessa.	36. Patientiae enim opus habetis, ut quum voluntatem Dei feceritis obtineatis promissionem.
37. Pois ainda em bem pouco tempo aquele que há de vir virá, e não tardará.	37. Adhuc enim pusillum temporis, quando qui venturus est veniet et non tardabit.
38. Mas o meu justo viverá pela fé; e se ele recuar, minha alma não tem prazer nele.	38. Justus autem ex fide vivet, et si subductus fuerit non oblectabitur anima meã in eo.
39. Nós, porém, não somos daqueles que recuam para a perdição; mas daqueles que têm fé para a conservação da alma.	39. Nos autem non sumus subductionis in perditionem, sed fidei in acquisitionem animae.

36. Porque necessitais de paciência. O escritor diz que é necessário que haja paciência, não só porque devemos perseverar até o fim, mas porque Satanás conta com inumeráveis artifícios com que nos fustiga. A menos que sejamos munidos de uma extraordinária paciência, seremos destroçados mil vezes antes que possamos chegar sequer à metade de nossa jornada. A herança da vida eterna já nos está garantida, visto, porém, que esta vida se assemelha a uma pista de corrida, temos que nos esforçar por alcançar a meta final. Nessa corrida, muitos obstáculos e dificuldades surgem em nosso caminho com o fim não só de tolher nossos passos, mas também a desviar-nos de nosso curso; fracassaremos, a menos que nos revistamos de grande disposição de espírito para enfrentá-los. Satanás, em suas sutilezas, nos arremessa todo gênero de incômodos com o fim de desencorajar-nos, e de fato nenhum cristão daria sequer dois passos sem sentir-se aborrecido, a menos que ele seja mantido de pé por sua paciência.³³ Esse, pois, é o único caminho pelo qual podemos avançar sem sermos impedidos; pois não poderemos obedecer a Deus de outra maneira, nem poderemos jamais desfrutar da herança prometida, a qual, aqui, é chamada, metonimicamente, "a promessa".

37. Pois ainda em bem pouco tempo. Em caso de nos ser difícil manter a paciência, o autor diz que o tempo não se dilatará. Aliás, não há nada mais eficaz para animar nosso espírito, sempre que se sinta a desfalecer, do que a esperança de que o alívio é sem demora e está às portas. Assim como um general proclama aos seus soldados que o fim da guerra não tarda, bastando que agüentem um pouco mais, assim também o apóstolo declara que o Senhor virá logo para livrar-nos de todo mal, bastando que nosso espírito não se desfaleça por falta de firmeza. E para que esse encorajamento se revestisse de mais credibilidade e autoridade, ele se reporta ao testemunho do profeta Habacuque [2.4]. Como ele segue a tradução grega [*Septuaginta*], afastando-se um pouco das palavras do profeta, antes de tudo explicarei brevemente o que o profeta diz, e então o confrontarei com o que o apóstolo diz aqui.

Após haver falado da terrível destruição de seu povo, o profeta se sentiu tão terrificado por sua própria profecia, que não lhe ficou alternativa alguma senão sair do mundo e isolar-se em sua torre de vigia. Nossa torre de vigia é a Palavra de Deus, por meio da qual somos transportados para o céu. Colocando-se assim em seu posto, ele recebe a ordem de escrever uma nova profecia, a qual traria esperança de salvação aos piedosos. Visto que os homens são impertinentes, e por demais afoitos em seus desejos, a ponto de imaginarem sem cessar que Deus se demora demais, ainda que aja rápido, o profeta diz que a promessa virá sem delonga, fazendo este adendo: "Ainda que demore,

---

33 Ou, "paciente espera", como traduzido por Erasmo e Stuart, e não "perseverança", como traduzido por Macknight. Deveriam sofrer suas provações com paciência, olhando para seu término; e, a fim de encorajá-los a suportar com paciência, lhes recorda, no versículo seguinte, que isso será por apenas pouco tempo.

espera-o". O que ele tem em mente, aqui, é o seguinte: o que Deus promete nunca se cumpre tão depressa que não nos pareça demorado demais, segundo o antigo provérbio: "A própria rapidez é lenta para o desejo". Em seguida vêm estas palavras: "Eis o soberbo! Sua alma não é reta nele; mas o justo viverá por sua fé". Com essas palavras, o profeta tenciona dizer que, sejam quais forem as defesas pelas quais os ímpios se sentem fortificados, ou nas quais eles confiam, não lograrão sucesso, porque a solidez da vida consiste tão-somente na fé. Que os incrédulos se fortifiquem como pretendam, todavia nada encontrarão, no mundo inteiro, senão um meio de caírem, de modo que sempre se vêem presa do medo. Os crentes, porém, jamais serão frustrados em sua fé, visto que repousam em Deus. Isso é o que o profeta tinha em mente.

O apóstolo aplica a Deus o que Habacuque diz acerca da promessa, visto que Deus, ao cumprir suas promessas, de certa forma está a revelar-se a si próprio. Não há muita diferença no tocante à essência da questão. Minha tese é que o Senhor se põe a socorrer-nos sempre que estende sua mão. O apóstolo, seguindo o profeta, diz que não haverá demora, porquanto Deus não adia seu socorro além do necessário. Ele não nos engana, como amiúde fazem os homens, esticando o tempo, mas que ele conhece seu devido tempo, não permitindo que o mesmo expire sem que ele intervenha no momento crítico. Diz ele: "Aquele que há de vir virá, e não tardará". Temos nessa sentença duas cláusulas: a primeira declara que Deus virá a nós, porquanto prometeu; a segunda declara que ele o fará, não além nem aquém do tempo certo.[34]

38. Mas o meu justo. O apóstolo quer dizer que a paciência nasce da fé; o que é plenamente correto. Jamais seremos aptos no fragor da batalha, a menos que a fé nos sustente. Também João, de outro lado, afirma que essa é a vitória que vence o mundo [1Jo 5.4]. É pela fé que

---

34 É evidente, da maneira como a citação é feita, que o apóstolo tencionava apenas adaptar seu propósito pessoal à passagem de Habacuque; ele não a cita na ordem que se encontra aqui, nem literalmente do hebraico, nem totalmente da Septuaginta. O que lemos em Habacuque, das visões, ele aqui aplica ao Senhor.

subimos mais alto; é pela fé que sobrepujamos todos os obstáculos da presente vida, todas as suas dores e misérias; é pela fé que descobrimos um lugar tranqüilo em meio às tormentas e tumultos. O propósito do apóstolo é mostrar que aqueles que são reconhecidos como justos diante de Deus não podem viver de outra forma, senão pela fé. O tempo futuro do verbo *viver* revela a continuidade da vida. Os leitores devem procurar comentários adicionais em Romanos 1.17 e Gálatas 3.11,[35] onde se cita esta mesma passagem.

E se ele recuar. Essa é a interpretação da palavra עפלה ['*upplah*], onde o profeta diz que o homem que é *soberbo* ou *hiper-confiante* [em si mesmo], seu espírito não é reto nele. A versão grega [*Septuaginta*], da qual o apóstolo se utiliza aqui, em parte concorda com o propósito do profeta, e em parte lhe é estranha. Esse ato de recuar difere pouco ou nada da soberba com que o ímpio se infla, visto que o ato de levantar-se presunçosamente contra Deus acontece em virtude de ele embriagar-se com ilusória confiança, a ponto de renunciar a autoridade divina e prometer a si próprio paz e isenção de todo mal. Lemos aqui que o ímpio retrocede quando arma falsas defesas desse gênero, por meio das quais ele afasta de si todo temor e respeito devidos a Deus. Esse termo, pois, expressa o poder da fé, não menos que o caráter da incredulidade. A incredulidade é soberba, uma vez que não atribui a Deus sua merecida honra, sempre que desvencilha o homem de aceitar a sujeição divina. Como resultado da indiferença, do orgulho e do desdém, enquanto as coisas vão bem com o perverso ele ousa, como disse alguém, insultar as nuvens. Visto não haver nada mais oposto à fé do que retroceder, é próprio da fé conduzir o homem de volta à obediência a Deus, depois de haver se desviado por sua própria natureza pecaminosa.

A sentença, "ele não agradará minha alma", ou (como a tenho traduzido de forma mais completa), **minha alma não tem prazer nele**, deve ser considerada como se o apóstolo exprimisse essa sentença

---

35 O Livro tem Romanos 1.7 – um óbvio erro tipográfico.

para expressar seu próprio sentimento. Não era seu propósito citar com exatidão as palavras do profeta, senão chamar a atenção para a passagem e convidar os leitores a que fizessem um exame mais minucioso.[36]

39. Nós, porém, não somos daqueles que recuam. O apóstolo fez livre uso da tradução grega [*Septuaginta*], visto adequar-se melhor à doutrina em pauta; agora ele a aplica com grande maestria. Ele os havia advertido a que não se privassem da fé e da graça de Cristo, abandonando a Igreja; agora os ensina que não foram chamados com o propósito de retrocederem. Novamente põe *fé* e *recuo*, contrastando este com aquela, assim como contrasta *preservação* da alma com sua *morte*. Observe-se que essa sentença aponta para nós também, porque nós, a quem Deus uma vez favoreceu com a luz de seu evangelho, devemos detectar esse propósito em nosso chamamento, para que avancemos mais e mais na obediência a Deus, e com toda solicitude nos esforcemos para aproximar-nos dele ainda mais. Eis a real preservação de nossa alma, porque, procedendo assim, escaparemos da morte eterna.

---

36 Este versículo, com a exceção das duas sentenças invertidas e de *minha* não ser adicionada à "fé", literalmente é o mesmo da Septuaginta. Mas a última sentença, aqui e a primeira em Habacuque, materialmente difere em palavras do hebraico, segundo o texto recebido. Há dois manuscritos que dão עלפה em vez de עפלה, transposição de duas letras. Se não exatamente em palavras. O hebraico, pois, seria como segue:
Eis o abatido! Sua alma dentro nele não é reta;
Mas o íntegro por sua fé viverá.
O abatido, isto é, no tocante à fé, e aquele que "retrocede", ou se esquiva pelo medo, como o verbo significa, são indivíduos do mesmo caráter. Perseverar na espera do cumprimento de uma promessa é o sujeito em Habacuque e também nesta passagem. E então, que a alma do abatido não é reta, é o mesmo que dizer que tal alma não é a que Deus aprova. Tem-se suscitado uma disputa teológica, ainda que desnecessária, da construção da última sentença neste versículo. A introdução de "alguém", ou algum homem, tem sido contestada, e que deveria ser "mas se ele", isto é, "o íntegro", retroceder etc. A probabilidade é que "alguém" não deveria ser atribuído a Beza, pois Pagininus, entre outros, lhe fez assim antes dele. Entretanto, a doutrina da perseverança de modo algum está em risco por omitir "qualquer um". A Bíblia está saturada deste modo de falar aos cristãos e, no entanto, a Bíblia nos assegura que as ovelhas de Cristo jamais perecerão. Advertências e admoestações são os próprios meios que Deus emprega para garantir a salvação final de seu povo; e concluir de tais advertências que podem finalmente apostatar, de modo algum é um argumento legítimo.

Capítulo 11

1. Ora, a fé é a substância das coisas que se esperam, a evidência das coisas que não se vêem.

1. Porro fides est rerum sperandarum substantia, demonstratio eorum quae non videntur.

1. Ora, a fé é. Quem quer que faça desta sentença apenas o início do capítulo onze, terá equivocadamente quebrado a seqüência do contexto. O propósito do apóstolo é buscar reforço para sua discussão anterior sobre a necessidade de se cultivar a paciência.[1] Ele já citou o testemunho de Habacuque, dizendo que o justo viverá por sua fé. Agora mostra o que faltava, isto é: que a fé não pode separar-se da paciência, da mesma forma que não pode separar-se de si própria. Eis a seqüência de suas ponderações: jamais alcançaremos a meta da salvação, a menos que estejamos munidos de paciência. O profeta declara que o justo viverá por sua fé, porém a fé nos impele para as coisas distantes que ainda não alcançamos; portanto, é necessário que a fé inclua a paciência. A proposição menor no silogismo é: "A fé é a substância", etc. Disso se faz evidente que estão muito equivocados aqueles que crêem que aqui se oferece uma definição exata de fé. O apóstolo não está discutindo a *natureza* da fé como um todo, senão que seleciona aquela parte que se encaixa ao seu propósito, a saber: que a paciência está sempre relacionada com a fé.[2]

---

[1] Griesbach faz a divisão no versículo 38 do último capítulo, e isto sem dúvida é o que o tema requer.

[2] "Fé, aqui, geralmente é descrita não só como a justificar, mas também como atos para com Deus e se mantém firme em suas promessas, obras e bênçãos reveladas em sua palavra, quer pretéritas, presentes ou futuras." – *Pareus*.

Consideremos agora as palavras. Ele chama a fé *hypostasis*, "a *substância* das coisas que se esperam". É de nossa experiência que o que esperamos não se encontra ainda em nossas mãos, mas é como estando ainda escondido de nós ou, pelo menos, que o usufruto do mesmo é adiado para outro tempo. O apóstolo nos ensina agora a mesma coisa que lemos em Romanos 8.24, onde, após dizer que o que se espera não se vê, Paulo chega à conclusão que devemos esperá-lo com paciência. Daí nosso apóstolo nos ensinar que não devemos exercer fé em Deus com base nas coisas presentes, e sim com base na expectativa de coisas ainda vindouras. Há nessa aparente contradição um toque de força e beleza. Diz que a fé é a *substância*, isto é, o arrimo ou fundamento sobre o qual firmamos nossos pés. Mas apoio de quê? Das coisas ausentes, as quais realmente estão mui longe de nossa posse concreta, e as quais estão mui longe do alcança de nossa compreensão.

A mesma idéia percorre a segunda sentença, onde ele denomina a fé de *evidência*, que é a demonstração das coisas não visualizadas. Uma demonstração provoca a manifestação das coisas, e comumente se refere só ao que se encontra sujeito aos nossos sentidos.[3]

Essas duas coisas aparentemente se contradizem, no entanto, estão em perfeita harmonia, quando nossa preocupação é a fé. O Espírito de Deus nos mostra as coisas ocultas, cujo conhecimento não pode

---

3 As duas palavras, "substância" e "evidência", têm sido traduzidas de modo variado, ainda que o significado continue materialmente o mesmo: "substância" e "demonstração", por Beza; "confiante expectativa" e "convicção", por Grotius e Doddridge; "confiança" e "evidência", por Macknight; "confiança" e "evidência convincente", por Stuart. Quando o significado primário das palavras se encaixa bem, não há necessidade de recorrer ao que é secundário. A primeira palavra significa, propriamente, um fundamento, uma base, um auxílio, um suporte; e o que poderia ser mais apropriado aqui? A fé é a base ou o arrimo (como Calvino a traduz em sua exposição) das coisas aguardadas; isto é, a fé é o fundamento da esperança; é o *fulcrum* sobre o qual repousa a esperança. A outra palavra é propriamente "demonstração", uma prova sustentada por razões – o que se torna claro e evidente. Convicção é o resultado de demonstração. Assim, pois, o significado é este: a fé sustenta a esperança e faculta ver coisas não vistas: é a base sobre a qual repousam os objetos da esperança, e a demonstração ou manifestação do que não se vê. A palavra "substância" deriva-se da Vulgata; ainda que seu significado etimológico corresponda ao original, contudo seu significado recebido é bem diferente. A palavra original ocorre cinco vezes no Novo Testamento, e é traduzida por "confiança", em 2 Coríntios 9.4; 11.17; Hebreus 3.14; "pessoa", em Hebreus 1.3; e aqui, "substância". Mas, por que seu significado mais literal não é "fundamento"? As coisas "esperadas" incluem a promessa; mas as coisas "não vistas", tudo o que é revelado quanto ao pretérito e futuro – a criação, o destino futuro do homem etc.

atingir nossos sentidos. A vida eterna nos é prometida; todavia, ela é prometida aos mortos. Somos informados sobre a ressurreição dos bem-aventurados; mas, entrementes, vivemos envolvidos em corrupção. Somos informados de que somos justos; todavia, o pecado habita em nós. Ouvimos que somos bem-aventurados; mas, entrementes, somos subjugados por inaudita miséria. É-nos prometida abundância de tudo o que é bom; mas na maior parte de nossa vida enfrentamos fome e sede. Deus proclama que nos virá buscar imediatamente; mas parece ser surdo ao nosso clamor. O que seria de nós, se não fôssemos sustentados por nossa esperança? E quanto de nossos pensamentos não emergem acima da escuridão e pairam acima do mundo, sustentados pela luz da Palavra de Deus e de seu Espírito? Portanto, a fé é com justa razão chamada a *substância* das coisas que são ainda objetos de esperança e a evidência das coisas ainda ocultas. Agostinho às vezes intercambia evidência e convicção; e não discordo, porquanto expressa fielmente a intenção do apóstolo. Prefiro o substantivo *demonstração* ou *evidência*, porque é menos forçado.

2. Porque por ela os antigos alcançaram testemunho. 3. Pela fé entendemos que os mundos foram formados pela palavra de Deus, de modo que aquilo que se vê foi feito daquilo que não se vê. 4. Pela fé Abel ofereceu a Deus um sacrifício mais excelente do que Caim, pelo qual obteve testemunho de que era justo, dando Deus testemunho de suas oferendas, e através dele depois de morto ainda fala.	2. Perhane enim testimonium consequuti sunt seniores. 3. Fide intelligimus aptata esse secula verbo Dei, ut non apparentium spectacula fierent. 4. Fide Abel praestantiorem hostiam quam Cain obtulit Deo; per quam testimonium abtinuit quo justus esset, testimonium reddente Deo ejus donis: et per ipsam motuus adhuc loquitur.

2. Porque por ela.[4] O argumento avança até o final do capítulo. O apóstolo afirma que os [antigos] pais obtiveram salvação, e que foram aceitos por Deus unicamente por meio da fé.

---

4 Macknight e Stuart traduzem a palavra por "antigos", e mais adequadamente em nosso idioma. A palavra "anciãos" mui comumente se refere à idade; mas, "antigos", ao tempo; aqueles implícitos aqui eram os que viveram anteriormente e sob a lei.

Os judeus tinham certa razão em demonstrar extrema deferência pelos pais; mas havia prevalecido entre eles também uma admiração que atingia as raias do irracional, a qual se revelou um grande empecilho que não os deixava entregar-se completamente a Cristo e ao seu governo. Tal atitude era oriunda ou da ambição, ou da superstição, ou de ambas. Pois quando ouviam que eram a bendita e santa semente de Abraão, sentiam-se tão envaidecidos por tal distinção, que seus olhos se volviam para os homens, e não para Deus. Daqui despertou-se neles um espírito de falsa rivalidade, já que não sabiam o que nos pais era mais digno de imitação. E foi assim que se aferraram às velhas cerimônias, como se toda a religião e a perfeita santidade consistissem nelas. O apóstolo refuta tal distorção, e mostra qual foi a principal excelência dos pais, a fim de que sua posteridade pudesse conhecer o segredo, e viesse a imitá-los de forma racional.

Devemos, pois, ter em mente que este é o fundamento ou, caso se prefira, a dobradiça em torno da qual gira o argumento do apóstolo, isto é, que os pais foram aprovados por Deus desde o princípio do mundo e unidos a ele pela fé, para que os judeus soubessem que somente pela fé é que se encontram vinculados aos pais em santa unidade, e que, assim que a renunciam, são separados da Igreja, deixando de ser filhos legítimos de Abraão, sendo, em vez disso, uma raça degenerada e bastarda.[5]

3. Pela fé entendemos.[6] Esta é a prova mais notável do último

---

[5] Em nossa versão, o verbo traduzido por "obtiveram boa reputação" é traduzido por Calvino, "obtiveram um testemunho"; por Beza, "foram aprovados"; por Macknight, "eram testemunhas nascidas para"; e Stuart, "obtiveram recomendação". É preferível reter a idéia de um testemunho, quando se faz uma referência ou ao testemunho escrito da Escritura, ou para expressar algum testemunho dado por Deus, como no caso de Abel. Como o verbo é por toda parte usado em um bom sentido, como uma referência ao bom testemunho, "uma boa reputação", como em nossa versão, ou "o testemunho honroso", como em Doddridge, parece comunicar o significado correto.

[6] Isto é, "Nós, mediante a fé na palavra de Deus que fornece o registro, entendemos, ou sabemos como o mundo foi feito". Isto os pagãos não conheceram pela luz da razão, entretanto poderiam ter conhecido isto, como o apóstolo declara em Romanos 1.20. A referência, aqui, segundo este ponto de vista, é ao fato, ao caso como era; mas, em Romanos, ao que deveria ter sido o caso. Por que "mundos"? A mesma palavra, ainda que no plural, é traduzida por "mundo", no versículo 36 e em 1 Coríntios 10.11, e assim aqui por Beza, entre outros. O universo, toda a criação visível, é o que está implícito, como transparece de "visto", na próxima sentença; e a palavra

versículo. Pois em nada diferimos da criação irracional, se não entendermos que o mundo foi criado por Deus. Por que os homens são dotados de razão e intelecto, senão com o expresso propósito de reconhecer seu Criador? Mas é tão-somente pela fé que chegamos a entender que foi Deus quem criou o mundo. Não surpreende, pois, que entre os pais a fé alcançasse preeminência sobre todas as demais virtudes.

Aqui, porém, pode-se indagar por que o apóstolo assevera que aquilo que os próprios incrédulos conhecem só é apreendido pela fé. A aparência do céu e da terra compele até mesmo os ímpios a reconhecerem a existência de algum criador. É sobre essa base que Paulo acusa a todos eles de ingratidão, porque, conhecendo a Deus, não lhe renderam a honra que lhe é devida [Rm 1.21]. Certamente que a religião nem sempre teria florescido entre todos os povos, se as mentes humanas não se persuadissem de que Deus é o Criador do mundo. Pareceria, pois, que esse conhecimento que o apóstolo atribui à fé existe sem a fé.

Eis minha resposta: ainda que houvesse entre os pagãos uma opinião desse tipo, mesmo que um tanto evanescente, de que o mundo foi criado por Deus, pois tão logo formavam a noção de algum Deus, imediatamente ela se tornava vã em suas imaginações, de sorte que tateavam na escuridão, imaginando confusamente divisar alguma sombra de divindade, em vez de discernirem o verdadeiro Deus. Além do mais, como era só uma opinião momentânea que passava fugaz por suas mentes, longe estava de ser conhecimen-

---

αἰών, no singular, diz Stuart, não é empregada para designar o "mundo" que é o universo. Diz-se ser usada no plural para expressar as várias partes das quais o mundo se compõe. Mas o termo "mundo", em nosso idioma, compreende a totalidade; significa toda a criação visível. O verbo "modelado" é por Beza traduzido "compactado"; por Doddridge, "ajustado"; por Macknight, "produzido"; e por Stuart, "formado". Calvino tem "adaptado" ou enfeixado, *aptata*, palavra usada pela Vulgata. Leigh diz com razão que o verbo significa propriamente *compactar* ou entrelaçar partes desconexas, seja de um corpo, ou de uma construção. Mas é usado também no sentido de ajustar, adaptar, preparar, pôr em ordem e aperfeiçoar, ou completar. É mais comumente usado no sentido de tornar perfeito ou completo. Mas podemos traduzir as palavras assim: "o mundo foi posto em ordem pela palavra de Deus".

to. Além do mais, podemos aduzir a isso o fato de que atribuíam à fortuna ou ao azar a supremacia do governo do mundo, mas não reconheciam a providência de Deus que a tudo rege. As mentes humanas são cegas a essa luz da natureza, a qual resplandece em todas as coisas criadas, até que sejam iluminados pelo Espírito de Deus e comecem a compreender, pela fé, que jamais poderão entendê-lo de outra forma. O apóstolo, pois, está plenamente certo ao atribuir à fé tal entendimento, visto que aqueles que crêem não abrigam uma fugaz suspeita de que Deus é o Criador do universo, senão que nutrem em seus corações uma sólida e profunda convicção e contemplam o verdadeiro Deus. Além disso, entendem o poder de sua Palavra não só como revelada no momento da criação do mundo, mas também como continuamente exibida na preservação do mesmo. E possuem essa compreensão, não só do poder, mas também da benevolência, da sabedoria e da justiça que os encoraja a cultuar, a amar e a reverenciar a Deus.

Daquilo que não se vê. Creio que todos os comentaristas têm se equivocado sobre esta sentença. Seu equívoco tem por base o fato de que separam a preposição ἐκ do particípio φαινομένων, de modo a traduzir assim: "Para que as coisas visíveis sejam feitas daquelas que não se vêem". Mas dificilmente se poderia extrair algum sentido razoável dessas palavras, nem mesmo o mais escasso. Além disso, o contexto não admite tal significado, senão as palavras teriam de ser ἐκ μὴ φαινομένων. A seqüência do apóstolo é diferente. Se traduzirmos palavra por palavra, então a sentença só pode ser construída assim: "De modo que as visíveis foram feitas das coisas invisíveis, ou não aparentes", e assim a preposição ἐκ é ligada ao particípio. Tais palavras contêm o importantíssimo ensino de que, neste mundo, temos uma clara imagem de Deus, e nesta passagem nosso apóstolo está afirmando a mesma coisa que Paulo em Romanos 1.20, onde ele afirma que as coisas invisíveis de Deus se nos fazem conhecidas pela criação do mundo, visto que elas são vistas em suas obras. Em toda a arquitetura de seu universo, Deus nos imprimiu uma clara evidência de sua eterna sabedoria, liberalidade e poder; e embora em sua natureza intrínseca ele nos seja invisível, em certa medida nos torna visível em suas obras.⁷

O mundo, portanto, é com razão chamado o espelho da divindade, não porque haja nele suficiente clareza para que os homens alcancem perfeito conhecimento de Deus, somente pela contemplação do mundo, mas porque ele se faz conhecer aos incrédulos de tal maneira a remover deles qualquer chance de justificarem sua ignorância. Em contrapartida, os crentes, a quem Deus tem dotado de olhos para que vejam, discernem as chispas de sua glória, como se ela fulgurasse em cada criatura em particular. O mundo foi fundado com este propósito: para que servisse de palco à glória divina.

4. Pela fé Abel. O apóstolo irá mostrar agora que, por mais excelentes fossem as obras dos santos, elas derivavam da fé seu valor, sua dignidade e tudo o que de excelência porventura possuíssem. Desse fato se segue, como ele mesmo já disse, que os pais só agradaram a Deus porque exerciam fé. Aqui, ele está falando de fé em um duplo sen-

---

7 Os modernos, não menos que os antigos, diferem de Calvino quanto a esta sentença; e, no entanto, sua explanação é mais adequada à passagem, e especialmente εἰς τὸ, que significa, propriamente, *para que*, ou *a fim de que*, denotando o objeto ou causa final. Mas não há autoridade para fazer de ἐκ e φαινομένων uma palavra como ele propõe; contudo, se a transposição de μὴ for admitida, a qual tanto os críticos antigos como os modernos admitiram, o significado advogado por Calvino pode ser ainda defendido; "a fim de que as coisas não aparentes sejam coisas visíveis"; as coisas não aparentes ou sendo visíveis, o poder, sabedoria e bondade de Deus, em exata harmonia com Romanos 1.20, onde lemos que o poder e a divindade de Deus são "coisas invisíveis" – τὰ ἀόρατα; são coisas não aparentes. Uma vez mais, o verbo κατηρτίσθαι denota não a criação, mas a adequação, ou a adaptação, ou a ordenação das coisas previamente criadas; parece designar a obra feita, não como descrita no primeiro versículo de Gênesis, mas nos versículos seguintes; de modo que o objetivo ou desígnio deste ajustamento ou arranjo é que é expresso nesta sentença; foi para que as coisas pudessem ser visíveis como evidência ou manifestação das coisas invisíveis. Pode-se dizer mais que somos informados que o mundo foi posto em ordem pela palavra de Deus; e assim se acha registrado em Gênesis. Mas esta palavra ou *fiat* não é mencionada no primeiro versículo daquele livro, no qual lemos que as coisas celestiais e terrenas foram criadas. Daí transparecer que a referência, aqui, é ao *ato* de ordenar bem este mundo, e não à primeira criação de seus materiais; e, se é assim, a segunda sentença não pode referir-se à criação do mundo a partir do nada, como necessariamente se acha conectado com o que a primeira sentença contém. Aqui, pois, "fé" se refere, se este ponto de vista for assumido, não ao fato de que o mundo foi feito por Deus, o que inclusive os pagãos admitem, mas ao *desígnio* de Deus na criação, a manifestação de sua própria glória. "Os céus", diz o salmista, "declaram a glória de Deus" etc.

tido. Primeiramente, por causa de sua obediência, visto que ela não intenta nem empreende nada exceto pela expressa Palavra de Deus; e então, porque ela descansa nas promessas de Deus, e assim granjeia mérito e dignidade para suas obras pela absoluta graça de Deus. Sempre que lemos neste capítulo a palavra 'fé', devemos recordar que o propósito do apóstolo consiste em que os judeus não deviam ter outra norma de fé senão a Palavra de Deus, e que deveriam depender unicamente de suas promessas.

Ele diz, antes de tudo, que o sacrifício de Abel foi mais aceitável do que o de seu irmão simplesmente porque ele foi santificado pela fé;[8] por certo que a gordura de animais irracionais não exalava tão agradável aroma que fosse capaz de atrair a Deus. A Escritura mostra nitidamente por que Deus se agradara de seu sacrifício. Eis as palavras de Moisés: "E atentou o Senhor para Abel e para sua oferta", à luz das quais podemos prontamente concluir que seu sacrifício agradou a Deus em virtude de ele mesmo ser agradável a Deus. De que outra fonte veio seu agradável caráter senão do fato de que possuía um coração purificado pela fé?

Dando Deus testemunho. O apóstolo confirma o que eu já disse: que de nós não procede nenhuma obra que agrade a Deus, enquanto não formos recebidos em seu favor, ou (falando mais sucintamente) nenhuma obra for considerada justa diante de Deus, a não ser aquelas que procedam de um homem justo. Sua linha de raciocínio é a seguinte: Deus deu testemunho acerca das ofertas de Abel, porque ele recebeu a honra de ser considerado justo diante de Deus.[9]

---

8 "A oferta de Abel foi mais aceitável que a de Caim, porque ele exercia fé." – *Grotius*. A palavra "sacrifício", θυσία, significa propriamente uma vítima oferecida, mas algumas vezes tudo o que é oferecido a Deus. Aliás, o sacrifício de Abel é chamado, em Gênesis 4.4, uma oferenda. A palavra πλείων, literalmente, é *mais*, porém é usada no sentido de mais em número, quantidade ou excelência. Este, evidentemente, é o significado aqui; pois a oferta de Abel, segundo o relato dado, foi não quanto ao número, ou quantidade, mas à *qualidade*. Então, o melhor e mais excelente sacrifício, e não o mais completo, como alguns o traduzem, é a versão correta.

9 O que o apóstolo evidentemente refere são estas palavras: "O Senhor teve respeito para com Abel e sua oferta." Ele denomina isto de "testificar". Como isto foi feito, não somos in-

Esta doutrina é muito proveitosa, e deve ser especialmente notada, já que não nos deixamos persuadir facilmente de sua veracidade. Sempre que percebemos alguma coisa gloriosa numa obra, imediatamente nos deixamos arrebatar pela admiração, e então concluímos que ela não pode ser reprovada por Deus sem que ele cometa injustiça. Deus, porém, que olha somente para a pureza interior do coração, não leva em conta os disfarces externos das obras. Devemos aprender, portanto: de nós não pode proceder nenhuma obra boa, sem que antes sejamos justificados diante de Deus.

Estando morto. É também uma questão de fé de Deus haver dado testemunho de sua preferência por Abel, não menos depois de sua morte do que durante sua vida. Ao dizer que, embora estivesse morto, Abel ainda continuava falando, o apóstolo tem em vista que Moisés está afirmando que Deus se viu compelido, diante de sua morte indigna, a vingá-lo. Que Abel ou seu sangue ainda fala é uma expressão figurativa.

O fato de Deus nutrir especial interesse por ele, depois de morto, constitui uma evidência especial do amor de Deus para com ele. E daqui se infere que ele era considerado como um dos santos de Deus, cuja morte lhe é preciosa [Sl 116.15].[10]

---

formados. A aprovação divina foi de alguma maneira comunicada; houve respeito para com Abel e para com sua oferta, porém não para com Caim nem para com sua oferta. O apóstolo diz aqui, primeiramente, que Abel "obteve testemunho de que era justo", e então adiciona, como forma de explanação: Deus, testificando de seus dons. Parece, pois, que a aprovação de seus dons foi o testemunho quanto ao sacrifício. O que era ele? Isso podemos racionalmente concluir como dado em outros casos registrados: foi pelo fogo enviado do céu a consumir o sacrifício (cf. Lv 9.24; 1Rs 18.38; 2Cr 7.1). "Pela qual" e "por ela" comumente se referem à fé, mas a passagem seria mais clara, apontando para "o sacrifício". Foi por meio ou *medium* do sacrifício que o testemunho foi dado, e foi por causa dele que Abel morreu; "e através dela, ainda depois de morto, ainda fala"; isto é, ainda que morresse, devido à aprovação de seu sacrifício, ele ainda fala, isto é, por seu exemplo como crente, dizem alguns; na expiação, como sofredor em prol da verdade, dizem outros.

10 Ainda que este ponto de vista tenha sido assumido por Grotius e muitos outros, contudo o que se sugeriu acima é que foi adotado pela maioria. É o próprio Abel que aqui fala como homem de fé; é a voz de seu sangue que é mencionado em 12.24. Em vez da redação recebida, a preponderância das cópias é em favor de λαλεῖ.

5. Pela fé Enoque foi trasladado para não ver a morte; e não foi encontrado, porque Deus o trasladara; pois antes de sua trasladação ele obteve testemunho de que agradara a Deus.
6. Ora, sem fé é impossível agradar a Deus; porque aquele que se aproxima de Deus deve crer que ele existe, e que é galardoador dos que o buscam.

5. Fide Enoch translatus est ne videret mortem; neque inventus est propterea quod Deus illum transtulerat; nam ant translationem suam testimonium adptus erat quod placuisset Deo.
6. Sine fide autem impossibile est placere Deo; nam qui ad Deum accedit, eum credere oportet quod sit, et quod remunerator sit iis qui eum quaerunt.

5. Pela fé Enoque. O apóstolo seleciona alguns exemplos dentre os mais antigos com o fim de fazer uma transição de Abraão à sua posteridade. Diz ele que a trasladação de Enoque aconteceu como uma recompensa de sua fé.

É indispensável que observemos especialmente a razão por que Deus o tirou da terra de uma forma tão inusitada. Foi um sinal extraordinário pelo qual todos pudessem ver quão amado de Deus era ele. Descrença e todo gênero de corrupção prevaleciam então por toda parte. Se sua morte ocorresse da forma costumeira, jamais teria ocorrido a alguém que ele fora, pela providência divina, poupado de ser atingido pela propagação [da morte]; mas, ao ser arrebatado sem que visse a morte, tal fato revelou claramente a mão de Deus, desde o céu, removendo-o como que do meio do fogo. Portanto, Deus não o contemplou com uma honra comum. O apóstolo afirma que tal fato foi o resultado da fé. Moisés afirma que ele era um homem justo e que andava com Deus; visto, porém, que a justiça começa com a fé, o fato de ele agradar a Deus é corretamente atribuído à sua fé.[11]

É aconselhável que passemos por alto as questões sutis com as quais os curiosos se torturam. Querem saber o que foi feito desses dois homens – Enoque e Elias. E para não parecer que formulam perguntas fúteis, predizem que serão mantidos até os últimos dias da Igreja, para que sejam subitamente exibidos ao mundo de então. Citam em apoio disso o Apocalipse de João. Deixemos esta filosofia trivial

---

11 "Ele arrazoa assim: Aquele que agrada a Deus é dotado de fé; Enoque agradou a Deus; então Enoque era dotado de fé." – *J. Capellus.*

para aquelas mentes intelectualmente tacanhas, as quais não podem se satisfazer com um sólido fundamento. Que nos seja suficiente saber que seu arrebatamento foi um exemplo extraordinário de morte; nem duvidemos de que foram despidos da carne mortal e corruptível, para que pudessem ser renovados juntamente com os demais membros de Cristo naquela bem-aventurada imortalidade.[12]

6. Sem fé é impossível. A premissa é comum a todos os exemplos que o apóstolo cita neste capítulo; visto, porém, que paira certa obscuridade sobre ela, vale a pena examinar o significado mais detidamente.

Não há melhor intérprete do que o próprio apóstolo. Portanto, a evidência que ele junta imediatamente pode servir-nos de explicação. Afirmo que a razão por que ninguém pode agradar a Deus sem o exercício da fé é esta: ninguém jamais se aproxima de Deus se não crer que ele existe e estiver convencido de que ele recompensa os que o buscam. Se o acesso a Deus só é aberto pela fé, segue-se que todos quantos se encontram fora da fé não podem agradar a Deus. A partir desse fato, o apóstolo mostra, em primeiro lugar, como a fé nos obtém o favor [divino], visto que ela é nossa mestra que nos orienta na adoração ao verdadeiro Deus; e, em segundo lugar, porque ela nos faz mais seguros da generosidade divina, para que não nos pareça que o buscamos em vão.[13] Ambas as sentenças não devem ser revistas

---

12 Aqui o apóstolo está seguindo a Septuaginta. Em vez de "andou com Deus", aqui temos "ele agradou a Deus"; e por "já não era" temos a frase "não foi achado". Uma parte do versículo é quase uma citação literal, "e não foi achado porque Deus o trasladou"; e isto deve ser expresso de forma parentética, pois o que segue é conectado com a primeira sentença, como contendo uma razão para o que é aí asseverado; Enoque foi trasladado mediante a fé, pois teve o testemunho de que agradava a Deus; e agradar a Deus é uma evidência de fé, como provado pelo versículo seguinte. Estranha é a extravagância de homens eruditos! Alguns dos teólogos alemães têm tentado provar que Enoque não foi trasladado sem antes morrer. Mesmo que não possam expressar sequer uma palavra sobre o evento com mais clareza do que fez este apóstolo. Este é um exemplo do que os homens farão em apoio de um falso sistema, quando uma vez plenamente imbuídos.

13 "Vir a Deus" é muito expressivo, e esta é uma forma literal do termo. Doddridge tem "aproximar-se"; Macknight, "cultuar"; são recursos que em nada melhoram, mas, ao contrário. Deus é representado como que sentado no trono da graça; daí a idéia de vir a ele. Enoque andava com Deus, como se este fosse um amigo e companheiro; daí vir a ele ser uma expressão apropriada. Stuart diz ser esta uma metáfora derivada da prática de vir ao templo para adorar, sendo Deus representado como estando ali presente.

superficialmente, ou seja: primeiramente, que devemos crer que Deus existe; em segundo lugar, que devemos viver persuadidos de que não o buscamos em vão.

À primeira vista, a exigência do apóstolo para crermos na existência de Deus não deve afigurar-nos como sendo uma questão de primeira grandeza. Se o leitor, porém, fizer uma observação mais minuciosa, descobrirá que ela contém uma rica, profunda e sublime doutrina. Ainda que a existência de Deus seja uma doutrina que desfruta do consenso quase que universal e sem disputa, não obstante, a menos que o Senhor nos dê um sólido conhecimento de si mesmo, toda sorte de dúvidas nos assaltará para extinguir toda a nossa percepção do Ser divino. O intelecto humano é particularmente inclinado a esse gênero de futilidade, de tal modo que se torna fácil esquecer-se de Deus. O apóstolo não está dizendo simplesmente que os homens devam ser persuadidos de que é possível a existência de algum gênero de divindade, e sim que ele está fazendo referência direta ao verdadeiro Deus. Repito, não será bastante que formulemos uma vaga idéia de Deus, mas é preciso discernir quem é o Deus verdadeiro. Que proveito teríamos inventando um ídolo, e em seguida atribuir-lhe a glória divina?

Agora percebemos qual foi a intenção do apóstolo nesta sentença. Ele afirma que não teremos acesso à presença de Deus, a menos que estejamos convencidos, no mais profundo recesso de nossa alma, que Deus de fato existe, para que não sejamos levados de um lado para o outro por toda sorte de opiniões. É evidente, à luz desse fato, que os homens cultuarão a Deus inutilmente, caso não observem o modo correto; e que todas as religiões que não contêm o genuíno conhecimento de Deus são não somente fúteis, mas também perniciosas, visto que todos os que não sabem distinguir Deus dos ídolos estão sendo impedidos de se aproximarem dele. Não pode haver religião alguma onde não reine a verdade. Se um genuíno conhecimento de Deus habita nossos corações, inevitavelmente o resultado é que seremos conduzidos a reverenciá-lo e a temê-lo. Não é possível ter genuíno conhecimento de Deus exceto pelo prisma de sua majestade. É desse fator que nasce o desejo de servi-lo, e daqui sucede que toda a vida é direcionada para ele como seu supremo alvo.

A segunda sentença é que devemos estar plenamente persuadidos de que Deus não se deixa buscar em vão; e esta persuasão inclui a esperança da salvação e a vida eterna. Ninguém terá seu coração preparado para buscar a Deus, a menos que perceba profundamente uma manifestação da divina liberalidade compelindo-o a esperar nele a salvação. Onde não se evidencia nenhuma salvação, ou fugiremos de Deus, ou não o levaremos em consideração. Devemos ter sempre em mente que tal coisa tem de ser crida e não meramente imaginada, porquanto até mesmo os incrédulos às vezes podem nutrir tal noção; todavia, não se aproximam de Deus, já que não possuem aquela fé genuína e sólida.[14] Eis a segunda parte da fé, pela qual obtemos graça diante de Deus: quando nos sentimos seguros de que nossa salvação repousa nele.

São muitos os que pervertem vergonhosamente esta sentença, e daí impõem o mérito das obras e o conceito da merecida salvação. Este é seu raciocínio: "Se agradamos a Deus pela fé, porque cremos que é ele quem recompensa, então se segue que a fé leva em conta o mérito das obras". Tal erro não poderia ser melhor refutado do que encarando a maneira de o buscar; pois não se pode considerar como se buscasse a Deus aquele que se desvia desse caminho. A Escritura estipula que o caminho certo de se buscar a Deus[15] é que a pessoa que se vê prostrada, ferida com a acusação de morte eterna e totalmente desesperada, fuja para Cristo como seu único refúgio de salvação. Em parte alguma leremos que os méritos das obras nos conduzem a Deus

---

14 Por certo que não há fé genuína na doutrina da salvação, a menos que seja assistida por esta força magnética, pela qual a alma é atraída para Deus." – *Leighton*.

15 Calvino não conecta *diligentemente* com *buscar*, como faz nossa versão. O significado do verbo é meramente *buscar*. Em Atos 15.17 ele é traduzido *busquem*, e também em Romanos 3.11 e 12.17 ele é adicionado cuidadosamente. Encontra-se com freqüência na Septuaginta no sentido de *busca*, e no hebraico está na forma verbal, que significa simplesmente *buscar*, sair em busca (cf. Dt 4.29; Sl 14.2; Jr 29.13). A versão de Stuart é "Quem o busca?"; e assim na de Beza.

a fim de granjearmos seu favor. Aqueles que honestamente defendem esse princípio de se buscar a Deus não encontrarão nenhuma dificuldade, visto que o galardão não tem a ver com a dignidade ou o prêmio das obras, e sim com a fé.

E assim, são lançados completamente por terra os frios arrazoados dos sofistas que afirmam que pela fé agradamos a Deus porque merecemos quando nossa intenção é agradá-lo. A intenção do apóstolo é conduzir-nos para muito mais alto, a saber, para que a própria consciência humana se convença, de forma inabalável, de que buscar a Deus não é um propósito fútil. Por certo que isso sobrepuja muitíssimo a tudo quanto podemos apreender para nós mesmos, especialmente quando alguém o aplica em termos pessoais. Que Deus é quem galardoa os que o buscam é algo que não se deve considerar em termos abstratos, mas cada um de nós, individualmente, deve aplicar a si as vantagens e os benefícios desta doutrina, para que saibamos que Deus tem cuidado de nós; que ele se preocupa tanto com nossa salvação, que jamais se afastará de nós; que nossas orações são ouvidas por ele e que ele será sempre nosso infalível Libertador. Visto que nenhuma dessas coisas nos vem senão por meio de Cristo, necessário se faz que nossa fé o tenha sempre em consideração e que repouse unicamente nele.

De ambas essas sentenças podemos agora concluir como e por que é impossível que alguém agrade a Deus sem o exercício da fé. Já que por natureza vivemos debaixo de sua maldição, Deus, com justa razão, nos trata com ira, e o antídoto não se encontra em nosso poder. Portanto, se faz necessário que ele nos antecipe com sua graça, o que sucede quando descobrimos que ele existe, de tal forma que nenhuma superstição corrupta nos desvie para outra direção; e, além disso, quando somos assegurados da salvação que nos vem dele como sua única fonte.

Caso alguém deseje um desenvolvimento mais completo desse argumento, então que leve em conta o seguinte ponto de partida: que toda nossa tentativa e experiência serão sem efeito, a menos que olhemos para Deus. O único propósito de uma vida genuína é servir à glória divina; e isso jamais sucederá a menos que o conhecimento dele nos abra uma via de acesso. Tal coisa, porém, seria só uma parte da fé, o que nos seria de pouco proveito, a menos que se lhe adicione a confiança. A fé só será completa em todas as suas partes, para assegurar-nos do favor divino, quando sentirmos inabalável confiança de que não o buscamos em vão, e então nos assegurarmos de que dele nos vem a salvação. Ninguém, a não ser aquele que se deixa cegar pela presunção, e fascinar pelo amor-próprio, pode ter certeza de que Deus recompensará seus méritos. Portanto, essa confiança de que falamos não se apóia nas obras, nem na dignidade do próprio ser humano, mas tão-somente no favor divino. Visto que a graça de Deus se encontra fundamentada tão-somente em Cristo, ele é o único a quem nossa fé deve contemplar.

7. Pela fé Noé, sendo advertido por Deus sobre coisas que ainda não se viam, movido de santo temor, preparou a arca para o salvamento de sua casa; pela qual condenou o mundo, e se tornou herdeiro da justiça que é segundo a fé.	7. Fide Noe, divinitus admonitus de iis quae nondum videbantur, veritus apparavit arcam in salutem domus sae; per quam condemnavit mundum, e tejus (quae secundum fidem est) justitiae factus est haeres.

7. Pela fé, Noé. Foi um exemplo tão extraordinário de virtude que, quando o mundo inteiro se entregou aos prazeres sem recato e sem freio, crendo poder viver impunemente, unicamente Noé levou em conta a vingança divina; embora parecer demorar por longo tempo, fatigou-se ao longo de cento e vinte anos na construção de uma arca; permaneceu firme no meio da zombaria de uma multidão incrédula; e no seio de um mundo inteiro em ruína, ele não duvidou de que seria salvo, confiando sua vida àquela espécie de túmulo, que era a arca. Tocarei bem de leve neste tema, porquanto cada um dos leitores poderá considerar melhor consigo mesmo as circunstâncias.

O apóstolo atribui à fé o crédito dessa tão extraordinária virtude. Até aqui ele falou acerca da fé dos pais que viveram nos primórdios do mundo, mas quando Noé e sua família se salvaram do dilúvio, o que houve foi uma espécie de *regeneração*. Daqui se torna evidente que em todas as épocas os homens jamais foram aprovados por Deus, nem tampouco fizeram algo digno de louvor que não fosse pelo exercício da fé.

Vejamos agora quais os assuntos a considerarmos acerca de Noé: em primeiro lugar, ao ser alertado acerca de coisas ainda futuras, portanto não visíveis, ele não teve medo; em segundo lugar, ele construiu a arca; em terceiro lugar, ao construí-la, ele condenou o mundo; em quarto lugar, ele foi o herdeiro da justiça que provém da fé.[16]

O primeiro elemento da lista que mencionei constitui a expressão mais proeminente da eficácia da fé, porquanto o apóstolo está sempre chamando nossa atenção para o princípio de que a fé é a evidência de coisas que não se vêem. A tarefa da fé é seguramente a de ver na Palavra de Deus o que está oculto e distante de nossos sentidos. Ao ser informado de que haveria um dilúvio ao término de um período de cento e vinte anos, tão longo período poderia ter removido seu temor; esta é a primeira questão. A segunda consistia em que o fato, por sua própria natureza, era incrível. A terceira consistia em que ele via os incrédulos transigindo sem a menor preocupação.

---

16 Esta é uma afirmação muito clara do caso de Noé. Muitos críticos eruditos têm dado uma versão diferente; entre os modernos, Stuart e o Dr. Bloomfield. A palavra traduzida com muita justeza em nossa versão, "sendo movido de temor", traduzimos "com reverência", conectando-a com "aparelhou". O outro único exemplo em que ela ocorre tem o sentido de temor ou medo quanto às conseqüências (cf. At 23.10). Além disso, todo o teor da passagem comporta este significado: qual foi a advertência? Foi a de um terrível juízo; e, como o juízo deve ser considerado, senão com temor? A fé, como Calvino no-lo dirá presentemente, considera, respectivamente, os juízos e as promessas. Os homens são exortados a fugir da ira vindoura; quando crêem que há uma ira vindoura, porventura temerão? Doddridge e Scott coincidem com Calvino. A outra diferença é quanto a δι ἧς, "pela qual" antes de "condenado". Este não é um equívoco tão claro quanto o outro, contudo o significado que Calvino dá é o mais óbvio e o mais apropriado. Stuart associa "qual" com fé, enquanto, evidentemente, deva referir-se à arca; Noé, ao construir a arca, movido pela fé, condenou a conduta de outros em negligenciar a preparação para a destruição vindoura. Sua preparação, feita com fé, condenou a negligência deles, a qual foi motivada pela incredulidade. Quanto à palavra "herdeiro", ela significa um herdeiro em prospecto, e um herdeiro em possessão, como em 1.2. Evidentemente, é assim que deve ser entendida aqui. Noé veio a ser herdeiro ou possuidor da justiça, a qual se recebe mediante a fé. A tradução de Stuart não é tão expressiva quanto literal: "e obteve a justificação que vem pela fé".

E, finalmente, o terrificante anúncio do dilúvio poderia afigurar-se-lhe como mera ameaça. Noé, porém, prestou tal atenção à Palavra de Deus, que afastou seus olhos da aparência das coisas contemporâneas, imbuiu-se de um temor tão forte à vista da destruição que Deus ameaçava, que era como se lhe estivesse presente. Portanto, a fé de que se apropriara e pusera na Palavra de Deus também o preparara para uma inabalável obediência a Deus, cuja prova em seguida demonstrou construindo a arca.

Aqui se suscita uma pergunta: Por que o apóstolo faz da fé a causa do temor, uma vez que ela, acima de tudo, leva em conta as promessas da graça e não as ameaças? É nesse sentido que Paulo denomina o evangelho, pelo qual se nos oferece a justiça de Deus para nossa salvação, de "a Palavra da fé" [Rm 10.8]. Parece, pois, algo um tanto inapropriado dizer que Noé foi guiado, pela fé, ao temor. A isso respondo que a fé, propriamente dita, tem sua origem nas promessas, encontra-se fundamentada nelas e descansa nelas. Daí dizermos que Cristo é o verdadeiro alvo da fé, que nele nosso Pai celestial é reconciliado conosco e nele todas as promessas de salvação estão seladas e ratificadas. Todavia, não há nada que impeça a fé de atentar para Deus e reverentemente aceitar tudo o que ele diz; ou, caso se prefira algo mais sucinto, é função da fé ouvir a Deus quando ele fala, e aceitar sem hesitação alguma tudo quanto emana de seus santos lábios. A fé, portanto, está sujeita aos seus mandamentos e advertências, não menos que às suas graciosas promessas. Visto que ninguém jamais se move suficientemente à obediência dos mandamentos de Deus, nem é compelido pelas admoestações a desviar-se de sua ira, a menos que já se haja apropriado das promessas da graça e o reconheça como o Pai amantíssimo e o Autor da salvação, de modo que o evangelho é denominado, por sinédoque, de sua parte principal, a Palavra da fé, bem como se estabelece uma relação mútua entre uma e outra. Embora a fé tenha referência direta com as promessas de Deus, não obstante atenta para suas advertências até onde é necessário sermos conduzidos no temor e obediência a Deus.

Preparou a arca. Nota-se aqui uma obediência que emana da fé como a água que flui de uma fonte. A obra de construção da arca foi longa e laboriosa; possivelmente foi dificultada pelos escárnios diários dos incrédulos e também suspensa mil vezes; nem fica dúvida de que tenham insultado aquele santo homem de todos os lados e formas. O fato de que suportara os insultos daqueles perversos com um espírito inabalável é bastante para provar-se que sua disposição à obediência era de uma natureza inusitada. Como seria possível que ele obedecesse a Deus de forma tão consistente, a não ser pelo fato de que já encontrara descanso na promessa que lhe imprimira esperança de salvação, e que nessa confiança perseverou até ao fim? Talvez em si mesmo não tivesse coragem de enfrentar tantos problemas, nem teria tido força para vencer tantos obstáculos, nem permanecer firme em seu propósito por tanto tempo, a não ser por meio de uma *fé preveniente*. A fé, pois, é a única mestra da obediência; em contrapartida, podemos chegar à conclusão de que é a ausência de fé que nos impede de obedecer a Deus. A incredulidade do mundo, ainda hoje, se manifesta de uma forma terrível, por isso tão poucas pessoas obedecem a Deus.

Pela qual condenou o mundo. Seria difícil afirmar que foi a *salvação* de Noé que condenou o mundo, e o contexto dificilmente nos permitiria concluir que foi sua *fé*. Portanto, cabe-nos entender que isso se refere à *arca*. O apóstolo declara que o mundo foi condenado por meio da arca em um duplo sentido. O fato de que Noé levou tanto tempo para construí-la remove dos ímpios toda escusa, e o cataclismo que acompanhou veio provar que a destruição do mundo era justa. Ora, por que foi a arca convertida em instrumento de proteção de uma única família, senão em virtude do fato de que a ira divina poupou um justo de perecer com o mundo ímpio? Se ele não fora poupado de perecer, então a condenação do mundo não teria sido tão evidente. O fato de Noé haver obedecido ao mandamento de Deus, por seu exemplo condenou a obstinação do mundo; e o fato de haver sido miraculosamente salvo do torvelinho da morte, tudo isso é prova de que o mundo inteiro pereceu com justa razão, o qual, indubitavelmente, teria sido preservado não fora ele indigno da salvação.

Herdeiro da justiça que é segundo a fé. Aqui está a última coisa que o apóstolo declara ser necessário observar-se sobre a pessoa de Noé. Moisés declara que ele era um homem *justo*. A história não diz que a fé fora a causa e raiz dessa justiça, senão que o apóstolo afirma que é pelos fatos que se demonstra tal coisa. Isso não é procedente só porque ninguém jamais se entregou realmente à obediência a Deus, a não ser aquele que confia nas promessas de sua paternal generosidade e crê que sua vida será por ele aceita, mas também porque a vida de uma pessoa, por mais santa que seja, quando é medida pelo padrão divino, não pode agradar a Deus sem perdão. Portanto, a justiça deve, necessariamente, descansar na fé.

8. Pela fé Abraão, quando chamado, obedeceu a fim de ir para um lugar que devia receber por herança; e saiu, sem saber para onde ia.
9. Pela fé tornou-se um peregrino na terra da promessa, como em terra alheia, habitando em tendas com Isaque e Jacó, herdeiros com ele da mesma promessa;
10. porque contemplava a cidade que tem os fundamentos, cujo arquiteto e edificador é Deus.
11. Pela fé, até a própria Sara recebeu a virtude de conceber um filho, quando já lhe tinha passado a idade, porquanto teve por fiel aquele que lhe fizera a promessa.
12. Pelo que também de um, e esse já amortecido, descenderam tantos, em multidão, como as estrelas do céu, e como a areia, inumerável, que está na praia do mar.

8. Fide Abraham, quum vocatus est, obedivit exiret in locum quem accepturus erat in haereditatem; et exivit nesciens quo veniret.
9. Fide peregrinatus est in terra promissa quasi aliena, in tabernaculis habitans cum Isaac et Jacob, cohaeredibus ejusdem promissonis:
10. Expectavit enim civitatem habentem fundamenta, cujus architectus et opifex est Deus.
11. Fide et ipsa Sara facultatem ad conceptionem seminis accepit, et praeter tempus aetatis peperit, quia fidelem existimavit eum qui promiserat.
12. Propterea etiam ex uno gentiti sunt, et quidem emortuo, multitudine tanquam astra coeli et quasi arena quae est juxta marginem maris innumerabilis.

8. Pela fé Abraão. O apóstolo põe agora no palco o próprio Abraão, o principal pai da Igreja de Deus sobre a terra, e em cujo nome os judeus se gloriavam, como se fossem separados da ordem comum dos homens, só pela eminência de serem eles a santa semente de

Abraão. O apóstolo demonstra que eles deviam levar em consideração a principal razão de serem considerados os filhos de Abraão. Por isso ele chama sua atenção para a *fé*, visto que Abraão, em si e por si, não possuía qualquer excelência que não fosse oriunda da fé. Ele começa dizendo que essa fé foi a razão por que Abraão imediatamente obedeceu a Deus, assim que recebeu a ordem de emigrar-se de sua terra; e então, em virtude desta mesma fé, marchou avante rumo à concretização de sua vocação, até o fim. A fé que Abraão possuía foi claramente confirmada por esta dupla evidência: sua *prontidão* em obedecer, e sua *perseverança* em agir.

Quando chamado. Os comentaristas antigos e Erasmo tomam isso como uma referência ao seu nome, mas tal idéia é também inconsistente e destituída de eficácia. Eu, ao contrário, o considero como uma referência ao *oráculo*, pelo qual foi chamado e deixou sua pátria. Ele submeteu-se a esse exílio de sua espontânea vontade, porquanto sentiu que não podia fazer outra coisa que não fosse em obediência ao mandamento de Deus. Temos aqui, seguramente, um dos princípios de fé, a saber: "Que não devemos dar sequer um passo, a menos que a Palavra de Deus nos indique o caminho, e alumie adiante de nós como uma lâmpada" – no dizer de Davi [Sl 119.105]. Temos que aprender que isto é precisamente o que devemos observar ao longo de toda nossa vida: não intentar nada, a não ser que Deus nos chame.

A fim de ir para um lugar.[17] Ao mandamento acrescentou-se a promessa de que Deus lhe daria uma terra por herança. Ele prontamente aceitou essa promessa, e se apressou como alguém que foi enviado a tomar posse. É uma rara prova de fé deixar alguém o que tinha em mãos para então sair em busca do longínquo e desconhecido. Quando

---

17 Isto é conectado por Calvino diferentemente; sua versão é "pela fé Abraão, quando chamado, obedeceu, de modo que saiu" etc. Bloomfield, movido por suposição, subentendendo ὥστε antes de ἐξελθεῖν, parece ter a mesma opinião. Beza traduz o verbo por um gerúndio, "abiendo", *partindo*. Esta construção está mais de acordo com a localização das palavras; os outros introduzem uma transposição incomum. Além disso, a idéia é um pouco diferente. Há assim duas coisas no versículo declaradas mais diretamente, como evidências e provas de fé – sua *partida* de sua própria pátria, e sua *ignorância* quanto à pátria para onde estava indo. Sua fé foi tal que obedeceu, a ponto de deixar sua própria pátria, e ainda de ir a uma pátria da qual nada conhecia.

lhe ordena a sair, Deus não lhe mostra o lugar para onde quer que Abraão vá, senão que o mantém em suspense e em perplexidade de espírito. Diz Deus: "Vai para o lugar que te mostrarei" [Gn 12.1]. Com que propósito Deus demorou informar-lhe o lugar, senão para que paulatinamente lhe fosse testando a fé? O amor por sua terra natal poderia não só retardar a presteza de Abraão, mas também poderia manter seu espírito tão fortemente atado à sua pátria, que se visse embaraçado a deixar seu lar. Sua fé, pois, não era algo de caráter ordinário, mas era de tal natureza, que o fortaleceu para vencer todos os obstáculos e a conduzi-lo ao lugar para onde o Senhor o chamou.

9. Pela fé se tornou um peregrino. Temos então o segundo ponto, a saber: tendo entrado na terra [da promessa], a contragosto foi recebido como estrangeiro e intruso. Onde estava a herança pela qual havia esperado? No mínimo ocorreu-lhe que certamente Deus lhe havia enganado. E há um exemplo ainda de maior proporção, o qual o apóstolo omite, ou seja: que um pouco mais tarde, acometido pela fome, teve que sair do país, sendo compelido a fugir, pela segunda vez, agora para a terra de Gerar. O apóstolo considerou suficiente enaltecer sua perseverança, afirmando de uma forma singular que ele foi peregrino na terra da promessa; porquanto a condição de um peregrino era contrária à promessa. Foi a extraordinária virtude de Abraão que o levou a resistir bravamente a essa tentação, fato esse que provém unicamente da fé.

Com Isaque e Jacó. O apóstolo não quer dizer que viveram na mesma tenda e ao mesmo tempo, e sim que associa a Abraão seu filho e seu neto como seus companheiros, visto que foram peregrinos com ele na herança prometida, e não retrocederam, ainda que Deus os tenha privado dela por um longo tempo. Quanto mais longa era a espera, mais intensa era a tentação em face do desânimo, não tivessem repelido todos os assaltos da dúvida, empunhando o escudo da fé.[18]

---

18 A preposição μετά às vezes pode ser traduzida "bem como" (Mt 2.3; Lc 11.7; 1Co 16.11). "Habitando em tendas, como fizeram Isaque e Jacó, co-herdeiros da mesma promessa." Aqui não significa o mesmo tempo, diz Grotius, mas paridade quanto ao que é afirmado.

10. Porque contemplava. Ele apresenta como razão para atribuir a paciência deles à fé, precisamente porque contemplavam o céu. Isso equivale a "ver o que era invisível". Ainda que lhes fosse de grande vantagem acariciar em seus corações a fé que Deus lhes outorgara, de que possuiriam a terra, até que a realidade se materializasse depois de alguns séculos, não obstante, visto que nem mesmo descansavam nela, senão que contemplavam o céu além, a evidência de sua fé se torna ainda mais clara.

O apóstolo denomina o céu de **a cidade que tem fundamentos**, porquanto ela se acha firmada por toda a eternidade, e no mundo não há nada senão o que é transitório e efêmero. Pode parecer absurdo que ele faça Deus o Criador do céu, como se não houvera criado também a terra. A isso respondo que, como as mãos do homem estão para as construções materiais e terrenas, assim o labor de Deus não é inapropriadamente comparado a elas. Tudo quanto é construído pelo homem reflete seu criador em sua instabilidade, assim como a eternidade da vida celestial se harmoniza com a natureza de Deus como seu Criador.[19] Além do mais, o apóstolo ressalta que todo cansaço é abrandado por essa expectativa, de modo que não devemos jamais sentir-nos desanimados em seguir a Deus.

11. Pela fé até a própria Sara. Para que as mulheres soubessem que esta verdade se aplica a elas não menos que aos homens, o apóstolo evoca o exemplo de Sara, a quem ele nomeia preferencialmente a todos os demais, visto ser ela a mãe de todos os fiéis. É estranho que sua fé seja enaltecida aqui, quando ela foi publicamente exposta

---

19 As palavras, "construtor e fazedor", são traduzidas por Calvino, "construtor-mestre e fazedor". Os termos parecem revertidos. A primeira palavra significa o fazedor ou trabalhador; e a segunda, o construtor-mestre ou planejador [arquiteto]. A versão de Beza é "o fazedor [artífice] e o fundador [diretor]." A ordem é, segundo o que é bem comum na Escritura, o efeito mencionado primeiro, então a causa: do fazedor primeiro, então o inventor. A última palavra, sem dúvida usada no sentido de um trabalhador ou fazedor, mas também no sentido de um arquiteto ou planejador; mas a primeira palavra significa um trabalhador ou artífice habilidoso, porém não um construtor-mestre. Portanto, a fim de dar um significado consistente a cada palavra, a sentença pode ser assim traduzida: "cujo fazedor e planejador é Deus"; ele não só o fez, mas também o planejou e o inventou.

como incrédula,[20] porquanto se rira da palavra do anjo como se não passasse de uma ficção. É evidente que não foi um riso de admiração, pois de outra sorte não teria sido repreendida tão asperamente pelo anjo. Deve-se confessar que sua fé estava mesclada de desconfiança; visto, porém, que ela corrigira sua desconfiança, ao ser advertida, sua fé foi reconhecida e enaltecida por Deus. O que ela inicialmente rejeitara como impossível, obedientemente aceitou tão logo ouviu que provinha dos lábios de Deus. Daqui deduzimos um exemplo de rico ensinamento, a saber: que mesmo quando nossa fé vacila ou tropeça um bocadinho, não deixamos de ser aprovados por Deus, contanto que não demos vazão à nossa desconfiança. A questão está no fato de que o milagre que Deus realizou no nascimento de Isaque era produto da fé de Abraão e de sua esposa, por meio da qual se apossaram do poder de Deus.

Porquanto teve por fiel. É preciso observar detidamente as razões que expressam o poder e a natureza da fé. Se alguém ouvisse meramente que Sara deu à luz, pela fé, esse mesmo não entenderia o que está compreendido aqui; esta exposição, porém, que o apóstolo adiciona remove toda e qualquer dificuldade. Ele afirma que a fé que Sara possuía consiste em que ela considerou que Deus era verdadeiro, e verdadeiras suas promessas. Há nessa sentença duas cláusulas. Primeiramente, aprendemos aqui que não existe fé sem a Palavra de Deus, já que não podemos ser persuadidos de sua verdade até que ele haja falado. Esse fato singular é plenamente suficiente para refutar o floreio lingüístico dos sofistas acerca da fé implícita, pois devemos sustentar sempre que existe uma inter-relação entre a Palavra de Deus e nossa fé. Visto que a fé se acha principalmente fundamentada na liberalidade divina (como já afirmei),

---

20 "A mesma coisa se afirma de Abraão (Gn 17.17). A verdade é o primeiro anúncio de que uma criança nasceria deles, ocasionando na mente de ambos um senso de incongruência, de impossibilidade, que o curso da natureza seria assim revertido. Consideração subseqüência produziu uma plena convicção na realidade da bênção prometida." – *Stuart*. É notável que no primeiro anúncio Abraão se riu, como fez Sara mais tarde; e não só isso, mas ele também disse: "Oh, que Ismael viva diante de ti!" Evidentemente mostrando que então não cria na promessa que lhe fora feita. No capítulo seguinte (18), reitera-se a promessa, quando Sara se riu. E, a fim de confirmar a ambos, foram lembrados do poder de Deus (v. 14). Então a fé venceu a incredulidade.

nem a própria Palavra é suficiente, mesmo quando ela flua dos lábios de Deus; mas se torna necessária uma promessa como evidência de seu favor. Portanto, lemos que Sara considerou que Deus era fiel, porquanto ele prometeu. Então, repito, fé genuína é aquela que ouve a Palavra de Deus e descansa em sua promessa.

12. Pelo que também de um. O apóstolo agora salienta para os judeus que é pela fé que são descendência de Abraão. O próprio Abraão já se encontrava como que meio morto,[21] enquanto que Sara, sua esposa, que fora estéril desde a flor de sua idade, muito mais estéril era agora em sua idade avançada. Portanto, era muito mais fácil ver óleo fluir das rochas do que alguma nação emanar deles; todavia, foi precisamente deles que nasceu uma multidão inumerável. Se os judeus, agora, se sentiam orgulhosos de sua origem, então deviam considerar sua *causa*. Tudo o que eram ou são se deve à fé que Abraão e Sara tiveram. Segue-se desse fato que não podem reter ou defender a posição que adquiriram, a não ser com base na fé.

13. Todos esses morreram na fé, sem ter recebido as promessas; mas tendo-as visto e saudado, de longe, e tendo confessado que eram estrangeiros e peregrinos na terra.

14. Porque, os que falam desse modo manifestam que estão procurando uma pátria propriamente sua.

15. E se de fato se lembrassem daquela donde saíram, teriam oportunidade de voltar.

16. Mas agora desejam uma pátria melhor, ou seja, celestial. Por isso Deus não se envergonha deles, de ser chamado seu Deus, porque já lhes preparou uma cidade.

13. Secundum fidem mortui sunt isti omnes non acceptis promissionibus, sed quum procul eas vidissent et credidissent et salutassent et confessi essent quod hospites et peregrini erant super terram.

14. Sane si qui haec dicunt ostendunt se patriam inquirere:

15. Et si quidem illius meminissent a qua exierant, habebant tempus revertendi:

16. Nunc vero meliorem appetunt, id est, coelestem; quare non erubescit Deus vocari Deus ipsorum, paravit enim illus civitatem.

---

21 Calvino traduz ταῦτα adverbialmente "quidem", "aliás já amortecido"; Doddridge, "em sua repetição"; Macknight, "a estas questões"; Stuart, "quanto a estas coisas". Em Lucas, porém, a palavra é traduzida "de igual modo"; e esta seria a tradução preferível aqui. Abraão estava, como Sara, "morto" no tocante à possibilidade de gerar filhos – "Portanto, mesmo de um, e ele de igual modo morto, haveria de gerar tantos como as estrelas" etc.

13. Todos esses morreram na fé. O apóstolo enaltece a fé dos patriarcas por meio de comparação; porque, embora tivessem apenas saboreado as promessas de Deus, sentiram-se felizes com sua doçura e rejeitaram com desdém tudo o que havia no mundo; nem ainda esqueceram o sabor delas, por muito escasso que fosse, quer na vida quer na morte.[22]

A frase, *na fé*, se explica de duas formas. Há quem simplesmente a entenda como significando que morreram na fé em razão de que nesta vida jamais obtiveram as bênçãos prometidas, assim como, hoje, nossa salvação se encontra oculta de nós na esperança. Em contrapartida, concordo com aqueles que crêem que se deve observar aqui certa diferença entre os pais e nós, o que exponho assim: Ainda que Deus haja dado aos pais apenas uma antecipação de seu favor, a qual é derramada generosamente sobre nós; e ainda que ele lhes haja mostrado apenas uma vaga imagem de Cristo, como que à distância, o que agora é posto diante de nossos olhos para que o vejamos, todavia ficaram satisfeitos e nunca decaíram de sua fé. Quão maior e mais justificável razão temos nós, hoje, para perseverarmos! Se porventura fracassarmos, nos veremos duplamente sem escusa. Isso é ainda mais enfatizado pelas circunstâncias, ou seja: que os pais viram o reino espiritual de Cristo de longe, enquanto que essa visão se encontra tão próxima de nós hoje. Eles saudaram de longe as promessas que hoje nos são tão familiares. Se eles, apesar de tudo, perseveraram até a morte, quão imperdoável será nossa indolência, caso nos cansemos de crer quando o Senhor nos socorre com tantos recursos! Se alguém objetar, dizendo que não podiam ter crido sem aceitar as promessas, sobre as quais a fé se acha necessariamente fundamentada, respondo que a expressão tem de ser tomada em termos comparativos. Eles se encontravam longe desse elevado estado no qual Deus nos estabeleceu. Ainda que a mesma salvação lhes fosse prometida, todavia as promessas não lhes foram reveladas com a mesma clareza que desfrutamos

---

[22] "Todos estes" devem limitar-se a Abraão, e aqueles mencionados depois dele, aos quais as promessas foram feitas; e ele fala somente desses. Assim Beza e Stuart.

no reino de Cristo, senão que se contentaram em contemplá-las de longe.[23]

E tendo confessado que eram estrangeiros. Foi Jacó quem fez tal confissão, quando respondeu a faraó que o tempo de suas peregrinações fora mui breve em comparação com o tempo das peregrinações de seus pais, e repassadas de muitas dificuldades [Gn 47.9]. Se Jacó percebeu que era um peregrino na terra que lhe fora prometida por herança perpétua, é evidente que sua mente não se fixara neste mundo, senão que se elevara acima dos céus. O apóstolo conclui que os pais, ao falarem desse modo, estavam demonstrando claramente que possuíam uma pátria superior no céu, pois se eram peregrinos aqui, então sua pátria e lar permanentes se encontravam em outro lugar. Se em espírito se viam impelidos, por entre sombrias nuvens, em direção a uma pátria celestial, o que devemos nós fazer hoje, quando Cristo nos estendeu sua mão desde o céu, de forma tão visível, para conduzir-nos ao seu próprio seio? Se a terra de Canaã não pôde retê-los, quanto mais devemos nós sentir-nos desimpedidos, quando nenhum domicílio permanente nos é prometido neste mundo!

15. E se de fato se lembrassem daquela donde saíram. O apóstolo antecipa uma possível objeção, que alguém poderia suscitar: que eles eram estrangeiros em razão de terem deixado sua terra natal. Ele responde, dizendo que, quando a si mesmos se chamavam estrangeiros, não pensavam na Mesopotâmia, visto que, se nutrissem tal desejo, tinham toda a liberdade de regressar. Entretanto, voluntariamente se baniram dela; aliás,

---

23 Faz-se menção de "promessas"; e então "pátria celestial" é a única coisa especificada a seguir. Abraão, Isaque e Jacó receberam muitas promessas que não lhes foram cumpridas – uma descendência numerosa, a terra de Canaã, o Messias, a ressurreição (implícita na promessa de que ele seria seu Deus) e a pátria celestial. Não há razão por que todas estas não formassem as "promessas" que viram de longe e as abraçaram, ainda que a promessa da pátria celestial só se cumprisse mais tarde, expressamente mencionada, sendo, por assim dizer, a completação de todas as demais promessas, e propriamente referidas depois do reconhecimento que fizeram de ser estrangeiros e peregrinos sobre a terra. Sua fé abraçou todas as promessas, enquanto ela tinha um referencial especial na herança eterna, os quais, ainda que entrassem no descanso, quanto aos seus espíritos, ainda não a alcançaram, e não será alcançada por eles nem por nós, até a segunda vinda de Cristo, quando, juntos, seremos introduzidos na pátria celestial. Veja-se a nota aos versículos 39 e 40.

repudiaram-na, como se ela não tivesse nada a ver com eles. Voltaram seus olhos para outra pátria, a qual se encontra para além deste mundo.[24]

16. Por isso o Senhor não se envergonha deles. O apóstolo faz referência àquela sentença: "Eu sou o Deus de Abraão, o Deus de Isaque e o Deus de Jacó" [Êx 3.6]. É um sinal de honra quando Deus se faz conhecido através de nomes de homens [e mulheres], e deseja, por tal característica, ser distinguido dos ídolos. O apóstolo diz que tal privilégio também repousa na fé, visto que, quando os santos pais suspiravam por sua pátria celestial, Deus, por sua vez, os incluía no número de seus cidadãos. Desse fato concluímos que não haverá lugar para nós no número dos filhos de Deus, a menos que renunciemos o mundo; e não haverá nenhuma herança para nós, a menos que peregrinemos pela terra. À luz destas palavras – "Eu sou o Deus de Abraão, o Deus de Isaque e o Deus de Jacó" –, o apóstolo, com toda razão, conclui que eles eram os herdeiros do céu, visto que Aquele que fala não é Deus dos mortos, e sim dos vivos.

17. Pela fé Abraão, sendo provado, ofereceu Isaque; sim, ia oferecendo o seu unigênito,
18. aquele que recebera alegremente as promessas, e a quem se havia dito:
19. Em Isaque será chamada a tua descendência, julgando que Deus era poderoso até mesmo para ressuscitá-lo dentre os mortos; e daí também, figuradamente, o recobrou.
20. Pela fé Isaque abençoou a Jacó e a Esaú, mesmo concernente às coisas futuras.
21. Pela fé Jacó, quando estava para morrer, abençoou a cada um dos filhos de José, e adorou, inclinando-se sobre a extremidade de seu bordão.
22. Pela fé José, estando próximo o seu fim, fez menção da saída dos filhos de Israel, e deu ordem acerca de seus ossos.

17. Fide Abraham obtulit Isaac tentatus est; ac unigenitum obtulit quum promissiones accepisset;
18. Ad quem dictum erat, In Isaac, vocabitur tibi sêmen:
19. Quum reputasset Deum etiam ex mortuis posse suscitare; unde eum quoque in similitudine recuperavit.
20. Fide Isaac de futuris benedixis Jacob et Esau.
21. Fide Jacob moriens singulos filios Joseph benedixit, et adoravit ad summitatem virgae ejus.
22. Fide Joseph moriens de exitu filiorum Israel meminit, et de ossibus suis mandavit.

---

[24] "Mas agora aspiram" etc. O presente histórico é usado aqui em vez do pretérito – "Mas agora aspiravam" etc. Assim Beza, Grotius, entre outros.

17. Pela fé Abraão. O apóstolo prossegue com o restante da história de Abraão e faz referência ao sacrifício de seu filho. Esse é um exemplo de virtude de uma excelência tal, que dificilmente se encontraria outro semelhante. À maneira de ampliação, ele adiciona o termo: "Sendo provado". Abraão já havia demonstrado, através de muitas provas, que gênero de pessoa era ele; porém, assim como essa prova excedia em muito a todas as demais, o apóstolo deseja que a mesma seja considerada como algo proeminente. É o mesmo que houvera dito que o clímax da virtude de Abraão foi o sacrifício de seu filho, visto lermos que Deus, então, o sujeitou a uma prova sem precedente. Além do mais, esse ato teve sua origem na fé, portanto Abraão nada possuía de tão excelente que produzisse um resultado tão extraordinário, senão sua fé.

O termo *tentação* simplesmente significa *provação*. Quando Tiago [1.13] diz que não podemos ser tentados por Deus, ele o usa num sentido distinto, a saber: que Deus não nos incita à prática do mal. Ele quer dizer que isso sucede pela concupiscência de cada um; ao mesmo tempo, porém, ele não nega que Deus faça prova de nossa retidão e obediência. Deus não nos testa como se ele, de alguma forma, ignorasse o que se passa em nosso coração. Minha tese consiste em que Deus não necessita provar-nos para tomar conhecimento de nossos intentos; quando, porém, nos traz para a luz, para que através de nossas obras ele revele publicamente o que previamente estivera oculto, então lemos que ele nos tenta ou nos prova. Lemos que aquilo que se manifesta publicamente se faz conhecido de Deus. É uma forma usual e constante da Escritura expressar-se sobre Deus, transferindo para ele o que é peculiar aos homens. O valor do sacrifício de Isaque repousa no efeito sobre o espírito, porque não foi devido a Abraão que não foi levado a bom termo como lhe fora ordenado fazer. Sua disposição exerceu a função de obediência, e foi como se de fato ele houvesse sacrificado seu filho.

Ia oferecendo o seu unigênito. Através dessas circunstâncias, o apóstolo propunha demonstrar quão extensa e quão severa foi a prova de Abraão, embora houvesse na história narrada por Moisés outras coisas que têm o mesmo propósito. A ordem que Abraão recebeu foi a de tomar seu filho, seu unigênito e amado filho Isaque, levá-lo a um lugar que mais tarde lhe seria mostrado, e ali o sacrificasse com suas próprias mãos. Deus empenhou-se em acumular essas sensíveis descrições de tal maneira que pudessem ferir a esse santo homem, até ao mais profundo de seu coração, com tantas feridas quanto possível, para em seguida acrescentar ainda mais a tortura de ordenar-lhe que empreendesse uma jornada de três dias. Podemos conjeturar quão penetrante teria sido sua tortura, ao olhar constantemente para seu filho, a quem já destinara uma morte tão cruel! Ao chegarem no local, Isaque enterneceu o peito paterno com um novo golpe ainda mais ferino, indagando dele onde estava a vítima para o sacrifício. A morte de seu filho, sob quaisquer circunstâncias, teria sido em extremo dolorosa, e uma morte sangrenta lhe teria gerado uma dor ainda muito mais lancinante. Ao ser-lhe ordenado que matasse a seu filho com as próprias mãos, tal fato se lhe afigurou como a mais terrível miséria que qualquer espírito paterno poderia suportar. Mil vezes teria ele desmaiado, não fora sua fé transportar seu coração para muito além deste mundo. Portanto, não é sem razão que o apóstolo tenha afirmado que Abraão fora provado.

Pode-se perguntar por que Isaque é chamado seu unigênito, quando Ismael, que ainda vivia, nascera antes dele. A resposta é que, quando Ismael deixou a família, impelido pela ordem divina, ele foi considerado como que morto, de modo que não mais havia para ele o menor espaço entre os filhos de Abraão.

Aquele que recebera alegremente as promessas. Por mais profundamente tenham as coisas que já relatamos até aqui ferido a alma de Abraão, elas não passavam de ferimentos superficiais em comparação com esta tentação, ao receber a ordem de matar seu filho Isaque, depois de haver recebido as promessas. Todas as promessas tinham seu fundamento nisto: "Em Isaque será chamada a tua descendência"

[Gn 21.12],²⁵ de sorte que, quando esse fundamento fosse removido, não restaria nenhuma esperança de bênção ou favor. Nada do que se acha envolvido aqui é de caráter terreno, e sim a salvação eterna de Abraão, bem como do mundo inteiro. Podemos imaginar a que gênero de dilemas esse santo homem enfrentou, ao ocorrer-lhe que a esperança de vida eterna se extinguiria na pessoa de seu filho e, no entanto, ele emergiu acima de tais cogitações, e executou o que lhe fora ordenado! Se porventura foi uma espantosa virtude esforçar-se em meio a tão formidáveis obstáculos, então a fé merece o maior louvor, porque foi unicamente pela fé que Abraão permaneceu invencível.

Neste ponto surgem algumas dificuldades. Por exemplo, como a fé de Abraão poderia ser louvada, quando ela provém da promessa? Como a obediência tem sua origem na fé, assim também a fé provém da promessa. Portanto, ao ser Abraão privado da promessa, sua fé inevitavelmente fracassaria. A morte de Isaque, como já se expressou, seria a destruição de todas as promessas. E Isaque não deve ser considerado como um simples membro da categoria comum dos homens, mas como alguém que encarnava, por assim dizer, o próprio Cristo. O apóstolo explica essa questão que, de outra forma, poderia ser difícil de resolver, acrescentando imediatamente que Abraão atribuiu a Deus a honra de ser capaz de ressuscitar seu filho dentre os mortos. Portanto, ele não rejeitou a promessa que lhe fora concedida, senão que estendeu seu poder e veracidade para além da vida de seu filho, recusando-se restringir o poder de Deus a tão pequenos limites, que pudesse ser restringido ou extinto pela morte de Isaque. Dessa forma, Abraão reteve a promessa, visto que ele não reduziu o poder de Deus à vida de Isaque, mas persuadiu-se de que ela seria eficaz mesmo em suas cinzas quando estivesse morto, não menos enquanto estivesse vivo e respirando.

---

25 Literalmente, as palavras são "Em Isaque serão chamados a ti e à tua descendência". Mas o hebraico ב e o grego ἐν às vezes significam por, ou através de, ou por meio de; e o verbo hebraico, ser chamado, bem como o grego, às vezes pode ser traduzido "ser". Por isso parece que Macknight estava certo em sua versão da sentença: "Por meio de Isaque uma descendência te será"; que é preferível a de Stuart: "Após Isaque tua descendência será chamada", pois esta é menos literal e não comunica o significado.

19. E daí também, figuradamente, o recobrou. É como se o apóstolo dissesse que essa esperança não enganara a Abraão, visto que ela se assemelhava a uma ressurreição, quando seu filho subitamente se viu arrebatado do poder da morte. O termo usado aqui, "figuradamente" [*parábola*], recebe diferentes explicações por parte dos comentaristas. Eu o tomo simplesmente no sentido de *semelhança*. Ainda que Isaque não tenha de fato e de verdade ressuscitado dentre os mortos, todavia é como se houvera um tipo de ressurreição, ao ser repentina e miraculosamente resgatado pela espantosa graça de Deus.[26] Entretanto, não me oponho ao ponto de vista daqueles que acreditam que nossa carne, que se encontra sujeita à morte, é significada pelo carneiro que substituiu a Isaque. Admito ser procedente o que alguns dizem: que nesse sacrifício se representa certa figura de Cristo. Agora, porém, estou discutindo o que o apóstolo quis dizer, não o que ele na verdade poderia ter dito. Segundo meu modo de raciocinar, o significado real aqui é que Abraão recebeu seu filho como se houvera sido restaurado da morte para uma nova vida.

20. Pela fé Isaque. Era também obra da fé conferir bênção para o futuro, porque, enquanto a realidade não tenha ainda aparecido, senão apenas a mera palavra, então o predomínio exclusivo é necessariamente da fé. Devemos, antes de tudo, observar a importância da bênção sobre a qual ele fala, visto que o termo *abençoar* é às vezes tomado no sentido de "pedir um favor". A bênção de Isaque era algo completamente diferente. Era como que um prenúncio da posse daquela terra

---

26 O significado dado por Stuart e alguns outros é muito mais dedutivo, embora se diga ser natural que "Abraão creu que Deus poderia ressuscitar Isaque dentre os mortos, porque ele, por assim dizer, o obteve dentre os mortos, isto é, nasceu dos que eram mortos no tocante a estas coisas". Daí a tradução dada ser "comparativamente". Abraão, quanto ao seu propósito, o sacrificou, de modo que o considerou morto; e o recebeu de volta dentre os mortos, não realmente, mas de uma maneira que se assemelhava ao milagre da ressurreição. Este sentido só é compatível com a primeira sentença, a qual menciona a fé que Abraão exerceu no poder de Deus de ressuscitar seu filho dentre os mortos; ele creu que Deus era capaz de fazer isso. E então se acresce que Abraão recebeu de volta a seu filho como se o houvera sacrificado, e como se Deus o ressuscitasse dentre os mortos. O que realmente aconteceu contém uma semelhança com o modo como ele antecipou. Costallio dá o significado: "É o mesmo como se ele o houvera sacrificado, e recebido também da mesma maneira que o recebeu".

que Deus prometera, a ele e à sua posteridade e, no entanto, não teve qualquer direito àquela terra senão o de uma sepultura. E assim, aqueles gloriosos títulos se lhes afiguravam como um rematado absurdo, ou seja: "Sirvam-te povos, e nações se curvem diante de ti" [Gn 27.29]. Que sorte de reino poderia assumir, quando ele mesmo a duras penas era um homem livre? Vemos, pois, que essa bênção dependia da fé, porquanto, à parte da Palavra de Deus, Isaque nada possuía que pudesse transferir a seus filhos.

Entretanto, pode-se duvidar se havia alguma fé na bênção outorgada a Esaú, visto que ele fora rejeitado e desterrado por Deus. A resposta é simples, porque a fé manifestou-se mais claramente quando Isaque conseguiu fazer distinção entre os gêmeos que lhe nasceram; e, ao proceder assim, concedeu prioridade ao mais jovem. Seguindo ele a ordem divina, retirou de seu primogênito o direito ordinário e natural. A condição de toda a nação dependia do fato de que Jacó fora eleito por Deus, e que sua eleição era ratificada pela bênção de seu pai.

21. Pela fé Jacó. O apóstolo teve como propósito atribuir à fé tudo o que era digno de lembrar, de tudo quanto sucedera a seu povo. Visto, porém, ser-lhe algo cansativo apresentar um relato de tudo, então escolheu uns poucos exemplos dentre os muitos, tais como este. A tribo de Efraim se tornara tão superior às demais, que em certo sentido elas se puseram à sua sombra; e a Escritura às vezes inclui todas as dez tribos sob esse nome. Todavia, Efraim era o mais novo dos dois filhos de José; e ao tempo em que Jacó abençoou a ele e a seu irmão, ambos eram crianças. O que Jacó teria visto no mais novo, que o preferiu em lugar do primogênito? Nada, certamente, porque quando isso ocorreu, seus olhos estavam turvos e ofuscados pela idade, de modo que não podia ver. Nem tampouco foi por mera casualidade que tenha colocado sua mão direita sobre a cabeça de Efraim, visto que ele cruzou as mãos, colocando a direita no lugar da esquerda e vice-versa. Além do mais, ele designou-lhe duas porções, como se ele já se achasse de posse da terra, como seu dono, da qual fora expulso pela fome. Se a fé não exercesse o senhorio aqui, tudo isso não teria o menor sentido. Portanto, se os judeus querem ser alguma coisa, então que se gloriem na fé somente.

E adorou, inclinando-se sobre a extremidade do seu bordão. Temos aqui uma daquelas passagens donde podemos deduzir que os pontos vocálicos não foram empregados anteriormente pelos hebreus, pois se tivessem a mesma forma de escrever de hoje, os tradutores gregos não teriam cometido o equívoco de traduzir *bordão* em vez de *cama*. Não há dúvida de que, ao lemos על ראש המטה [*ol rosh emethe*], Moisés está se referindo à cabeceira de sua cama; os tradutores gregos, porém, traduziram "à extremidade de seu bordão", como se a palavra grafada fosse *mathaeh*. O apóstolo não hesitou em usar, para seu propósito, o que era comumente aceito. Ele estava escrevendo para os judeus, e para os judeus que, em virtude de sua dispersão por entre diferentes nações, haviam transferido para o grego seu idioma nativo. Sabemos que os apóstolos não eram excessivamente meticulosos em sua preocupação de adequar-se aos ignorantes que ainda necessitavam de leite. Não há nisso perigo algum, contanto que os leitores sejam reportados ao sentido puro e original da Escritura. A diferença que existe é pequena, porque o fato de Jacó haver adorado constituiu-se numa ação de graças simbólica, e daqui ele foi levado, pela fé, a submeter-se a seu filho.[27]

22. Pela fé José. Esse é o último relato que Moisés faz dos feitos dos patriarcas, o qual é digno de especial menção. O fato de que as riquezas, o fausto e as honras não levaram aquele santo homem a

---

27 Diversas têm sido as opiniões sobre esta sentença. É evidente que as palavras, aqui, se referem a um tempo diferente do mencionado em Gênesis 47.31. Em Gênesis são conectas com o juramento que José fez de fazer com que seu pai fosse sepultado em Canaã; aqui, porém, com a bênção de seus filhos registrada no capítulo seguinte (48.15-16). Estas foram duas transações separadas, e as palavras só ocorrem na primeira; e das palavras do apóstolo transparece que o ato e a posição de Jacó foram também os mesmos no segundo caso. Os pontos são destituídos de autoridade; e o apóstolo adotou a versão Septuaginta, e assim a sancionou; e não há razão para se contestar tal sanção. Lemos que Davi adorou apoiado em seu leito (1Rs 1.47); mas a palavra para *leito* ali é diferente. Toda a dificuldade aqui se desvanece, se pusermos de lado os pontos, como devemos fazer. A palavra para adorar, em hebraico, significa prostrar-se ao solo, o modo mais humilde de adoração; mas é também usada para designar meramente um ato de culto (cf. 1Sm 1.3; 2Rs 5.5, 18). A razão por que se afirma que Jacó adorou impossibilita adotar-se a postura usual.

esquecer-se da promessa nem o detiveram no Egito é um forte argumento em prol da fé. Onde obteve ele tão extraordinária grandeza de entendimento, a ponto de menosprezar todas as dignidades do mundo, a ponto de não considerar nada como valioso, exceto sua ascensão ao céu? Ao ordenar que seus ossos fossem transportados dali [para Canaã], não estava pensando em si próprio, como se sua preferência fosse que seu túmulo estivesse em Canaã e não no Egito, e sim, ele queria excitar a aspiração de seu povo, de modo que vislumbrassem sua redenção com mais solicitude. Queria também fortalecer sua fé, para que depositassem sua esperança, em plena certeza, no fato de que um dia seriam libertados.

23. Pela fé Moisés, quando nasceu, foi escondido por seus pais durante três meses, porque viram que o menino era formoso; e não tiveram medo do decreto do rei.
24. Pela fé Moisés, sendo já homem, recusou ser chamado filho da filha de Faraó,
25. escolhendo antes ser maltratado com o povo de Deus do que por algum tempo usufruir dos prazeres do pecado;
26. considerando o opróbrio de Cristo como sendo maiores riquezas do que os tesouros do Egito; porque ele contemplava o recebimento do galardão.
27. Pela fé deixou o Egito, não temendo a ira do rei; porque ficou firme como quem vê aquele que é invisível.

23. Fide Moses, quum natus esset, occultatus est menses tres a parentibus suis, quia videbant elegantem puellum; et non timuerunt edictum regis.
24. Fide Moses jam grandis renuit vocari filius filiae Pharaonis;
25. Potius eligens malis affici cum populo Dei quam temporales habere peccati delicias.
26. Majores existijmans divitias probrum Christi quam Aegypti thesauros; intuebatur enim in remunerationem.
27. Fide relíquia Aegyptum, nec timuit furorem regis; quasi enim invisibilem vidisset, obduraverat.

23. Pela fé Moisés. Houve outros, alguns deles dentre os incrédulos, que preservaram seus filhos diante de algum perigo, não por temer a Deus, mas simplesmente movidos pela preocupação de dar seqüência à sua posteridade. O apóstolo diz que os pais de Moisés foram movidos a salvá-lo por uma razão bem distinta, a saber: Deus prometera que, quando fossem oprimidos pela escravidão, um dia viria um vingador. Firmados nessa confiança, preferiram a segurança de seu filhinho a deles próprios. Ao dizer que foram induzidos a proceder assim pela beleza de sua forma [física], tal coisa parece contradizer a natureza da fé. Somos informados de que Jessé foi censurado ao trazer seus filhos a Samuel pelo prisma de sua excelência física, e indubitavelmente Deus não se preocupa com nossa aparência externa. Minha resposta consiste em que os pais de Moisés não foram induzidos a salvá-lo com base em sua formosura [física], como os homens comumente se deixam afetar, senão que houve algum gênero de sinal de excelência futura, impressa no menino, o qual prometia algo extraordinário a seu respeito. Não há dúvida de que foram inspirados em sua aparência, sendo dominados pela esperança de uma libertação próxima, e por meio de tal fato se sentiram confiantes de que aquela criança estava destinada a grandes realizações.

Além do mais, teria sido de grande relevância para os judeus ouvirem que Moisés, que fora o ministro de sua redenção, fora arrebatado da morte miraculosamente, graças à fé. Todavia, deve-se observar que a fé que aqui se enaltece era muitíssimo débil; porque, depois de haver vencido o temor por sua morte, deveriam ter criado a Moisés, em vez de lançá-lo fora. Portanto, é evidente que sua fé não só pronto titubeou, senão que sucumbiu completamente, e que negligenciaram pelo menos parte de seu dever ao lançarem o menino à margem do rio. Em contrapartida, cumpre-nos deixar que sejamos ainda mais encorajados, ao ouvirmos que sua fé, embora débil, foi então aceita por Deus como que para assegurar a vida de Moisés, da qual dependia o livramento da Igreja.

24. Pela fé Moisés, sendo já homem. O exemplo de Moisés deve ser lembrado pelos judeus acima de todos os demais, porquanto, por suas mãos, o povo foi libertado da escravidão, o pacto de Deus com eles foi renovado e a fundação da Igreja foi estabelecida com a promulgação da lei. Se a fé tem que ser considerada como o principal traço distintivo de Moisés, então seria absurdo que ele os tivesse conduzido de outro lugar. Desse fato se segue que todos os que não se deixam guiar pela lei, à fé, fazem pouco progresso nela.

Temos agora que ver quais são as coisas pelas quais ele enaltece a fé, as quais Moisés possuía. Seguindo a ordem, primeiramente ele coloca a seguinte virtude: ao tornar-se adulto, ele rejeitou sua adoção efetuada pela filha de Faraó. O apóstolo refere à idade de Moisés, porque, se tal coisa sucedesse quando ele era ainda garoto, então se poderia atribuir sua atitude à temeridade ou à ignorância, visto que o entendimento e a razão não são fatores fortes nas crianças, e se precipitam impensadamente, levados ao sabor de suas inclinações. Os adolescentes são muito repetidamente levados de cá para lá por irrefletido entusiasmo. Portanto, para que não imaginemos que tal coisa fosse efetuada sem a devida consideração, e após um longo período de reflexão, o apóstolo diz que ele era já adulto, fato esse que a história evidentemente confirma.[28]

Além do mais, o apóstolo nos informa que Moisés escarneceu de sua adoção [egípcia], porque, ao visitar seus irmãos, ao preocupar-se com eles e ao vingar-se das injustiças sofridas por eles, tudo isso revelou que ele já se apegara muito mais ao seu próprio povo do que ao palácio real. Essa atitude equivalia precisamente a seu voluntário repúdio de sua adoção [egípcia]. O apóstolo atribui essa atitude à fé, visto ter-lhe sido muito mais preferível permanecer no Egito, não se houvera convencido de que a tribo de Abraão havia sido abençoada, e de que a promessa divina era a única testemunha de tal bênção, porquanto não havia nada concreto diante dos olhos que pudesse comprová-la.

26. Considerando o opróbrio de Cristo como sendo maiores riquezas. Devemos revestir-nos de prudência ao considerarmos essa maneira de se expressar, porque ela nos revela que devemos descar-

---

28 Literalmente, temos "quando ele vier a ser grande", isto é, em idade ou em anos. À luz de Atos 7.23, ele tinha cerca de quarenta anos de idade. A palavra "grande", em hebraico ou em grego, às vezes tem este significado. Stuart, "quando chegou na idade de maturidade"; Doddridge e Macknight, "quando cresceu". Lemos que ele recusou, isto é, por sua conduta. Ele agiu dessa maneira para mostrar que rejeitava a honra de ser adotado como filho da filha de faraó. O verbo significa negar, renunciar, desconhecer. Ele renunciou o privilégio que lhe era oferecido. De outros lemos que, por um arremedo de piedade, "negaram-lhe o poder", isto é, por suas obras (2Tm 3.5).

tar como sendo veneno letal tudo o que não podemos obter sem que Deus se ofenda. A todas as seduções do mundo, as quais nos afastam de nossa inclinação para Deus, o apóstolo chama de "prazeres do pecado". E esses prazeres não são contados entre as bênçãos da vida terrena, as quais podemos desfrutar com uma consciência pura e com a permissão divina. Devemos ter sempre em mente a distinção daquilo que Deus nos permite. Algumas coisas são em si mesmas lícitas, mas cujo uso nos é proibido em virtude das circunstâncias de tempo, lugar ou outras coisas. Ao usufruirmos de todas as bênçãos desta presente vida, devemos ter sempre em mente que elas nos são auxílios, e não obstáculos, para seguirmos a Deus. Ele evoca os prazeres do pecado só por *algum tempo*, já que eles rapidamente se desvanecem juntamente com a vida.[29]

Contra tais prazeres ele contrasta o opróbrio de Cristo, o qual todos os crentes devem aceitar espontaneamente. Aos que foram eleitos, "Deus predestinou para que sejam conformes a imagem de seu Filho", não porque ele prove a todos eles da mesma forma, com opróbrios ou algum outro gênero de cruz, mas porque todos eles devem estar prontos a aderir à comunhão da cruz juntamente com Cristo. Portanto, que cada um pense bem em seu íntimo que, assim como é chamado a essa comunhão, o mesmo deve igualmente livrar-se de todo e qualquer entrave. Não se deve ignorar o fato de que, entre os opróbrios de Cristo, o apóstolo inclui todas as desonras que os crentes têm suportado desde o princípio do mundo. Assim como eram membros do mesmo corpo, também não são diferentes de nós. Todas as desgraças, sendo o salário do pecado, são os frutos da maldição que foi lançada sobre o primeiro homem; todavia, sejam quais forem as injustiças que soframos por parte dos ímpios, em decorrência do Nome de Cristo, ele

---

29 Doddridge traduz esta sentença assim: "Do que desfrutar dos prazeres transitórios do pecado"; e Macknight, "do que ter a fruição temporária do pecado", que é uma tradução literal; assim fez Beza. Schleusner pensa que o "pecado" era o de idolatria; mas as palavras parecem antes referir-se ao pecado da indulgência em buscas vãs e desmoralizantes, também comumente prevalentes nas cortes régias.

as toma sobre si.³⁰ Por essa razão, Paulo se gloria no fato de que ele supre o que faltava nos sofrimentos de Cristo. Se o que entendo disso é correto, não nos deve ser tão difícil ou tão amargo sofrer por Cristo.

Nesta sentença, o apóstolo também explica com mais clareza o que pretende pela expressão "opróbrio de Cristo", ao dizer: "Escolhendo antes ser maltratado com o povo de Deus". A Moisés bastava professar que era um dentre o povo de Deus, juntando-se a eles, como seus companheiros, para que participasse das desgraças de seu povo. Portanto, já que essa é a finalidade, não nos separemos do corpo da Igreja; e seja o que for que aqui soframos, lembremo-nos de que esse sofrimento é consagrado ao Nome [e à causa] de nossa suprema Cabeça. Em contrapartida, o que ninguém pode possuir sem que renuncie à Igreja, o apóstolo chama de os "tesouros do Egito".

Contemplava o recebimento do galardão.³¹ O apóstolo mostra que tal grandeza de espírito se devia à fé, mediante a descrição que ele apresenta de como Moisés fixara seus olhos na promessa de Deus. Não lhe era possível esperar que estivesse em melhor situação com o povo de Israel do que com os egípcios, a menos que ele pusesse sua confiança exclusivamente na promessa. Se porventura alguém inferir

---

30 "O opróbrio de Cristo" é entendido diferentemente: [1] O opróbrio do ungido, isto é, o povo de Israel, chamado o ungido de Deus [Sl 105.15; Hb 3.13]. – *Grotius*. [2] O opróbrio como o de Cristo, isto é, como Cristo que, sendo rico, tornou-se pobre a fim de redimir o gênero humano, assim Moisés desprezou os tesouros do Egito com o propósito de libertar Israel da escravidão. Uma construção semelhante encontra-se em 2 Coríntios 1.5. "Os sofrimentos de Cristo", isto é, como os de Cristo. – *Stuart*. [3] O opróbrio por Cristo, isto é, por confessar que esperava por ele, em comum com o povo angustiado, como pensam Macknight, Scott e Bloomfield. Em prol desta opinião, não há sequer uma partícula de evidência à luz do relato que temos em Êxodo. Os egípcios nada sabiam de um redentor; portanto, não podiam ter reprovado os israelitas por essa conta. [4] O opróbrio do povo de Cristo, sendo a palavra *Cristo* às vezes tomada por sua Igreja (1Co 12.12); e este parece ser o ponto de vista de Calvino. O segundo ponto de vista é o mais satisfatório, e é confirmado por 13.13: "suportando seu opróbrio", isto é, um opróbrio como o dele.

31 As palavras são muito notáveis: "Pois ele desviou os olhos", isto é, das dificuldades ou presentes provações, "para a retribuição", o recebimento da recompensa. Qual era a retribuição? Era o que correspondia com o que ele fez movido por fé: pela fé engajou-se na obra de libertar da escravidão a seus irmãos. Sua retribuição nesta obra foi, sem dúvida, então empreendida por sua própria nação. O que sua fé na promessa de Deus o capacitou a ver foi o livramento de seu povo, o qual se destinava a ser sua retribuição. Neste aspecto, ele agiu, ainda que numa atividade infinitamente inferior, sobre o mesmo princípio com seu Salvador, "o qual, pela alegria (de redimir a humanidade) que foi posta diante dele, suportou a cruz" etc. (cf. 12.2).

que sua fé não repousou exclusivamente na misericórdia divina, visto que contemplava o galardão, respondo que o argumento, aqui, não é sobre a justiça ou a causa da salvação, e sim que o apóstolo está incluindo, em termos gerais, tudo quanto se aplica à fé. Portanto, até onde a justiça diante de Deus deva ser vista, a fé não contempla o galardão, e sim a graciosa generosidade divina, não com base em nossas obras, mas unicamente em Cristo. Em contrapartida, fora do propósito de justificação, a fé leva em conta o galardão que é prometido, visto que ele se estende geralmente a toda a Palavra de Deus. Minha tese é que pela fé aceitamos tudo quanto Deus promete, e ele promete remunerar as obras. Portanto, a fé repousa nesse fato. Entretanto, tudo isso não tem espaço no caso da justificação gratuita, visto que não se pode esperar nenhuma remuneração pelas obras, a menos que a preceda a imputação da justiça gratuita.

27. Pela fé abandonou o Egito. Isso pode referir-se tanto à sua primeira quanto à segunda partida, quando ele levou o povo consigo. Por certo que ele abandonou o Egito ao tempo em que fugiu da casa de faraó. Há o fato adicional de que essa partida é registrada pelo apóstolo antes da celebração da Páscoa. Portanto, tudo indica que ele está se referindo à fuga de Moisés, e não se cria obstáculo a esse ponto de vista à luz do acréscimo: "Ele não temeu a ira do rei", embora Moisés mesmo tenha dito que fora movido de temor. Se olharmos retrospectivamente para o início de sua carreira, ele não temeu, já que abertamente pronunciou que seria o vingador de seu povo. Portanto, tudo considerado, prefiro reportar-me ao primeiro, e não ao segundo êxodo. Porque foi então que ele bravamente desconsiderou a violenta ira do rei, e de tal maneira armou-se com o poder do Espírito de Deus, que persistentemente afrontou a esse furor bestial. Por certo que fora por um estupendo poder de fé que ele arrastasse consigo uma numerosa multidão, sobrecarregada com tantas dificuldades, na esperança de que um caminho se lhe abrisse pela mão divina através de incontáveis problemas. Ele viu, impotentemente, a fúria do mais poderoso rei, e sabia que o rei não desistiria sem antes fazer sua última tentativa.

Já que Moisés sabia que Deus era o Autor de suas jornadas, pôs nele sua confiança e nem tampouco duvidou de que, a seu devido tempo, refrearia todos os ataques dos egípcios.

Como quem vê aquele que é invisível. Ele contemplara Deus no meio da sarça ardente, portanto tal expressão parece provir de forma inapropriada e inoportuna para apresentar o tema. Indubitavelmente, admito que Moisés já se encontrava fortalecido por aquela visão antes mesmo de iniciar sua extraordinária tarefa de libertar o povo, todavia não creio que foi tal visão de Deus que o deixaria fora de si e conduzido para além dos perigos deste mundo. Naquele tempo, Deus lhe mostrara apenas um tênue sinal de sua presença, e esteve longe de vê-lo tal como ele é. A intenção do apóstolo era mostrar que Moisés só resistiu porque foi como se fora arrebatado ao céu e só tivesse a Deus diante de seus olhos, estivesse tratando não com homens, não se sentisse sujeito aos perigos desta vida e nem mesmo estivesse lutando contra faraó. É verdade que em algumas ocasiões ele se viu oprimido por muitas dificuldades, que às vezes sentia como se Deus houvesse ido embora, ou pelo menos que a obstinação do rei, valendo-se de tantos e poderosos meios de resistência, sobejamente o venceria.

Em suma, Deus apareceu a Moisés de uma forma tal, como para deixar ainda lugar à fé, e Moisés, sendo assediado de todos os lados por numerosos terrores, volveu para Deus toda sua atenção. Por certo que foi auxiliado a agir assim pela visão de que havia falado, porém vira em Deus mais do que o sinal visível continha. Ele compreendera o poder divino, fato esse que dissipou todos os seus temores e todos os riscos. E, ao descansar na promessa divina, ele se assegurou de que o povo, embora ainda oprimido pela tirania dos egípcios, era já senhor da terra prometida.[32]

---

[32] Lemos que ele "suportou", melhor, perseverou; pois a referência não é aos sofrimentos, e sim às provações e dificuldades; a fé em um Deus invisível o fez forte e o possibilitou a resistir e a suplantar a todas elas. "Ele foi fortalecido", Doddridge; "perseverou corajosamente", Macknight; "ele continuou resoluto", Stuart. A palavra só é encontrada aqui.

Desse fato concluímos que, primeiro, a verdadeira natureza da fé consiste em ter Deus sempre diante dos olhos; segundo, que a fé vê coisas mais elevadas e ocultas em Deus do que nossos sentidos podem perceber; e, terceiro, que nos é suficiente apenas uma visão de Deus para que nossas debilidades sejam corrigidas, e assim nos tornemos mais fortes que as rochas contra todas as investidas de Satanás. Segue-se daí que, quanto mais fraco, e quanto menos encorajado alguém se sente, menos fé ele tem.

28. Pela fé celebrou a Páscoa e a aspersão do sangue, para que o destruidor dos primogênitos não lhes tocasse.	28. Fide fecit pascha et aspersionem sanguinis, ut qui perdebat primogênita non tangeret eos.
29. Pela fé atravessaram o Mar Vermelho, como por terra seca; e, tentando-o os egípcios, foram tragados.	29. Fide transierunt mare rubrum quasi per terram siccam; quod quum tentassent Egyptii adsorpti sunt.
30. Pela fé as muralhas de Jericó ruíram, depois de rodeadas por sete dias.	30. Fide conciderunt moenia Jericho, circumdata per septem dies.
31. Pela fé Raabe, a meretriz, não pereceu com aqueles que eram desobedientes, tendo acolhido em paz os espias.	31. Fide Rehab meretrix non periit cum incredulis, quum excepisset exploratores cum pace.

28. Pela fé celebrou a Páscoa. Aos olhos dos judeus, essa expressão deve receber grande peso no enaltecimento da fé, visto que para eles a Páscoa era o principal sacrifício e da mais elevada consideração. O apóstolo diz que ela era celebrada pela fé, não porque o cordeiro era um tipo de Cristo, mas porque, quando ele aspergia sangue nos umbrais, não se via qualquer sinal de suas vantagens. Onde a verdade em si mesma não é aparente, ela deve necessariamente ser buscada pela visão da fé. Pode parecer absurdo que Moisés esborrifasse umas poucas gotas de sangue como antídoto contra a vingança divina, mas o fato é que se contentou exclusivamente com a Palavra de Deus, e não teve dúvida alguma de que o povo estaria isento da praga que estava para sobrevir aos egípcios. Daí o apóstolo, com muita razão, enaltecer sua fé nesse particular. Aqueles que explicam que a Páscoa foi celebrada pela fé porque Moisés tinha Cristo em mente, realmente estão certos; mas o apóstolo, aqui, está simplesmente fazendo referência à fé até onde ela repousa exclusivamente na Palavra de Deus, onde a realidade não é evidente. Portanto, é fora de propósito, aqui, qualquer gênero de perspicácia filosófica. O fato de ele mencionar só Moisés como celebrante da Páscoa tem como razão que Deus instituiu a Páscoa pelas mãos dele.[33]

29. Pela fé atravessaram o Mar Vermelho. É verdade que muitos dentre aquela multidão eram descrentes, mas Deus concedeu, mediante a fé dos poucos, que toda a multidão atravessasse o mar em seco. Nesse mesmo ato houve uma imensa diferença entre os israelitas e os egípcios, ou seja: enquanto que os primeiros atravessaram em segurança, os últimos se afogaram logo a seguir. A diferença consistiu no fato de que os israelitas aceitaram a Palavra de Deus; e os egípcios, não. Portanto, o apóstolo está argumentando a partir dos opostos, ao dizer que os egípcios foram tragados. Esse desditoso evento foi o castigo de sua temeridade, assim como, em contrapartida, os israelitas alcançaram salvamento, porque confiaram na Palavra de Deus, e não se recusaram a tomar o caminho pelo meio da voragem das águas.

30. Pela fé as muralhas de Jericó ruíram. Assim como o apóstolo, acima, descreveu como, pela fé, o jugo da escravidão se fez em pedaços, também agora ele relata como, pela mesma fé, o povo conquistou a posse de sua prometida herança. Seu primeiro obstáculo à sua entrada na terra era a cidade de Jericó, totalmente fortificada e quase inexpugnável, que lhes impedia qualquer avanço, e não contavam com meios para atacá-la. Deus ordenou a todos os homens de guerra que cercassem seus muros uma vez por dia, e sete vezes no sétimo dia. Tal andança era algo totalmente infantil e sem sentido; não obstante obedeceram à ordem divina e

---

33 Há quem traduza as palavras assim: "pela fé ele instituiu a Páscoa." O verbo, propriamente, é fazer, mas como עשה, em hebraico, é usado em vários sentidos, Doddridge tem "celebrou"; Macknight, "designou"; e Stuart, "observou". Fazer a Páscoa é, sem dúvida, guardá-la ou observá-la; pois este é o significado da frase, como transparece de Números 9.10-11. A palavra πάσχα é sem dúvida um termo siríaco, e originalmente derivado do hebraico פסח, que significa *passar sobre*; ainda que diversos dos pais gregos o derivassem de πάσχειν, *sofrer*. Algumas vezes significa a festa pascal (Lc 22.11), e algumas vezes o Cordeiro pascal (Mc 14.12; 1Co 5.7).

a levaram a sério, de modo que o sucesso se deu como se lhes havia prometido. Indubitavelmente, os muros não caíram em decorrência do grito dos homens, ou seu alarido, ou o som das trombetas, mas porque o povo esperou que Deus fizesse o que lhes havia prometido. Podemos reverter esse fato em nosso próprio proveito, visto que é tão-somente pela fé que nos livramos da tirania do diabo, e pela mesma fé vencemos nossos inimigos e fazemos com que esboroem todas as fortalezas do inferno.

31. Pela fé Raabe não pereceu. Ainda que à primeira vista esse exemplo pareça inadequado em razão do vil caráter da pessoa, e quase até mesmo indigno de ser incluso neste catálogo [de heróis da fé], não obstante foi citado pelo apóstolo como mui adequado e relevante. Até aqui, ele demonstrou que os patriarcas, a quem os judeus atribuíam a maior honra e respeito, nada fizeram digno de enaltecimento que não fosse pela fé, e que todos os benefícios divinos para conosco, os quais são dignos de memória, são os frutos da mesma fé. Agora nos diz que uma mulher estrangeira, a qual não só pertencia à classe mais humilde de seu povo, mas também uma meretriz, pela fé foi introduzida no corpo da Igreja. Segue-se desse fato que aqueles a quem pertence a mais elevada excelência são de nenhum valor aos olhos de Deus, a não ser quando avaliados pelo prisma da fé; e que, em contrapartida, aqueles que dificilmente teriam um lugar entre os incrédulos e os pagãos são adotados na companhia dos anjos.

Tiago também testifica da fé de Raabe [2.25], e é fácil de perceber, à luz da sacra história, que essa mulher fora dotada com fé genuína. Ela professou que se sentira plenamente persuadida pelo que Deus prometera aos israelitas; e daqueles a quem o medo impedira de entrar na terra, e que agora eram os conquistadores, ela pediu perdão para si própria e para seu povo. E, ao proceder assim, ela não olhava para o homem, mas para Deus mesmo. A evidência dessa fé consiste em que ela recebeu os espias com aquela hospitalidade que punha em risco sua própria vida. Portanto, foi graças à fé que ela escapou incólume da ruína geral de sua cidade. Adiciona-se o designativo *meretriz* visando a engrandecer a graça de Deus.

Há quem traduza זונה [*zune*] como *anfitriã*, como se ela vivesse a cuidar de uma hospedaria; mas já que essa palavra, por toda a Escritura, significa *meretriz*, não há razão para traduzi-la de outro modo aqui. Foram os rabinos que engendraram esse sentido forçado,[34] porquanto concluíram que era ridículo, e mesmo uma desgraça para sua nação, a informação de que os espias aceitaram a hospitalidade de uma meretriz. Em tal temor se vê estupidez, porque na história de Josué o termo *harlot* é especificamente adicionado aqui para que soubéssemos que os espias entraram secretamente na cidade de Jericó e se acomodaram na casa da meretriz. Naturalmente, isso também se refere à sua vida pregressa, porquanto sua fé é a evidência de seu arrependimento.

32. E que mais direi? Pois me faltará o tempo, se eu contar de Gideão, de Baraque, de Sansão, de Jefté, de Davi, de Samuel de dos profetas;
33. os quais por meio da fé subjugaram reinos, praticaram a justiça, obtiveram as promessas, fecharam a boca de leões,
34. apagaram a força do fogo, escaparam ao fio da espada, da fraqueza tiraram forças, tornaram-se poderosos na guerra, puseram em fuga exércitos de estrangeiros.

32. Et quid amplius dicam? deficiet enim me tempus narrantem de Gedeon, Barac, et Samson, Jephta, et David, et Samuel, et Prophetis;
33. Qui per fidem expugnaverunt regna operati sunt justitiam, adepti sunt promissiones, obturarunt ora leonum.
34. Extinxerunt vim ignis, effugenunt aciem gladii, robusti facti sunt ex infirmatate, fortes redditi sunt in praelio, profligarunt exercitus alienorum.

32. E que mais direi? Como era de se temer que ao referir somente a uns poucos exemplos, o apóstolo parecesse estar limitando as maravilhas da fé a umas poucas pessoas, ele se antecipa e diz que não concluiria se quisesse deter-se em cada exemplo, visto que, ao descrever uns poucos, ele está se referindo a toda a Igreja de Deus.

Antes, ele fala do período que transcorreu entre Josué e Davi, quando o Senhor levantou os juízes para governarem o povo, tais como os quatro que menciona: Gideão, Baraque, Sansão e Jefté.

---

34 E tem sido adotado por muitos dos teólogos alemães, os quais parecem, em muitos casos, seguir qualquer extravagância, quer rabínica, quer pagã, em vez de seguirem a Palavra de Deus. Não há na Escritura nada que insinue esta noção. A palavra nunca é usada no sentido de anfitriã; e as versões antigas nunca traduzem a palavra hebraica por πόρνη, meretriz.

Certamente, era algo estapafúrdio que Gideão, com trezentos homens, atacasse o imenso exército de seus inimigos; e, ao esmagar os cântaros com suas mãos, parecia mais brincadeira de crianças. Baraque estava longe de equiparar-se a seus inimigos, e foi governado pelo conselho de uma mulher singular. Sansão era um camponês que não recebera nenhum treinamento para o uso de quaisquer armas, a não ser os implementos agrícolas: o que poderia ele fazer contra conquistadores tão experimentados, por cujo poder todo o povo havia sido subjugado? Quem, a princípio, não haveria condenado os feitos de Jefté como sendo temerários, quando declarou que seria o vingador de seu povo, cuja esperança já se esboroara? Visto que todos esses tomaram a Deus como seu Guia, e, sendo encorajados por sua promessa, empreenderam uma tarefa que lhes fora ordenada, foram honrados com a evidência do Espírito Santo.[35]

Tudo quanto fizeram, e que era digno de louvor, o apóstolo atribuiu à fé, ainda que não houvesse entre eles nenhum cuja fé não haja fraquejado. Gideão foi mais lento em empunhar as armas do que deveria ter sido, e só com muita dificuldade aventurou-se a confiar-se a Deus. Baraque hesitou no início, de modo que quase precisou ser compelido pelas censuras de Débora. Sansão caiu vítima dos fascínios de sua amante e inconsideradamente atraiçoou sua própria segurança e a de todo seu povo. Jefté, precipitando-se em fazer um voto tolo, e foi extremamente obstinado em cumprí-lo, e desse modo associou uma admirável vitória com a morte de sua própria filha. Em todos os santos sempre haverá de encontrar-se algo de repreensível ou desprezível. Não obstante, ainda que a fé seja imperfeita e incompleta, ela não cessa de ser aprovada por Deus. Não há razão, pois, para que os erros sob os quais labutamos nos derrotem, ou nos desencorajem, contanto que pela fé sigamos adiante no curso de nosso chamamento.

---

35 Temos a história de Gideão em Juízes 6.11 até o final do capítulo 8; de Baraque, em Juízes 4.6 até o final do capítulo 5; de Salmon, em Juízes 13.24 até o final do capítulo 16; e de Jefté, em Juízes 11.1 até o final do capítulo 12. Assim vemos que a ordem de tempo em que viveram não é observada aqui, não sendo necessária para o objetivo do apóstolo. Baraque viveu antes de Gideão, Jefté, antes de Salmon, e Samuel, antes de Davi.

De Davi. Com Davi o autor inclui todos os bons reis, e a eles adiciona Samuel e os profetas. Seu propósito, em suma, é mostrar que o reino de Judá foi fundado sobre a fé, e que ele perseverou na fé até o fim. As muitas vitórias que Davi granjeou sobre seus inimigos são bem notórias. A retidão de Samuel e sua suprema sabedoria em governar o povo são bem notórias. As misericórdias que Deus demonstrou para com os santos profetas e reis se fizeram igualmente bem notórias. O apóstolo insiste em que não se deve imaginar nem sequer um desses como sendo destituído da genuína fé.

Ele refere apenas alguns dos infindáveis benefícios divinos, a fim de que os judeus pudessem desses exemplos deduzir em termos gerais como a Igreja, pela fé, sempre foi preservada pela mão divina, e assim não existe outro meio, hoje, pelo qual possamos experimentar sua generosidade para conosco. Foi pela fé que muitas vezes Davi retornou ao lar, vitorioso; Ezequias recobrou-se de suas enfermidades; Daniel saiu são e salvo da cova dos leões; seus amigos caminharam jubilosos dentro da fornalha ardente, como se caminhassem por prado agradável. Posto que todas essas coisas se alcançaram pela fé, o fato fica estabelecido de que é somente pela fé, e não por outra causa, que nos é concedida a benevolência divina. Devemos observar de forma muito especial a sentença onde se diz que as promessas se concretizaram pela fé.[36] Embora Deus permaneça fiel, enquanto todos permanecemos incrédulos, todavia nossa infidelidade torna as promessas inválidas, ou seja, sem efeito.

34. Da fraqueza tiraram força. Crisóstomo relaciona isso com o regresso dos judeus do exílio, onde viveram sem esperança. Não o reprovo ao tomá-lo como uma referência a Ezequias, embora pudéssemos estender a aplicação no sentido em que o Senhor sempre estendeu sua mão para soerguer os santos onde quer que fossem abatidos, e levou-lhes socorro em suas debilidades, para que recobrassem sua plena força.

---

36 A sentença anterior, "operou justiça", é entendida diferentemente. Há quem a refira a um curso justo e reto de vida; e, outros, à conduta de governantes e juízes. A última hipótese é a mais adequada ao significado aqui; e as palavras podem ser traduzidas "justiça executada". Samuel foi um exemplo disto.
"Obter as promessas" equivale a receber as coisas prometidas.

35. Mulheres receberam, pela ressurreição, os seus mortos. E outros foram torturados, não aceitando o seu livramento, para obterem superior ressurreição.
36. E outros experimentaram escárnios e açoites, sim, além de cadeias e prisões.
37. Foram apedrejados, serrados pelo meio, tentados, mortos ao fio de espada; peregrinaram vestidos de peles de ovelhas e de cabras, necessitados, afligidos e maltratados
38. (dos quais o mundo não era digno), errantes pelos desertos e montes, pelas covas e cavernas da terra.
39. E todos esses, tendo recebido bom testemunho por sua fé, contudo não alcançaram a promessa, visto que
40. Deus provera alguma coisa melhor a nosso respeito, para que eles, sem nós, não fossem aperfeiçoados.

35. Receperunt mulieres resurrectione mortuos suos; alii vero distenti fuerunt, non amplexi redemptionem, ut meliorem resurrectionem obtinerant;
36. Alii autem lubidbria et flagella experti sunt, praeterea vincula et carceres;
37. Lapidata sunt, dissecti sunt, tentati sunt, occisione gladii mortui sunt, oberrarunt in pellibus ovillis, in tergoribus caprinis, destituti, afflicti, malis affecti;
38. Quibus mundus non erat dignus; in desertis errantes, in montibus et speluncis et cavernis terrae.
39. Et hi omnes testimonium consequuti per fidem, non consequuti sunt promissionem;
40. Deo quiddam pro nobis providente, ne sine nobis perficerentur.

35. Mulheres receberam. Até aqui o apóstolo esteve descrevendo os auspiciosos resultados, com os quais Deus galardoara a fé de seu povo, e agora se volve para um argumento bem distinto, a saber: quando os santos são reduzidos à extrema miséria, encontrando-se lutando pela fé em busca da invencibilidade até a morte. À primeira vista, esses exemplos diferem agudamente entre si, visto que alguns triunfaram gloriosamente sobrepujando seus inimigos, sendo salvos pelo Senhor por todo gênero de milagres e sendo arrebatados do meio da morte por novos e inusitados meios; enquanto que outros foram tratados vergonhosamente, desprezados por quase todo o mundo, vencidos pela necessidade e universalmente odiados, sendo obrigados a refugiar-se nos abrigos ocultos das feras, e finalmente os arrastaram para fora a fim de submetê-los às torturas mais cruéis e selvagens. Essa última classe parece ter sido completamente destituída do auxílio divino, já que Deus os expôs ao orgulho e à crueldade dos ímpios. Seu caso parece ser agudamente distinto daquele do primeiro grupo. Todavia, em ambos a fé prevaleceu e em ambos ela se revelou eficaz; aliás, é no segundo grupo que sua força resplandece com mais fulgor. A vitória da fé é mais esplêndida à luz da atitude de se desdenhar a morte do que se a vida se prolongasse até à quinta geração. É evidência de uma fé mais excelente e digna de maior apreço, quando as censuras, a necessidade e as extremas angústias se sobressaem diante da paciência e da serenidade, do que quando se recobra a saúde milagrosamente ou se obtém algum benefício extra da parte de Deus.

Em suma, a fortaleza dos santos que se tem sobressaído com clareza em todas as épocas é obra da fé, porque nossa debilidade é tal que não somos capazes de suplantar nossos males, a menos que a fé nos sustente. Desse fato concluímos que todos quantos confiam em Deus são supridos com o poder de que necessitam a fim de resistirem a Satanás em qualquer posição de onde os ataque, e especialmente para que jamais sejamos carentes de paciência ao enfrentarmos nossos males, caso a fé esteja presente; e, além do mais, para que não sejamos culpados de incredulidade quando cairmos sob o peso das perseguições ou da cruz. A natureza da fé é a mesma hoje, como o foi nos dias dos santos patriarcas que são aqui mencionados pelo apóstolo. Portanto, se imitarmos sua fé, jamais fracassaremos diante das desgraças em virtude de nossa [natural] covardia.

Tenho seguido Erasmo no uso do termo ἐτυμπανίσθησαν, ainda que outros o tenham tomado no sentido de *encarcerados*. Em minha opinião, ele simplesmente significa que foram estirados numa roda de tortura como uma pele é esticada na borda de um tambor.[37] O verbo *tentados* parece supérfluo, e não tenho dúvida de que a semelhança das duas palavras ἐπρίσθησαν e ἐπειράσθησαν foi a razão pela qual a segunda gradualmente surgiu no texto, sendo adicionada erroneamente por algum escriba ignorante, como conjetura Erasmo.[38] Não creio que

---

37 Ὁ τύμπανον era, segundo Schleusner, uma máquina sobre a qual o corpo era estendido; e então se usavam porretes, varas ou azorragues. Isto transparece do relato dado em 2 Macabeus 6.19, 30. Lemos que Eleasar, para não transgredir a lei, se entregou espontaneamente "a tormentos" – ἐπὶ τὸ τύμπανον, e no versículo 30 se fazem menção de açoites ou pancadas – πληγαῖς, e de ser açoitado ou fustigado – μαστιγούμενος. Isto equivalia a ser torturado.

38 Esta conjetura não tem o endosso de nenhum manuscrito considerado como de muito peso. O que produziu esta conjetura evidentemente foi o mal-entendido quanto ao teor da palavra nesta conexão. Sendo uma palavra de teor geral, tem sido vista como inapropriada aqui entre as palavras de significado específico; refere-se à tentação ou provação à qual comumente se expunham

peles de ovelhas e de cabras signifiquem tendas feitas de peles, e sim o rude vestuário dos santos que costumavam peregrinar pelos desertos. Embora haja uma tradição que diz que Jeremias foi apedrejado e Isaías, serrado ao meio, bem como uma história sacra a relatar que Elias, Eliseu e outros profetas vagaram por montanhas e covas, não tenho dúvida de que o apóstolo está se referindo à feroz perseguição que Antíoco irrompeu contra o povo de Deus, e outros que vieram depois.

Não aceitando seu livramento. Esta é uma frase bem apropriada, pois se houvessem negado a Deus, mesmo que por um pouco, teriam poupado sua vida, e o preço teria sido excessivamente vergonhoso. Assim, pois, para se assegurarem da vida eterna no céu, rejeitaram a vida na terra, a qual teria consistido, como eu já disse, em sua negação de Deus e na deserção de seu chamamento. Ouvimos Cristo afirmar que, se desejarmos preservar nossas vidas neste mundo, as perderemos para sempre. Portanto, se o real amor de uma ressurreição futura ocupar um espaço em nossos corações, facilmente nos conduzirá a desprezar a morte. Só devemos viver, se esse viver for para Deus; e, sempre que não pudermos viver para Deus, é preferível alegre e voluntariamente encararmos a morte. O apóstolo, nesta sentença, está confirmando o que havia dito, isto é: que foi pela fé que os santos sempre superaram todos os seus tormentos, pois a menos que seus espíritos se conservassem sustentados pela esperança de uma bem-aventurada ressurreição, teriam imediatamente sucumbido.[39]

Daqui podemos extrair aquele incentivo que será oportuno para fortificar-nos na adversidade. Não nos é sensato rejeitar o favor divino de relacionar-nos com tantas pessoas santas, as quais, bem sabemos, têm sido provadas e experimentadas por sofrimentos tão intensos.

---

os que eram condenados por sua religião – o oferecimento da vida e de favores e abjuração; que parece ter sido a tentação especial aqui em pauta.

39 O versículo termina com estas palavras: "Para que obtivessem uma melhor ressurreição" – melhor do quê? Melhor da que a ressurreição referida no início do versículo, quando lemos que "mulheres receberam pela ressurreição seus mortos"; ou, melhor do que a vida prometida pelos perseguidores aos condenados à morte, no caso de renunciarem sua religião. O primeiro é o ponto de vista assumido por Scott e Stuart; e o segundo, por Doddridge; mas como livramento e não livramento são fatos contrastantes, o primeiro é o significado mais óbvio.

Eis a história, não do sofrimento de uns poucos, mas da perseguição universal da Igreja; e isso, não por um ou dois anos, senão que tem assolado periodicamente dos avós aos netos. Não é de estranhar, pois, se hoje Deus se apraz em expor nossa fé à prova fazendo uso dos mesmos sofrimentos; nem devemos imaginar que somos abandonados por ele, porque sabemos muito bem que ele cuidou dos santos pais que suportaram os mesmos sofrimentos que os nossos.[40]

38. De quem o mundo não era digno. Visto que os santos profetas vagaram errantes por entre bestas selvagens, poderia parecer que eram indignos de receber o sustento da terra. Como é possível que não tenham encontrado um lugar entre os homens? O apóstolo inverte essa posição, e diz que o mundo é que não era digno deles. Pois aonde quer que os servos de Deus vão, levam consigo sua bênção como a fragrância de precioso incenso. Foi assim que a casa de Potifar recebeu a bênção divina em virtude de José [Gn 39.5], e Sodoma teria sido salva, caso se encontrassem nela dez justos [Gn 18.32]. Ainda que o mundo rejeite os servos de Deus como se fossem lixo, o fato de não poder aturá-los deve ser levado em conta como seu castigo, porquanto, juntamente com eles, acompanha alguma bênção divina. Sempre que os justos são afastados de nosso meio, tomemos tal fato como um mau presságio contra nós, visto que somos considerados indignos de sua companhia, para que não pereçam juntamente conosco.

Ao mesmo tempo, os justos têm amplas razões para se consolarem, ainda que o mundo os rejeite, ao perceberem que o mesmo aconteceu aos profetas, os quais encontraram mais mercê entre as bestas selvagens do

---

40 A conclusão do versículo 37 é: "Sendo destituídos, afligidos, atormentados"; afirma-se isto dos que "peregrinavam vestidos de peles de ovelhas e cabritos". Eram destituídos, foram oprimidos e perseguidos e tratados injustamente. Tratamento injusto e opressão ou perseguição os arrancavam de seus lares e seguida destituição. Este é o modo como as coisas são com freqüência declaradas na Escritura; o efeito ou o presente estado primeiro, e então a causa ou o que o levou a isso. Macknight traduz as palavras por "destituídos, afligidos, maltratados"; Stuart, "sofrendo carência, afligidos, tratados de modo injurioso". A segunda palavra às vezes significa opressão ou perseguição. A terceira se encontra somente aqui em 13.2, onde é traduzida por "sofrer adversidade". Encontra-se na Septuaginta, em 1 Reis 2.26, duas vezes, e em 11.39. É usada por Aquila em Êxodo 22.22 e em Jó 37.23. Seu significado, propriamente, é ser tratado mal ou injustamente.

que entre os próprios seres humanos. Foi com esse pensamento que Hilário se reconfortou, ao ver a Igreja tornar-se cativa de tiranos com mãos sujas de sangue, os quais se utilizaram do imperador romano como verdugo. Naquele tempo, reafirmo, aquele santo homem lembrou-se do que disse o apóstolo aqui sobre os profetas. "Montes e bosques", disse ele, "calabouços e prisões são para mim mais seguros do que o esplendor dos maiores templos, pois quando os profetas os habitavam ou neles eram sepultados, ainda profetizavam pelo Espírito de Deus". Devemos, pois, encher-nos de coragem para menosprezarmos o mundo com bravura; e se ele nos rejeita, saibamos que nosso sucesso vem de um fatal dilúvio, e que Deus toma cuidado de nossa salvação para que não nos chafurdemos nessa mesma destruição.

39. E todos esses. Este é um argumento do menor para o maior. Se aqueles sobre quem não brilhara ainda a imensa luz da graça demonstraram tal paciência em meio a seus males, que efeito, pois, deveria ter sobre nós a plena luz do evangelho? Uma tênue chispa de luz os conduziu ao céu, mas agora que o sol da justiça resplandece sobre nós, que justificativa apresentaremos se ainda nos achamos apegados à terra? Este é o verdadeiro significado da expressão do apóstolo.[41]

---

41 Esta é, em essência, a opinião adotada por Beza, Doddridge, Scott e Stuart. A "promessa" é considerada especialmente a promessa de Cristo. Os antigos ouviram sobre ele, creram em sua vinda, mas não a testemunharam. A "coisa melhor" é considerada o mesmo que a promessa, ou o evangelho revelado, ou, nas palavras de Stuart, "o cumprimento atual da promessa referente ao Messias".

Ainda há algo insatisfatório nesta opinião sobre "a promessa", como Stuart parece sugerir. Há dois versículos, em 10.36 e 9.15, que parecem oferecer esclarecimento sobre este assunto: por meio do primeiro, descobrimos que "a promessa" é futura para nós, assim como o era para os santos antigos; por meio do segundo, descobrimos que a "coisa melhor" é a morte expiatória de Cristo, que era para os santos antigos um evento não realizado, mas para nós é realizado e claramente revelado; e os seus benefícios se estendiam tanto a eles como a nós.

Em toda esta epístola, a "promessa" é a da "eterna herança", e "as promessas" em 11.13 incluem isto e outras coisas e, em especial, "as coisas melhores", que é o evangelho ou o cumprimento do que era necessário para obter a herança – a morte e a ressurreição de Cristo; ou podemos dizer que é a "esperança superior" (7.19) ou a "superior aliança instituída com base em superiores promessas" (8.6). Os versículos poderiam ser traduzidos assim:

"E todos estes, tendo obtido um bom testemunho por sua fé, não receberam a promessa (11.40). Havendo Deus preordenado coisa superior a nosso respeito, para que eles, sem nós, não fossem aperfeiçoados"; ou seja, tanto no corpo quanto na alma.

O pensamento parece ser este: "Os santos antigos criam na promessa de Deus, referente a uma herança eterna depois da ressurreição; eles morreram nesta esperança, mas não a obtiveram, e, por essa razão, porque Deus planejara cumprir para nós o que havia prometido para eles – a vinda

Sei que Crisóstomo e alguns outros apresentaram uma explicação diferente, mas o contexto claramente revela que a referência, aqui, é à diferença na graça que Deus concedeu aos fiéis sob a lei e o que ele nos concede hoje. Visto que a graça a nós concedida é mais rica, seria um absurdo que nossa fé fosse menor. Portanto, ele afirma que aqueles pais, os quais eram dotados de uma fé tão pequena, não tinham bases tão fortes para crerem como temos. Ele se apressa a apresentar a razão, ou seja, que Deus quis reunir-nos a todos num só corpo, e que lhes concedeu uma pequena porção da graça, com o propósito de conferir sua plena perfeição ao nosso tempo, até a vinda de Cristo.

É uma singular evidência da benevolência divina para conosco que, embora mostrasse sua generosidade a seus filhos, desde o princípio do mundo, não obstante distribuiu sua graça de tal forma que assegurou a salvação de todo o corpo. Que mais alguém dentre nós poderia desejar além de compartilhar de todas as bênçãos que Deus derramou sobre Abraão, Moisés, Davi e todos os patriarcas, profetas e reis piedosos, de modo a vivermos unidos com eles no corpo de Cristo? Saibamos que seremos dupla ou triplamente ingratos para com Deus se nossa fé for menor, durante o reino de Cristo, do que a que tiveram nossos pais durante o regime da lei, ao sermos provados por tão extraordinários exemplos de paciência. A sentença "contudo não alcançaram a promessa" deve ser entendida em referência ao seu cumprimento final que nos foi anunciado em Cristo, e sobre o qual já nos referimos anteriormente.

---

do Redentor –, era necessário que acontecesse esta coisa mais excelente do que o que fora concedida a eles neste mundo, visto que dela dependia tudo que estava conectado com a promessa da 'cidade celestial', para que, sem a coisa mais excelente cumprida para nós, o estado perfeito deles, tanto no corpo quanto na alma, não fosse atingido".

As almas dos santos antigos estão aperfeiçoadas, porque a Escritura diz que nós, como cristãos, temos chegado "aos espíritos dos justos aperfeiçoados" (12.23). Diz também que aqueles que morreram no Senhor descansam de "suas fadigas" e são declarados benditos ou felizes (Ap 14.13). Mas eles não estão na posse da herança que lhes foi prometida – nem os santos antigos, nem aqueles que agora morrem no Senhor. A promessa para ambos não se cumprirá até ao glorioso dia da ressurreição. Então, todos os santos, antes ou depois da vinda de Cristo, serão, ao mesmo tempo, com corpos puros e imortais, unidos aos espíritos puros, para serem juntos introduzidos em sua herança eterna, que Deus prometeu a Abraão e à sua descendência, quando disse que seria o seu Deus. Cristo se referiu a esta declaração como uma evidência da ressurreição (Lc 20.37). Portanto, os patriarcas criam que haveria uma ressurreição.

Capítulo 12

1. Portanto, nós também, visto que vivemos rodeados de tão grande nuvem de testemunhas, ponhamos de lado todo peso, e o pecado que tão facilmente nos assedia, corramos com paciência a carreira que nos está proposta,

2. olhando para Jesus, o autor e aperfeiçoador de nossa fé, o qual, pela alegria que lhe estava proposta, suportou a cruz, desprezando a ignomínia, e está assentado à direita do trono de Deus.

3. Considerai, pois, aquele que suportou tal contradição dos pecadores contra si mesmo, para que não vos canseis, desfalecendo em vossas almas.

1. Proinde nos quoque quum tanta circcumdati simus nube testium deposito omni onere et peccato quod nos circumstat, per patientiam curramus proposito nobis certamine;

2. Intuentes in principem et perfectorem fidei Iesum, qui pro guidio sibi proposito, pertulit crucem, ignominia contempta, et in dextera throni Dei consedit:

3. Ac reputate quis hic fuerit qui tantam in se sustinuit ab impiis contradictionem, ut ne fatigemini animabus vestris soluti.

1. Portanto, nós também. Esta conclusão é uma espécie de epílogo ao capítulo anterior, com o fim de mostrar que o propósito do apóstolo em apresentar esse catálogo de santos, cuja fé se destacou sob o regime da lei, consiste em que todos deveriam sentir-se preparados a imitá-los. Ele denomina a grande multidão, metaforicamente, de *nuvem*, colocando o que é denso em contraste com o que é levemente espalhado.[1] Embora fossem poucos em número, pelo menos poderiam reanimar-nos através de seu exemplo; mas já

---

1 Uma nuvem para uma multidão é uma metáfora clássica, e não bíblica. Uma nuvem de soldados a pé e uma nuvem de aves são usadas por Homero; e uma nuvem de soldados a pé e a cavaleiro, por Livy.

que compõem uma vasta multidão, então deveríamos estimular-nos mais poderosamente.

Ele afirma que nos encontramos cercados por esse séqüito, ou multidão, de modo que, para onde volvamos nossos olhos, imediatamente nos vemos diante de uma infinidade de exemplos de fé. Tomo o termo *testemunhas*, não em sentido geral, como se o apóstolo os chamasse "os mártires de Deus", mas como uma referência ao tema em questão, como se dissesse que a fé é suficientemente provada por seu testemunho, de modo a não restar qualquer dúvida; pois as *virtudes* dos santos são como que testemunhos a confirmar-nos, para que, confiando neles como nossos guias e associados, sigamos avante rumo a Deus com mais entusiasmo.

Ponhamos de lado todo peso. Visto que o apóstolo se utiliza da metáfora de uma pista de corrida, ele solicita a que estejamos desembaraçados, pois não há maior obstáculo à rapidez do que nos encontrarmos sobrecarregados com excesso de bagagem. Deparamo-nos com todo gênero de cargas que nos atrasam e embaraçam nossa corrida espiritual, ou seja, o apego a esta presente vida, os deleites que o mundo proporciona, os apetites da carne, as preocupações terrenas, as riquezas e as honras, bem como outras coisas desse gênero. Todo aquele que porventura queira competir na corrida de Cristo deve antes desvencilhar-se de todo e qualquer entrave; porquanto, por natureza já somos mais lentos do que deveríamos ser; de sorte que não permitamos que outras causas nos sirvam de atraso.

Ele não nos ordena simplesmente que nos desvencilhemos das riquezas e de outras bênçãos da presente vida, mas só até o ponto em que estejam estorvando nossa marcha; porquanto Satanás nos subjuga a elas, nos enreda nelas, para que se avolumem nossas aflições.

É freqüente na Escritura a metáfora de uma pista de corrida. Aqui, porém, o apóstolo descreve, não qualquer gênero de corrida, mas uma competição que geralmente exige os esforços mais ingentes. A suma de tudo isso, pois, é que nos encontramos engajados em um torneio que se desenvolve no mais famoso dos estádios, no qual se acha presente, a rodear-nos, uma grande multidão de espectadores, e onde o Filho de Deus preside, incitando-nos a conquistar o prêmio. Portanto, seria uma inominável desgraça pararmos cansados ou sermos dominados pela indolência bem ao meio do percurso. Embora os santos a quem o autor se refere não sejam meros espectadores, mas também nossos companheiros na mesma pista de corrida, os quais nos mostram a direção a seguir, o apóstolo prefere chamá-los de testemunhas, em vez de corredores, visando a mostrar que não são competidores, cujo propósito é arrebatar-nos o prêmio, e sim torcedores que alegremente aplaudem nossa vitória, assim como Cristo não é simplesmente o árbitro, mas aquele que nos estende suas mãos e nos supre de determinação e energia; em suma, ele nos prepara e nos treina para introduzir-nos na pista de corrida e, mediante seu poder, nos guia até alcançarmos o ponto de chegada.

O pecado que tão facilmente nos assedia. Temos aqui a carga mais pesada a embaraçar-nos. O apóstolo diz que somos assim enredados para que saibamos que ninguém é apto para correr, a menos que ponha de lado tais empecilhos. O autor não está se referindo a pecados externos (como alguns os chamam), nem a pecados atuais, e sim à própria fonte do pecado, ou seja, a *concupiscência* que de tal forma se apossa de todos nós, que nos sentimos fechados dentro de suas redes.[2]

Corramos com paciência. Essa expressão nos lembra constantemente disto: o que o apóstolo principalmente deseja, no âmbito da fé, é que busquemos, em espírito, o reino de Deus, que é invisível à carne, e que excede a toda nossa experiência. Aqueles que se ocupam com esse gênero de meditação, facilmente conseguem descartar as coisas terrenas. O autor não poderia ter desviado melhor a atenção dos judeus, de suas cerimônias, do que retrocedendo suas mentes para as verdadeiras práticas da fé, das quais poderiam aprender que o reino de Cristo é espiritual e infinitamente superior aos elementos deste mundo.

---

2 Veja-se Apêndice 38.

2. Pela alegria que lhe estava proposta. Embora a tradução latina seja um tanto ambígua, a intenção do apóstolo se revela claramente no grego. Sua intenção consiste em que, embora Cristo estivesse livre para poupar-se de todo sofrimento e guiar-nos a uma vida de plena felicidade e repleta de todas as coisas boas, não obstante submeteu-se voluntariamente a uma morte amarga e ignominiosa. "Pela alegria" tem o mesmo sentido de "em lugar da alegria", e *alegria* inclui todo gênero de vantagens. O apóstolo afirma que ela foi posta diante dele, visto que Cristo tinha o poder de desfrutá-la, caso o desejasse. Se alguém conclui que a preposição ἀντὶ denota a causa final, não faço muita objeção, já que o significado seria que Cristo não se esquivou da morte de cruz, uma vez que ele antevia seus benditos resultados. Quanto a mim, contudo, prefiro a primeira explicação.³

Ele nos recomenda a paciência de Cristo, por duas razões: primeira, porque ele suportou uma morte cruel; e, segunda, porque ele não fez caso da ignomínia. Ele prossegue dizendo que o fim de sua morte foi glorioso, para que os crentes soubessem que todos os males que ele teve que suportar resultariam em salvação e glória, contanto que o seguissem. Assim afirma também Tiago: "Ouvistes da paciência de Jó, e vistes o fim que o Senhor lhe deu" [5.11]. A intenção do apóstolo é dizer-nos que o fim de nossos sofrimentos será o mesmo que vemos em Cristo, seguindo o que diz Paulo: "Se sofrermos com ele, também com ele reinaremos" [Rm 8.17].

3. Considerai, pois, aquele que suportou. Ele amplia sua exortação, comparando Cristo conosco. Pois se o Filho de Deus, a quem devemos adorar voluntariamente, se submeteu a tão árduas lutas, quem dentre nós ousaria esquivar-se de enfrentar o mesmo que ele enfrentou? Só esse pensamento seria suficiente para nos levar a vencer todas as tentações, ao descobrirmos que somos companheiros do Filho de Deus, e que ele, encontrando-se em posição tão mais elevada do que nós, voluntariamente desceu ao nível de nossa condição

---

3 Veja-se Apêndice 39.

a fim de encorajar-nos através de seu próprio exemplo. Assim, pois, granjeamos novo alento que de outro modo desvaneceria, e talvez se transformasse até mesmo em desespero.

4. Ainda não tendes resistido até ao sangue, combatendo contra o pecado;
5. e já vos esquecestes da exortação que vos admoesta como a filhos: Filho meu, não desprezes a correção do Senhor, nem te desanimes quando por ele és reprovado;
6. pois o Senhor corrige a quem ama, e açoita a todo o que recebe como filho.
7. É para disciplina que sofreis; Deus vos trata como a filhos; pois qual é o filho a quem o pai não corrija?
8. Mas se estais sem disciplina, da qual todos se têm tornado participantes, então sois bastardos, e não filhos.

4. Nondum ad sanguinem restitistis adversus peccatum certando.
5. Et obliti estic exhortationis quae vobis tanquam filiis loquitur, Fili mi, ne disciplinam Domini negligas, et ne deficias dum ab eo argueris:
6. Quem enim diligit Dominus castigat, flegallat omnem filium quem suscipit.
7. Si disciplinam sustinetis, Deus tanquam filiis offeertur: quis enim est filius quem pater non castiget?
8. Quod si disciplinae expertes estis, cujus participes sunt omnes, suprii estis, non filii.

4. Ainda não tendes resistido até o sangue. O apóstolo agora dá um passo adiante e diz que, quando os incrédulos nos perseguem por causa do Nome de Cristo, estamos lutando contra o pecado. Em tal disputa Cristo não pôde entrar, porquanto ele era puro e livre de todo pecado. Neste aspecto, não temos nenhuma semelhança com ele, visto que o pecado sempre habita em nós e as aflições servem para domesticá-lo e repeli-lo.

Primeiramente, sabemos que todo o mal presente no mundo, particularmente a própria morte, tem sua origem no pecado; mas o apóstolo não está aqui tratando dessa questão. Ele está apenas afirmando que as perseguições que suportamos por causa do evangelho nos beneficiam nessa outra direção também, e que elas são antídotos para neutralizar o pecado. Dessa forma Deus nos mantém sob o jugo de sua disciplina, a fim de que nossa carne não se desenfreie em licenciosidade. Às vezes ele reprime os impetuosos, e às vezes pune nossos pecados com o fim de fazer-nos mais precavidos no futuro. Portanto, quer esteja curando nossos vícios, quer esteja prevenindo-nos de pecarmos, o fato é que ele está exercitando-nos na batalha contra o pecado que o apóstolo menciona. Aliás, o Filho de

Deus nos presta essa honra, pois de forma alguma considera as coisas que sofremos por causa do evangelho como castigos pelo pecado. Todavia, devemos entender o que ouvimos aqui da parte do apóstolo, para que nos preocupemos e defendamos a causa de Cristo contra os ímpios, de tal forma como se travássemos guerra contra o próprio pecado, que é nosso inimigo íntimo. A graça de Deus para conosco é dupla, pois os antídotos que aplica para curar nossos vícios, ele os emprega com o fim de defender seu evangelho.[4]

Tenhamos em mente o seguinte: aqueles a quem o apóstolo se dirige aqui sofreram pacientemente a perda de seus bens e suportaram muitas humilhações. No entanto os acusa de indolência, porquanto se rendiam ao cansaço em meio à jornada, e não prosseguiam com denodo até a morte. Não há razão para buscarmos da parte do Senhor alívio para nossa carga, seja qual for o serviço que realizemos, porque Cristo não dará a seus soldados licença alguma, exceto àqueles que têm vencido a própria morte.

5. E já vos esquecestes. Leio essa sentença na forma interrogativa. Ele está indagando deles se já haviam esquecido, significando que ainda não era tempo de esquecer. Ele entra aqui na parte da doutrina que nos é indispensável para sermos disciplinados pela cruz. E, com esse propósito em vista, ele faz referência ao testemunho de Salomão, que inclui duas partes: a primeira, que não devemos rejeitar a correção do Senhor; e, a segunda, apresenta-se a razão: o Senhor disciplina

---

4 "Lutando contra o pecado", ou contendendo ou se digladiando contra o pecado – o pecado da apostasia, diz Grotius; o pecado de seus perseguidores, diz Macknight; e diz Stuart: pecado, aqui, sendo considerado como estando para pecadores, o abstrato pelo concreto. O apóstolo diz que ainda não haviam resistido – resistido o quê? Ele parece explicar isto nestes termos: "Contendendo contra o pecado". Portanto, o que não tinham resistido até o sangue era o assalto do pecado; e, evidentemente, esse pecado era a apostasia, o pecado que lhes era apresentado plausivelmente, ou pronto para cercá-los e enleá-los, como mencionado no primeiro versículo. A fraseologia aqui se assemelha àquela no versículo precedente; o particípio conclui a sentença, e qualifica o verbo anterior – "Para que não vos sintais exaustos, desfalecendo em vossas almas". Desfalecimento ou desânimo mental inevitavelmente seria acompanhado de exaustão. Fé ou força mental é necessária para prevenir a fadiga ou exaustão durante as lutas e grandes provações; e, como um preventivo ao desânimo, somos levados a considerar atentamente quão enfadonhas são nossas extremas provações que temos de suportar.

o objeto de seu amor.⁵ Visto que Salomão começa com a expressão, "filho meu", o apóstolo declara que devemos deixar-nos atrair por essa mui terna e doce palavra, e que essa exortação encontra seu acesso nos recessos de nossos corações.⁶

Temos aqui o argumento de Salomão: se os açoites de Deus testificam de seu amor para conosco, então é improcedente que os odiemos ou nos agastemos por eles. Aqueles que não suportam a disciplina de Deus para sua salvação, ao contrário, rejeitam esse sinal de sua paternal benevolência, não passam de rematados ingratos.

6. Pois o Senhor corrige a quem ama. Essa não parece ser uma razão bem fundamentada. Deus toma medidas indiscriminadamente contra incrédulos e eleitos, e seus açoites manifestam com mais freqüência sua ira do que seu amor. Até mesmo a Escritura o declara e a experiência o confirma. Todavia, não é de estranhar que só quando se dirige aos fiéis é que se menciona o efeito da disciplina que eles sentem. Por mais severo e irado Juiz Deus se revele em relação aos incrédulos, toda vez que os castiga, no caso de seus eleitos ele não tem nenhum outro propósito senão ministrar conselhos que vise à própria salvação deles. Essa é a demonstração de seu amor paternal. Além do mais, visto que os incrédulos ignoram o fato de que são governados pela mão divina, sempre concluem que são afligidos fortuitamente. Assim como um garoto contumaz que deixa a casa de seus pais e perambula longe dela até cair exausto de fome e frio, bem como por outras tantas calamidades, por certo que sofre o jus-

---

5 "Correção" é a melhor palavra para παιδεία, quando está para מוסר e não para "castigo" ou disciplina. Em hebraico, "desprezo" equivale a considerar uma coisa como trivial ou algo desdenhoso, e assim em grego significa considerar uma coisa como sendo sem importância ou pequena; o significado não é algo de caráter estóico; e então o significado da sentença seguinte não é dependente. "Não sejais impacientes" ou "não desfaleçais" ou desespero "quando reprovados" ou "disciplinados".

6 Beza, Grotius, Macknigut e Stuart concordam com Calvino em lerem as primeiras palavras interrogativamente – "E tendes esquecido?" etc. Ribera, o jesuíta, em seu comentário sobre este versículo, disse: "O apóstolo os reprova indiretamente (*tacite*), porque, em suas aflições, não haviam recorrido à Escritura (cf. Rm 15.4)". Capellus, referindo-se a esta passagem, observou: "Gostaria que os jesuítas falassem sempre neste tom, porém Ribera deveria ter-se lembrado de que Paulo estava se dirigindo ao rebanho, e não aos pastores, e que, portanto, as Escrituras devem ser lidas pelos leigos". Sem dúvida, a clara notificação da passagem é que os hebreus atentassem bem para as verdades contidas na Escritura.

to castigo por suas loucuras e aprende, à luz de seus sofrimentos, a lição de submissão e obediência a seus pais, mas ainda não perceberá que tal fato constitui uma disciplina paternal. Assim sucede com os incrédulos que se afastam de Deus e de sua família, porém não se apercebem de que a mão de Deus os alcança.

Portanto, recordemos bem que não podemos perceber nenhum vestígio do amor divino na disciplina, a menos que sejamos persuadidos de que as varas que ele usa para punir nossos pecados são as de *Pai*. Tal coisa não pode passar pela mente dos incrédulos, porquanto são como que fugitivos. Deve-se acrescentar, além do mais, que o juízo deve começar pela casa de Deus. Mesmo que ele fira a estranhos e igualmente a familiares, todavia estende sua mão aos últimos com o fim de mostrar que nutre particular preocupação por eles. A verdadeira resposta consiste em que todos quantos sabem e se convencem de que são visitados pela disciplina divina devem, imediatamente, deixar-se guiar pela intuição de que tal coisa acontece em virtude de serem alvos do amor divino. Quando os crentes percebem Deus envolvido em seus sofrimentos, então se convencem de sua generosidade para com eles; porque, se ele não os amasse, também não se preocuparia com sua salvação. E assim o apóstolo conclui que Deus se oferece como Pai a todos quantos suportam sua correção. Aqueles que a escoiceiam como cavalos selvagens, ou obstinadamente a resistem, os mesmos não fazem parte do rol dos santos. Em suma, ele diz que as correções de Deus só se revestem de caráter paternal quando nos submetemos a ele em plena obediência.[7]

7. Pois, qual é o filho a quem o pai não corrija? O apóstolo arrazoa partindo da prática comum dos homens, dizendo que não é saudável que os filhos de Deus vivam isentos da disciplina da cruz. Se não há entre os homens, pelo menos entre os prudentes e ajuizados, algum que não corrija a seus filhos, já que estes não podem ser guiados à real virtude sem disciplina, muito menos Deus, que é o melhor e o mais sábio dos pais, negligenciaria um antídoto tão eficaz. Se alguém replicar que esse

---

7 Veja-se Apêndice 40.

gênero de correção deixa de existir entre os homens, assim que os filhos saem da adolescência, respondo que, ao longo de nossa vida terrena, não somos mais que meras crianças em relação a Deus, e que essa é a razão por que sempre se demandará que se aplique a vara às nossas costas. O apóstolo, corretamente, chega à conclusão de que qualquer um que busque isentar-se da cruz, ao mesmo tempo se exclui do número dos filhos de Deus. Segue-se desse fato que não damos o real valor à bênção da adoção como deveríamos, e rejeitamos toda a graça de Deus, quando procuramos evitar sua disciplina. E isso é o que devem fazer todos aqueles que não suportam as aflições com moderação. Por que, pois, ele reputa como *bastardos* os que se esquivam da correção, em vez de simplesmente chamá-los de estranhos? Precisamente porque o apóstolo está se dirigindo aos que se encontram arrolados como membros da Igreja e, portanto, são filhos de Deus. Ele está indicando que, se eles se desvencilham da disciplina do Pai, então sua confissão de Cristo é falsa e improcedente e, portanto, são bastardos, e não filhos legítimos.[8]

9. Além disso, tivemos nossos pais segundo a carne, que nos disciplinavam, e os considerávamos com reverência; não estaremos em muito mais sujeição ao Pai dos espíritos, e viveremos?

10. Pois aqueles por pouco tempo nos corrigiam como bem lhes parecia, mas este, para nosso proveito, para sermos participantes de sua santidade.

11. Na verdade, nenhuma disciplina parece no momento ser motivo de alegria, mas de tristeza; entretanto, depois, produz fruto pacífico, fruto de justiça, nos que por ela têm sido exercitados.

9.Quum carnis nostrae patres habueerimus castigatores et reveriti simus illos, annon multo magic sujjiciemur patri spirituum et vivemus?

10. Et illi quidem ad paucos dies pro suo arbitratus nos castigarunt; hic vero ad utilitatem, ut nobis impertiat sanctimoniam suam.

11. Porro omnis castigation in praesens non videtur gaudii esse sed tristitiae; in posterum tamen fructum pacatum justitiae affert exercitatis.

---

8 Há neste versículo a palavra "filho", que deve estar subentendida depois de "todos"; isto é, "todos os filhos são participantes". Assim Macknight e Stuart. Como "filhos" fecha o versículo, a palavra é omitida aqui. Os que têm apenas o título *cristãos* são denominados de "bastardos", ou filhos espúrios ou ilegítimos, porque não nasceram de Deus, sendo apenas filhos da carne. Não são de Isaque, e sim de Ismael, todos quantos fazem pública profissão de fé e são batizados e participantes de todos os privilégios externos do evangelho.

9. Tivemos nossos pais segundo a carne. Essa comparação é feita em diversas partes. A primeira consiste nisto: se manifestamos tão grande reverência para com os pais de quem nascemos pelas vias naturais, de tal sorte que nos submetemos à sua disciplina, muito maior honra devemos render a Deus, que é nosso Pai espiritual [e eterno]. A segunda consiste em que a disciplina, pela qual os pais conduzem seus filhos, somente é proveitosa para esta presente vida; mas a de Deus visa a santificar-nos para a vida eterna. A terceira consiste no fato de que os homens mortais disciplinam seus filhos como bem lhes parece; no entanto Deus aplica sua disciplina com base no mais sábio propósito e na mais sublime sabedoria, de sorte que não há nela nada que esteja fora de seu controle. Ele, pois, antes de tudo estabelece esta diferença entre Deus e os homens: que os últimos são pais pelas vias naturais, e o primeiro é o Pai dos espíritos; e nessa diferença o apóstolo se amplia, comparando *carne* com *espírito*.

Pode-se perguntar se porventura Deus não é o Pai da carne, visto que não é fora de propósito que Jó, em sua história, inclui a criação dos homens entre os principais milagres divinos, e assim, nesse sentido, merecidamente Deus justifica seu título de *Pai*. Se porventura dissermos que Deus é chamado Pai dos espíritos em razão de meramente criar e recriar as almas sem a cooperação do homem, pode-se afirmar com razão que Paulo não se gloria inutilmente de ser ele o pai espiritual daqueles a quem gerou em Cristo através do evangelho. Minha resposta é que Deus é o Pai tanto da alma quanto do corpo; e, propriamente falando, ele é o *único* [Pai], e que esse título é atribuído aos homens como concessão, quer em referência ao corpo, quer em referência à alma. Visto que ele não se utiliza da cooperação humana ao criar as almas e renová-las miraculosamente pelo poder de seu Espírito, ele é particularmente denominado o Pai dos espíritos *par excellence* [à guisa de excelência].[9]

---

9 Temos aqui um exemplo, entre muitos outros, em que se permite desnecessariamente a engenhosidade humana envolva as coisas em dificuldades. Aqui, a comparação se fundamenta em dois fatos palpáveis: há os pais na carne, isto é, o corpo, e por breve tempo têm o dever de agir como tais; Deus, porém, sendo o Pai de nossos espíritos, os quais duram para sempre, nos trata de uma maneira correspondente ao nosso destino. A questão da instrumentalidade nada tem a ver com o tema. Tampouco se pode extrair algo imparcial desta passagem no tocante à inútil questão da

Ao dizer: **os considerávamos com reverência**, o apóstolo se refere àquela afeição natural que nos é inerente, pela qual respeitamos nossos pais ainda quando nos tratem com severidade. A sentença, "e não estaremos em muito mais sujeição ao Pai dos espíritos e viveremos?", significa que é justo atribuirmos a Deus aquela autoridade que ele exerce sobre nós em virtude de sua paternidade. A sentença, "e viveremos", denota a causa ou o fim; pois a conjunção *e* deve ser interpretada no sentido de "para que vivamos". O verbo *viver* nos faz lembrar que nada é tão fatal a nosso respeito do que nos recusarmos entregar-nos em obediência a Deus.

10. Pois aqueles por pouco tempo. Como já dissemos, a segunda ampliação consiste em que as disciplinas divinas têm o propósito de domesticar e mortificar nossa carne, a fim de sermos renovados para a vida celestial. Daqui se faz evidente que o benefício é de caráter eterno, porém não deve ser esperado dos homens, porquanto a disciplina que vem destes é parte da ordem civil [*pars ordinis politici*] e, portanto, se refere propriamente a esta presente vida. Daqui se segue que as correções divinas trazem muito maior benefício, à proporção que a santidade divina exceda às vantagens relacionadas com o corpo.

Se alguém objetar, dizendo que é dever dos pais educar seus filhos no temor de Deus e para cultuá-lo, e que, pois, sua disciplina não parece restringir-se a tão curto tempo, respondo que tal fato é procedente, mas que aqui o apóstolo está falando da vida doméstica, assim como estamos acostumados a falar do governo civil. Ainda que seja dever dos magistrados defender a religião, diríamos que seu dever se restringe aos limites da presente vida, porquanto de outro modo não haveria distinção entre o governo civil e terreno e o reino espiritual de Cristo. Além de lermos que as correções divinas são proveitosas para a participação na santidade de Deus, elas não devem ser consideradas como se intrinsecamente fossem santas, senão no sentido de que são auxílios a preparar-nos, porquanto por meio delas o Senhor nos exercita na mortificação da carne.

---

não-tradução das almas [teoria traducianista], como pensam alguns; e com razão se pode chamá--la inútil, porquanto é uma questão que está além da inquirição humana.

11. Toda disciplina. O apóstolo adiciona essa frase para prevenir-nos a que não meçamos as correções divinas pelo critério de nossos sentimentos momentâneos. Ele diz que somos semelhantes a crianças que temem e fogem da vara, o quanto lhes é possível, porquanto não têm idade suficiente para julgar o quanto ela lhes é proveitosa. O propósito da presente admoestação consiste no fato de que as correções não podem ser adequadamente avaliadas pelos sentimentos momentâneos de nossa natureza carnal, mas que devemos volver nossos olhos para o objetivo, e assim tomarmos posse do fruto pacífico da justiça. O "fruto da justiça" significa o temor do Senhor, bem como uma vida piedosa e santa da qual a cruz é a professora. Ele diz que ela é *pacífica*, porque nas adversidades somos vulneráveis ao medo e à inquietação. Somos tentados por nossa impaciência, a qual nunca descansa; mas, ao sermos disciplinados, nossas mentes se aquietam e então percebemos quão útil nos foi a correção, a qual, no momento, nos pareceu ser tão amarga e cruel.[10]

12. Portanto, erguei as mãos pendentes e os joelhos paralíticos,
13. e fazei veredas direitas para os vossos pés, a fim de que o que é manco não se desvie do caminho, antes seja curado.
14. Segui a paz com todos os homens, e a santificação, sem a qual ninguém verá o Senhor;
15. tomando cuidado para que ninguém se prive da graça de Deus; e para que nenhuma raiz de amargura, brotando, vos perturbe, e por ela muitos se contaminem;
16. para que ninguém seja impuro, nem profano, como Esaú, que por uma ração de comida vendeu seu direito de primogenitura.
17. Porque bem sabeis que, mesmo quando, mais tarde, desejou herdar a bênção, foi rejeitado, porque não achou ele nenhum espaço para arrependimento, ainda que, com lágrimas, o tenha buscado diligentemente

12. Quare manus remissas et genua soluta surrigite;
13. Et rectasfacite vias pedibus vestris, ne claudicatio aberret, sed magis sanetur.
14. Pacem sectamini cum omnibus et sanctimonium, sine qua nemo videbit Dominum:
15. Curam agentes ne quis deficiat a gartia Dei, no quae radix amaritudinis sursum pullulans obturbet et per eam inquinentur multi;
16. Ne quis scortator vel profanus, ut Esau, quo pro uno edulio vendidit primogenituram suam.
17. Nostis enim quod quum postea vellet haeriditariam obtinere benedictionem, reprobatus sit, poenitentae enim locum non invenit, etiamsi cum lachrymis quaesiisset eam.

---

10 Veja-se Apêndice 41.

12. **Portanto, erguei as mãos pendentes.** Ao afirmar que Deus, ainda quando nos corrige, se preocupa com a nossa salvação, o apóstolo prossegue estimulando-nos a buscarmos a renovação de nosso entusiasmo, porquanto nada há que mais nos enfraqueça, e deveras nos leve à exaustão, do que sermos tomados de uma falsa noção e não mais divisarmos a graça divina em meio à adversidade. E nada há que seja mais eficaz para reanimar-nos do que a compreensão de que Deus está conosco, e que se preocupa conosco, ainda quando nos aflige. Ao expressar-se assim, o apóstolo não só nos reanima a enfrentarmos nossas aflições com coragem, mas também nos aconselha, dizendo que não há a menor justificativa para que nos entreguemos à negligência ou à indolência na realização de nossos deveres. Sabemos suficientemente, por experiência própria, o quanto o medo de uma provação nos embaraça de servirmos a Deus como deveríamos. Muitos alegremente professam sua fé, mas, em razão de temerem a perseguição, suas mãos e seus pés são impedidos de agir em consonância com os piedosos impulsos de suas mentes. Muitos alegremente estariam dispostos a contender em favor da glória de Deus, a defender as causas boas e justas, particular e também publicamente, e a cumprir seus deveres em relação a Deus e a seus irmãos; mas, visto que correm o risco de se exporem ao ódio dos ímpios, e visto que divisam todo gênero de problemas à sua frente, reclinam-se comodamente e cruzam os braços em quietude.

Portanto, se este extremo medo da cruz fosse removido, e nos preparássemos para suportar com paciência, nada haveria em nós inadequado e despreparado para a obra de fazer a vontade de Deus. Essa é a intenção do apóstolo. Ele afirma que você tem as mãos pendidas, e que seus joelhos estão imóveis, e isso porque você não consegue divisar o genuíno encorajamento em meio à sua adversidade; e por isso você se retrai de cumprir seus deveres. Ora, após demonstrar-lhe quão benéfica é a disciplina por meio de uma provação, essa doutrina deve infundir em todos os seus membros um novo vigor, para que você, dinâmica e prontamente, siga o chamamento divino com suas próprias mãos e pés. Tudo indica que sua referência é a Isaías 35.3, onde o profeta ordena aos santos mestres a que fortaleçam seus joelhos vacilantes, e suas mãos descaídas, pondo diante deles a esperança da graça. O apóstolo convida a todos os fiéis a procederem assim, pois sendo esse o benefício da consolação que o Senhor nos outorga, bem como a tarefa do mestre é fortalecer toda a Igreja, também cada um, individualmente, tem a responsabilidade de fortalecer a si próprio, aplicando essa mesma doutrina à sua necessidade pessoal.[11]

13. Fazei veredas direitas. O apóstolo até aqui declarou que devemos entregar-nos às divinas consolações a fim de sermos fortes e dinâmicos na realização do bem, já que seu auxílio é nosso único apoio. Ele agora adiciona um segundo ponto, a saber: que devemos caminhar com prudência e seguir o curso certo. Um entusiasmo irracional não é menos danoso que a indolência e a frouxidão. Essa vereda direita, a qual o apóstolo nos recomenda, parte do ponto onde a mente humana vence todo medo e só leva em conta o fato de receber a aprovação divina, porquanto o medo é muitíssimo engenhoso em descobrir outros tantos desvios. Como sempre buscamos sendas tortuosas quando nos vemos emaranhados por um medo covarde e perverso, assim também, em contrapartida, a pessoa que se vê pronta para suportar os males segue em frente por onde quer que o Senhor a chame, e não se volve nem para a direita nem para a esquerda. Em suma, o apóstolo nos prescreve essa norma da reta conduta para que

---

11 As palavras não são do hebraico nem da Septuaginta, mas a ordem concorda mais com aquele do que com esta. O hebraico tem "Controlai as mãos frouxas e fortalecei os joelhos sem vigor"; e a Septuaginta: "Sede fortes, mãos frouxas e joelhos paralisados". A tradução literal da passagem é: "Portanto, restaurai as mãos enfraquecidas (ou relaxadas) e os joelhos paralisados; isto é, ao seu primeiro vigor, para que possais contender com vossos inimigos e vossas provações, e continuar vossa corrida." Tinham antes agido com nobreza, segundo a afirmação em 10.32-34; agora ele os exorta a recobrar seu vigor e sua força de outrora. Macknight o traduz assim: "Voltando à sua posição correta." O verbo ἀνορθόω, literalmente, significa, sem dúvida, endireitar novamente, e é usado assim por Lucas [13.13]; mas tem também o significado de renovar ou restaurar ao primeiro estado, ou de reedificar [cf. At 15.16]. E é neste sentido que Schleusner o toma nesta passagem. Na Septuaginta, é usado no sentido de estabelecer confirmando, fazer firme ou forte [cf. Jr 10.12]. Daí Stuart dar esta versão: "Fortalecei as mãos fracas e os joelhos débeis". Mas a idéia de reparar, ou de restaurar, ou de revigorar, dá à passagem um significado mais enfático. O apóstolo, neste caso, apenas empresta algumas das palavras de Isaías, e as acomoda ao seu propósito pessoal.

nossos passos sejam orientados pela vontade de Deus, de sorte que nem o medo, nem as seduções deste mundo, nem qualquer outra coisa nos atraia para fora do caminho.[12]

Ele adiciona, **a fim de que o que é manco não se desvie do caminho**, ou seja, para que, hesitando, não venhais a sair demasiadamente do caminho. O apóstolo usa o verbo *manquejar* ou *coxear* no sentido em que as mentes humanas oscilam e não se devotam sinceramente a Deus. Elias se expressou assim àquelas pessoas de duplicidade mental que misturavam o culto divino com suas próprias superstições: "Por quanto tempo coxeareis entre duas opiniões?" [1Rs 18.21]. Esse é um modo muitíssimo apropriado de se expressar, porque é muito pior extraviar-se do que coxear. Os que começam a coxear não saem imediatamente do curso certo, senão que se apartam dele paulatinamente até que se vêem acorrentados pelo erro, perdidos em meio ao labirinto de Satanás, e dali não conseguem mais sair. O apóstolo, pois, nos adverte a que nos esforcemos para que curemos qualquer manquejar, porque, caso sejamos indulgentes conosco mesmos, finalmente nos veremos afastados para longe de Deus.

A sentença pode ser traduzida assim: "não suceda que vosso desvio piore"; mas o significado permanece o mesmo, visto que o apóstolo está dizendo que, os que não permanecem no curso certo, mas que gradual e displicentemente coxeiam de um lado para outro, eventualmente ficarão completamente alienados de Deus.[13]

14. Segui a paz. Os homens já nascem com uma tendência tão acentuada, que parecem fugir da paz, pois todos correm atrás de seus próprios interesses, pretendendo seguir seus próprios caminhos e não se preocupam em adequar-se à linha de conduta de outros. A menos que energicamente sigamos a paz, jamais a guardaremos, pois a cada dia sucedem tantas coisas, que se suscitam discórdias sem fim. Esta

---

13 Esta interpretação é dada por Grotius, Macknight e Stuart; no entanto, Beza, Doddridge e Scott assumem o ponto de vista dado em nossa versão, considerando como estando em pauta o coxo ou fraco, τὸ χωλὸν. Assim é a Vulgata: "Para que ninguém vacile e se extravie; antes, seja curado".

é a razão por que o apóstolo nos convoca a que sigamos a paz, como se quisesse dizer que devemos não só cultivá-la, porque isso nos convenha, mas também que devemos esforçar-nos com toda diligência por conservá-la em nosso meio. Tal coisa de modo algum sucederá, a menos que esqueçamos as muitas ofensas e exercitemos a paciência mútua.[14]

Todavia, como não se pode manter a paz com os ímpios, a não ser sob a condição de aprovarmos seus vícios e crimes, o apóstolo imediatamente adiciona que se deve seguir a santificação juntamente com a paz, como se nos recomendasse a paz com esta exceção: que não permitamos que a amizade dos perversos também nos contamine ou corrompa. A santificação é o vínculo especial que nos une a Deus. Mesmo que o mundo todo se arda em guerra, não devemos permitir que a santificação se extinga, porquanto ela é o vínculo que nos mantém em união com Deus. Em suma, fomentemos tranqüilamente a paz com os homens, porém só até onde, segundo o provérbio, a consciência o permita.

Ele declara que ninguém pode ver a Deus fora do âmbito da santificação, uma vez que só vemos a Deus com aqueles olhos que já passaram pela renovação em conformidade com a imagem divina.

15. Tomando cuidado para que ninguém se prive da graça de Deus.[15] Essa sentença revela quão fácil é apostatar da graça de Deus,

---

14 Tem-se observado com razão que διώκω é seguir ou perseguir alguém que foge de nós. Significa não só a busca da paz, mas o esforço para mantê-la. Temos no Salmo 34 a perseguição ou busca: "Buscai a paz e a persegui", isto é, esforçai-vos ardorosamente por assegurá-la e retê-la. Romanos 12.18 é uma boa explanação. Mas este ingente esforço pela paz se estende à santidade; não à castidade, como Crisóstomo e alguns outros pais imaginaram, mas a santidade em seu sentido mais amplo: pureza de coração e vida – santidade universal. A palavra ἁγιασμὸς é deveras tomada em um sentido limitado, e traduzida por "santificação" (1Ts 4.3), e pode ser traduzida, aqui, bem como em outros lugares onde ela evidentemente significa santidade em termos universais (1Co 1.30; 2Ts 2.13; 1Pe 1.2). O artigo é posto antes dela a fim de mostrar sua conexão com o que segue: "E a (ou aquela) santidade, sem a qual ninguém verá o Senhor"

15 Significa, propriamente, supervisionar, e é traduzido "assumindo a supervisão" (1Pe 5.2), onde só ocorre em outro lugar. A palavra *bispo* se origina dele. É traduzido por Erasmo, "sendo atento"; por Grotius, "atentando diligentemente"; por Beza, "tomando cuidado"; por Doddridge, "olhando para ele"; por Macknight, "observando cuidadosamente"; e, por Stuart, "olhando com atenção". Considerando o que segue, "Tomando cuidado" seria a melhor versão.

e que essa questão demanda uma constante atenção, visto que tão pronto Satanás nos vê livres de cuidado ou relaxados, pressurosamente nos arma mais emboscadas. Em suma, faz-se necessário esforço e vigilância, caso aspiremos perseverar na graça de Deus.

No termo *graça* o apóstolo inclui toda nossa vocação. Caso alguém infira desse fato que a graça de Deus é ineficaz, a menos que voluntariamente cooperemos com ela, tal argumento se revela trivial. Sabemos de experiência própria quão indolente é nossa natureza carnal, e por isso ela requer constante estímulo. Quando Deus nos estimula com advertências e exortações, concomitantemente ele incita nossos corações para que tais exortações não sejam infrutíferas e destituídas de efeito. Portanto, não podemos deduzir dos preceitos e exortações que o homem tem em si o poder ou a capacidade de livre-arbítrio, pois a atenção que o apóstolo aqui requer é um dom de Deus.

Para que nenhuma raiz de amargura. Não tenho a menor dúvida de que o apóstolo está se referindo à passagem de Moisés em Deuteronômio 29.18. Depois de haver proclamado a lei, Moisés disse ao povo que tomasse cuidado para que nenhuma raiz ou semente de amargura proliferasse entre o povo de Deus. A seguir explicou sua intenção: que ninguém induza sua alma a pecar, ou excite seus desejos pecaminosos, à semelhança dos ébrios que costumam excitar sua sede, e desse modo atraem o juízo divino, sendo seduzidos pela esperança da impunidade. O apóstolo está fazendo a mesma coisa agora, porquanto prediz o que acontecerá se permitirmos que tal raiz se desenvolva: corromperá e contaminará a muitos. Ele não só os intima individualmente a erradicar tal peste de seus corações, mas também os proíbe a que permitam que a mesma cresça em seu seio. Não é possível evitar que essas raízes estejam sempre presentes na Igreja de Deus, porquanto os hipócritas e incrédulos sempre se mesclam com os bons, mas sempre que brotem devem ser cortados, para que não suceda que, ao crescerem, sufoquem a boa semente.

O apóstolo chama *amargura* ao que Moisés chama *fel* e *absinto*, mas o propósito de ambos é apontar a mesma raiz venenosa e fatal. Visto que essa é uma forma de mal excessivamente letal, cabe-nos eliminá-lo com a maior prudência, para que não mais brote nem se expanda.[16]

16. Para que ninguém seja impuro nem profano. Assim como os exortara à santificação, também agora faz menção de um exemplo particular com o fim de convocá-los a que retrocedessem das contaminações a ela opostas, e diz que não houvesse ninguém que fosse impuro. Ele avança imediatamente para uma nota mais geral – "nem profano" –, termo que é apropriadamente contrastado com santidade. O Senhor nos chama precisamente com o propósito de fazer-nos santos, vivendo em sua obediência. Tal propósito se concretiza quando renunciamos o mundo. Todo aquele que se deleita em sua própria imundícia, de sorte que viva a revolver-se nela, profana a si próprio. Podemos ao mesmo tempo definir o profano em termos gerais, como aquele que não valoriza a graça de Deus suficientemente para buscá-la e assim rejeitar o mundo. Visto que os homens se fazem profanos de diversas maneiras, devemos tomar o maior cuidado para não ensejarmos a que Satanás nos macule com sua corrupção; e, como não há religião genuína sem consagração, devemos progredir sempre no temor de Deus, na mortificação da carne e em toda a prática da piedade. Assim como somos profanos até que nos separemos do mundo, também recuamos da graça da santificação, caso nos refestelemos na imundícia do mundo.

Como Esaú. Esse exemplo pode servir-nos como explicação do significado do termo *profano*, pois quando Esaú pôs mais valor numa única refeição do que em sua primogenitura, ele privou-se da bênção divina. Profanos, pois, são aqueles em quem o amor do mundo predomina e prevalece em tal medida que se esquecem do céu, tal como sucede com aqueles que são impelidos pela ambição, que vivem para o dinheiro e para as riquezas, entregam-se à glutonaria e se emaranham em todo gênero de deleites; e, em seus pensamentos e desejos, não dão qualquer espaço ao reino espiritual de Cristo; e, se o dão, talvez isso seja a última coisa em suas cogitações.

---

16 Veja-se Apêndice 43.

Além do mais, tal exemplo é mui apropriado, porque, quando o Senhor deseja manifestar a força do amor com que agracia a seu povo, ele qualifica de *meu primogênito* a tantos quantos chamou à esperança da vida eterna. Inestimável é a honra com que ele nos agracia, comparada a toda a riqueza do mundo, a todas as suas vantagens, honras, deleites, bem como a tudo aquilo que comumente se imagina comunicar-nos uma vida feliz; na verdade, não passa de uma pobre refeição de lentilhas. Atribuir um alto valor às coisas que quase não valem nada é uma atitude que provém dos desejos depravados que cegam nossos olhos e nos fascinam. Portanto, se é nosso desejo possuir um lugar no santuário de Deus, então devemos aprender a desprezar tais iguarias, por meio das quais Satanás costuma engodar os réprobos.[17]

17. Mesmo quando, mais tarde, desejou herdar a bênção. Inicialmente, Esaú considerava a venda de sua primogenitura como um esporte, ou como um jogo infantil; mas, ao fim, demasiado tarde, descobriu o tesouro que havia perdido, quando a bênção, comunicada por seu pai Jacó, lhe foi recusada. Da mesma forma, aqueles que se deixam cativar pelas seduções deste mundo e que se alienam de Deus e vendem sua salvação para alimentar-se de comidas terrenas, não acreditam que estão perdendo tudo; mas, ao contrário, se comprazem e se congratulam como se fossem as pessoas mais felizes do mundo. Quando o Senhor abre seus olhos, é tarde demais, de sorte que, advertidos pelo espetáculo de sua própria maldade, se conscientizam da perda que, infelizmente, foi fruto de sua negligência.

---

17 Lemos que "por um bocado de comida"; literalmente, "por comer", ou "por um alimento"; ou como Doddridge o traduz: "Vendeu sua primogenitura"; ou, conforme Macknight: "Ele renunciou sua primogenitura". Nesta referência, o apóstolo dá a substância sem levar em conta as expressões, ainda que adote as da Septuaginta em dois casos: o verbo, que significa *renunciar*, usado no sentido de *vender*; e primogênitos, ou os direitos de primogenitura. No hebraico, a palavra significa primogenitura, evidentemente usada por metonímia para seus direitos e privilégios. Pertencia ao primogênito não só uma porção dupla, mas também a bênção paterna, a qual incluía coisas temporais e espirituais. A noção de que o sacerdócio, naquele tempo e desde o princípio do mundo, pertencia ao primogênito não conta com nada em seu apoio. Abel era sacerdote, bem como Caim, e também um melhor sacerdote.

Enquanto Esaú estava faminto, nada o preocupava, exceto em encher seu estômago; quando se fartou, riu-se de seu irmão e o considerou um tolo, porque voluntariamente se privara de uma refeição. Tal é a estupidez dos incrédulos que, enquanto se deixam excitar por seus desejos depravados, imergem-se sem freios em seus prazeres. Mais tarde compreendem quão fatais foram todas as coisas que avidamente buscaram. O termo "rejeitado" tem o mesmo sentido de repudiado, ou que sua petição lhe foi negada.

Porque não achou ele nenhum espaço para arrependimento. Esta sentença significa que Esaú não ganhou nem obteve nada com seu arrependimento por demais tardio, embora tenha, com temor, buscado a bênção que havia perdido por sua própria culpa.[18]

Visto que o apóstolo adverte que todos os que rejeitam a graça de Deus correm o mesmo risco, pode-se perguntar se não há esperança de perdão se a graça de Deus for recebida com desdém e seu reino rejeitado em prol do mundo. Respondo que o perdão não é vedado a tais pessoas de forma absoluta, mas são advertidas a que tomem cuidado para que o

---

18 Ainda que muitos, por exemplo, Beza, Doddridge, Stuart, entre outros, consideram este "arrependimento" como o de Isaque, contudo a frase parece favorecer os pontos de vista de Calvino, "não achou ele o lugar do arrependimento", isto é, a admissão ao arrependimento; foi inadmissível, não achou lugar para ele. A palavra τόπος. tem este significado em 8.7: "Porque, se aquela primeira aliança tivesse sido sem defeito, de maneira alguma estaria sendo buscado lugar para uma segunda". Eclesiástico 38.12 imprime o mesmo sentido à palavra "dar lugar" (ou admissão) ao médico – ἰατρῷ δὸς τόπον. Podemos fazer esta tradução: "Pois ele não achou espaço para arrependimento". Ele parecia arrependido de seu pecado e estupidez, mas seu arrependimento de nada valeu, pois não pôde ser admitido; em seu caso não havia admissão para arrependimento, como o testifica o relato dado em Gênesis. A dificuldade sobre "a", na sentença seguinte, é removida, quando consideramos que aqui, como em alguns casos anteriores, o apóstolo organiza suas sentenças em conformidade com a lei do paralelismo; há aqui quatro sentenças, se conectando a primeira e a última, e também as sentenças intermédias:
"Pois sabeis
Que mesmo depois de desejar herdar a bênção,
Ele foi rejeitado,
Porque não achou espaço para arrependimento,
Ainda que, com lágrimas, a buscasse (i.e., a bênção)".
Ainda que Macknight apresente outra explanação de "arrependimento", contudo considerou a bênção como antecedente a "a" na última linha. Ainda que com lágrimas de arrependimento buscasse a bênção, contudo foi rejeitado; a porta para o arrependimento foi, por assim dizer, fechada, e ela não podia ser aberta.

mesmo não lhes suceda. Qualquer pessoa pode ver diariamente muitos exemplos da ira divina, pela qual Deus se vinga do menosprezo e dos escárnios dos profanos. Ao prometerem a si próprios que sempre verão um novo amanhã, Deus repentinamente os remove, às vezes com uma nova e inesperada forma de morte; quando dizem que o que ouvem acerca do juízo divino não passa de contos de fada, Deus então os persegue para que sejam forçados a enfrentá-lo como seu Juiz; e os que têm suas consciências de todo mortas, logo depois sentirão as terríveis agonias como recompensa de seu entorpecimento. Ainda que tal coisa não se dê com todos, todavia, como o perigo está sempre iminente, o apóstolo com razão adverte a todos a que estejam em alerta.

Suscita-se uma segunda pergunta, a saber: e se o pecador que é agraciado com o arrependimento não lucrar nada com ele? Tudo indica que o apóstolo está a insinuar isso quando diz que Esaú nada lucrou com seu *arrependimento*. Minha resposta toma por base o fato de que arrependimento, aqui, não é tomado no sentido de genuína conversão a Deus, mas só no sentido do terror com que Deus assusta os incrédulos depois de se entregarem por longo tempo às suas iniqüidades. Nem deve causar estranheza dizer que tal terror é inútil, porquanto não caem em si nem passam a odiar seus vícios, mas são simplesmente torturados pelo senso de seu castigo. O mesmo se deve dizer no tocante às *lágrimas*. Sempre que um pecador chora seus pecados, o Senhor está pronto a perdoá-lo e a misericórdia divina nunca é buscada em vão, porquanto aquele que bate, a porta se lhe abre [Mt 7.8]. Já que as lágrimas de Esaú eram as lágrimas de um homem sem esperança, não foram derramadas diante do Senhor; por mais que os ímpios deplorem sua sorte, se queixam e lamentam, não batem à porta de Deus, porquanto esse ato só se pratica pela fé. Aliás, quanto mais dolorosamente sua consciência os instigue, mais lutarão contra Deus e lhe ostentarão seu ódio. Desejam ter acesso à presença de Deus; visto, porém, que nada encontram senão a ira divina, fugirão de sua presença. Assim, repetidamente observamos que aqueles que jocosamente afirmam que terão suficiente chance de arrependimento, ao avizinhar-se a morte, quando de fato esse momento chega, clamam horrorizados em meio a cruel agonia por não haver mais tempo de se obter misericórdia. Já se acham condenados à destruição, porque buscaram a Deus tarde demais. Às vezes lamentam com palavras como estas: "Ah, se pelo menos eu tivesse mais uma chance!" Mas de imediato o desespero interrompe todos os seus votos e cerra para sempre seus lábios, de sorte que não seguem adiante.

18. Pois não tendes chegado ao monte tocável e aceso em fogo, e à escuridão, e às trevas, e à tempestade,
19. e ao clangor de trombeta, e ao som de palavras tais que, quantos o ouviram, suplicaram que não se lhes falasse mais,
20. pois já não suportavam o que lhes era ordenado: Até um animal, se tocar o monte, será apedrejado.
21. E tão terrível era a aparição, que Moisés disse: Sinto-me aterrado e trêmulo.
22. Mas tendes chegado ao Monte Sião, e à cidade do Deus vivente, à Jerusalém celestial, e às incontáveis hostes de anjos,
23. e à universal assembléia e igreja dos primogênitos que se encontram arrolados no céu, e a Deus, o Juiz de todos, e aos espíritos dos justos aperfeiçoados,
24. e a Jesus, o Mediador de um Novo Pacto, e ao sangue da aspersão, que fala melhor que o [sangue] de Abel.

18. Non enim accessistis ad montem qui tangatur vel ignem accensum ac turbinem et caliginem et procellam.
19. Et tubae sonitum et vocem verborum, quam qui audirant excusarunt, ne illis proponeretur sermo:
20. Non enim ferebant quod edicebatur, Etiam si bestia tetigerit montem, lapidabitur aut jaculo configatur;
21. Ac sic terribile erat visum quod apparuit, Moses dixit, Expavefactus sum et remefactus:
22. Sed accessistis ad Sion montem, civitatem Dei viventis, Jerusalem coelestem,
23. Et ad conventum innumerabilium Angelorum, et ecclesiam primogenitorum, qui scripti sunt in coelis, et judicem omnium Deum, et spiritus justorum consecratorum,
24. Et Mediatorem Novi Testamenti Iesum, et sanguinem aspersionis, meliora loquentem quam loquebatur sanguis Abel.

18. Pois não tendes chegado. O apóstolo agora apresenta sua tese com um argumento bem distinto. Primeiramente, ele mostra a infinitude da graça que nos foi revelada através do evangelho, para que pudéssemos aprender a recebê-la com reverência. Em segundo lugar, ele nos recomenda sua doçura, a fim de sermos seduzidos a amá-la e a desejá-la. Ele enfatiza ambos esses aspectos, fazendo um confronto da lei com o evangelho. Quanto mais o reino de Cristo é superior à dispensação mosaica, e quanto mais gloriosa é nossa vocação em comparação ao povo da antiga dispensação, mais vil e mais injustificada é nossa ingratidão, caso não aceitemos com a devida piedade a bênção que nos é oferecida, e caso deixemos de receber humildemente a majestade de Cristo que aqui se faz evidente. Além do mais, visto que Deus não se nos manifesta de maneira tão terrível como o fez aos judeus, porém nos convida a que nos achegarmos a ele no espírito de amizade e comunhão, então seremos indubitavelmente culpados de ingratidão, caso não aceitemos seu gracioso convite com um coração ternamente obsequioso.[19]

Lembremo-nos, pois, de que o evangelho é aqui confrontado com a lei, e que a seguir tal confronto é composto de duas partes: a primeira consiste em que a glória de Deus se revela mais claramente no evangelho do que na lei; a segunda consiste em que a vocação divina hoje é no espírito de amizade, enquanto antigamente nada havia além de assombrosos terrores.

Ao monte tocável.[20] Existem diversas explicações para essa sentença; mas, em minha opinião, um monte terreno é contrastado com um [monte] espiritual. E as palavras que seguem, "e aceso em fogo, e à escuridão, e às trevas", bem como o restante, contêm o mesmo propósito. Esses sinais, os quais Deus manifestou para despertar lealdade e reverência para com sua lei,[21] são considerados

---

19 A conexão desta parte tem sido vista por alguns como sendo a seguinte: Havendo exortado aos hebreus à paz e à santidade, e os alertado contra a apostasia e indulgências pecaminosas, o apóstolo agora reforça as exortações e avisos, mostrando a superioridade do evangelho sobre a lei. Este é o ponto de vista de Doddridge e Stuart. Parece que Scott conectou esta parte com 10.28-31, e que ele considerava que o objetivo do apóstolo era apresentar um exemplo, em adição com os primeiros, da superioridade do evangelho, a fim de mostrar que a negligência dele envolveria uma culpa mais grave do que sob a lei. E este parece ter sido o ponto de vista de Calvino, que parece ser favorecido pela parte conclusiva do capítulo. A palavra γὰρ pode ser traduzida "além do mais".

20 Tem-se conjeturado que μὴ foi omitido antes de "tocado"; pois nesse caso a passagem corresponderia mais exatamente com o relado dado em Êxodo, pois ao povo se proibiu expressamente tocar o monte. Uma omissão desse gênero seguramente era impossível. A frase como está dificilmente admite uma construção gramatical; tem-se pensado ser necessário dar ao particípio o sentido de um adjetivo. Não haveria tal necessidade se a palavra fosse traduzida assim: "Para o monte não tocado nem queimado com fogo" etc.

21 As palavras usadas aqui não tomadas literalmente do hebraico nem da Septuaginta, e as quatro coisas mencionadas neste versículo, e as duas coisas mencionadas no versículo seguinte se encontram na narrativa de Êxodo 19 e 20; porém não na mesma seqüência como aqui; nem se usam os mesmos termos. "Escuridão", γνόφῳ, seria "uma nuvem escura e densa" [Ex 19.16].

em si mesmos, maravilhosos e deveras celestiais; mas, ao chegar o reino de Cristo, o que Deus nos apresenta está muito acima de todos os céus. Daqui se deduz que toda a majestade da lei tem mera aparência de algo terreno. O Monte Sinai pode ser tocado com as mãos; o Monte Sião, porém, só pode ser conhecido através do espírito. As coisas que lemos no capítulo 19 de Êxodo eram figuras visíveis; mas o que temos no reino de Cristo se acha fora do alcance da experiência carnal.[22]

Se alguém objetar, dizendo que houve um significado espiritual em todas as coisas antigas, e que hoje há exercícios externos de santidade através dos quais somos conduzidos ao céu, respondo que o apóstolo está falando comparativamente acerca do maior e do menor. Não há dúvida de que, quando a lei e o evangelho são contrastados, o que é espiritual predomina no último, enquanto que os símbolos terrenos são mais proeminentes naquela.

19. Quantos a ouviram, suplicaram. Nessa segunda sentença, o apóstolo demonstra que a lei era muitíssimo diferente do evangelho; porque, ao ser promulgada, ela veio saturada de toda sorte de ameaças e terrores. Tudo o que lemos no capítulo 19 de Êxodo tinha em vista o seguinte: que o povo precisava saber que, quando Deus assentou-se em seu tribunal, ele queria revelar-se um Juiz excessivamente severo. Se casualmente se aproximasse um animal inocente, a ordem era que fosse morto. Quão mais severo castigo pendia sobre os pecadores que eram cônscios de sua culpa, e que na verdade sabiam que eram condenados à morte eterna através da lei? Desde que o evangelho seja recebido pela fé, o que ele contém é só amor. Caso haja algo mais a ser dito, o leitor poderá encontrar em 2 Coríntios 3.

Ao dizer que o povo *suplicou*, o apóstolo não deve ser interpretado como que dizendo que o povo recusou ouvir a Palavra de Deus, e

---

"Tempestade", θυέλλη, não é mencionada em Êxodo ou em Deuteronômio, mas, evidentemente, inclui "os trovões e relâmpagos" duas vezes mencionados pelo menos em Êxodo (Ex 19.16; 20.18), ainda que nem uma vez em Deuteronômio.

22 "Os hebreus", diz Grotius, "chegaram fisicamente em um monte material; nós, porém, em espírito, no que é espiritual".

sim que ele orou para não ser compelido a ouvir Deus falando pessoalmente. A intervenção da pessoa de Moisés foi de alguma forma para amenizar seus temores.[23] Os comentaristas se sentem perplexos, e não sabem como explicar as palavras de Moisés: "Sinto-me aterrado e trêmulo", já que em parte alguma lemos que Moisés as tenha proferido. A resposta não é difícil, contanto que se considere que Moisés falou dessa forma em nome do povo, cujas petições foram postas diante de Deus por seu intermédio. Essa, pois, era a queixa comum de todo o povo; Moisés, porém, é incluído, porquanto era ele o porta-voz de todos eles.

22. Ao Monte Sião. O apóstolo se refere àquelas profecias nas quais Deus prometeu que seu evangelho seria proclamado ali, como em Isaías 2 e em passagens afins. Ele confronta o Monte Sião com o Monte Sinai, e adiciona ainda "à Jerusalém celestial"; usando o termo *celestial* para que os judeus se apegassem não propriamente àquele monte terreno, onde a lei florescera. Quando, com coração insensível, buscaram permanecer sob o jugo servil da lei, o Monte Sião se converteu no Monte Sinai, de acordo com o dizer de Paulo em Gálatas 4. Ele entende a "Jerusalém celestial" como sendo aquela que seria edificada em todo o mundo, assim como o anjo mencionado por Zacarias estendera seu cordel do oriente ao ocidente.

Às inumeráveis hostes de anjos. Essa sentença significa que, quando Cristo nos chama para si, pela proclamação do evangelho, passamos a desfrutar da amizade dos anjos; somos incluídos na galeria dos patriarcas, e um lugar nos é dado no céu entre os espíritos bem-aventurados. Aliás, é uma inaudita honra com que o Pai celestial nos reveste, incluindo-nos na companhia dos anjos e dos santos pais.

---

23 Há quem suponha que a referência, aqui, é ao que se encontra em Êxodo 19.16-17. Lemos no versículo anterior que todo o povo, no campo, tremia; e conclui-se que Moisés estava ao mesmo tempo com eles, pois lemos no versículo seguinte que ele lhes saiu ao campo. Mas a passagem que parece mais evidentemente notificar o que aqui lemos no versículo 19, onde somos informados que, quando a trombeta soou demoradamente, e se tornava cada vez mais alto. "Moisés falava", e que "Deus lhe respondia por uma voz". Ora, não somos informados sobre o que ele dizia, nem qual era a resposta que Deus lhe dava. Entretanto, é natural concluir que, sob as circunstâncias mencionadas, Moisés expressou seus temores, e que Deus os afastava.

A expressão "miríades de anjos" é tomada de Daniel, embora tenha eu seguido a Erasmo, traduzindo-a por *inumeráveis*.²⁴

O primogênito. Ele não denomina os filhos de Deus, indiscriminadamente, de "o primogênito", como às vezes a Escritura costuma fazer, mas o apóstolo faz essa distinção em honra particularmente dos patriarcas e de outros homens proeminentes da Igreja. Diz ele "arrolados no céu", porquanto somos informados que Deus tem todos os eleitos escritos em seu Livro, ou em seu catálogo secreto, de acordo com Ezequiel.²⁵

23. Ao juiz de todos. A impressão que se tem é que isso foi expresso para inspirar temor, como se o autor dissesse que a graça nos é oferecida de tal forma, que nos faz lembrar que estamos tratando com um Juiz a quem teremos que prestar contas, caso entremos temerariamente em seu santuário contaminados ou como profanos.

Adiciona ainda, **aos espíritos dos justos**, significando que somos incluídos no rol das santas almas que se despiram de seus corpos e deixaram atrás de si todas as imundícias do mundo. Portanto, ele os chama *santificados* ou *aperfeiçoados*, visto que agora que se desfizeram de sua carne, não mais estando sujeitos às enfermidades dela. Daqui podemos concluir, com toda certeza, que, após se separarem de

---

24 Calvino segue a Vulgata, e conecta πανηγύρε com "anjos". A expressão significa uma assembléia total ou geral, e ocorre na Septuaginta, e está para מועד, às vezes traduzido por "uma assembléia solene": era uma solenidade observada por todo o povo. Se for no sentido de construção, é preferível adotar o arranjo de nossa versão.

25 Manter esta sentença distinta da próxima, "os espíritos dos homens justos", tem sido difícil. A distinção que Calvino parece fazer, bem como Doddridge, Scott e Stuart é esta: que os aqui mencionados, "os primogênitos", eram os mais eminentes dentre os antigos; mas que "os espíritos dos homens justos" inclui os santos em geral. O povo de Israel era chamado "o primogênito" (Ex 4.22), porque eram o povo escolhido de Deus. Efraim foi também chamado "o primogênito" (Jr 31.9), em razão da superioridade outorgada àquela tribo; e o Messias é assim chamado (Sl 89.27), em razão de sua eminência. O primogênito é aquele que possuía privilégios peculiares. Aqui, a palavra parece designar os santos, os crentes, os cristãos, visto que são o povo escolhido de Deus e privilegiado da forma a mais elevada. Daí vermos a propriedade de "toda a assembléia", ou o número total dos fiéis, compostos de judeus e gentios. O apóstolo diz: "Somos parte da totalidade desta assembléia", e a fim de realçar seu significado ainda mais distintamente, ele a chama "a Igreja". Aqui, a referência parece ser aos santos sobre a terra, e, no final do versículo, aos santos falecidos. E somos informados que eles foram "aperfeiçoados", porque foram isentados de culpa, de pecado e de toda contaminação, tendo "lavado suas vestes no sangue do Cordeiro".

seus corpos, as santas almas passam a viver com Deus, pois de outra forma não poderíamos juntar-nos à sua comunhão.

24. Finalmente, o autor adiciona, **e a Jesus, o Mediador**, porque é tão-somente através dele que somos reconciliados com o Pai, e é tão-somente ele que faz o rosto do Pai sereno e amável para conosco, de modo que não mais tememos aproximar-nos dele. Ao mesmo tempo, o autor descreve como Cristo é nosso Mediador, "pelo seu sangue", ao qual, segundo o idioma hebreu, ele chama o "sangue da aspersão", significando sangue aspergido; porque, visto que ele foi uma vez derramado para fazer expiação por nós, assim nossas almas devem agora ser purificadas por ele mediante a fé. Ao proceder assim, o apóstolo faz referência ao antigo rito segundo a lei, do qual já se fez menção.

Que fala melhor que o de Abel. Não há nada que nos impeça de considerar *melhor* adverbialmente, e tomar *melhores coisas* no sentido de *melhor maneira*, neste sentido: o sangue de Cristo clama com mais eficácia e é mais ouvido por Deus do que o sangue de Abel. No entanto, prefiro tomar a expressão de forma literal, no sentido em que a própria voz fala melhores coisas, visto que ela é eficaz para conquistar o perdão para nossos pecados. O sangue de Abel não clamou propriamente falando, mas foi seu assassinato que demandava vingança diante do tribunal de Deus. O sangue de Cristo clama, porque a expiação por ele obtida se ouve diariamente.[26]

25. Vede que não rejeiteis ao que fala. Pois se não escaparam aqueles que se recusaram ouvir o que sobre a terra os advertia, muito menos escaparemos nós, se nos desviarmos daquele que nos adverte lá do céu,

26. cuja voz abalou a terra; mas agora tem ele prometido, dizendo: Ainda uma vez hei de abalar não só a terra, mas também o céu.

25. Videte ne aspernemini loquentem; nam si illi, qui aspernati sunt eum qui loquebatur in terra, non effugerunt, multo magic nos si aversemur loquentem e coelis;

26. Cujus vox tone terram concussit, nunc autem denuntiavit, dicens, Adhuc semel ego moveo non solum terram, sed etiam coelum.

---

26 Veja-se Apêndice 44.

27. Ora, esta palavra: Ainda uma vez, significa a remoção daquelas coisas abaláveis, como coisas criadas, para que as coisas inabaláveis permaneçam.
28. Pelo que, recebendo nós um reino que não se pode abalar, retenhamos a graça, pela qual prestemos a Deus um serviço agradável, com reverência e temor;
29. pois o nosso Deus é fogo consumidor.

27. Illud autem, Adhuc semel, significat eurum quae concutiuntur translationem, ut maneant quae non concutiuntur.
28. Quare reghnum quod non concutitur aprehendentes, habemus (alias, habeumus) gratiam: per quam colamus Deum, placentes illi cum reverentia et religione:
29. Deus enim noster ignis consumens est.

25. Vede que não rejeiteis. O apóstolo usa o mesmo verbo que usou anteriormente, quando disse que o povo implorou [a Moisés] que Deus não lhes falasse [diretamente]. Mas agora, creio eu, sua intenção é diferente, a saber: não devemos rejeitar a Palavra que nos é dirigida. Ele realça, além do mais (como foi sua intenção na comparação imediatamente precedente), que um castigo ainda mais severo aguarda aqueles que desprezam o evangelho, já que os antigos não ficaram impunes quando desprezaram a lei. Ele prossegue em seu argumento, partindo do menor para o maior, dizendo que Deus, ou Moisés, outrora falou sobre a terra, mas que agora o mesmo Deus, ou Cristo, fala do céu. Prefiro tomar ambos os casos como que se referindo a Deus. Ele diz que Deus falou sobre a terra em virtude de haver falado em um nível mais inferior. É preciso que tenhamos sempre em nossa lembrança que o autor está tratando da administração externa da lei, a qual, comparada com o evangelho, participou do que é terreno, e não dirigiu os pensamentos dos homens para cima, para o céu, para a perfeita sabedoria. Ao mesmo tempo, a lei continha a mesma verdade; visto, porém, que ela era apenas uma escola preparatória, era sempre carente de perfeição.[27]

---

27 Por "aquele que fala" é por alguns entendido como sendo Cristo, mas, mais propriamente, é Deus, como dele é o sujeito principal nos versículos precedentes e seguintes. As palavras que seguem são sucintas; e a primeira sentença é explicada mais plenamente em 10.28, e, a segunda, em 1.2. Deus fala "sobre a terra", por Moisés, porém "do céu", por seu Filho, que veio do céu, subiu ao céu, e enviou seu Espírito do céu. Aqui, a comparação é entre falar sobre a terra e falar do céu; mas, incluso nisto, como previamente explicado na Epístola, estão os agentes empregados. Deus,

26. Cuja voz então abalou a terra. Visto que Deus abalou a terra quando da promulgação da lei, o autor declara que ele agora fala mais gloriosamente, já que abala não só a terra, mas também o céu. Nessa conexão, o autor cita o testemunho do profeta Ageu. Ele não faz uma citação textualmente; visto, porém, que o profeta prediz um futuro abalo da terra e céu, o apóstolo usa essa predição para demonstrar que o som do evangelho ecoa não só por sobre a terra, mas penetra o próprio céu. É além de qualquer dúvida que o profeta está falando do reino de Cristo, pois no mesmo contexto encontramos estas palavras: "Farei abalar todas as nações, e as coisas preciosas de todas as nações virão, e encherei de glória esta casa" [Ag 2.7]. O fato é que todas as nações somente se têm reunido em um só *corpo* sob a bandeira de Cristo; e não há nenhum outro desejo que satisfaça a todos nós senão o de possuirmos a Cristo mesmo. Além do mais, nem o templo de Salomão excedeu em glória até que a magnificência de Cristo encheu toda a cidade. Portanto, não resta dúvida alguma de que o profeta está se referindo ao tempo de Cristo. Se desde o surgimento do reino de Cristo não só as partes mais baixas do mundo se abalaram, mas seu próprio poder deve penetrar o céu, o apóstolo corretamente conclui que a doutrina do evangelho é mais excelente e deve ser ouvida com mais clareza por toda criatura.[28]

---

ao promulgar a lei, fixou um lugar sobre a terra, e então, por assim dizer, desceu e empregou um agente terreno, um mero homem como seu mediador; mas, ao promulgar o evangelho, ele não desceu do céu, mas empregou um agente celestial, seu próprio Filho; assim manifestou a superioridade do evangelho sobre a lei. E que Deus está implícito, do começo ao fim, neste versículo, é evidente à luz do versículo seguinte: "Cuja voz" etc. A passagem pode ser assim traduzida: "Vede que não rejeiteis quem fala; porque, se não escaparam os que o rejeitaram, quando falou sobre a terra, quanto menos nós, se nos afastarmos daquele que fala do céu?" Não temos sequer uma palavra para expressar χρηματίζοντα – oraculando, traduzido por Doddridge, "anunciando oráculos"; por Macknight, "enunciando oráculos"; e por Stuart, "advertindo". Mas a palavra preferível que podemos adotar aqui é "falando".

[28] A citação, literalmente, não provém do hebraico nem da Septuaginta, mas, substancialmente, é a mesma. "A terra e o céu" pode ser considerada uma frase usada para designar todo o estado de coisas, como inclui toda a criação visível. Toda a política judaica, civil e religiosa, geralmente é tida como estando implícita aqui. Mas, como em Ageu 2.6-7 se menciona o abalo das nações, Macknight cria que por "a terra" está implícito a idolatria pagã, e por "o céu", a economia judaica, assim chamada porque foi divinamente designada. Se isto for admitido, então vemos uma razão para a mudança que o apóstolo fez nas palavras. O original está tanto no hebraico como na Sep-

27. Ora, esta palavra: ainda uma vez. As palavras do profeta são: "Ainda uma vez, dentro em pouco". Ele pretende dizer que as calamidades dos povos não serão de longa duração, mas que Deus os socorrerá. O apóstolo, porém, não põe ênfase nessa sentença, mas simplesmente deduz do abalo do céu e terra que a vinda de Cristo deverá mudar o estado de todo o mundo. As coisas criadas estão sujeitas à degenerescência, mas o reino de Cristo é de caráter eterno. Portanto, é indispensável que todas as criaturas sejam transformadas para melhor.[29]

Desse ponto o apóstolo passa para uma exortação distinta, para que nos apeguemos a esse reino que não se pode abalar, visto que o Senhor nos desperta para descobrirmos nele nosso verdadeiro e eterno fundamento. Prefiro a redação variante que os antigos comentaristas dão: "Ao recebermos um reino, temos a graça". Caso o leitor leia isso como uma afirmação, o sentido flui melhor – ao abraçarmos o evangelho, o Espírito de Cristo nos é outorgado com o fim de adorarmos a Deus com reverência e santidade. Caso o leitor o leia como uma exortação, "tenhamos", a frase se torna forçada e vaga. Em suma, creio que o propósito do apóstolo é dizer que, se porventura entrarmos no reino de Cristo mediante a fé, obteremos uma graça inabalável, a qual efetivamente nos conservará no serviço de Deus; porque, assim como o reino de Cristo está acima do mundo, também se dá com o dom da regeneração.[30]

Ao dizer que Deus deve ser servido de modo aceitável [εὐαρέστως] e "com reverência e temor", o autor tem em vista que, embora em nosso culto se demandem prontidão e deleite, contudo não há serviço aprovado por ele, exceto aquele que nos une com humildade e devida reverência. Assim, ele condena tanto a insolente confiança da carne quanto a indolência que amiúde emana dela.[31]

---

tuaginta. "Eu abalo [ou abalarei] o céu e a terra"; mas o apóstolo diz: "Abalo não só a terra, mas também o céu".
29 Veja-se Apêndice 45.
30 Veja-se Apêndice 46.
31 A Vulgata tem "com temor e reverência"; Beza, "com modéstia e reverência, e com temor religioso"; Schleusner, "com reverência e devoção". Stuart adotou nossa versão. Veja-se Apêndice 47.

29. Porque o nosso Deus é fogo. Assim como já nos apresentou a graça de Deus em sua doçura, ele agora declara sua severidade. Tudo indica que ele emprestou essa sentença de Deuteronômio 4. E assim vemos que Deus não omite nada para atrair-nos a si, porquanto começa com a benevolência a fim de o seguirmos mais alegremente; mas quando não logra sucesso em atrair-nos, então nos atemoriza. É certo e conveniente que a graça divina nunca nos é prometida sem ser acompanhada por ameaças; porque (como somos todos tão inclinados a poupar-nos), se não formos movidos por tais estimulantes, uma doutrina mais suave não daria o resultado esperado. Portanto, como o Senhor é favorável e misericordioso para com aqueles que o temem, até mil gerações, assim ele também é um vingador zeloso e justo até a terceira e quarta geração, quando é rejeitado.[32]

---

32 A conjunção καὶ, no início deste versículo, comumente é omitido pelos tradutores, Macknight, porém, o reteve: "Pois ainda nosso Deus" etc. A notificação, evidentemente, é que sob o evangelho, não menos que sob a lei, Deus é fogo consumidor para os apóstatas; e a apostasia ou a idolatria é o pecado especialmente referido em Deuteronômio 4.24, donde esta passagem é tomada.

Capítulo 13

1. Seja constante o amor fraternal.
2. Não vos esqueçais de demonstrar amor para com os estranhos; pois dessa forma alguns, sem o saberem, hospedaram anjos.
3. Lembrai-vos daqueles que se encontram em cadeias, como se estivésseis presos com eles; e dos que sofrem maus tratos, como sendo vós mesmos também no corpo.
4. Que o matrimônio seja tido em honra entre todos, bem como o leito sem mácula; porque Deus julgará os fornicários e adúlteros.
5. Sede livres do amor ao dinheiro; contentai-vos com as coisas que tendes; porque ele mesmo disse: Não te deixarei, nem te desampararei.
6. De modo que digamos ousadamente: O Senhor é o meu Ajudador; não temerei; que me fará o homem?

1. Fraterna charitas maneat.
2. Hospitalitatis ne sitis immemores; per hanc enim quosdam latuit quum recipissent Angelos.
3. Memores estote vinctorum, tanquam ipsi quoque sitis in corpore.
4. Honorabile in omnibus conjugium et thorus impollutus; scortatores auten et adulteros judicabit Deus.
5. Sint mores sine avaritia: contenti sitis iis quae adsunt; ipse enim dixit, non te desero, neque te derelinquo:
6. Ut fidentes dicamus, Dominus mihi adjutor, neque timebo quid faciat mihi homo.

1. Seja constante o amor fraternal. O apóstolo formula esse mandamento acerca do amor fraternal, provavelmente porque havia a possibilidade de que alguma contenda secreta, suscitada do orgulho dos judeus, trouxesse dissensão às igrejas. Ao mesmo tempo, esse mandamento é muitíssimo necessário à nossa geração, visto que nada evapora mais facilmente do que o amor; quando cada um pensa de si mesmo mais do que convém, então permite aos outros menos que deveria; e então muitas ofensas ocorrem todos os dias, as quais são causa de separação.[1]

Ele denomina o amor de *fraternal*, não só para ensinar que devemos viver unidos por um sentimento de amor peculiar e interior, mas também para lembrar-nos que não podemos ser cristãos sem que sejamos *irmãos*; pois ele fala do amor que os domésticos da fé devem cultivar reciprocamente, da mesma forma que o Senhor nos une intimamente pelos laços comuns da adoção. Portanto, foi um hábito muito saudável da Igreja primitiva chamar uns aos outros de *irmãos*; agora, porém, o título e a própria coisa se tornaram quase totalmente obsoletos, a não ser entre os monges, os quais se apoderaram do costume que passou a ser negligenciado pelos demais; enquanto que, ao mesmo tempo, por seus desacordos e suas facções domésticas, todos eles demonstram que são filhos do diabo.

2. Não negligencieis a hospitalidade. Este dever de humanidade também quase cessou de ser devidamente observado entre os homens, porquanto a antiga hospitalidade, tão célebre na história, hoje nos é desconhecida, e as hospedarias, então, tomaram o lugar da hospitalidade. O autor não está falando apenas da prática da hospitalidade que se costumava praticar entre os ricos; ao contrário, ele está ordenando que os pobres e os necessitados sejam igualmente recebidos, porquanto, naquele tempo, muitos deles eram fugitivos de seus lares por causa do Nome de Cristo.

Visando a acrescentar uma recomendação adicional a essa espécie de dever, o autor diz que os anjos algumas vezes foram hospedados por aqueles que imaginavam estar recebendo em seus lares meros seres humanos. Não tenho dúvida de que o autor tinha em mente a Abraão e Ló. Ao praticarem a hospitalidade como um costume comezinho, sem o saberem, e sem fomentarem tal intenção, seus lares foram inusitadamente honrados, recebendo em seu seio os próprios anjos. Deus, seguramente, deixou bem claro que a hospitalidade era algo especialmente agradável ao seu coração, ao conceder semelhante retribuição a Abraão e a Ló. Caso

---

1 "Continuai" ou permanecei implica que haviam manifestado esse amor (cf. 6.12); como se quisesse dizer: "que o amor dos irmãos seja tal como ele tem sido".

alguém objete, dizendo que tal fato constitui uma ocorrência mui rara, minha pronta resposta é: ao recebermos os pobres em seu Nome, não estamos recebendo meros anjos, e sim Cristo mesmo. Há uma excelente aliteração nas palavras gregas, a qual não se pode expressar em latim.

3. Lembrai-vos daqueles que se encontram em cadeias. Não há nada que nos mova ao mais profundo senso de compaixão do que nos pormos no lugar daqueles que são afligidos. É por isso que o autor afirma que devemos pensar nos presos como se estivéssemos em sua posição. O que segue na segunda sentença – "como sendo vós mesmos também no corpo" – se explica de várias maneiras. Há quem o tome geralmente neste sentido: "Vós estáveis sujeitos aos mesmos sofrimentos, conforme a sorte comum da natureza humana". Outros restringem o sentido: "Como se estivésseis em seu lugar". Nem um nem o outro me agrada; quanto a mim, eu o considero como uma referência ao corpo da Igreja, com este significado: "Visto que sois membros do mesmo corpo, deveis cultivar um senso comum dos problemas uns dos outros, para que entre vós não vivais desunidos".[2]

4. Que o matrimônio seja tido em honra. Há quem pense que aqui temos uma exortação dirigida aos casados, para que conduzam suas relações matrimoniais com modéstia e com honestidade, de modo que o homem exercite o espírito de temperança e castidade para com sua esposa, e não macule o leito matrimonial com indigno desregramento. É preciso entender-se que aqui está presente um verbo indicando exortação: "Que o matrimônio seja digno de honra", muito embora o modo indicativo não seja inadequado. Ao sermos informados de que o matrimônio deve ser tido em honra, deveria ocorrer-nos imediatamente que nosso comportamento nele tem de ser honroso e reverente. Outros tomam a expressão do apóstolo como forma de concessão, a saber: "Embora o matrimônio seja honroso, não é lícito cometer fornicação". Tal sentido é obviamente tedioso. Creio, ao contrário, que o apóstolo, aqui, está con-

---

2 O que Beza diz desta opinião é: "De modo algum a rejeito, ainda que considero a outra (a primeira mencionada aqui) como sendo mais óbvia." Tem-se afirmado que, sempre que Paulo menciona o corpo místico, ele faz isso em conexão com Cristo (Rm 12.5), e que "no corpo" deve-se entender literalmente (2Co 5.6). É assim tomado aqui por Grotius, Doddridge, Scott e Stuart.

trastando o matrimônio com a fornicação, como um antídoto contra uma moléstia, e o contexto claramente revela que essa era sua intenção. Antes de ameaçar que o Senhor punirá os fornicadores, o autor apresenta o genuíno caminho para se evitar tal punição, a saber: vivendo a vida conjugal de maneira honrosa.

Este, portanto, deve ser o ponto primordial: que não se cometerá fornicação impunemente, uma vez que Deus se vingará dela. Visto que Deus tem abençoado a união entre um homem e sua esposa, cuja instituição é obra dele, segue-se que qualquer divergência neste ponto será por ele punida e amaldiçoada. Ele promete castigo não só para os adúlteros, mas também para toda classe de fornicadores, porquanto ambos se afastam da santa ordenança de Deus, e deveras a violam e a subvertem por sua promiscuidade, uma vez que só existe uma união legítima que é ratificada pelo Nome e pela autoridade de Deus. Visto que não se pode controlar os promíscuos e irrequietos sem o antídoto do matrimônio, o autor no-lo recomenda e o qualifica de *honroso*.

Quanto à adição, **leito sem mácula**, eu a tomo no seguinte sentido: aqueles que se unem pelos laços do matrimônio devem saber que não podem proceder segundo a inclinação de sua natureza, mas que o uso lícito de seu leito conjugal deve obedecer ao espírito de moderação, de modo a não admitir que se faça algo que contrarie a modéstia e a castidade do matrimônio.[3]

Ao dizer **entre todos**, entendo-o no sentido em que não há nenhuma

---

3 Se todo o versículo for corretamente considerado, a construção da primeira parte se fará evidente. Mencionam-se duas coisas, "matrimônio" e "leito" – o leito conjugal. Em seguida se mencionam dois personagens – "fornicários e adúlteros". Os primeiros desrespeitam o matrimônio, e os segundos conspurcam o leito conjugal. Então, a primeira sentença fala do matrimônio como em si mesmo honroso, em oposição à desonra que lhe impõem os fornicários, os quais, sendo solteiros, se entregam a relações ilícitas com mulheres; e a segunda fala do leito conjugal como sendo impoluto, quando não contaminado com adultério. Sendo este, evidentemente, o significado, a forma declarativa parece mais apropriada. Além disso, a partícula δὲ, "mas", na segunda parte, como observa Beza, requeria esta construção. Mas se γὰρ for a redação, como encontrada em algumas cópias, então a forma perceptiva parece necessária, ainda que, mesmo então, o sentido seria materialmente o mesmo – que o matrimônio deve ser considerado honroso entre todos, isto é, em todos os escalões e ordens dos homens, como observa Grotius, e que o leito conjugal seja impoluto – "Que o matrimônio seja considerado honroso entre todos, e o leito conjugal seja impoluto; pois Deus condenará os fornicários e os adúlteros". Hammond, Macknight e Stuart adotam a forma perceptiva; Beza, Doddridge e Scott, porém, a declarativa.

classe humana à qual se deva proibir o matrimônio. O que Deus permitiu à raça humana, universalmente, é lícito a *todos*, sem exceção. Com isso quero dizer que todos quantos se encontram aptos para o matrimônio e necessitam dele devem desfrutá-lo. Fazia-se necessário que essa questão fosse expressa de forma distinta com o fim de se evitar a superstição, cujas sementes Satanás provavelmente estava semeando secretamente desde então, convencendo que o matrimônio é algo profano ou, ao menos, algo que se acha muito longe da perfeição cristã. Esses falsos espíritos, sobre os quais Paulo profetizara, prontamente entraram em cena e proibiram o matrimônio. Portanto, em caso de alguém tolamente concluir que o matrimônio só é permitido ao povo simples, e não aos que exercem preeminência na Igreja, o apóstolo elimina toda e qualquer exceção; e longe de ensinar-nos que o matrimônio nos é permitido como forma de concessão (como afirma Jerônimo sofisticamente), o autor assevera que o mesmo é digno de honra. É extremamente notável que aqueles que introduziram no mundo a proibição do matrimônio não se espantaram com essa declaração tão expressiva; mas era necessário dar a Satanás rédeas soltas para que fosse punida a ingratidão dos que se recusaram dar ouvidos a Deus.

5. Que vossa conversação seja sem avareza. Com o propósito de corrigir a ganância, o autor correta e sabiamente nos incita a vivermos contentes com o que possuímos. Ao vivermos contentes com o que o Senhor já nos presenteou – seja muito, seja pouco –, estamos revelando o genuíno desprendimento do dinheiro, ou, ao menos, a boa intenção no correto e moderado uso dele. Pois raramente sucede que o avarento se satisfaça com alguma coisa, senão que, ao contrário, os que não se satisfazem com uma porção moderada, sempre buscarão mais, mesmo quando desfrutam das mais opulentas riquezas. Esta é a doutrina que Paulo diz haver aprendido: que aprendera a viver em abundância, bem como a enfrentar as necessidades. A pessoa que aprende a restringir seus desejos a fim de descansar feliz com sua [modesta] porção, na verdade já conseguiu banir de seu coração o amor ao dinheiro.[4]

---

4 Veja-se Apêndice 48.

Porque ele mesmo disse. Aqui o autor cita dois fragmentos de testemunho. Quanto ao primeiro, há quem creia que o mesmo foi extraído de Josué 1; eu, porém, creio que essa sentença foi inferida do ensino comum da Escritura, embora ele diga que o Senhor, em algum lugar, promete que jamais falhará em relação a nós. De tal promessa o autor infere o que se acha expresso no Salmo 118, a saber: que possuímos uma forte razão para subjugar o medo, quando nos sentimos seguros do auxílio divino.[5]

Aqui o autor arranca o mal pela raiz, como é necessário fazê-lo, se desejamos que as mentes humanas estejam completamente a salvo dele. É indubitável que a ausência de fé constitui a fonte da avareza. Qualquer um que nutra a sólida convicção de que jamais será esquecido pelo Senhor, não viverá em danosa perplexidade, já que sua dependência está radicada na providência divina. Portanto, desejando o apóstolo curar-nos da doença da avareza, com propriedade nos lembra das promessas divinas, pelas quais ele testifica que Deus estará sempre presente conosco. Desse fato ele conclui que, enquanto tivermos Alguém tão solícito a ajudar-nos, não existe motivo algum para medo. E assim jamais seremos importunados pelos desejos depravados, já que a fé é o único elemento que faz as mentes humanas repousarem; cuja inquietude, sem ela, é sobejamente notória.

7. Lembrai-vos daqueles que exerciam governo sobre vós, os quais vos falaram a palavra de Deus; e, considerando o propósito de sua vida, imitai sua fé. 8. Jesus Cristo é o mesmo, ontem e hoje, e o será para sempre. 9. Não vos deixeis levar por doutrinas várias e estranhas; porque bom é que o coração seja estabelecido pela graça, e não por alimentos, que não trouxeram proveito algum aos que com eles se preocuparam.	7. Memores estote praefectorum vestrorum, qui loquuti sunt vobis sermonem Dei, quorum intuentes exitum conversationis imitamini fidem. 8. Iesus Christus heri et hodie, idem etiam in secula. 9. Doctrinis variis et peregrimis ne circumferamini: bonum enim gratia cor confirmari, non cibis, qui hihil profuerunt iis qui in illis versati sunt.

7. Lembrai-vos daqueles que exerciam governo sobre vós. O que segue tem referência não tanto a questões morais, mas a doutrina. Em primeiro plano, o autor põe diante dos judeus o exemplo daqueles que

---
5 Veja-se Apêndice 49.

haviam sido seus mestres, e parece estar falando particularmente daqueles que haviam selado, com seu próprio sangue, as doutrinas que lhes haviam ministrado. Ao dizer "considerando o propósito de sua vida", o autor está realçando algo que devia ser lembrado. Entretanto, não há razão para não considerarmos esta sentença como uma referência geral aos que persistiram na fé genuína até o fim, que tanto na morte quanto ao longo de toda sua vida deram fiel testemunho da sã doutrina. Não obstante, não era uma questão de pouca importância pôr diante deles o exemplo de seus mestres, para que o imitassem, porque os que nos geraram em Cristo devem ser tidos na conta de nossos pais. Quando os viram permanecer fiéis e irredutíveis, algumas vezes em meio a selvagens perseguições, e outras vezes em meio a lutas de toda espécie, com certeza se deixaram dominar de profunda comoção.[6]

8. Jesus Cristo é o mesmo. A única forma pela qual podemos persistir na fé verdadeira é firmando-nos no fundamento, e não nos apartando dele um mínimo grau. Quem quer que não se firme em Cristo, mesmo quando venha a compreender o céu e a terra, na verdade não conhece nada senão uma mera vaidade. Todos os tesouros da sabedoria celestial estão inclusos em Cristo. Temos aqui uma notável passagem, à luz da qual aprendemos que não existe outra norma para a genuína sabedoria senão que depositemos unicamente em Cristo todos os nossos pensamentos.

Visto que o autor está tratando dos judeus, por isso ele diz que Cristo sempre manteve a mesma posição de soberania que mantém hoje, e que ele será sempre o mesmo até a consumação dos séculos. Diz ele: **ontem e hoje, bem como para sempre**, com isso querendo dizer que Cristo, que agora se manifestou ao mundo, sempre reinou desde o princípio do universo, e que não é possível avançar mais enquanto não nos achegarmos a ele. *Ontem* compreende todo o período do Antigo Testamento; e, para que ninguém esperasse uma súbita mudança depois de um breve tempo, visto que a promulgação do evangelho era ainda um evento bem recente, o autor declara que Cristo se revelara

---

6 Veja-se Apêndice 50.

ultimamente com este propósito: para que o conhecimento dele continuasse o mesmo para sempre.

Daqui se faz evidente que o apóstolo não está discutindo o *Ser eterno* de Cristo, e sim o *conhecimento* dele, o qual floresceu entre os crentes de todos os tempos, e o qual se tornou, finalmente, o fundamento da Igreja. Seguramente, é evidente que Cristo existia antes mesmo de manifestar seu poder. Então se pode indagar: Do quê mesmo o apóstolo está tratando? Digo que este versículo se refere ao *caráter*, por assim dizer, e não à *essência*, visto que o problema não é propriamente se Cristo esteve eternamente com o Pai, e sim qual foi o conhecimento que os homens obtiveram dele. A manifestação de Cristo, no que diz respeito à sua forma e caráter externo, era diferente, sob o regime da lei, daquela que temos hoje; não há razão, porém, para o apóstolo não dizer com verdade e propriedade que Cristo, para quem os fiéis olham, é sempre o mesmo.[7]

9. Doutrinas várias e estranhas. O autor conclui que não devemos ser vacilantes, visto ser inabalável a verdade de Cristo, na qual é indispensável que permaneçamos. Por certo que todo gênero de opiniões, toda sorte de superstições, todos os erros monstruosos e, em suma, todos os desvios religiosos têm sua origem no fato de não se fundarem somente em Cristo. Não é sem razão que Paulo nos ensina que Cristo nos foi oferecido por Deus para ser nossa sabedoria.

A essência desta passagem consiste em que devemos descansar em Cristo somente, a fim de que a verdade de Deus seja em nós inabalável. E assim concluímos que todos quantos são ignorantes de Cristo se expõem a todos os engodos de Satanás, já que à parte de Cristo não pode haver fé estável, senão distúrbios sem conta. Fantástica, sem dúvida, é a astúcia dos papistas, os quais inventaram um antídoto completamente oposto para mitigar os erros, a saber: extinguindo ou sepultando o conhecimento de Cristo. Mas esta advertência do Espírito Santo deve tomar posse de nossos corações: que jamais nos veremos isentos de perigo, a menos que nos apeguemos a Cristo.

---

7 Stuart assume o mesmo ponto de vista de Calvino neste ponto: que a existência eterna de Cristo não é o que se ensina aqui, mas que ele, como Mediador, é imutavelmente o mesmo. Veja-se Apêndice 51.

O autor qualifica de *várias* ou *diversas* as doutrinas que nos desviam de Cristo, porquanto não existe nada mais puro e simples do que a verdade que nos leva ao conhecimento dele. Ele ainda as qualifica de *estranhas*, porque, tudo o que é separado de Cristo, Deus não considera como lhe pertencendo. Aqui somos também advertidos sobre como devemos proceder caso queiramos alcançar a real proficiência da Escritura, porque todo aquele que não segue o curso reto rumo a Cristo não passa de alguém sem meta. O apóstolo também quer dizer que haverá sempre conflito na Igreja de Deus por causa das doutrinas estranhas, e que não há nenhum outro meio de nos guardarmos contra elas, exceto que nos deixemos fortalecer pelo genuíno conhecimento de Cristo.[8]

Bom é que o coração seja estabelecido pela graça. O autor agora se move de um princípio geral para um caso particular. É notória a existência de uma superstição muito familiar entre os judeus no tocante à escolha de alimentos, o que propiciava intermináveis disputas e discórdias. Isso constituía uma das doutrinas estranhas, as quais eram oriundas da ignorância acerca de Cristo; de modo que, uma vez estabelecido em Cristo o fundamento de nossa fé, o autor diz que a observância de alimentos não tem conexão alguma com nossa salvação final e com a genuína santidade. Ao contrastar *graça* e *alimentos*, não tenho dúvida de que, pelo termo *graça*, o autor queira dizer o culto espiritual de Deus e a regeneração. Ao declarar "que o coração seja estabelecido", recordando o verbo *levar*, como se estivesse dizendo que a graça espiritual de Deus, e não a observância de alimentos, é que nos traria verdadeira estabilidade.[9]

---

8 Aqui lemos "doutrinas várias", em razão de seu número; havia então, como agora, muitas doutrinas falsas; e "estranhas" em razão de serem novas ou alheias à verdade; não consistentes com a fé, mas derivadas de alguma parte ignota, como que emprestadas de tradições, cerimônias, ou outras fontes estranhas. Stuart dá outro significado à primeira palavra, isto é, "diferente" da doutrina cristã; mas ela não tem esse significado. Ainda menos procedente é o que afirma Macknight, que seu significado é "discordante". O que está implícito por "diversas doenças" e "diversas luxúrias" é que estas eram de diversos tipos, ou que eram muitas. O mesmo autor dá um significado sem precedente à segunda palavra. "Estranhas", isto é, ensinadas por mestres não-autorizados! Stuart diz que o termo significa "estranhas" à doutrina cristã. A palavra é de fato usada em Atos 17.18 e em 1 Pedro 4.12, no sentido de "novo", uma coisa incomum, nunca ouvida; este significado tampouco se inadequado aqui. Veja-se Efésios 4.14, onde o mesmo tema é discutido (cf. Mt 15.9).
9 Veja-se Apêndice 52.

Na sentença seguinte, **e não por alimentos, que não trouxeram proveito algum aos que com eles se preocuparam**, não há certeza a quem o autor se refere. Indubitavelmente, os pais, que viveram sob o regime da lei, receberam um valioso treinamento, parte do qual dizia respeito à distinção de alimentos. Tudo indica que tal afirmação deve, antes, ser entendida como uma referência às superstições que depois da revelação do evangelho ainda insistiam teimosamente nas velhas cerimônias. Entretanto, se tivéssemos que explicar isso judiciosamente como que uma referência aos pais, não há nada de absurdo nisso. Foi bom que houvessem se submetido ao jugo que lhes fora imposto pelo Senhor e persistissem obedientes sob a disciplina comum dos crentes e de toda a Igreja. O apóstolo tem em vista que a abstinência de alimentos, por si só, não tem valor algum. Por certo que ela não deve ser levada em conta, exceto como parte da doutrina elementar no tempo em que, no que respeita ao governo externo, os filhos de Deus eram ainda crianças. Deve-se considerar a preocupação com alimentos até onde se faça distinção entre o *limpo* e o *imundo*. O que ele diz acerca de alimentos pode aplicar-se aos demais ritos da lei.

10. Temos um altar, do qual não têm direito de comer os que servem ao tabernáculo.
11. Porque os corpos daqueles animais, cujo sangue é trazido para dentro do santo dos santos pelo sumo sacerdote como oferta pelo pecado, são queimados fora do acampamento.
12. Por isso também Jesus, para santificar o povo pelo seu próprio sangue, sofreu fora da porta.
13. Saiamos, pois, a ele fora do acampamento, levando seu opróbrio.
14. Porque não temos aqui cidade permanente, senão que vamos em busca da cidade que há de vir.
15. Através dele, pois, ofereçamos a Deus, continuamente, sacrifício de louvor, isto é, o fruto dos lábios que confessam o seu nome.

10. Habemus altare, de quo edendi non habent potestatem qui tabernaculo serviunt.
11. Qyiryn ebun abunakuyn ubfertyr sabgyus ori oeccati ub sabcta oer sacerdotem, eorum corpora cremantur extra castra.
12. Quare et Iesus ut sanctificaret per proprium sanguinem populum, extra portam passus est.
13. Prinde exeamus ad eum extra castra, probrum ejus ferentes:
14. Non enim habemus hic manentem crivitatem, sed futurum inquirimus.
15. Pere ipsum ergo offeramus semper hostiam laudis Deo, hoc est, fructum labiorum confitentium nomini ejus.

10. Temos um altar. Temos aqui uma excelente analogia [*anagoge*] do antigo rito da lei com o presente estado da Igreja. Havia um tipo solene de sacrifício, o qual se faz menção em Levítico 16, e do qual nenhuma parte era devolvida aos sacerdotes e levitas. Diz ele, fazendo uso de uma alusão oportuna, que agora isso se cumpriu em Cristo, visto que ele foi sacrificado sob a condição de que os que servem ao tabernáculo não se alimentem mais dele. Pela expressão, "ministros do tabernáculo", o apóstolo entende serem aqueles que ministravam as cerimônias. Portanto, ele tem em vista que devemos renunciar o tabernáculo a fim de termos participação em Cristo. Assim como o termo *altar* inclui um sacrifício e uma vítima, também o tabernáculo inclui todos os tipos externos relacionados com ele.

O sentido é o seguinte: "Não é surpreende que os ritos da lei hajam cessado então, porque o que fora prefigurado no sacrifício, o que os levitas levavam para fora do acampamento para ali ser queimado, era justamente para que os ministros do tabernáculo não provassem nada dele; nós também, se servirmos ao tabernáculo, se levarmos em conta suas cerimônias, não participaremos do sacrifício que Cristo uma vez por todas ofereceu, nem da expiação que ele consumou uma vez por todas com seu próprio sangue. Ele trouxe seu próprio sangue para dentro do santuário celestial a fim de expiar os pecados do mundo".[10]

13. Saiamos, pois, a ele fora do acampamento. Para que a alegoria apresentada, bem como sua comparação espiritual, não se tornasse fria e inanimada, o autor junta-lhe o importante dever que se requer de todo cristão. Paulo também tinha o hábito de usar esse método de ensinar, com o fim de mostrar aos crentes no que Deus deseja que se engajem, em seu anseio de desviá-los das cerimônias fúteis. É como se dissesse: "Isto é o que Deus exige de vós, e não essa atividade pela qual inutilmente vos fatigueis". Isso é precisamente o que o apóstolo está fazendo agora. Ao exortar-nos a que deixemos o tabernáculo e sigamos a Cristo, ele nos recorda que o que se exige de nós é algo muito diferente do serviço prestado a Deus por meio de sombras, sob a tremenda glória do templo, porquanto ele deve ser

---

10 O verbo ἁγιάζω significa, aqui, expiação, como em 2.11 e 10.10, e em outros lugares nesta Epístola; e é assim tomado por Calvino, e a tradução de Stuart é "para que ele faça expiação" etc.

realizado através de exílios, fugas, opróbrios e todo gênero de provações. Ele contrasta essa guerra, na qual devemos combater até o sangue, com as práticas sombrias nas quais só se engajavam os ministros das cerimônias.

14. Porque não temos aqui cidade permanente. Ele dá vazão à idéia que já havia mencionado, para fazer-nos compreender que somos estrangeiros e peregrinos neste mundo, e que não possuímos morada fixa senão no céu. Portanto, sempre que formos expulsos de algum lugar, ou nos suceder alguma mudança, tenhamos em mente, segundo as palavras do apóstolo aqui, que não temos lugar definido e estável sobre a terra, porquanto nossa herança é o céu; e na medida em que formos sendo provados, então nos preparemos para nossa meta final. Os que desfrutam de uma vida tranqüila, comumente imaginam que já tomaram posse permanente de um repouso neste mundo; portanto, é bom que nós, que somos inclinados a esse gênero de indolência, que somos constantemente levados de um a outro lado, tão propensos à contemplação das coisas aqui de baixo, aprendamos a volver sempre nossos olhos para o céu.

15. Ofereçamos sacrifício de louvor. O autor se volve para esta doutrina particular, à qual fizera menção, a saber, no tocante à anulação das antigas cerimônias. Ele antecipa uma possível objeção que alguém poderia trazer a luz. Visto que os sacrifícios se achavam ligados ao tabernáculo em forma de apêndice, segue-se que, ao ser este abolido, aqueles também cessaram. O apóstolo, entretanto, havia ensinado que, já que Cristo sofrera do lado de fora do portão, nós também fomos chamados para lá; portanto, o tabernáculo deve ser abandonado por aqueles que desejam seguir a Cristo.

Desse fato surge a seguinte indagação: restam ainda alguns sacrifícios para os cristãos? Pois tal coisa seria um absurdo, já que eles foram designados para a celebração do culto divino. O apóstolo responde a isso oportunamente, e diz que nos é deixada outra forma de sacrifício, a qual não é menos aceitável a Deus, a saber: que lhe ofereçamos, em vez de novilhos, o fruto de nossos lábios, no dizer do profeta Oséias [14.2].[11] À luz

---

11 As palavras em Oséias não são regência, e sim em aposição. "Em vez de novilhos, nossos lábios". Esse é o significado dado pelo Targum, ainda que a Vulgata ponha as palavras em construção: "Os novilhos de

do Salmo 50, o sacrifício de louvor é não só igualmente agradável a Deus, mas é muito mais agradável do que todas as coisas externas utilizadas pela lei. Ali Deus rejeita todas essas coisas como sendo de nenhum préstimo, e ordena que se lhe ofereça um sacrifício de louvor. Vemos, pois, que esta é a mais excelente forma de culto divino, e a única que deve ser preferível a todos os demais exercícios: que celebremos a generosidade divina através de ações de graça. Digo que esse é o ritual de sacrifício que Deus nos recomenda hoje. Ao mesmo tempo, não há dúvida de que todo o ato de invocar o Nome de Deus se acha incluso nesta parte singular, porque não podemos render-lhe graças, a menos que antes sejamos justificados por ele; e ninguém obtém coisa alguma, senão aquele que ora. Em suma, o apóstolo está dizendo que, excluindo a oferenda de animais irracionais, temos algo muito mais excelente a oferecer a Deus, e que dessa forma ele é correta e perfeitamente adorado por nós.

Mas, como o propósito do apóstolo era ensinar-nos qual é a forma legítima de celebrar o culto divino sob o regime do Novo Testamento, ele nos lembra que não podemos invocar honestamente a Deus e glorificar seu Nome, a não ser pela mediação de Cristo como nosso único Mediador [1Tm 2.5]. É ele somente quem santifica nossos lábios, que de outra forma seriam impuros para entoar os louvores de Deus, que abre uma ampla via para nossas orações; que, em suma, exerce o ofício de Sacerdote, apresentando-se diante de Deus em nosso nome.

16. Mas não vos esqueçais de fazer o bem e de repartir com outros, porque com tais sacrifícios Deus se agrada.

17. Obedecei aos que exercem liderança sobre vós, sendo-lhes submissos; porque velam por vossas almas, como quem há de prestar contas delas; para que eles o façam com alegria, e não com tristeza, visto que tal coisa não vos seria de nenhum proveito.

16. Beneficentiae autem et communicationis sitis immemores: talibus enim hostiis delectatur Deus.

17. Parate praefectis vestris ac deferte; ipsi enim vigilant pro animabus vestris tanquam rationem redditurei, ut cum guadio hoc faciant, et non gementes; id enim vobis non expedit.

---

nossos lábios". Em vez de novilhos oferecidos em sacrifícios, a promessa feita era que oferecessem seus lábios, isto é, palavras que lhes eram requeridas, "tomai com vossas palavras". A Septuaginta, a Siríaca e a Arábica traduzem as palavras apresentadas aqui, "o fruto de nossos lábios"; só o apóstolo omite "nossos". O significado é o mesmo, ainda que não exatamente as mesmas palavras.

18. Orai por nós, porque estamos persuadidos de que temos boa consciência, desejando viver honestamente em todas as coisas.
19. E vos exorto insistentemente para que procedais assim, a fim de que bem logo eu vos seja restituído.

18. Orate pro nobis; confidimus enim quod bonam habemus conscientam, cupientes in omnibus honeste versati.
19. Magis autem vos hortor ut id faciatis, quo celerius vobis restituar.

16. Mas não vos esqueçais de fazer o bem. Aqui, o autor realça outra forma de oferecer sacrifícios apropriados e aceitáveis, porquanto todos os deveres do amor equivalem a outros tantos sacrifícios. Nisso ele demonstra que os que acreditam que algo fica faltando caso não ofereçam a Deus animais de acordo com a lei, são estúpida e perversamente mesquinhos, uma vez que Deus nos oferece muitos e variados ingredientes para sacrifícios. Embora Deus não possa receber de nós nenhum benefício, no entanto considera um sacrifício nosso ato de invocar seu Nome; aliás, esse é o principal dos sacrifícios, que supre a falta de todos os demais. Além disso, sejam quais forem os benefícios que façamos pelos homens, Deus os considera como feitos a ele próprio, e lhes imprime o título de sacrifício, para que fique evidente que os elementos da lei são agora não apenas supérfluos, mas até mesmo nocivos, uma vez que nos desviam da genuína forma de sacrificar.

Em suma, o significado consiste em que, caso queiramos oferecer sacrifício a Deus, então devemos invocar seu Nome, fazer conhecida sua generosidade através de ações de graças e fazer o bem aos nossos irmãos. Esses são os verdadeiros sacrifícios com os quais os verdadeiros cristãos devem comprometer-se; e não sobra nem tempo nem lugar para qualquer outro.

Há um contraste implícito nas palavras **com tais sacrifícios Deus se agrada**, a saber: Deus não mais requer os antigos sacrifícios, os quais instituíra até a revogação da lei. A esse ensino adiciona-se uma exortação, com o propósito de estimular-nos sensivelmente à expressão de benevolência para com nosso próximo. Não é uma honra trivial que Deus considere o bem que fazemos aos homens como sacrifício oferecido a ele próprio, e valorize tanto nossas obras, as quais em si mesmas não possuem dignidade, que as denomina de *santas*. Portanto, onde nosso amor não se manifesta, não só despojamos as pessoas de seus direitos, mas também a Deus dos seus, o qual solenemente dedicou a si o que ordenou fosse feito em favor dos homens.

Repartir com outros tem uma referência mais ampla do que "fazer o bem". Inclui todos os deveres pelos quais os homens se auxiliam reciprocamente; e é um genuíno distintivo do amor, quando os que se encontram unidos pelo Espírito de Deus comunicam entre si.[12]

17. Obedecei. Não tenho dúvida de que o autor está falando dos pastores e de outros líderes da Igreja. Não havia, então, magistrados cristãos; e ao dizer "velam por vossas almas", ele está se referindo propriamente ao governo espiritual. Ele ordena primeiramente a *obediência*, e depois a *honra* que se deve tributar-lhes.[13] Ambos esses fatores são necessariamente requeridos para que o povo tenha tanto confiança nos pastores quanto reverência para com eles. Ao mesmo tempo, deve-se observar que o apóstolo se preocupa somente com aqueles que fielmente exercem seu ofício. Aqueles que nada possuem além de um título, e ainda aqueles que usam mal o título de *pastor* para a destruição da Igreja, merecem mui pouco respeito e menos confiança ainda. O apóstolo declara isso expressamente, dizendo que eles "velam por vossas almas", conquanto isso não se aplica a qualquer um senão somente àqueles que são verdadeiramente líderes e que de fato honram o título que portam.

---

12 As palavras poderiam ser assim traduzidas: "E não vos esqueçais da benevolência (ou, literalmente, de fazer o bem) e da liberalidade". O δὲ, aqui, deve ser traduzido "e", pois é anexado em adição com o que é expresso no versículo anterior. A palavra εὐποιΐα significa bondade, benevolência, beneficência, geralmente de fazer o bem; mas κοινωνία se refere à distribuição do que é necessário aos pobres (cf. Rm 15.26; 2Co 9.13). De modo que Calvino, neste caso, reservou seu significado específico. A versão de Stuart é "Não vos esqueçais a bondade, e também a liberalidade"; e ele explica a sentença assim: "Beneficência ou bondade para com os sofredores, e liberalidade para com os necessitados".

13 Grotius traduz o segundo verbo, ὑπείκετε, lhes "concede", isto é, a honra devida ao seu ofício; Beza, "sede condescendentes" (*obsecundate*); e as diretrizes de vossos guias, e vos submeteis às suas admoestações". Doddridge expressa o mesmo sentimento de Calvino: "Submetei-vos a eles com o devido respeito". A palavra pode ser assim traduzida: "Obedecei a vossos governantes, e sede submissos"; isto é, cultivai um espírito obediente, condescendente e submisso. Ele fala antes do que deviam fazer – render obediência e então do espírito com que a obediência tinha de ser prestada; não devia ser meramente um ato externo, mas procedente de uma mente submissa. A explanação de Schleusner é semelhante: "Obedecei a vossos governantes, e fazei isso com prontidão (ou, voluntariamente)".

São duplamente insensatos os papistas que usam isso como fundamento para a tirania de seu próprio ídolo. O Espírito nos ordena que recebamos obedientemente o ensino dos bispos santos e fiéis, e também que obedeçamos a seus sábios conselhos; ele nos recomenda que os honremos. Como isso poderia favorecer os que não passam de pretensos bispos? Todos os que se denominam de *bispos* sob a bandeira do papado são não só pretensos, mas também assassinos de almas e lobos insaciáveis. Não tenho outro vocabulário para descrevê-los, senão que no momento farei este único comentário: quando recebemos o mandamento de obedecer a nossos pastores, que criteriosa e sabiamente distingamos aqueles que são genuína e fielmente líderes, porque, caso honremos indiscriminadamente a qualquer um, ao sabor de nossas inclinações, poderemos estar prejudicando os bons; além do mais, a razão aqui adicionada perderá a validade, a saber, que são dignos de honra precisamente em virtude de velarem por nossas almas. Porque o papa e seus asseclas, se buscam o aval deste testemunho bíblico, é indispensável, acima de tudo, que provem que de fato pertencem ao número daqueles que velam por nossa salvação. Se esse fato ficar estabelecido, então não haverá dúvida alguma de que são dignos de ser tratados com reverência por todos os crentes.[14]

Porque velam. O autor tem em vista que, quanto mais pesada é a responsabilidade deles, maior honra merecem, pois quanto mais alguém sofre por nossa causa, e quanto maior for sua dificuldade e maiores os riscos que enfrentam por nós, maiores também são nossas obrigações para com eles. O ofício dos bispos é de tal proporção que envolve as lutas mais renhidas e os perigos mais extremos; de modo que, se realmente desejamos ser gratos, dificilmente nos seria possível recompensá-los como merecem! Além do mais, visto que hão de prestar contas a Deus por nós, seria uma desgraça se não os tivéssemos na mais elevada conta![15]

---

14 "Os grandes intérpretes", diz Estius, "ensinam que se deve obediência ao bispo, ainda que ele seja imoral em sua conduta; mas não se ele perverte a doutrina da fé em sua pregação pública, pois nesse caso ele se priva do poder, quando então se declara ser um inimigo da igreja." Poole, que cita esta passagem, adiciona: "Que os papistas notem bem isto, os quais reivindicam, com brados, obediência cega em favor de seus pastores."

15 Veja-se Apêndice 53.

O autor prossegue lembrando-nos quão grandes benefícios nos advêm de sua preocupação por nós. Se a salvação de nossas almas nos é preciosa, então aqueles que velam sobre elas não devem ser de forma alguma desconsiderados. Ele, pois, nos ordena que sejamos dispostos e prontos a obedecer, de modo que nossos pastores também, espontânea e alegremente, possam fazer o que for necessário no cumprimento de seus deveres. Se seus espíritos se sentem opressos pela tristeza e pelo cansaço, ainda que sejam sinceros e fiéis, serão dominados pelo desânimo, porque suas energias ao mesmo tempo se esvairão juntamente com seu entusiasmo. O apóstolo, pois, diz que será algo completamente sem proveito para o povo provocar lágrimas e mágoa em seus pastores, movidos por ingratidão; ele adicionou isso para demonstrar que não podemos ser incômodos ou desobedientes aos nossos pastores sem pormos em risco nossa própria salvação.

Dificilmente um em dez leva isso em conta; portanto, é evidente quão descuidados geralmente somos em relação à nossa salvação. Nem é de estranhar que hoje mui poucos se encontram que zelosamente velem pela Igreja de Deus. Além disso, há mui poucos, como Paulo, que abram seus lábios quando os ouvidos do povo se encontram fechados, e que alargam seus próprios corações quando o coração do povo se encontra amesquinhado. O Senhor pune a ingratidão que prevalece quase por toda parte. Portanto, lembremo-nos de que devemos levar a culpa de nossa própria obstinação, toda vez que nossos pastores desanimam no cumprimento de seus deveres, ou são menos diligentes do que deveriam ser.

18. Porque estamos persuadidos. Depois de haver-se recomendado às suas orações, com o fim de animá-los à oração, ele diz que era possuidor de uma sã consciência. Embora nossas orações, bem como o amor do qual elas emanam, devam abranger o mundo inteiro, no entanto é justo que particularmente nos preocupemos com as pessoas boas e santas, cuja integridade e outros sinais de virtude nos são notórios. Ele faz menção da integridade de sua consciência, visando a encorajá-los a que cultivassem mais intensa preocupação por ele. Ao dizer "estou persuadido", ou "estou confiante", o autor demonstra, em parte, sua modéstia, e, em parte, sua confiança. A frase, "em tudo", tanto pode referir a coisas como a pessoas; portanto, deixo-a sem definição.[16]

19. Rogo-vos, porém. Ele adiciona mais um argumento, a saber: que as orações que fazem em favor dele serão proveitosas não só a ele próprio, mas também a todos eles, como se quisesse dizer: "Minha preocupação não é tanto por mim mesmo, mas por vossa causa, visto que será para o bem comum de todos que eu vos seja restaurado". Desse fato se pode conjeturar a probabilidade de que o autor dessa Epístola estivesse ou acossado pelos problemas, ou hesitasse com medo tanto de perseguição quanto de ter que comparecer perante aqueles a quem escrevia. Em contrapartida, é possível que ele assim se expresse como um homem livre e desimpedido, porque considera as veredas dos homens como que estando nas mãos de Deus. Isso parece mais plausível no final da Epístola.

20. Ora, o Deus de paz, que tornou a trazer dentre os mortos o grande Pastor das ovelhas, com o sangue do novo pacto, sim, nosso Senhor Jesus, 21. vos aperfeiçoe em toda boa obra, para fazerdes sua vontade, operando em nós o que é agradável aos seus olhos, por meio de Jesus Cristo, a quem seja a glória para todo o sempre. Amém.	20. Porro Deus pacis, qui eduxit ex mortuis Pastorem ovium magnum in sanguine Testamenti aeterni, Dominum nostrum Iesum, 21. Confirmet (alias, aptet, vel, perficiat) vos in omni opere bono, ut faciatis ejus volunatem, faciens in vobis quod acceptum sit coram ipso, per Iesum Christum, cui gloria in secula seculorum. Amen.

---

16 Os pais gregos o conectam com a sentença precedente: "Pois confiamos que temos boa consciência para com todos", isto é, para com judeus e gentios; mas a Vulgata o conecta com a seguinte: "Desejando em todas as coisas viver bem"; isto é, honrosamente. "Desejando em todas as coisas proceder bem", Macknight; "Determinados em todas as coisas comportar-vos honrosamente", Doddridge; "Estando desejosos, em todas as coisas, de conduzir-vos retamente", Stuart. Para conservar a aliteração no texto, as palavras podem ser traduzidas assim: "Confiamos que temos boa consciência, estando desejosos de manter a boa conduta". Uma boa consciência é uma consciência pura, isenta de culpa e motivos sinistros; e comportar-se ou viver agradavelmente, como as palavras são literalmente, não é comportar-se honrosa ou honestamente, e sim comportar-se ou viver retamente, segundo a norma da palavra de Deus; de modo que a versão preferível é: "Desejando, em todas as coisas, viver retamente". "Confiamos" é por Doddridge e Macknight traduzido assim: "Estamos confiantes"; mas nossa versão é preferível.

22. Exorto-vos, porém, irmãos, que suporteis esta palavra de exortação, pois vos escrevi em poucas palavras.
23. Sabei que nosso irmão Timóteo já está em liberdade; com quem, se ele vier brevemente, vos verei.
24. Saudai a todos os que exercem governo sobre vós, bem como a todos os santos. Os da Itália vos saúdam.
25. A graça seja com todos vós. Amém.

22. Hortar (alias, obsecro) autem vos fratres, suscipite sermonem exhortationis: etenim brevibus verbis scripsi.
23. Scitate (alias, scitis) fratrem Timotheum solutum esse, cum quo, si celerius venerit, videbo vos.
24. Salutate omnes qui praesunt vobis et omnes sanctos: salutant vos Itali.
25. Gratia cum omnibus vobia. Amen.

20. O Deus de paz. Para tornar recíproco o anseio que sentia por eles, o autor conclui sua Epístola com uma oração. Ele pede que Deus os *confirme*, ou os faça aptos, ou os aperfeiçoe em toda boa obra. Esse é o significado de καταρτίσαι. Daqui se conclui que não estamos aptos para o exercício do bem, enquanto não formos transformados por Deus; e que não persistiremos no exercício do bem, a menos que sejamos confirmados por ele. A perseverança é um dom especial de Deus. Não há dúvida de que, visto que aparentemente já refletiam os dons especiais do Espírito, o que se deseja não é a forma inicial com que começaram, mas aquele polimento que tinha de chegar à perfeição.

Que tornou a trazer dentre os mortos. Esta sentença foi adicionada como forma de confirmação; pois ele notifica que Deus é o único que deve receber nossa oração, para que nos conduza à perfeição, quando reconhecermos seu poder na ressurreição de Cristo, e reconhecermos o próprio Cristo como nosso Pastor. Em suma, ele quer que olhemos para Cristo a fim de que confiemos corretamente no auxílio divino; pois Cristo ressuscitou dentre os mortos para este fim: para que sejamos renovados para a vida eterna, pelo mesmo poder de Deus; e ele é o grande Pastor de todos, para que protejamos as ovelhas que lhe foram confiadas pelo Pai.

Pelo sangue. Eu traduzi a expressão "no sangue". Porque, como "em", às vezes é tomado no sentido de "com", então aqui preferi tomá-lo assim. Pois me parece que o apóstolo tem em vista que Cristo ressuscitou dentre os mortos para que sua morte não fosse, contudo, abolida, mas que retenha sua eficácia para sempre, como se ele quisesse dizer: "Deus ressuscitou seu próprio Filho, mas de tal maneira que o sangue que ele uma vez derramou por todos, em sua morte, seja eficaz depois de sua ressurreição, para a ratificação da aliança eterna, e produza fruto, como se ele continuasse fluindo".[17]

21. Para fazer sua vontade. Ele então apresenta uma definição de boas obras, pondo a *vontade* de Deus como a norma; pois ele assim notifica que nenhuma obra deve ser tida como boa, senão quando ela é agradável à vontade de Deus, como também Paulo nos ensina em Romanos 12, bem como em diversas outras passagens. Tenhamos, pois, em mente que a perfeição do bom e santo viver consiste numa vida que se rende em obediência à vontade de Deus. A sentença que vem imediatamente consiste em um desenvolvimento desta. Diz ele: "Operando em nós o que é agradável a seus olhos". Ele falara da vontade revelada na lei, e agora mostra ser sem efeito impor a Deus o que ele não ordenou, pois ele valoriza os decretos de sua própria vontade muito mais que todas as invenções do mundo.

A expressão, **por meio de Jesus Cristo**, pode ser explicada de duas formas. Ou "operando por meio de Jesus Cristo", ou "o que lhe apraz por meio de Jesus Cristo" – ambos os sentidos se encaixam muito bem. Sabemos que o Espírito de regeneração e todas as graças nos são conferidos pela bênção de Cristo. Por certo que, como nada pode proceder de nós, que seja absolutamente perfeito, assim nada pode agradar a Deus sem o perdão que recebemos somente através de Cristo. Daí, nossas obras, quando são protegidas com o aroma da graça de Cristo, emitem suave fragrância diante de Deus, enquanto que, de outro modo, exalariam um odor fétido. Sinto-me inclinado a aceitar ambos os significados.

Interpreto a última sentença da oração – **a quem seja a glória** – como uma referência a Cristo. Ao atribuir a Cristo, aqui, o que pertence exclusivamente a Deus, o apóstolo dá clara evidência de sua deidade. Em contrapartida, se alguém preferir atribuí-la ao Pai, não me

---

17 Veja-se Apêndice 54.

oponho, embora me sinta mais inclinado a ficar com o outro sentido, visto ser menos forçado.

22. Exorto-vos, porém, irmãos. Alguns entendem isso como se o autor estivesse pedindo a seus leitores que lhe dessem ouvidos; eu, porém, o entendo de outra forma. Em minha opinião, ele está dizendo que lhes escrevera em poucas palavras, ou sucintamente, a fim de não parecer que menosprezava, um mínimo sequer, sua prática diária do ensino. Ele fala especialmente na forma de exortação, a qual ele fez de forma mais sucinta. É imperativo que aprendamos desse fato que a Escritura não nos é dada com o fim de silenciar a voz dos pastores que vivem entre nós, e que não devemos ficar impacientes quando as mesmas exortações continuam soando em nossos ouvidos. O Espírito de Deus tem assim controlado os escritos que ele ditara aos profetas e apóstolos, para que nada se detraia da ordem que ele mesmo instituiu. E tal ordem consiste em que essas exortações devem ser constantemente ouvidas na igreja emanando dos lábios dos pastores. Possivelmente ele recomende a palavra de exortação com este intuito: visto que os homens são, por natureza, ávidos por aprender, preferem sempre aprender algo novo, em vez de ouvir o que já é bem conhecido e freqüentemente ouvido. Além do mais, existe o seguinte fato: porque são tolerantes com sua própria indolência, é de má vontade que admitem ser estimulados e reprovados.

23. Sabei que nosso irmão Timóteo. Uma vez que a terminação do verbo grego, , pode ser interpretada de duas formas, é possível manter a seguinte redação: "Vós sabeis"; ou "sabei vós". Prefiro essa última tradução, ainda que não rejeite a primeira.[18] É possível que ele estivesse informando aos judeus de além-mar o que ainda não sabiam. Se este Timóteo é o nobre companheiro de Paulo (como sou inclinado a crer), é provável que o escritor desta Epístola tenha sido Lucas ou Clemente. Paulo estava mais acostumado a chamá-lo de *meu filho*; e, além do mais, o que imediatamente segue não se encaixa com Paulo.

---

18 A Vulgata, Beza e quase todos os expositores traduzem o termo como um imperativo: "Sabei".

É evidente que o escritor estava em liberdade e podia fazer o que bem quisesse; além disso, era mais provável que estivesse em outro lugar e não em Roma; aliás, que estivesse fazendo um giro por diversas cidades, e estava, então, preparando-se para atravessar o mar. Todos esses pontos podem encaixar-se tanto em Lucas quanto em Clemente, depois da morte de Paulo.[19]

24. Saudai. Visto que o apóstolo escreve esta Epístola a todos os judeus, em geral, causa estranheza que ele mande saudar alguns, como se fossem escolhidos dentre os demais. Em minha opinião, ele está enviando esta saudação particularmente aos líderes como sinal de honra, com o fim de conquistá-los para seu lado e conduzi-los a um espírito de mais concordância e mais favorável ao seu ensino.

Ao adicionar **todos os santos**, ou ele tem em mente que os fiéis, tanto judeus como gentios, que eram da circuncisão, devem aprender a cultivar entre si a unidade, ou pretende que os primeiros que recebessem esta Epístola a compartilhassem com os demais.

---

19 As palavras ἀπολελυμένον, neste versículo, foram traduzidas por Macknight, entre outros, "despedir". Sem dúvida, o termo é usado no sentido de demitir, dissolver ou despedir uma assembléia ou multidão, porém não de despedir uma pessoa com uma mensagem. As duas coisas são totalmente distintas. O verbo significa pôr em liberdade, liberar ou soltar, daí despedir, pôr em liberdade, tornar livre, e jamais no sentido de enviar uma pessoa a um lugar a negócio, ou com um recado ou mensagem. A objeção de que não lemos em outra parte sobre a prisão de Timóteo não é de muito peso, pois a história que temos daqueles tempos é muito sucinta; e se julgarmos do estado das coisas naquele período, nada há de mais provável do que Timóteo partilhando da sorte de Paulo e de outros. É igualmente provável que ele não fosse preso em Roma, onde Paulo estava, mas em algum outro lugar, pois Paulo diz que esperava que ele viesse logo; e não diz "se ele voltar depressa", e sim "se ele vier depressa".

Apêndices das Anotações Adicionais

APÊNDICE 1

1.3 Ele, que é o resplendor etc. As palavras são traduzidas por Beza, "a efluência de sua glória, e a impressão de sua pessoa"; por Doddridge, "o raio efluente de sua glória, e o expresso delineamento de sua pessoa"; por Macknight, "uma efluência de sua glória, e uma exata imagem de sua substância"; e, por Stuart, "a irradiação de sua glória, e a imagem exata de sua substância." A palavra "resplendor" não expressa adequadamente o significado da primeira palavra, ἀπαύγασμα, que significa uma luz emitida, um esplendor procedente de um objeto. A palavra mais adequada é brilho máximo ou irradiação, "o brilho máximo de sua glória". A "imagem expressa", como dada por Beza, o expressa plenamente.

As palavras, sem dúvida, são metafóricas, mas a idéia é esta: Cristo, como Mediador, como o Filho de Deus em natureza humana, representa com exatidão o que Deus é, sendo a própria imagem daquele que é invisível. "Substância", ou "essência", é a natureza divina em todos os seus gloriosos e incompreensíveis atributos de poder, sabedoria, santidade, justiça e bondade. Estas e outras perfeições são exibidas em Cristo perfeitamente, e de uma maneira tal que podemos olhar para elas, e numa medida que podemos entendê-las. Daí lermos: "Quem me vê a mim, vê o Pai" (Jo 14.9).

A palavra ὑπόστασις não significa uma "pessoa", nem na Escritura nem nos escritores clássicos. Ela expressa um significado inventado pelos pais durante a controvérsia ariana. Como usada na Septuaginta e no Novo Testamento, significa *fundamento* ou *base* (Ez 43.11); *substância* (Sl 139.15); *expectativa* (Sl 38.11); e *confiança* (2Co 9.4). Se for o significado clássico, segundo Stuart, então é fundamento, solidez, coragem, propósito, resolução, determinação, substância, essência, ser. Em Colossenses 1.15 há uma frase de teor semelhante: com "a impressão de sua substância", onde lemos que Cristo é "a imagem (εἴχων – a semelhança) do Deus invisível". A substância ou essência é "o Deus invisível"; e "a impressão" é "a imagem".

"Na opinião", diz Stuart, "de que o versículo ora em pauta se relaciona com o Messias encarnado, e não com o Logos em sua natureza divina simplesmente considerada, creio que Scott e Beza coincidem, sem mencionar outros dentre os mais respeitáveis comentaristas".

Os pais assumiram um ponto de vista equivocado da passagem, levando-os a inventar um novo significado à palavra ὑπόστασις; e muitos os têm seguido.

APÊNDICE 2

1.5 Tu és meu Filho etc. É preciso observar que Cristo é chamado *Filho* quando a referência é seu ofício profético, como no versículo 2; quando é mencionado como Rei, como no versículo 8; quando seu sacerdócio está em pauta, como em 5.5; e quando se traça uma comparação entre ele e Moisés, como em 3.6. Mas, como rei sobre seu povo, ele é representado aqui como superior aos anjos; e Davi, como um tipo dele, foi também chamado *filho* por ser rei. Aqui lemos que Cristo derivou seu nome por "herança" – de quem? O apóstolo lança mão de todo o Antigo Testamento para mostrar isso; e Pedro afirma que Davi, sendo profeta, sabia que Deus "faria com que Cristo se assentasse *em seu* trono" (At 2.30). Então a herança, neste caso, provinha de Davi. Cristo é *unigênito* Filho de Deus no que diz respeito à sua natureza divina; mas é também Filho de uma maneira particular, superior a todos os demais, isto é, na qualidade de Profeta, Sacerdote e Rei. Havia tipos dele nesses ofícios; mas eram apenas tipos, e por isso muito inferiores a ele, inclusive no tocante a esses ofícios. E os anjos nunca exerceram tais ofícios.

APÊNDICE 3

1.6 E, novamente, ao introduzir etc. Os críticos têm encontrado alguma dificuldade na ordem em que as partículas estão dispostas aqui, e têm proposto uma transposição, a qual de modo algum é necessária. Tudo indica que a palavra "primogênito", ou o primeiro nascido, foi usada em virtude do que contém o versículo anterior. As palavras "hoje eu te gerei" se referem claramente à ressurreição; e lemos que Cristo foi "o primogênito dentre os mortos" (Cl 1.18). Havendo, pois, mencionado a ressurreição de Cristo, ele agora, por assim dizer, recua ao seu nascimento, ou ao anúncio feito na profecia de sua vinda ao mundo, e equivale dizer que, não só quando ele se tornou o primogênito dentre os mortos alcançou uma manifesta superioridade aos anjos, mas inclusive em sua primeira introdução ao mundo, pois inclusive receberam a ordem de o adorarem. "E, novamente, ao introduzir" etc. é como se ele dissesse: "Deus o reconheceu como seu Filho ao ressuscitá-lo dentre os mortos; e, novamente, ou em adição a isto, quando o introduz no mundo, ordenou aos anjos que o adorassem". De modo que a subordinação dos anjos era evidente diante de sua ressurreição, inclusive em sua própria introdução no mundo.

Stuart considera sua introdução como sendo o nascimento, e considera as palavras "que todos os anjos o adorem" como um empréstimo, ainda que não literalmente, do Salmo 97.7, para expressar o que é notificado com respeito ao seu nascimento (Lc 2.10-14). Ele presume que os hebreus estavam familiarizados com aquele evento.

Este é o ponto de vista assumido por alguns dentre os pais; Cristóstomo, entre outros. Alguns, porém, como Mede, pensando ser a citação uma profecia, consideram que o que está em pauta é sua segunda vinda, como o conteúdo do Salmo era tido como uma descrição do dia do juízo. Um terceiro grupo, como o Dr. Owen, vê a *introdução* como sendo o nascimento de Cristo, e considera o Salmo como que fazendo uma descrição alegórica do progresso do evangelho no mundo; e este parece ser o ponto de vista assumido por Calvino, e evidentemente é o mais consistente.

A diferença na citação é totalmente imaterial. No Salmo, as palavras são: "Adorai-o todos os deuses"; ou melhor, os *anjos*; pois a palavra é às vezes traduzida assim. A versão Septuaginta traz: "Adorai-o todos vós, anjos seus"; e aqui "Deus" é expresso no lugar de "seu".

APÊNDICE 4
1.10 No princípio, Senhor etc. A citação é literalmente da Septuaginta, apenas muda a ordem das palavras na primeira sentença; e o hebraico é também literal, exceto o acréscimo de σὺ χύζιε. O hebraico é: "Desde a antigüidade a terra foi fundada, e os céus são obra de tua mão".

Nada pode provar com mais clareza a natureza divina de Cristo do que esta citação; e estabelece uma vez para sempre o significado de αἰῶνας; no segundo versículo, como confirma a verdade de que Cristo, o Messias, é não só o Filho, mas também o unigênito de Deus, o Criador do mundo, sim, da terra e dos céus, como se declara aqui. Tampouco a palavra pode ter outro significado em 9.26 e 11.3.

Em geral, admite-se que este Salmo se refere a Cristo; e o Dr. Owen menciona três particulares em prova disto: a redenção da Igreja (vv. 13, 16); a vocação dos gentios (vv. 15, 21, 22); e a criação de um novo povo (v. 18); e acresce que os judeus mesmos tomam este último elemento como se referindo ao tempo do Messias.

Referindo-se às palavras, "como vestuário", o mesmo autor observa de modo mui belo que toda a criação é como o vestuário de Deus, pelo qual ele se exibe aos homens em seu poder e sabedoria, e que disso lemos que ele "se veste de luz e de um manto" (Sl 104.2).

APÊNDICE 5
1.14 Não são todos eles espíritos ministradores etc.? Lemos também de Cristo que ele era ministro ou servo; mas, embora fosse servo, ele, ao mesmo tempo, era o Senhor de todos, o que não se pode dizer dos anjos. Todavia, como servo ele lhes era superior; pois ele se tornou assim numa obra que eles não tinham o poder de fazer. De modo que, como servo, lhe pertence uma superioridade. Mas este ofício de *servo* não é contemplado aqui. Aliás, todos os nomes lhe foram dados em comum ou com os homens na terra, ou com os anjos no céu, significando coisas muito diferentes quando lhe são aplicadas: tais como filho, servo, sacerdote, rei, salvador etc.

Deve-se ter em mente que, em todo este capítulo, fala-se de Cristo no caráter de Mediador, e não quanto à sua natureza divina simplesmente considerada, e que se faz referência quanto à sua superioridade sobre os anjos, como testemunhos no Antigo Testamento. Neste capítulo, ele é representado como superior aos anjos:

1. Porque ele é denominado *Filho* num aspecto peculiar.
2. Porque os anjos receberam ordem de adorá-lo.
3. Porque ele é abordado como tendo um trono eterno e sendo honrado como Rei mais do que todos os seus associados.
4. Porque ele é o Criador do mundo.
5. E, finalmente, porque lhe foi feita uma promessa de que todos os seus inimigos serão, por fim, subjugados, enquanto os anjos são meramente empregados na ministração a seu povo.

Quem, após considerar devidamente todas estas coisas, poderia chegar a qualquer outra conclusão além do fato de que o Messias é uma pessoa divina da mesma forma que é humana? Aos anjos se ordena que o adorem, seu trono é eterno, este mundo foi criado por ele e todos os seus inimigos por fim serão feitos estrados de seus pés. O fato de às vezes ele ser mencionado como que tendo um poder delegado, como no versículo 2, "por meio de quem ele [Deus] fez o mundo", e às vezes como agindo independentemente, como no versículo 5, "Tu, Senhor, fundaste a terra", tudo isso prova que, como ele é *inferior* ao Pai, em seu ofício medianeiro, assim ele é *um* com o Pai na qualidade de seu Filho unigênito. Deus reivindica que a criação é peculiarmente obra sua; e se o Filho não fosse, em essência, um com o Pai, não se poderia atribuir-lhe a criação.

APÊNDICE 6
2.1 Para que delas jamais nos desviemos. Muito se tem escrito sobre o significado do verbo usado aqui. Schleusner afirma que ele significa duas coisas: "Fluir através de", como água através de uma peneira, ou um vaso esburacado; e, "fluir por", como um rio. Em sua maior parte, ele é usado no último sentido. Crisóstomo, entre outros, tanto antigos quanto modernos, dá o sentido de apostasia ou perecimento; mas, segundo Stuart, não há exemplo, quer na Escritura, quer nos clássicos, que justifique tal significado. Como se dava com freqüência, assim aqui, os pais adotavam o que percebiam ser o sentido geral, sem atentar para o significado preciso da palavra usada; e assim suas proposições amiúde são muito livres. Além disso, a maioria deles era totalmente ignorante do idioma do Antigo Testamento.

Fluir por, no sentido de escapar, é seu significado nos autores clássicos; e Stuart afirma que todos os exemplos comumente referidos se aplicam somente a *coisas*, e não a *pessoas*. No Novo Testamento, a palavra só ocorre aqui, e uma vez na Septuaginta; e ali também se refere a uma pessoa, e evidentemente é usada em caráter *transitivo*. A passagem é Provérbios 3.21: "Filho meu, não se apartem (ou não as desconsideres, μὴ παραρρυῶς, não deixem de fluir por), mas guarda (ou retém, τήρησον) meu conselho e pensamento". No hebraico, a forma da sentença é diferente, mas a idéia é aqui preservada: "Filho meu, que elas não se apartem de teus olhos; guarda [retém] a sã sabedoria e discrição". Não deixá-las afastar de diante dos olhos é o mesmo que não ignorá-las ou desconsiderá-las. Não há outra idéia compatível com o contexto; e é o que se encaixa exatamente nesta passagem. Então a sentença seria: "Que em tempo algum as desconsideremos (ou as negligenciemos)".

Stuart observa com razão que tudo, em toda a passagem, favorece este significado; é o oposto de "prestar atenção"; e na Escritura ocorre com freqüência que se declara a idéia negativa, bem como a positiva, e vice-versa. Além disso, no versículo 3, a mesma idéia nos é apresentada no mesmo sujeito: "Se *negligenciarmos*", etc. Aliás, desconsiderar ou negligenciar pode ser tido como a *conseqüência* de não prestar atenção ou atentar para uma coisa. Desatenção para com a verdade é seguida de negligenciar o que se ensina ou inculca. A menos que atentemos bem para o que ouvimos, inevitavelmente negligenciaremos o que se nos exige. Pode haver alguma atenção sem consecução; mas não pode haver consecução sem atenção.

APÊNDICE 7

2.7 Fizeste-o, por um pouco, menor etc. A referência é ao Salmo 8, e tem sido explicado de modo variado. Há especialmente três opiniões sobre o sujeito. Alguns, como Calvino e Doddridge, consideram que o caso de "homem", como descrito no Salmo, é uma *alusão* ou acomodação a Cristo. Outros, como Grotius, mantêm que "homem", no Salmo, deve ser entendido histórica e misticamente. O terceiro grupo, como a maioria dentre os pais, bem como alguns dos doutores mais recentes, tais como Beza, Dr. Owen e Stuart, mantêm que o Salmo é estritamente profético. O que torna difícil de considerá-lo por esse prisma é a exclamação: "Que é o homem?" E também o domínio sobre a criação bruta, que é a única coisa mencionada no Salmo como que constituindo a glória e a honra do homem.

Todos os críticos aplicam este sujeito à concessão dada a Adão em Gênesis 1.28. Mas esta concessão, sem dúvida perdida pelo pecado e queda de Adão, foi mais tarde renovada a Noé e a seus filhos, quando saíram da arca, e foi inclusive ampliada, quando lhes foi dada a permissão de comer carne de animal (Gn 9.1-3). Foi esta concessão, sem dúvida, que o salmista tinha em vista. Noé e seus filhos eram homens de fé; lemos distintamente que Noé era um homem justo. Para eles, foi por portar este caráter que a concessão foi feita. O que Adão perdeu foi restaurado nos que foram restaurados ao favor de Deus, isto é, o domínio sobre a criação bruta e a herança deste mundo inferior. Mas, como Canaã mais tarde foi um tipo do céu para os israelitas, e também um penhor para os que eram de fato israelitas, assim pode-se considerar a posse da terra concedida a Noé e a seus filhos, ainda que o domínio em que consistia "glória e honra" é o que se menciona expressamente no Salmo; e *domínio* é o tema especial abordado pelo apóstolo (v. 5).

Ainda que o homem, no que tange à sua natureza, seja inferior aos anjos, todavia, naquela natureza, Deus lhe concedeu um domínio jamais outorgado aos anjos. O poder sobre todo ser vivo no mundo não foi concedido aos anjos, e sim ao homem, segundo o testemunho do Antigo Testamento; de modo que o poder atribuído pelos judeus aos anjos não foi autorizado por suas próprias Escrituras. Este fato parece ter sido referido como uma introdução ao que o apóstolo estava para dizer a respeito de Cristo, e como uma evidência de que sua natureza humana, ainda que em si própria inferior à dos anjos, não prejudicou sua superioridade; como se ele quisesse dizer: "Não constitui objeção que ele veio a ser homem, pois foi ao homem, e não aos anjos, que se concedeu o domínio sobre o mundo".

Então o apóstolo expande a idéia e fala de Cristo como aquele que haveria de tornar boa a concessão feita. O domínio prometido ao homem, especialmente do que esse domínio era um penhor, não foi alcançado pelo homem; mas Cristo, que assumiu sua natureza, e neste respeito tornou-se inferior aos próprios anjos, contudo o alcançará para ele. Deveras é através de Cristo que obtemos o direito às coisas deste mundo, bem como as coisas do mundo vindouro. Deus promete ambas a seu povo; mas somente em Cristo suas promessas são sim e amém. A promessa feita ao homem como crente, seja quanto a este mundo, seja quanto ao vindouro, só é, por assim dizer, boa através de Cristo, que assumiu sua natureza para exatamente este propósito.

Ao assumirmos este ponto de vista, evitamos a necessidade de fazer profético o que não tem aparência de ser assim, ou de presumir que o Salmo é mencionado à guisa de acomodação. Afirma-se o fato com respeito ao homem restaurado ao favor de Deus, e o apóstolo nos ensina que o domínio que lhe foi outorgado só pode ser realizado através de Cristo, que já obteve esse domínio em sua própria pessoa e, eventualmente, o conferirá a todo seu povo.

APÊNDICE 8
2.9 Para que, pela graça de Deus, etc. Conectar as diferentes partes deste versículo tem sido uma dificuldade que os críticos têm tentado de várias maneiras remover. Em nossa versão, dificilmente há sentido. Devemos ou considerar uma transposição nas palavras, ou, como faz Stuart, dar o significado de *quando* a ὅπως, "quando pela graça de Deus ele provou a morte por todos." Mas este não é um significado natural, e por isso não satisfatório. Doddridge presume uma transposição, e dá esta versão: "Vemos, porém, Jesus, que foi feito um pouco menor que os anjos pelo sofrimento da morte, para que, pela graça de Deus, provasse a morte por cada homem, coroado de glória e honra".

Macknight, com mais propriedade, conecta "o sofrimento da morte" com "coroado de glória e honra", enquanto faz uma transposição semelhante. Bloomfield considera que há na última sentença uma elipse, e faz esta tradução: "Mas ele, que foi feito menor que os anjos, sim, Jesus, contemplamos, por haver ele sofrido a morte, coroado de glória e honra, a qual, sofrendo, suportou, a fim de que, pela graça de Deus, pudesse provar a morte por cada homem".

Isto chega a ser tautologia, e não se pode admitir. Que a transposição feita por Doddridge e Macknight dá o significado real, dificilmente se admite dúvida; e tal versão seria mais apropriada em nosso idioma. Mas, a explicação do arranjo das palavras do apóstolo parece ser que ele constitui uma construção em conformidade com o sistema do paralelismo hebraico: conectam-se a primeira e a última sentença, a segunda e a terceira. Que o versículo seja disposto em linhas, e isto se fará plenamente evidente:

> "Mas ele, que foi feito um pouco menor que os anjos,
> Contemplamos, *sim*, Jesus, pelo sofrimento da morte,
> Coroado de glória e honra
> Para que, pela graça de Deus, provasse a morte por todos."

O significado é claramente este: que ele foi feito menor que os anjos a fim de morrer por todos, e que, por causa de sua morte expiatória, ele foi coroado de glória e honra; o que concorda perfeitamente com o que o apóstolo nos ensina em Filipenses 2.8-10. Veja-se um arranjo semelhante em Mateus 7.6 e 1 Coríntios 6.11.

APÊNDICE 9
2.14 Aquele que tem o poder da morte etc. Stuart traduz isto por "poder mortal". O genitivo depois de χράτος, sem dúvida em diversos casos traduzido adjetivamente, como "o poder de sua glória"; em Colossenses 1.11, "seu glorioso poder"; e em Efésios 6.10, "o poder de sua energia", pode ser traduzido, "seu poderoso poder". Aqui, porém, há uma antítese que deve ser preservada – a morte de Cristo e a morte sobre a qual lemos que Satanás tem poder. Cristo, por sua morte, privou Satanás de seu poder de causar a morte.

"Destruir" não expressa adequadamente o que está implícito pelo verbo aqui usado. Significa tornar-se inválido, inútil, ineficaz, e daí vencer, subjugar. Quando aplicado à lei, significa tornar nulo ou abolir; mas, quando em referência a uma pessoa, como aqui, ou a um poder hostil, como em 1 Coríntios 15.24, significa subjugar, reprimir, ou vencer. Assim aqui, a tradução mais adequada seria "para que a morte vencesse (ou subjugasse) aquele que tinha o poder da morte", isto é, o poder de causar ruína eterna; pois morte, aqui, significaria a segunda morte. E daí a noção rabínica sobre o anjo da morte, isto é, da morte temporal, não tem conexão com esta passagem.

Aqui, evidentemente, há uma alusão a Gênesis 3.13. O originador da morte é Satanás, seja no tocante à alma, seja ao corpo; e daí nosso Salvador o denominar de *homicida*. Subjugar este homicida equivale a remover o pecado que ele introduziu, por meio do qual ele trouxe a morte; e esta remoção do pecado foi efetuada pela morte, de modo que o remédio para o pecado era o mesmo que o efeito que o próprio pecado produziu.

APÊNDICE 10
2.16 Pois ele, evidentemente, não socorre etc. As palavras podem ser traduzidas assim: "Pois, realmente, ele não lança mão dos anjos, e sim lança mão da semente de Abraão". Os doutores antigos e mais recentes, respectivamente, têm presumido que o que está em pauta é a "natureza"; mas alguns modernos, seguindo a Cameron, de uma época mais recente, consideram o verbo no sentido de trazer auxílio ou socorro. Assim Stuart e Bloomfield. O primeiro traduz o versículo assim: "Além disso, de modo algum socorre a anjos, mas socorre a semente de Abraão". O presente, presente histórico, é usado pelo pretérito οὐ γὰρ δήπου, "pois em parte alguma", sendo a referência à Escritura; em parte alguma na Escritura se registra tal coisa.

Mas, "segurar" é suficientemente claro e muito expressivo. Cristo *segurou* a mão de Pedro enquanto este se afundava (Mt 14.31); é o mesmo verbo. Nosso Senhor não estendeu a mão para os anjos enquanto se afundavam em ruína, mas fez isto à semente de Abraão para salvá-la da perdição. A conexão parece ser com os versículos precedentes;

portanto, γὰρ deve ser considerado "pois", e não "além de", como faz Stuart; nem "além do mais", como faz Macknight. Apresenta-se uma razão por que Cristo se tornou participante da carne e sangue; e essa razão foi porque ele não veio livrar a anjos, e sim à semente de Abraão; isto é, sua semente espiritual, não a natural, porquanto por toda parte ele dos filhos e filhas de Deus. Veja-se João 1.12, 13, onde os nascidos de Deus são representados como sendo aqueles a quem Cristo outorga o privilégio de filhos.

APÊNDICE 11
3.4 Estabeleceu todas as coisas etc. Este versículo tem sido considerado difícil com respeito à conexão que ele mantém com o argumento do apóstolo. Stuart fala assim da dificuldade: "Moisés, como *delegado* de Deus, foi o fundador da instituição judaica; e meramente se declara que Cristo foi o único *fundador delegado*; então, de que maneira o escritor realça a superioridade de Cristo sobre Moisés? Ambos foram delegados do mesmo Deus, e ambos os fundadores de uma nova e divina dispensação. Se Cristo, pois, não for aqui mencionado como fundador, em algum outro caráter além do de um *delegado*, então não consigo perceber qualquer força no argumento do escritor". Daí, o Professor chega à seguinte conclusão: o apóstolo tinha em mente Cristo, quando diz: "Aquele que edificou [ou formou] todas as coisas é Deus", concebendo que o argumento de outro modo seria inconclusivo.

Ora, o equívoco do Professor está nisto: ele faz uma comparação com a delegação, e não com o *caráter* da delegação. Que o poder de Cristo foi delegado, é bem evidente à luz desta passagem: no versículo 2, lemos que Cristo foi "designado", e lemos que ele foi "fiel", o que implica que ele tinha um ofício que lhe fora delegado. Então a delegação se torna inegável; e no que o apóstolo evidentemente insiste é a superioridade do *poder* delegado: Moisés foi fiel como servo na casa de Deus; o povo de Israel foi previamente o povo adotivo de Deus; mas Cristo tem o poder, um poder delegado, para fazer, por assim dizer, um novo povo; ele edifica sua própria casa. Moisés era parte da casa na qual servia; mas, como Cristo edifica sua própria casa, ele é digno de mais glória do que Moisés. Estas são as comparações que o apóstolo faz.

Então introduz-se este versículo, e isso por duas razões: primeira, para mostrar que Deus edificou a casa na qual Moisés serviu; e, segunda, notificar o poder divino de Cristo, como sendo Deus o único que edifica todas as coisas. No versículo 2, a casa de Moisés é chamada "a casa de Deus"; e, no versículo 5, a casa de Cristo é chamada sua própria casa. Daí, a inferência óbvia é que ele é um com Deus, já que este é o único que edifica todas as coisas, ainda que em seu caráter medianeiro ele age como Apóstolo e Sumo Sacerdote de Deus. No primeiro capítulo, encontramos o mesmo tipo de representação: lemos ali que Deus fez o mundo por meio dele; e, mais adiante, que o Filho é o Criador, o qual fundou a terra, e os céus são obra de suas mãos. O poder criativo, ainda que exercido por Cristo em sua função de Mediador, contudo é um poder divino.

APÊNDICE 12

3.9 Vossos pais me tentaram etc. Para entendermos esta passagem, temos de ponderar bem sobre o evento referido. No mesmo ano em que o povo de Israel saiu do Egito, se viram atormentados pela falta de água em Refidim (Ex 17.1); e o lugar recebeu dois nomes: Massá e Meribá, já que ali o povo tentou a Deus e criticou Moisés. O Senhor, *então*, jurou que não entrariam na terra de Canaã; mas isso se deu no ano seguinte, depois do regresso dos espias (Nm 14.20-38). E então Deus disse que o haviam tentado "dez vezes"; isto é, durante o curto tempo desde seu livramento do Egito. Foi depois de *dez* tentações que Deus os privou da terra designada.

Mantendo em mente estes fatos, estaremos aptos a perceber a plena força da passagem. A "provocação" ou contenda, e a "tentação", evidentemente se referem ao último caso, como registrado em Números 14, porque foi então que Deus jurou que o povo não entraria no descanso. A conduta do povo era parecida em ambos os casos.

Conectar "quarenta anos" com "entristeceram" foi obra dos massoretas, e o apóstolo corrigiu este equívoco; e deve-se observar que neste caso ele não seguiu a Septuaginta, na qual as palavras estão dispostas como foram divididas pelos massoretas. A tradução que corresponde ao hebraico é como segue:

"Hoje, quando ouvis sua voz,
8. Não endureçais vossos corações, como na provocação,
 No dia da tentação no deserto.
9. Quando vossos pais me tentaram, me provaram,
 E viram minhas obras por quarenta anos:
10. Foi porque se ofendeu com aquela geração e disse,
 Sempre se desviam no coração,
 E não conheceram meus caminhos;
11. De modo que eu jurei em minha ira:
 De modo algum entrarão em meu descanso".

O significado do versículo 9 é este: quando os filhos de Israel tentaram a Deus, o provaram, isto é, descobriram, pela amarga experiência, quão grande foi seu desprazer, e viram suas obras ou seu procedimento com eles por quarenta anos. Ele os reteve no deserto durante aquele período até a morte de todos os que não creram em sua palavra com o regresso dos espias; ele lhes deu esta prova de seu desprazer. "Portanto", no versículo 11, é conectado com "tentaram"; foi porque o tentaram que ele se ofendeu com eles a ponto de jurar que não mais entrariam em seu descanso. Evidentemente, há um ו omitido no hebraico, encontrado somente em um manuscrito; mas é requerido pela forma futura do verbo. "Desviar-se no coração" equivale a desobedecer à palavra de Deus (cf. v. 12 e Nm 14.11); e desconhecer os caminhos de Deus equivale a não reconhecer seu poder, bondade e fidelidade, em seu livramento do Egito (cf. Nm 14.22). Não conhecer, aqui, não significa o que diz Stuart, a saber, não aprovar, e sim não compreender os caminhos de Deus, ou não reconhecê-los como seus caminhos ou feitos.

A última linha está na forma de juramento: "Se não entrarem" etc.; mas quando está nesta forma defectiva, o "se" pode ser traduzido como uma negativa forte: "de modo algum". Doddridge tem "jamais"; e, Macknight, "não"; no quê ele foi seguido por Stuart.

APÊNDICE 13

3.15 Enquanto se diz etc. Sem dúvida, a conexão supramencionada na nota é a mais adequada. Este versículo é, por assim dizer, o tópico do que segue; mas pôr o versículo 16 numa forma interrogativa, como fez Stuart, parece não encaixar-se na passagem. Eu traduziria as palavras assim:

15. Com respeito ao que se diz: "Hoje, quando ouvis sua
16. voz, não endureçais vossos corações como na provocação", alguns, deveras, quando ouviram, provocaram, mas nem todos os que vieram
17. saíram do Egito sob [o comando de] Moisés; mas, contra quem ele se ofendeu durante quarenta anos? Não foi contra os que pecaram, cujos
18. cadáveres caíram no deserto? E sobre quem ele jurou que não entraria em seu descanso, senão sobre aqueles que não creram?

A "provocação" é o sujeito; então se menciona quem ofendeu; e em seguida a causa da ofensa: a falta de fé.

APÊNDICE 14

4.2 Porque também a nós foram anunciadas as boas-novas etc. Literalmente, "Porque temos sido evangelizados". Doddridge tem "porque somos feitos participantes das boas-novas"; Macknight, "porque também temos recebido as boas-novas"; e Stuart, "porque também a nós são proclamadas as bênçãos". Talvez a versão mais literal seria "porque também temos tido as boas-novas". A mesma forma das palavras ocorre outra vez no versículo 6, "e aos quais ele foi primeiramente pregado" etc.; melhor, "e os primeiros a receberem as boas-novas", etc. Evidentemente, as boas-novas eram a promessa de descanso.

Literalmente, "a palavra pregada" é "a palavra do ouvir", isto é, a palavra ouvida, um substantivo sendo expresso por um particípio, algo comum em hebraico.

Ainda que haja diversos manuscritos e pais gregos favorecendo "misturados", no caso acusativo, concordando com "eles", "que não se uniram pela fé com os que ouviram", isto é, obedeceram, contudo a Vulgata e a Siríaca concordam com nossa presente redação, a qual foi adotada por Erasmo, Beza, Dr. Owen e a maioria dos doutores modernos, como sendo a mais própria à passagem.

Nossa versão é seguida por Doddridge e Macknight. A versão de Stuart é a mesma que a de Calvino, "não estando conectada com a fé nos que a ouviram". Não tiveram o ingrediente da fé para misturar, por assim dizer, com ela. Em vez de receberem a promessa, recusaram e a rejeitaram, como se fosse uma bebida insalubre e desagradável. A palavra é usada em 2 Macabeus 15.39, sobre o vinho misturado com água.

APÊNDICE 15

4.12 Porque a palavra de Deus é, etc. Há quem, como Stuart e Bloomfield, veja "a palavra", aqui, como sendo de caráter ameaçador, ou seja, sendo uma ameaça aos incrédulos supramencionados. Ainda que seja assim visto, contudo parece não traduzir corretamente λόγος; "ameaçando", como faz Stuart.

APÊNDICE 16

"Vivificante" ou viva, e "poderosa" ou eficaz, são termos considerados por muitos como quase significando a mesma coisa;

mas, "viva" designa o que é *válido*, o que continua *em vigor*, como oposto ao que é morto e não mais existente; e "eficaz" se refere ao *efeito*, que tem potência para produzir o efeito designado. A exclusão do descanso enquanto os descrentes ainda viviam, ainda em vigor, permanecendo os mesmos sem qualquer mudança (cf. 1Pe 1.23, 25). Estava também em pleno poder a ponto de excluir eficazmente do descanso tantos quantos não cressem. E então a impedir toda e qualquer evasão, de modo que ninguém imaginasse ser suficiente uma mera profissão externa, ou, melhor, guardar-se contra a insipiente sedução do pecado, ele compara esta "palavra" com uma espada que pode dissecar toda a estrutura bem entretecida do homem, de modo que toda a medula ficasse a descoberto; e então, passando deste símile, ele diz que esta "palavra" é apta para julgar os pensamentos e propósitos do coração. E, a fim de identificar, por assim dizer, esta "palavra" com Deus mesmo, imediatamente traz a lume a onisciente de Deus. Tudo indica que o desígnio do apóstolo era guardar os hebreus contra o caráter enganoso do pecado; de modo que não atentassem para nenhuma de suas sugestões secretas.

Stuart faz a transição da "palavra" para Deus no final do versículo 12, e traduz a sentença assim: "Ele também julga os pensamentos e propósitos do coração." Mas esta sentença pode, com muita propriedade, ser vista como uma explanação do que lemos da espada de dois gumes.

APÊNDICE 17

4.12 Espada de dois gumes etc. Tem sido controverso se o poder penetrante, ou convincente, ou mortífero da "palavra" é apresentado pela metáfora da "espada". Beza e Scott, bem como Calvino, consideram seu poder convincente e mortífero como estando em pauta. "Ela penetra", diz Beza, "nos recessos mais profundos da alma, a ponto de desferir nos perversos uma ferida mortal, e, ao matar o velho homem, ela vivifica a vida dos eleitos". Stuart vê seu poder mortífero como o único elemento em pauta. Ele observa: "O sentido é que a denúncia divina é de uma eficácia punitiva mui *mortífera*".

Ora, se toda a passagem for devidamente considerada em conexão com o que vem antes, aí transparecerá uma razão suficiente para se concluir que a metáfora de "a espada" é o único elemento em pauta para mostrar que a "palavra" alcança a todos nas obras interiores da alma; que ela se estende aos motivos e pensamentos e propósitos mais secretos do coração. A última sentença, no versículo 12, explica claramente o que está implícito pela "espada"; e isto é ainda mais confirmado pelo versículo seguinte, onde lemos que todas as coisas estão desnudas e abertas diante de Deus, de cuja palavra ele fala e com quem temos a ver. Tudo isto parece coincidir com o propósito para o qual as palavras foram introduzidas, isto é, advertir os hebreus do perigo de darem ouvidos ao poder sedutor e enganoso do pecado.

No tocante ao versículo 13, Bloomfield sugere uma transposição que tornaria muito mais fácil a transição da palavra de Deus para o próprio Deus: "Além do mais, ali não existe nenhuma criatura que não se manifeste aos olhos daquele a quem teremos que enfrentar; mas todas as coisas estão desnudas e expostas a seus olhos." Mas a construção aqui é semelhante à que já notamos em dois casos anteriores (2.9, 17, 18); a primeira e a última sentença se conectam, e assim as duas sentenças intermédias.

A última sentença é traduzida por Grotius: "de quem é nossa palavra, isto é, de quem falamos; por Beza: "com quem temos a ver"; Por Doddridge, Macknight e Stuart: "a quem devemos prestar contas." Onde quer que λόγος signifique "conta", conecta-se com o verbo "prestar", ou um verbo afim. Na Septuaginta há dois casos em que o verbo fica sozinho com um pronome no caso dativo, como aqui, e significa *atividade, afazeres* ou *ocupação* (cf. Jz 18.28; 2Rs 9.5). Na última passagem é conectado também, como aqui, com a preposição πρός. Portanto, não pode haver dúvida de que nossa versão é a correta: "Com quem temos a ver"; ou, literalmente, "com quem há para nós uma relação". Não há *usus loquendi*, como pleiteado por alguns, em favor do outro significado.

APÊNDICE 18

6.1 Por isso, pondo de parte etc. Os autores diferem quanto ao caráter desta passagem, se é exortativa ou didática; isto é, se o apóstolo, pondo-se, por assim dizer, com eles, os exorta a que cresçam em conhecimento; ou, desempenhando o ofício de mestre, notifica o curso que ele tenta seguir. Stuart, e alguns outros, como faz Calvino, assumem o primeiro ponto de vista, como se o apóstolo dissesse: "Como os perfeitos ou maduros são os únicos capazes de receber alimento sólido, cabe-nos desistir da condição infantil e avançar rumo à condição de maturidade, a fim de alcançarmos o conhecimento perfeito". Somos informados que este ponto de vista se coaduna melhor com o que segue: "Pois é impossível", etc.

Na passagem, porém, há especialmente duas coisas que militam contra este ponto de vista: primeira, "não lançando o fundamento", etc., que, evidentemente, se refere ao ensino; e, segunda, o terceiro versículo, que também se refere ao ensino.

O apóstolo costumava falar de si próprio no plural. Veja-se, por exemplo, o versículo 9. "Portanto" é uma inferência geral do que ele estivera falando, e não de uma sentença particular, como se quisesse dizer: "Sendo esse seu caso, portanto, a fim de atraí-lo para fora, abandone agora os primeiros princípios e siga rumo àquele estado de coisas que é útil para o progresso cristão; não é meu propósito agora pregar o arrependimento e fé nos quais você já foi instruído, e fazer isso é sem validade para os que têm apostatado; pois é impossível", etc. Seu objetivo não era convertê-los à fé, e sim confirmá-los e aperfeiçoá-los nela.

Ou todo o argumento pode ser mais plenamente expresso assim: "O que pretende agora fazer não é intimá-lo ao arrependimento e fé, requerer que você seja batizado para que receba o miraculoso dom do Espírito Santo, e ensinar-lhe a doutrina da ressurreição como confirmada pela ressurreição de nosso Salvador, e do dia do juízo, quando a sentença for pronunciada aos justos e injustos, a qual jamais será revertida; pois todas estas coisas há muito já era de seu conhecimento, e você há muito já fez profissão de fé acerca delas; portanto, não há necessidade de tomar tal curso, nem é de alguma valia, pois se você apostatar, é impossível restaurá-lo novamente para o arrependimento". Mas, em vez de dar-lhes um exemplo pessoal, sua afirmação é geral. Assim, ele os estimula muito poderosamente a fazerem progresso no conhecimento das verdades divinas; pois progredir não é retroceder, e retroceder é o caminho direto para a apostasia.

APÊNDICE 19
6.5 E os poderes do mundo vindouro. As *cinco* coisas aqui mencionadas já foram explanadas em termos variados.

1. *Iluminados*. Batizados, dizem muitos dentre os pais; e também alguns modernos, porém sem qualquer aprovação do uso da palavra na Escritura, seja no Novo Testamento, seja na Septuaginta. Significa emitir luz, conduzir à luz, iluminar, e daí instruir, ensinar. A idéia é às vezes usada na Septuaginta por uma palavra que no hebraico significa ensinar. O ensinado, o instruído no dever e necessidade de arrependimento e verdade cristã, sem dúvida, em geral, era "o iluminado". Este é o significado que lhe é dado por Grotius, Beza, Dr. Owen, Doddridge, Scott, Stuart, entre outros.

2. *Dom celestial*: fé, Cristo, o Espírito Santo, perdão de pecados, paz de consciência, vida eterna: todos esses termos já foram declarados, mas, o primeiro, "fé para com Deus", mencionado no primeiro versículo, é sem dúvida o que está em pauta.

3. *Participantes do Espírito Santo*; isto é, em seus poderes miraculosos, como entendido pela maioria, é o que é evidentemente notificado por "batismos e imposição das mãos", no segundo versículo.

4. *A boa palavra de Deus*: o evangelho, a aliança evangélica, as promessas do evangelho, a herança celestial – para cada idéia tem sido dadas explanações. Há apenas dois lugares onde a frase "a boa palavra" ocorre, a saber, em Jeremias 29.10 e em 33.14; e ali significa a promessa de restauração dada aos judeus, e ali certamente significa a promessa da ressurreição mencionada no segundo versículo.

5. *Os poderes do mundo vindouro*; isto é, poderes miraculosos, diz a maioria. Mas, αἰών ὁ μέλλων, "mundo vindouro", diz Schleusner, nunca significa, no Novo Testamento, o tempo do evangelho, mas o mundo futuro (cf. Mt 12.32; Lc 18.30; Ef 1.21). Portanto, ele explica a sentença assim: "O poder e eficácia da doutrina acerca da felicidade futura dos cristãos no céu". Teria concordado mais com o "juízo eterno" nesta proposição, houvesse ele dito: "Acerca do estado futuro, seja dos salvos, seja dos perdidos, no mundo por vir"; pois o juízo eterno aponta para ambos.

"Provar", segundo a linguagem da Escritura, é conhecer, partilhar de, experimentar, possuir, desfrutar. Aqui não significa, como se tem imaginado, tocar ligeiramente uma coisa, ou sorvê-la, mas conhecer, conhecer experimentalmente, sentir ou desfrutar.

Assim, vemos que há uma plena correspondência entre os particulares mencionados aqui e as coisas afirmadas nos versículos 1 e 2.

APÊNDICE 20

6.4-9 Sobre o tema examinado nestes versículos, Stuart pergunta e responde a uma questão, assim: "Todo o parágrafo é pertinente aos cristãos reais, ou aos que são cristãos meramente por uma pública profissão de fé? Os primeiros, além de toda e qualquer dúvida racional". A questão não é pertinente, pois o apóstolo apenas fala dos que tinham desfrutado de certos privilégios, e não trata de se eram real ou meramente cristãos professos. Paulo se dirigiu aos coríntios como "a Igreja de Deus"; e se poderia perguntar da mesma maneira: "Ele lhes fala como a cristãos reais, ou como quem era apenas cristão por confissão pública?" E se poderia responder: "Indubitavelmente, como cristãos reais". E no entanto o descobrimos afirmando: "Examinai-vos, se realmente estais na fé". O que aqui se afirma é o *desfruto* de certos privilégios e o perigo de não se fazer uso correto deles, e inclusive o terrível destino dos que os desconsideravam e se afastavam da verdade.

Nosso autor deveras admite plenamente a doutrina da perseverança dos santos; mas uma questão deste gênero, não relevante ao tema, só tende a gerar embaraço. De fato ele mais adiante o modifica um pouco, dizendo que "Deus trata os cristãos como agentes livres e seres racionais, e os guarda contra a apostasia, não por mera força *física*, mas meios morais adaptados à sua natureza como agentes livres e racionais". Sem dúvida, Deus age assim segundo todo o curso da Escritura; mas isto de modo algum contradiz a verdade, claramente ensinada em muitas passagens: que seu povo eleito, os cristãos reais, jamais perecerão.

APÊNDICE 21
6.10 Trabalho e do amor etc. Ainda que Griesbach e outros tenham excluído do texto τοῦ χόπου, "trabalho", contudo Bloomfield crê que há suficientes razões para que as palavras sejam retidas. Maior número de manuscritos os contém, e tudo indica que é necessário que se traduza a passagem completa, ainda que o significado sem elas seria o mesmo. Aqui há um caso de um arranjo semelhante ao que amiúde se encontra nos profetas, como se verá pondo o versículo em linhas:

"Porque Deus não é injusto
Para esquecer de vossa obra,
E do trabalho daquele amor
Que tendes demonstrado para com seu nome,
Havendo ministrado e continuais ministrando aos santos".

Excluindo a primeira linha, notamos que a primeira e a última se conectam, bem como as duas intermédias. Sua "obra" era a ministração aos santos; e, em adição a isto, havia "o trabalho do amor" que manifestavam para com Deus. Ele não esqueceria seu trabalho de ministração aos santos, nem o amor que haviam demonstrado para com seu Nome mediante uma pública profissão dele, e a atividade e zelo no serviço de Deus. Grotius diz que "o trabalho do amor" era em favor da fé cristã.

Stuart diz que "trabalho" era o ato externo, e que "amor" era o princípio do qual ele emanava. Exemplos desse tipo sem dúvida ocorrem com freqüência na Escritura, sendo não o primeiro elemento declarado, e então o princípio o motivo interior; mas, se "trabalho" for retido, este conceito não pode ser mantido.

APÊNDICE 22
6.11 A plena certeza da esperança.
A preposição πρὸς, "a", pode ser traduzida "com respeito a, a respeito de". Se lhe for dado este significado, então a diligência requerida era com referência à plena certeza de esperança: tinham de exercitar diligência a fim de que pudessem desfrutar até o fim a certeza da esperança. Mas, se a preposição for traduzida "por causa de", como faz Stuart, então o significado é que deviam exercitar a mesma diligência como já a haviam exibido na obra e labor do amor, com o propósito de atingirem a plena certeza da esperança.

Ora, Calvino assume o primeiro significado. Ele considera que o apóstolo agora se refere à plena certeza da esperança ou fé, como a considera, quando falou previamente das obras de benevolência. O que segue parece favorecer este ponto de vista, pois o apóstolo continua falando de fé e paciência como exemplificadas pelos pais, especialmente por Abraão.

Há quem, como Beza, conecte "até o fim" com "demonstrando a mesma diligência"; contudo, é mais próprio conectá-los com "a certeza da esperança", como faz a maioria.

As observações de Scott sobre a diferença de "a certeza da esperança", de "o entendimento", e de "a fé", é tão clara e discriminativa, que se pode adicionar aos dois elementos o seguinte:

"Aquele que assim entende o evangelho, a ponto de perceber a relação de cada parte com todo o resto, e seu uso como parte de algum grande desígnio, em algo da mesma maneira que um habilidoso anatomista entende o uso e função de cada parte do corpo humano, em relação ao todo, esse mesmo tem *a plena certeza de entender*, e aquelas coisas que à primeira vista parecem inconsistentes, inúteis ou supérfluas em relação às demais, ele percebe serem essencialmente necessárias ao sistema ou ao grande desígnio. O homem que é plenamente convicto de que este desígnio consistente e harmonioso, ainda que complexo, é obra da revelação de Deus, e não tem dúvida de que as coisas testificadas são verdadeiras, que as promessas e ameaças se cumprirão, e que Cristo certamente salvará a todos os verdadeiros crentes, esse tem *plena certeza de fé*, ainda que tenha dúvida, pela incompreensão ou tentação, ou outras causas, de seu próprio interesse pessoal nesta salvação. Mas aquele que, além de qualquer dúvida ou hesitação, se assegura de que ele mesmo é um crente genuíno, se interessa em todas as preciosas promessas, é selado pelo Espírito santificante, e é "participante da glória que se revelará", esse tem a *plena certeza da esperança*".

APÊNDICE 23
7.11 Pois nele baseado o povo recebeu a lei. Estas palavras são explicadas de modo variado. A preposição ἐπὶ às vezes significa "por" ou "por conta de" ou "por causa de", como ἐπ' ἐλπίδ, "pela esperança" (At 26.6); e assim Macknight a traduz aqui "por causa dele o povo recebeu a lei." Não é verdade que o povo estava debaixo do sacerdócio quando veio a sujeitar-se à lei; pois esta foi dada antes que o sacerdócio levítico fosse estabelecido; foi depois de o tabernáculo ser construído e estabelecido que Arão e seus filhos foram consagrados sacerdotes (cf. Ex 40.12-15).

Stuart apresenta outra tradução: "Pois a lei foi dada ao povo em conexão com esta condição" ou "sob esta condição", como ele mesmo o explica numa nota. E observa: "O significado é que o sacerdócio levítico e a lei mosaica estão estreita e inseparavelmente associados".

Como o apóstolo mais adiante fala da mudança da lei, isto é, com respeito ao sacerdócio, é mais consistente considerar a mesma lei como estando em pauta aqui: "Ainda que o povo recebesse uma lei em relação a ele", isto é, o sacerdócio. Esta matéria é posta entre parênteses por duas razões: para antecipar uma objeção sobre a base de uma designação divina, e para introduzir o tema com o propósito de mostrar que a intenção era a mudança de designação.

APÊNDICE 24

7.11-17 Esta passagem pode ser assim traduzida:

11. "Ora, se deveras o sacerdócio levítico fosse perfeito (ainda que o povo houvera recebido uma lei acerca dele), que necessidade haveria até que outro sacerdote fosse levantado segundo a ordem de Melquisedeque, e não ser chamado segundo a ordem
12. de Arão? O sacerdócio, sendo então mudado,
13. faz-se também necessária mudança da lei; pois aquele de quem se diz pertencerem estas coisas pertence a outra tribo, de quem ninguém
14. assistia ao altar. É deveras evidente que nosso Senhor é oriundo de Judá, de cuja tribo Moisés nada disse
15. com respeito ao sacerdócio. E isto é ainda mais manifesto, visto que, segundo a semelhança de Melquisedeque, surgiu outro
16. sacerdote, que é feito não em conformidade com a lei de preceito carnal,
17. mas segundo o poder de vida perpétua; pois ele testifica: Tu és sacerdote para sempre, segundo a ordem de Melquisedeque".

"A lei de preceito carnal" é a regra que se refere à presente vida,

vida na carne, que é frágil e incerta; e é contrastada com "vida perpétua", que é pertinente a Cristo na qualidade de sacerdote, segundo a citação que segue. O significado é que Cristo não foi feito sacerdote em conformidade com aquela lei que regulamenta as coisas pertinentes aos homens mortais (cf. v. 23), mas em concordância com a que era própria a alguém dotado com vida ou existência permanente.

O argumento de toda a passagem parece ser este: Não há perfeição no sacerdócio levítico, porquanto se designou outro sacerdote. Sendo este o caso, a lei acerca do sacerdócio necessariamente precisa ser mudada; e que ela é mudada, prova-se por duas coisas: pelo fato de Cristo não ser oriundo da tribo de Levi, e pelo anúncio profético de que ele haveria de ser sacerdote segundo a ordem de Melquisedeque, e, conseqüentemente, um sacerdote perpétuo, e não como os filhos de Arão, que eram sacerdotes em sucessão, estando todos sujeitos à morte.

APÊNDICE 25

7.19 Se introduz esperança superior. Teofilato, Lutero, Cappellus, entre outros, traduziram este substantivo na mesma predicação com "anulação" ou ab-rogação no versículo anterior:

18. "Há, portanto, uma ab-rogação do mandamento precedente, em virtude de sua fraqueza e inutilidade (pois
19. a lei a nada aperfeiçoou), e a introdução de uma esperança superior, pela qual nos aproximamos de Deus".

Esta passagem forma uma inferência ou conclusão do que já foi dito. O "mandamento" ab-rogado era com respeito ao sacerdócio levítico. Sua "fraqueza" consistia no fato de que ele não podia realmente fazer expiação pelo pecado; e sua inutilidade consistia no fato de que ele não podia tornar os homens santos, nem mesmo conferir vida. A mesma coisa se expressa nas palavras inclusas no parêntese. Mas, o que se disse não só prova que o sacerdócio levítico é abolido, mas também que aí se introduz uma esperança superior; significando que algo melhor que o sacerdócio levítico, que era o objeto da esperança para os santos de outrora, é introduzido após aquele sacerdócio, e foi expressamente mencionado por Davi no Salmo muitos anos depois que o sacerdócio levítico foi instituído. Este parece ser o significado genuíno da passagem.

Então os versículos seguintes se encaixam bem, como a "introdução" mencionada aqui:

20. "E, visto que não é sem prestar juramento (porque
21. aqueles, com juramento, por aquele que lhe disse: O Senhor jurou e não se arrependerá: Tu és sacerdote para sempre, segundo
22. a ordem de Melquisedeque); por isso mesmo, Jesus se tem tornado fiador
23. de uma superior aliança. Ora, aqueles são feitos sacerdotes em maior número, porque são impedidos pela morte de continuar; este, no entanto, porque continua para sempre, tem seu sacerdócio imutável".

O que não foi "sem juramento" veio a ser uma "introdução", etc. Há aqui duas coisas adicionais afirmadas como a proverem a superioridade do sacerdócio de Cristo: o juramento provou que ele era o fiador de uma aliança superior; e seu sacerdócio, diferente do de Arão, que se transferia de um para o outro, era intransferível ou não por sucessão, como a palavra significa, e não "imutável", como em nossa versão.

APÊNDICE 26
7.27 Que não tem necessidade. Tem-se suscitado uma dificuldade sobre este versículo. Lemos que Cristo não oferecia sacrifício diariamente, como faziam os sacerdotes, primeiro por seus próprios pecados, e

então pelos pecados do povo: "Pois ele fez isto uma vez por todas quando se ofereceu". Daí parecer, nos é dito, que ele ofereceu por si mesmo um sacrifício, bem como pelo povo. A fim de explicar isto, tem-se proposto passar para o versículo seguinte; e tem-se afirmado que aqui existe um arranjo semelhante ao que às vezes ocorre nos profetas; isto é, quando duas coisas são expressas, menciona-se primeiro a última, e então a primeira. As duas coisas, aqui, são os pecados do próprio sacerdote e os do povo. Presume-se que o apóstolo esteja falando primeiramente do que Cristo fez no tocante aos pecados do povo, e então, no versículo seguinte, ele mostra que Cristo não tinha pecados propriamente dele, pois ele se tornou, ou veio a ser "um sacerdote perfeito", e isso "para sempre", sendo impecável não só quando realmente ofereceu o grande sacrifício, mas também impecável como nosso intercessor no céu.

Esta é a explicação dada por Jebb, e é adotada por Bloomfield. Que arranjos desse gênero se encontram no Novo Testamento, e inclusive nesta Epístola, não se pode pôr em dúvida. Mas, a última palavra, "aperfeiçoado", não admitirá que se lhe dê tal significado: "ele *é*, e *era*, e *será* eternamente perfeito e isento de pecado". Fosse esse seu significado, haveria uma plena correspondência com a parte anterior. Duas vezes, previamente, se aplica perfeição a Cristo nesta Epístola (2.10; 5.9), porém não no sentido supracitado. Ao lermos que Cristo foi aperfeiçoado ou feito perfeito, o significado é que ele é plenamente adaptado e qualificado para seu empreendimento, ou que tinha completado plenamente sua obra de expiação. Aqui o significado parece ser que ele é para sempre aperfeiçoado na qualidade de sacerdote, havendo não só feito uma vez para sempre uma expiação adequada pelos pecados de seu povo, mas também continua sendo sacerdote para sempre.

Quanto ao versículo 27, pode ser assim traduzido:

27. "Que não tem necessidade de oferecer sacrifícios diariamente, como sumo sacerdote (primeiro por seus próprios pecados, e então pelos do povo); pois ele fez isso uma vez para sempre, quando se ofereceu".

"Isto ele fez" se refere apenas ao oferecimento de um sacrifício, e "por seus próprios pecados" etc. se aplica apenas aos sumos sacerdotes. Assim evitamos a aludida dificuldade.

Com base na idéia de que o sumo sacerdote oferecia sacrifícios só uma vez ao ano, isto é, no dia da expiação, Macknight traduz καθ ἡμέραν, "de tempo em tempo", etc. Ele o considera como equivalente a κατ ἐναυτὸν, "de ano em ano", em 10.1, e se refere a Êxodo 13.10, onde "de ano em ano" em hebraico é de "dias a dias", e o mesmo na Septuaginta, ἀφ' ἡμερῶν εἰς ἡμέρας. Se o sumo sacerdote oferecia sacrifícios diariamente, é o que não se pode asseverar com base na Escritura, ainda que Stuart se refira a Levítico 6.19-22 e Números 28.3-4, onde não se encontra nada satisfatório. De fato ele cita algumas palavras de Filo, o qual diz que este era o caso. Scott considerava que o que era feito diariamente pelos sacerdotes é aqui atribuído ao sumo sacerdote, sendo eles seus coadjuvantes. Mas, a explicação de Macknight é a mais satisfatória, especialmente quando se faz comparação entre Cristo e o sumo sacerdote.

O versículo 28 pode ser assim traduzido:

"Porque a lei fazia sumos sacerdotes a homens que eram fracos; mas a palavra do juramento, o Filho, perfeito para sempre".

"Perfeito" ou completamente qualificado, isto é, como sacerdote. A palavra *aperfeiçoado* depende, quanto ao seu significado específico, do contexto. O sujeito aqui é a perpetuidade do sacerdote. Os sumos sacerdotes, sob a lei, não continuavam em virtude da morte (v. 23), e esta é a "enfermidade" mencionada aqui, ainda que em outro lugar (5.2) signifique pecaminosidade. Então a perfeição do Filho é a perpetuidade de sua vida, referida nos versículos 16 e 24. Os sumos sacerdotes morriam, e daí não serem qualificados para seu trabalho; Cristo, porém, vive, e por isso continua para sempre plenamente qualificado para seu ofício (cf. v. 26).

APÊNDICE 27
8.1 Esta é a suma etc. Muitos crêem que a palavra κεφάλαιον aqui não significa uma suma no sentido de sumário, mas uma coisa primordial. Assim a entendeu Crisóstomo. A versão de Macknight é: "Ora, das coisas mencionadas o essencial é"; substancialmente, temos o mesmo em Stuart. Mas a idéia parece ser um pouco diferente. O significado literal é: "Ora, o essencial das coisas que temos dito é" etc., isto é, a suma total, toda a soma.

Parkhurst cita uma passagem de Menander que é muito parecida com a primeira parte deste versículo: Τὸ δὲ κεφάλιιον τῶν λόγων Ἄνθρωπος εἶ – "Mas a suma de meus discursos é: Tu és um homem" etc. Aqui, a palavra significa a substância ou a soma total. A palavra ראש, ler, em hebraico, tem um sentido semelhante: o número total do povo (Ex 30.2; Nm 4.2).

APÊNDICE 28
8.9 Eu não atentei para eles, etc. Aqui, o apóstolo segue a Septuaginta, ainda que em outras partes desta citação ele siga mais de perto o hebraico. Nossa versão de Jeremias 31.32 é: "ainda quando eu fosse para eles um esposo", que não se harmoniza com algumas das versões mais antigas. A frase é peculiar, não encontrada em qualquer outro lugar, exceto em Jeremias 4.17, que é traduzida por Kimchi: "Eu os aborreci".

O verbo significa ter, possuir, governar, exercer domínio, casar-se; e Pocock, entre alguns outros, pensa que significa detestar, desdenhar, aborrecer, quando seguida, como aqui, da preposição ב e somos informados que seu cognato em arábico tem este significado. Aqui, a Vulgata é: "E tenho governado sobre eles"; e a Siríaca: "E os tenho desprezado". A expressão é suavizada pela Septuaginta: "E os tenho desconsiderado (ou não me preocupado com)". O mesmo é feito com respeito à sentença precedente: "Porque não continuaram em minha aliança", que em hebraico é, ainda que não como traduzida em nossa versão: "Porque quebraram minha aliança".

Assim, אשר é traduzido pela Siríaca e pelo Targum. "Que minha aliança" tem sua origem na Vulgata, e é uma construção não endossada pelo original.

Contudo, a solução mais provável e mais fácil é presumir um equívoco tipográfico em Jeremias 31.32, sendo usada a palavra בעלתי, em vez de בחלתי; só havendo uma letra diferente. As razões para esta suposição são estas: Aqui, todas as versões são diferentes do que são em Jeremias 4.17, onde se presume ocorrer a mesma frase – e este último verbo se encontra em Zacarias 11.8, seguido de ב, como aqui, e significa "aborrecer-se", ou, segundo alguns, "rejeitar".

Há ainda outra palavra, נעלתי, a qual já foi mencionada, e tem apenas uma letra diferente; e, como usada pelo próprio Jeremias 14.19, e com ב, no sentido de aborrecer-se ou entediar-se, com razão pode-se considerar a palavra mais provável.

Newcome, porém, sugere algo diferente, a saber, um equívoco tipográfico no grego. Há outra redação em algumas cópias da Septuaginta, e que é εμελησα: "Tenho me preocupado com eles"; e isto, em substância, concordaria com "eu fui para eles um esposo". Esta conjuntura é menos provável; pois envolve um equívoco tanto na Septuaginta quanto nesta Epístola. Mas ambas estas suposições conciliariam as passagens; e é singular que em ambos os casos a mudança requerida seja apenas em *uma* letra!

APÊNDICE 29

9.2 Cuja parte anterior etc. Doddridge, Macknight e Stuart conectam, porém impropriamente, "parte anterior" com "tabernáculo". Não há dúvida de que a tradução deve coincidir com nossa versão, ou como segue: "Com efeito, foi preparado o tabernáculo, cuja parte anterior, onde estavam o candeeiro, e a mesa, e a exposição dos pães, se chama o Santo Lugar". No versículo 3, descobrimos que o "Santo dos Santos" é também chamado tabernáculo, que era, por assim dizer, o segundo tabernáculo, ou a segunda parte dele (cf. v. 7). A palavra "santo", seguida de "dos santos", é um adjetivo que concorda em gênero com tabernáculo; e "dos santos" parece significar as coisas santas; de modo que pode ser assim traduzido: "O santo tabernáculo das coisas santas". Os acentos não possuem nenhuma autoridade. A palavra "santo", no plural, com um artigo, como nos versículos 8 e 12, designa o Santo dos Santos; ou pode referir-se a ambos os lugares: o santuário e o Santo dos Santos, pois o povo era excluído de ambos; e o não-acesso, estritamente falando, se aplicava somente a eles.

APÊNDICE 30

9.9, 10 Estes dois versículos, em grande medida, têm testado a engenhosidade dos críticos, não quanto ao significado geral, mas quanto à construção. Todos concordam quanto ao teor geral da passagem, e, no entanto, encontram dificuldade na sintaxe. Isto se originou da incompreensão que o apóstolo tinha do estilo; às vezes ele organiza suas sentenças segundo a prática dos antigos profetas. Assim ele faz aqui. No versículo 9, ele menciona duas coisas: "dons", ou oblações, e "sacrifícios"; então aplica a primeira aos "sacrifícios", e logo depois aos "dons". Dos "sacrifícios" ele diz que não puderam aperfeiçoar ou justificar "os adoradores", pois aqui a tradução de λατρευόντα deve ser assim; mas de "os dons", com comidas etc., ele diz que só foram impostos até o tempo de reforma. Aqui se satisfaz a sintaxe. Os dois versículos podem ser assim traduzidos:

> 9. "Que é um tipo para o tempo presente, enquanto dons e sacrifícios são oferecidos, os quais [sacrifícios] não podem aperfeiçoar os
> 10. adoradores quanto à sua consciência, só sendo impostos [os dons], juntamente com comidas, e bebidas, e diversas lavagens, inclusive ordenanças da carne, até o tempo de reforma".

Ora, aqui há uma inconsistência na mesma parte; δυνάμεναι é

do mesmo gênero com θυσίαι, e o que se diz ser próprio aos sacrifícios, não sendo capazes de expiar o pecado; e então ἐπικείμενα é do mesmo gênero com δῶρά, e o que se diz deles é também apropriado: que só foram impostos ou requeridos, juntamente com alimentos, etc., que eram ritos referentes à carne ou corpo, e não à consciência ou à alma, até que viesse o tempo de reforma ou de retificação de todas as coisas.

Doddridge declara corretamente a eficácia dos sacrifícios judaicos, ao dizer que desviavam "os males temporais", mas expiavam as ofensas no tribunal do alto; removiam as ofensas contra o governo sob o qual os judeus viviam, e os restauravam aos privilégios da comunhão eterna com a Igreja; e assim eram tipos e símbolos da eficácia dos verdadeiros sacrifícios pelos quais somos restaurados ao favor de Deus e à comunhão espiritual com ele.

APÊNDICE 31

9.16, 17 Muito se tem escrito sobre o significado da palavra διαθήκη nesta passagem. Ela é por toda parte traduzida "aliança" por Doddridge, Macknight, Scholefield, entre outros; e Scott se dispôs a adotar o mesmo ponto de vista. A versão de Macknight é esta:

16. "Pois onde há uma aliança, há necessidade de que haja a
17. morte do sacrifício destinado a ser introduzido; pois uma aliança é firme sobre sacrifícios mortos, visto que nunca têm força enquanto vive o sacrifício designado".

A dificuldade aqui é quanto à palavra διαθέμενος, traduzida supra, "o sacrifício designado"; por Doddridge, "aquele por quem a aliança é confirmada"; e por Scholefield, "o sacrifício medianeiro". No Novo Testamento, porém, a palavra nunca tem tal significado, nem na Septuaginta, nem nos clássicos. Portanto, é impossível aceder a tal ponto de vista da passagem.

Então se diz, em contrapartida, que no Novo Testamento διαθήκη não significa um testamento ou uma vontade; nem na Septuaginta. Isto não é procedente; pois em Gálatas 3.15 significa claramente *testamento* ou *vontade*, e também, em conexão com seu significado comum, uma *aliança* (cf. v. 17). Além disso, comumente, se não sempre, o termo tem este significado nos clássicos.

Estes dois versículos devem ser vistos como uma ilustração, e podem ser considerados como parentéticos; e γὰρ foi traduzido "de fato", ou deveras, e isto pareceria mais evidente: "Onde deveras há um testamento", etc. Como ilustração, uma referência a um testamento é muitíssimo próprio; pois, com respeito a Cristo, sua morte realmente foi a ratificação da aliança; como por meio de sua morte uma Vontade se anexa à sua validade, assim, por meio da morte de Cristo, a aliança da qual ele é o Mediador. *Morte*, em ambos os casos, tem um efeito similar. E esta, e não mais que esta, parece ter sido a intenção do apóstolo. O significado diferente da mesma passagem deve ser realçado pelas palavras conectadas com ela; no presente caso, διαθέμενος é suficiente, independentemente do versículo 17, o qual pode ser corretamente aplicado a nada mais senão a uma vontade ou um testamento.

Muitos concordam com Calvino sobre estes versículos; por exemplo, Erasmo, Beza, Schleusner, Stuart, Bloomfield, entre outros.

APÊNDICE 32

10.5 Antes, um corpo me formaste. No Salmo, as palavras são estas: "Abriste meus ouvidos" (40.6); ou, mais literalmente, "Ouvidos tu abriste para mim". Tudo faz crer que Calvino descartou a idéia de alusão ao furar a orelha em sinal de servidão. Os dois verbos certamente são diferentes. Evidentemente, ele tem em vista Isaías 50.5: "O Senhor Deus me abriu os ouvidos, e eu não fui rebelde," o que, evidentemente, se aplica a Cristo. Ele, pois, faz este ser o significado da frase: "Tu me fizeste maleável e obediente". Merrick, Horne e Stuart adotaram este ponto de vista. Mas, como fazer estas palavras, "um corpo me preparaste", conter um significado análogo, não parece suficientemente claro. Horne dá esta versão: "Tu preparaste", ou adequaste "meu corpo"; isto é, para ser obediente e fazer tua vontade.

Mede concebeu que a alusão é à prática de furar a orelha como emblema de servidão, mencionada em Êxodo 21.6; e que, como aquela prática era desconhecida dos gregos, os Setenta traduziram as palavras em conformidade com o que faziam no tocante aos seus escravos; que era pôr uma marca no corpo: "Tu me adequaste (ou adaptaste) um corpo"; isto é, para que eu seja teu servo. Que Cristo assumiu "a forma de servo", é expressamente declarado em Filipenses 2.7. Neste caso, há uma concordância quanto ao significado, mas a dificuldade é quanto ao verbo כרה, o qual não significa furar ou perfurar, mas cavar, tornar oco, e num sentido secundário de formar ou fazer uma coisa, tal como um poço, uma fossa, uma sepultura, ou uma cova. Quanto aos "ouvidos", em vez de um "ouvido", como em Êxodo 21.6, que pode ser explicado pelo dito, a saber, que o objetivo era mostrar *toda* a disposição de Cristo em fazer-se servo.

Estas têm sido as duas maneiras propostas para conciliar as passagens ora em foco. Em hebraico não há redações diferentes, nem na Septuaginta, nem nesta Epístola. Portanto, têm-se feito propostas de mudança nos textos com base na suposição de equívocos tipográficos.

Alguns, como Grotius, Hammond e o Dr. Owen, têm proposto ὠτία, ouvidos, em vez de σῶμα, corpo, na Septuaginta. Quando ocorreu tal mudança? Antes ou depois do tempo do apóstolo? Se antes, então o apóstolo adotou uma falsa redação; se depois, então o mesmo equívoco teria ocorrido na Septuaginta e nesta Epístola; o que não é crível.

Outros têm proposto um equívoco no texto hebraico; e esta conjetura tem sido aprovada por Kennicott, Doddridge, Lowth, Adam Clarke e Pye Smith. Não é objeção dizer que a Siríaca, a Vulgata e o Targum confirmam a presente redação; pois o equívoco poderia ter sido feito muito antes de quaisquer destes em existência. Tal mudança poderia de fato ter sido feita nos primeiros séculos do Cristianismo, e poderia ter sido feita intencionalmente, movido pelo desejo de obscurecer o testemunho da Escritura acerca de Cristo.

Supõe-se que as palavras eram אז גוה, e não אזנים, como o texto ora reza. Neste caso haveria uma concordância literal; a passagem no Salmo poderia então ter esta tradução:

6. "Em sacrifícios e oferendas não te deleitaste,
   Então um corpo me formaste;
   Ofertas queimadas e ofertas pelo pecado não requereste,
7. Então eu disse: Eis-me aqui".

Aqui há uma consistência do princípio ao fim. "Eis, aqui estou", isto é, no corpo designado para ele. E então o apóstolo afirma: "Ao entrar no mundo, ele diz", etc., se referindo claramente à encarnação do Salvador. E este "corpo" é depois expressamente mencionado no versículo 10, em oposição a sacrifícios. É verdade que em seu argumento (cf. v. 9) ele insiste nas palavras: "Eu venho"; mas então sua vinda foi no corpo que lhe fora preparado.

APÊNDICE 33

10.14 Aperfeiçoou para sempre, etc. A palavra significa simplesmente completar, terminar, aperfeiçoar; e o que significa essa completação ou perfeição depende do contexto. Aperfeiçoar o santificado ou expiado, ou os propiciados, era livrá-los completamente da imputação de pecado, torná-los plenamente limpos de culpa, ou, em outros termos, remover plenamente seus pecados, o que nunca foi feito pelos sacrifícios da lei (v. 11). Este é o ponto aqui compendiado. Stuart dá o significado real mediante esta tradução livre: "Mediante uma oferta, pois, ele concretizou plenamente e para sempre o que se requeria em prol daqueles por quem se fez expiação".

O aperfeiçoar "para sempre", mediante uma oferta, neste versículo, prova que "para sempre", εἰς τὸ διηνεκὲς, no versículo 12, deve ser conectado com o oferecimento de um sacrifício, e não com o assentar à destra de Deus; e o versículo pode ser assim traduzido:

12. "Mas ele, tendo oferecido um sacrifício pelos pecados para a perpetuidade [ou, segundo Beza e Stuart, 'um sacrifício perpétuo pelos pecados'], assentou-se à destra de Deus, aguardando doravante até que seus inimigos sejam feitos estrado de seus pés".

Algumas cópias trazem αὐτὸς, "ele"; e outras, οὗτος, "este". Se o segundo caso for adotado, então não se deve traduzir, "este homem", e sim "este sacerdote", sendo esta a palavra usada antes. Como *um* sacrifício é oposto a *muitos* sacrifícios, assim um sacrifício *perpétuo*, isto é, um sacrifício perpetuamente eficaz, é oposto aos sacrifícios que se faziam *com freqüência*.

Apêndice 34
10.19-21 Oferece-se a seguinte tradução destes versículos:

19. "Tendo, pois, irmãos, liberdade no tocante ao acesso no
20. santíssimo pelo sangue de Jesus, o qual ele consagrou para nós, um novo caminho e guia para a vida, pelo
21. véu, isto é, sua carne – e tendo um grande sacerdote sobre a casa de Deus, aproximemo-nos", etc.

É preferível "liberdade" ou livramento do que "ousadia", e assim é traduzido por Beza, Doddridge e Stuart. A Vulgata traz "confiança". A palavra para "consagrado", literalmente é "iniciado". Cristo, primeiramente, abriu o caminho, e o abriu para seu povo. O "caminho" está em aposição a "acesso". Era "novo", em contraste com o antigo sob a lei; e vivo ou "conducente à vida"; é esse o significado de ζῶσαν aqui. Às vezes tem um sentido causativo. O "pão vivo", em João 6.51; no versículo 33 lemos que esse pão "gera vida". Assim, aqui, pode-se dizer que o caminho vivo é aquele que conduz à vida.

No tocante ao "véu", as opiniões estão divididas. Calvino, Doddridge, Stuart, entre outros, tomam o véu como uma expressão figurativa para a natureza humana de Cristo; e baseiam sua opinião nos seguintes textos: João 1.14; 1 Timóteo 3.16; Filipenses 2.6. Outros apresentam esta explanação: "Como o véu foi removido para o acesso do sumo sacerdote, assim o corpo de Cristo foi removido pela morte, a fim de abrir um acesso no céu." Mas o modo mais fácil e natural é considerá-lo uma alusão ao que sucedeu na morte de nosso Salvador, o ato de o véu do templo rasgar-se de alto a baixo (Mt 27.51), que foi uma notificação significativa e um símbolo notável do que foi feito por Cristo quando morreu na cruz. Foi por sua carne ou corpo rasgar-se e fender-se, ao sofrer por nós, que se nos abriu uma via para o santíssimo, e o mesmo é descrito de seu sangue no versículo anterior, de modo que uma parte corresponde à outra. O caminho foi aberto através do véu se fendendo, o que simbolizava sua carne sendo lacerada ou rasgada.

APÊNDICE 35
10.22 Com água pura. É evidente que a referência aqui não é ao batismo, porque o apóstolo está instruindo os hebreus, que já haviam sido batizados, sobre como aproximar-se de Deus diariamente.

As palavras "água pura" não se encontram em outra parte no Novo Testamento, nem na Septuaginta, e sim, uma vez, em Ezequiel 36.25, onde nossa versão é "água purificadora", e sem dúvida corretamente, muito embora as versões mais antigas tenham "água pura". Arão recebeu esta ordem: "Lavarás (λούσεται) com água todo seu corpo (πᾶν τὸ σῶμα)". Assim também a Septuaginta, mas o hebraico tem "sua carne" (בשרו), ainda que o texto samaritano tenha "todo" (כל) antes de "ele" (Lv 16.4). Veja-se também Levítico 16.24. Aqui os termos usados são: sacerdotal ou levítico. Os "aspergidos" com sangue eram os sacerdotes em sua consagração, e não os que traziam suas ofertas (cf. Lv 8.30). Em nenhum outro caso era alguém aspergido com sangue, exceto os leprosos, e também o povo quando a aliança foi sancionada. Fazia-se também lavagem com água pelas mãos dos sacerdotes, em sua consagração (cf. Lv 8.6), e sempre que ministravam (Ex 30.20-21).

A razão desta alusão, especialmente à que foi feita no tocante aos sacerdotes, parece ter sido esta: mostrar que todos os que agora se aproximam de Deus pela mediação de Cristo são sacerdotes, pois todos eles servem a Deus, por assim dizer, no santuário, e, como fazia o sumo sacerdote, entram, por assim dizer, no santíssimo, não uma vez ao ano, mas diária e constantemente, sempre que busquem uma comunhão especial com Deus.

Como a aspersão, no caso dos cristãos, ela é continuamente necessária; assim é a lavagem, como a lavagem diária dos sacerdotes antes de se engajarem em seus deveres (Ex 40.32). A aspersão nos traslada ao perdão, e a lavagem, à santificação ou purificação (cf. 1Pe 1.2; 2Co 7.1; 1Ts 5.23).

Pode-se acrescentar que, como ζῶσαν (vivo) parece ter sido usado no versículo 20 num sentido causativo, assim καθαρὸν, nesta passagem; e pode ser traduzido, como em Ezequiel 36.25, "purificar". Lemos que os sacerdotes, depois da lavagem, eram purificados, e eram tidos como tendo sido, com isso, purificados, o que prova que a lavagem nada mais era que um símbolo. Água pura ou purificadora significa o efeito santificante da graça divina.

APÊNDICE 36
10.26 Deliberadamente etc. Pela Vulgata, é traduzido "voluntário – voluntariamente"; por Beza, "*ultro* – de comum acordo"; por Doddridge e Macknight, como em nossa versão, e por Stuart, "voluntariamente".

Ocorre em outro lugar (1Pe 5.2), e é traduzido "deliberadamente"; em Filemom 14, é expresso como um adjetivo [deliberado], e é traduzido [como advérbio] "deliberadamente"; e em ambos os casos em oposição a "constrangimento". E desse modo a explanação de Schleusner parece correta: "não pela força compulsiva – *nulla vi cogente*". Na Septuaginta, é usado pela palavra hebraica que significa livremente, com livre agência, espontaneamente. Podemos, pois, traduzir assim a palavra: "Pois se pecarmos, movidos por nossa própria livre agência (isto é, renunciando a fé, que evidentemente é o pecado intencional), depois de havermos recebido o conhecimento da verdade, aí já não resta sacrifício pelos pecados".

Segundo este versículo, o caso dos perseguidos não é aqui contemplado, porquanto eles se acham sob constrangimento; mas os aqui mencionados são aqueles que haviam renunciado a fé voluntária e livremente, por sua própria iniciativa; assim, o que está implícito não é "compulsivamente", e sim "espontaneamente", sem qualquer constrangimento, força ou influência externa.

Os pais, entre eles Crisóstomo, Teofilato e Agostinho, infelizmente estragaram esta passagem, porque não conseguiram entender que pecado está em pauta aqui está, ainda que, evidentemente, ele seja o pecado de apostasia, em conformidade com as nuanças de todo o contexto; e por isso expuseram pensamentos estranhos acerca do pecado cometido após o batismo, ainda quando nem mesmo se mencione batismo, nem ainda é aludido em toda a passagem. Quantos erros e absurdos os pais introduziram no mundo!

APÊNDICE 37
10.30 O Senhor julgará. Aqui, Beza e Calvino fornecem o mesmo significado do verbo "julgar"; no entanto, Doddridge, Grotius e Macknight crêem que seu significado seja vingar, vindicar, defender. Considera-se que o argumento seja este: "Se Deus vingaria a injúria feita a seu povo, quanto mais a injúria ou opróbrio feito a seu Filho e ao Espírito Santo". Stuart e Bloomfield dão ao verbo o sentido de

condenar ou punir, isto é, seu povo apóstata: "O Senhor condenará [ou punirá] a seu povo".

As duas citações estão conectadas em Deuteronômio 32.35-36. "Vingança" se refere aos idólatras; e para que não se tirasse disto alguma vantagem, ele adicionou, como parece, estas palavras: "O Senhor julgará a seu povo"; ele intima seu povo a um acerto de contas: com o intuito de galardoar alguns e punir outros. Os apóstatas poderiam ter dito: "Mesmo que abandonemos a religião cristã, e retornemos à religião judaica, não seremos idólatras; portanto, a vingança com que vocês ameaçam não nos diz respeito". Com o intuito de prevenir este tipo de evasiva, o apóstolo acrescenta: "O Senhor intimará a juízo a seu próprio povo, e dará a cada um segundo suas obras". O que está implícito é o fato de Deus ser Juiz, que galardoará alguns e punirá a outros; e este ponto de vista se harmoniza bem com a passagem em Deuteronômio, e igualmente com o desígnio do apóstolo aqui.

Os dois verbos, o hebraico, ידין, e o grego, κρινεῖ, admitirão esta interpretação. Aliás, o primeiro, se bem que não o segundo, às vezes significa vindicar, defender; mas o contexto em Deuteronômio 32.26 requer que seu sentido seja o de executar o que é direito e justo a todos (cf. Gn 30.6).

APÊNDICE 38

12.1 O pecado que tenazmente nos assedia etc. Calvino segue a Vulgata: "Que nos cerca", ou que está ao nosso redor. Crisóstomo traduz a sentença assim: "Que facilmente nos rodeia"; Beza: "Que está pronto a cercar-nos"; Doddridge: "Que nas atuais circunstâncias tem maior vantagem contra nós"; Macknight: "Facilmente entregues".

Literalmente, a palavra εὐπερίστατον significa "cercado de todos os lados". Mas εὐ, em composição, às vezes significa prontamente, facilmente, tenazmente. Então podemos traduzi-la assim: "O pecado cercando rapidamente", isto é, o pecado que rapidamente nos cerca, e assim nos enleia, de modo a impedir-nos que, vestidos com roupas longas, sigamos incontinenti nosso curso. Os corredores se desfaziam de todo peso ou carga, e também de suas roupas longas. Tudo indica que o que está em pauta aqui são estas duas coisas. Portanto, a segunda sentença não é uma explanação da precedente, como comumente se crê, mas é algo totalmente distinto. Havia o fardo e o pecado rapidamente enleando. Provavelmente, o fardo fosse as preocupações terrenas; ou, no dizer de Teofilato, "a bagagem das preocupações terrenas"; e o pecado, envolvendo facilmente, parece ter sido o medo da perseguição, como Doddridge sugere; a qual, se permitido prevalecer, poderia levá-los à apostasia.

Se a palavra for tomada em um sentido ativo, então o que está implícito é o *poder* do pecado que engana e envolve, sendo aquilo que prontamente nos cerca e ilude. Mas, se for tomada em um sentido passivo, então o que está implícito, especificamente, é o pecado que favorável e plausivelmente nos cerca; pois "cercar de todos os lados" é o que apresenta, de todos os lados, uma aparência bela e plausível. E a apostasia poderia ter sido tão bem representada; pois os judeus poderiam produzir muitos argumentos plausíveis. Scapula diz que ἀπερίστατος é aplicado pelos retóricos gregos a uma questão mera ou sucintamente declarada, desacompanhada de quaisquer circunstâncias; então, se em vez de lhe prefixar a negativa ευ, *atentamente*, o significado seria algo bem declarado e plausivelmente representado. A versão, neste caso, seria: "o pecado que se apresenta plausivelmente." Se este significado for aceito, então parece haver um notável contraste na passagem; somos cercados por uma multidão de testemunhas, e também pelo pecado com suas pretensões plausíveis. É costumeiro em Paulo personificar o pecado.

APÊNDICE 39

12.2 Em troca da alegria etc. É difícil concordar com Calvino no ponto de vista que ele assume desta sentença. A preposição é de fato usada em ambos os sentidos; mas as palavras "que lhe estava proposta", e o argumento, evidentemente favorecem o outro ponto de vista. O tema em mãos é que o prospecto de glória futura deve sustentar-nos sob os males da presente vida; e Cristo é mencionado como exemplo; e o apóstolo diz que, por causa da alegria que foi posta diante dele, ele suportou a cruz. A mesma palavra é usada aqui e traduzida "posta diante dele", como em 6.18.

Calvino traduz assim a primeira sentença do versículo: "O príncipe e consumador da fé"; Beza: "O líder e consumador da fé"; Doddridge: "O líder e consumador de nossa fé"; Macknight: "O capitão e consumador da fé"; e Stuart: "O autor e consumador de nossa fé". A Vulgata traduz a primeira palavra "autor"; e Erasmo, "fundador". Seguindo este raciocínio, podemos fazer esta tradução: "O fundador e consumador da fé", isto é, do evangelho, ou da religião que professamos. Sendo Cristo o autor ou originador, e também o revelador completo da fé, do que professamos crer, pode com toda propriedade ser apresentado como nosso exemplo. Este é o ponto de vista de Stuart.

Doddridge toma *fé* como um *princípio*, isto é, fé subjetiva, fé em nós; assim também Teofilato: "Ele, a princípio, nos dá fé, e em seguida a leva à perfeição". Scott faz menção deste ponto de vista, e então adiciona: "Dele, como o grande o Profeta, a doutrina da fé foi enunciada desde o princípio, e aperfeiçoada na revelação feita no evangelho; e isto ninguém jamais terá a autoridade de mudar, acrescer ou subtrair".

Aqui, porém, a referência parece ser ao que Cristo fez em sua própria pessoa, como transparece do que segue: ele suportou a cruz, que parece referir-se à primeira palavra, "líder"; e o ato de assentar-se à destra de Deus parece ser explanatório de ser ele o consumador da fé. O tema do apóstolo é a corrida, isto é, a corrida da fé, ou por causa da fé que professamos. Cristo é o capitão ou líder nesta corrida da fé; e muito embora suportasse a cruz, no entanto ele a completou, e agora se encontra à destra de Deus. Este é o exemplo que nos é apresentado. Schleusner explica τελειωτὴν como alguém que conduz tudo a um fim, alguém que termina, que completa. Cristo é o capitão ou líder na disputa da fé, e aquele que a completa, tendo-a conduzido a um resultado triunfante.

APÊNDICE 40
12.6 O Senhor corrige a quem a ama etc. A citação é de Provérbios 3.11-12, feita da Septuaginta, consistentemente com o hebraico, exceto na última sentença, a qual no hebraico é: "Como um pai, ao filho em quem se deleita." Há quem tenha, inadvertidamente, tentado emendar uma das palavras no hebraico, enquanto há três palavras que deveriam ser alteradas, se atentarmos para a importância da identidade verbal; e inclusive a palavra emendada dificilmente pode corresponder ao propósito, sendo-lhe dado um sentido que não se encontra em nenhuma outra parte.

Se tomarmos כאב como verbo, não se ajustará bem, pois seu significado é aflitivo, triste, doloroso, e é sempre usado intransitivamente; e, de acordo com Schleusner, se o tomamos como um יכאיב, dificilmente conterá o significado aqui requerido; é usado no sentido de tornar aflitivo, triste ou doloroso. De fato, isto se aproxima de uma identidade verbal; mas então temos "a quem" e "a quem ama", e em seguida vem "a quem recebe". Ser escrupuloso no tocante a palavras, quando o significado geral é o mesmo, não é sábio nem razoável, mas totalmente pueril; é uma disposição claramente desfavorecida pelo uso da Escritura, havendo muitas passagens nas quais o significado é dado não apenas às palavras. Mesmo nesta Epístola, a mesma passagem é citada duas vezes, porém fazendo uso de palavras diferentes (cf. 8.12; 10.17).

A Vulgata, a Siríaca e o Targum, materialmente, concordam com o texto hebraico na íntegra. Só a Arábica favorece a Septuaginta. Macknight cita Hallet como a dizer que o Targum, bem como a Arábica, coincidem com a Septuaginta; que é um grande equívoco. A Siríaca tem "Pois a quem o Senhor ama, ele corrige, como um pai corrige a seu próprio filho"; e o Targum tem quase a mesma redação, retendo a palavra "pai". E então, o que este autor diz no tocante ao significado do verbo כאב, não condiz com o significado real; não há exemplo em que ele seja usado no sentido de açoitar. Não devemos perverter o significado das palavras, ou inventar um novo sentido, a fim de gratificar um crédulo anseio por concordância verbal.

Nesta citação, porém, há o que merece especial atenção. A "correção" se fazia por meio de vara; assim encontramos vara e correção enfeixadas em Provérbios 22.15. Em hebraico temos "a vara da correção (מוסר)"; e, na Septuaginta, "vara e correção (παιδεία)". Em Provérbios 23.13, correção e fustigar com vara são representados como sendo a mesma coisa. Mantendo isto em mente, entenderemos a conexão e significado desta passagem:

> 11. A correção do Senhor, meu Filho, não a desprezes,
> E não te impacientes com sua punição;
> 12. Pois a quem o Senhor ama, ele castiga,
> E corrige como pai que ao Filho aceita graciosamente.

As linhas intermédias, evidentemente, são conectadas; castigo é o sujeito de ambas, e o substantivo e o verbo são da mesma raiz. Então a primeira e a quarta são também conectadas; o "Filho" é mencionado em ambas; e o verbo, na última linha, seria emprestado do sujeito da primeira linha, que é correção. Daí vemos a razão por que se introduz μαστιγοῖ, por nenhuma outra razão senão para suprir o que se deixa de entender no hebraico.

APÊNDICE 41

12.11 Produz fruto pacífico etc. Esta é a frase que comumente se subentende como sendo seu teor geral, e, no entanto, é difícil de se explicar satisfatoriamente. Há quem tome "pacífico" como o caso genitivo exegético, "o fruto pacífico", isto é, como Macknight o explica, "que é justiça", e adiciona: "Denomina-se a justiça como sendo *pacífica*, porque ela produz a paz interior à pessoa que é afligida, e de paz externa naqueles com quem ele vive; é também chamada o fruto da punição divina, porque as aflições têm uma tendência natural de produzir virtudes em quem sofre o castigo, que são a ocasião de alegria maior que a dor causada pela punição" (Sl 119.67, 71, 75).

Tudo indica que Doddridge também entendeu a frase no mesmo sentido, porquanto afirma que a punição "produz e aperfeiçoa aquelas virtudes que propiciam à mente alegria e paz". Do mesmo teor são as observações de Scott, e o ponto de vista de Calvino parece coincidir com o de Scott.

A frase admite outro significado: "O fruto de justiça", segundo o uso mais freqüente da Escritura, significa o fruto pertinente à justiça; ou, nas palavras de Scott, "tal como a justiça produz"; ou, nas palavras de um autor citado por Poole, "que procede da justiça". Aqui, *justiça* parece significar o que é justo e direito, ou o que deve ser feito segundo a vontade de Deus, como quando nosso Salvador diz: "nos convém cumprir toda a justiça" (Mt 3.15). O que se pode considerar como especialmente referido aqui é submissão ou sujeição à vontade divina mencionada no versículo 9. Esta sujeição era justiça; era justa segundo a afirmação do versículo 7. Foi dito antes que o objetivo da correção é fazer-nos participantes da santidade de Deus; agora ele menciona justiça; elas se conectam. Devemos ser santos; devemos ser purificados do orgulho, do mundanismo e do egoísmo, a fim de que possamos fazer o que é certo e justo, isto é, nos submetermos à vontade de Deus quando ele nos punir; e, quando esta submissão ou justiça se concretizar, então a correção produz um fruto pacífico ou abençoado, isto é, um efeito, uma bênção, como paz ou felicidade. Estas duas últimas [paz e felicidade] são significadas pela Palavra; mas, "abençoado" ou feliz é mais propriamente aplicado a "fruto" do que a "pacífico".

Então o significado pode ser assim comunicado: "Mas, depois ela produz um bendito fruto nos que são exercitados (ou treinados, isto é, na santidade) por ela, por exemplo, a justiça (isto é, sujeição à vontade de nosso Pai)".

APÊNDICE 42

12.13 Caminhos retos para os pés etc. Se esta é uma citação, e não uma apropriação de certas palavras, então ela é tomada de Provérbios 4.26, onde o hebraico é: "Faze reta as veredas de teus pés", a mesma palavra desta passagem. Que o verbo, no hebraico, significa "fazer reto", e não "ponderar", como em nossa versão, é evidente à luz de uma frase semelhante no Salmo 78.50: "Ele fez [ou endireitou] um caminho para sua ira". O verbo é o mesmo de Provérbios. O substantivo significa uma balança, ou, melhor, o travessão de uma balança (cf. Pv 16.11), que é reto, e é usado para equilibrar o que se pesa. Por tanto, o verbo pode incluir a idéia de tornar reto ou de tornar plano. O versículo que segue em Provérbios 4.26 favorece esta idéia de uma vereda reta: "Não declines nem para a direita nem para a esquerda", o que implica um curso reto (cf. v. 25).

"Faze direita a vereda de teus pés", ou "faze veredas retas para teus pés", evidentemente significa "Que a vereda ou veredas pelas quais caminhas seja direita ou reta." Os caminhos do erro e do pecado são chamados *veredas tortuosas* (cf. Pv 2.15; Is 59.8). Assim o caminho da verdade e santidade é comparado a uma linha reta, da qual não devemos desviar-nos nem para a direita nem para a esquerda.

É notável o que o apóstolo diz em Gálatas 2.14, sobre Pedro e os que se reuniram com ele, que eles "não procediam corretamente (ou, literalmente, não andavam em linha reta, οὐκ ὀρθοποδοῦσι), segundo a verdade do evangelho"; desviaram-se da linha reta prescrita pelo evangelho. Portanto, a idéia de remover impedimentos, de fazer suas veredas planas ou suaves, como o traduzem Macknight e outros, não parece estar em pauta aqui; nem se harmoniza com o que segue: "para que o coxo" ou o fraco, "não se desvie, mas, antes, seja curado", isto é, de sua deficiência, ou de sua fraqueza. Pois se os que eram tidos por fortes na fé não andavam retamente, mas tomaram os caminhos tortuosos da dissimulação, como Pedro e os demais em Antioquia, o coxo, o fraco na fé, seria tentado a fazer o mesmo, em vez de ter sua deficiência curada, ou sua fraqueza fortalecida pelo exemplo de outros que caminham por um curso reto.

A idéia de deslocação, dada a to ἐκτραπῶ, por Schleusner, Macknight, entre outros, é inventada com o propósito de adequar o que concebiam ser o significado desta passagem, o que de modo algum é necessário, e deveras é inapropriado ao contexto quando corretamente entendido. "Aquele que é coxo", τὸ χωλὸν, é neutro em vez de masculino, uma expressão idiomática que encontramos amiúde no Novo Testamento.

APÊNDICE 43
12.15 Nem que haja raiz de amargura, etc. Esta citação, feita de Deuteronômio 29.18, parece ser a adoção de algumas palavras, e nada mais; pois, literalmente, "raiz", em Deuteronômio, não se refere a um princípio, nem no hebraico, nem na Septuaginta, mas a um indivíduo, a uma pessoa que se entrega à idolatria. Aqui, também, tudo indica que está em pauta uma pessoa. Em hebraico, a sentença é: "Que não haja entre vós uma raiz produtora de cicuta ou absinto"; e, na Septuaginta: "Que não haja entre vós uma raiz da qual emane fel e amargura". Como a idéia de uma crescente amargura ou raiz venenosa é apenas emprestada, não é necessário propor que a aplicação, aqui, seja a mesma de Deuteronômio. O que ali se aplica a um idólatra, aqui se aplica a uma pessoa que perturba a paz da Igreja.

Há quem entenda esta passagem como uma referência à defecção ou apostasia; e por isso traduz-se a primeira sentença: "Que ninguém retroceda (ou se aparte) da graça de Deus", isto é, o evangelho ou a fé cristã. Mas as palavras dificilmente podem admitir este significado. Por isso a maioria fornece esta versão: "Que ninguém seja insuficiente quanto à graça de Deus." Mas, o que é esta "graça de Deus"? Têm-se formulado várias respostas: o favor de Deus para com aqueles que cultivam a santidade; a mercê de Deus oferecida no evangelho; o descanso prometido; a vida eterna. Mas, tomando este versículo, como certamente devemos fazer, em conexão com o precedente, com razão poderíamos dizer que ela é a graça santificadora de Deus, ou "a santidade" supramencionada; e então, segundo a ordem inversa que com freqüência encontramos na Escritura, a próxima sentença se refere à "paz", "para que nenhuma raiz de amargura, vicejando, vos perturbe, e muitos venham a ser contaminados [ou infectados] por ela [ou por isto]".

Então seguem exemplos destes dois males na mesma ordem: primeiro, "fornicário" é o que viola a "santidade", ou é deficiente quanto a esta graça de Deus; e, segundo, "profano" é o que perturba a paz da Igreja, como Esaú que perturbou a paz de sua própria família, sendo ele "uma raiz de amargura".

Observe-se, porém, que a "paz" deveria estar com "*todos* os homens"; contudo, o exemplo quanto ao perturbador dela se refere à paz da Igreja; assim, com respeito à "santidade", a qual é universalmente inculcada; mas o exemplo quanto ao que a viola é particular. Pois, deixando de ver isto, sem dúvida alguns dos pais consideraram "santidade", do versículo anterior, no sentido de castidade.

Esaú se tornou "uma raiz de amargura", por ser profano; e ser profano, neste caso, equivalia a desprezar as coisas santas, considerando-as destituídas de valor, a ponto de preferir a gratificação da carne no lugar delas. Este foi o caráter profano de Esaú, o qual conduziu eventualmente a uma terrível discórdia familial; e, para mostrar o mal que provém de tal caráter profano, o apóstolo salienta a perda que ele enfrentava como sendo um aviso a outrem.

APÊNDICE 44

12.18-24 Nesta comparação entre a lei e o evangelho, sem dúvida seria mais consoante ao que lemos em Êxodo, e também à comparação aqui feita, a saber, considerar μὴ como parte do texto, ainda que omitido em todas as cópias já examinadas. Na verdade, mui raramente há alguma base suficiente para uma conjetura desse gênero; nem se pode dizer que aqui haja necessidade indispensável para o termo, apenas que a comparação deve ser mais completa: "Não tendes chegado a um monte que não deve ser tocado sob o risco de destruição; mas a um monte ao qual tendes livre acesso". "Tão terrível foi a promulgação da lei, que tocar o monte equivalia morte instantânea; o que somos graciosamente convidados a fazer é nos aproximarmos de Sião, estarmos na cidade de Deus, que dá vida". O particípio ζῶν parece ter este significado aqui, como não parece haver outra razão pela qual a palavra aqui se aplica a Deus.

Ao descrever a superioridade do evangelho à lei, o apóstolo toma por empréstimo as expressões da dispensação anterior; e ainda que o Monte Sião e Jerusalém fossem como que pertinentes à lei, contudo aqui são tomados em contraste com Sinai, onde a lei foi proclamada. De fato Sião é um termo evangélico, e toda a lei cerimonial, ainda que acrescida à lei proclamada no Sinai, no entanto era tipicamente o evangelho, e em parte existia mesmo antes que a lei fosse promulgada.

O contraste aqui é inclusive chocante: para os israelitas, no Sinai havia terror e morte; aos que se achegam a Sião, há livre acesso e vida. No Sinai havia anjos cercados com fogo, trevas e tempestade; no entanto, miríades deles, uma hoste inumerável, são agora espíritos ministradores aos habitantes de Sião. Toda a assembléia reunida ao pé do Sinai se compunha somente dos filhos de Israel; mas a assembléia reunida em Sião é de caráter geral, e constitui a Igreja dos primogênitos, os santos de Deus congregados de todas as nações. No Sinai, Deus se manifestou em sua função de Juiz, líder e governante de um povo; mas o Deus de Sião é o Juiz e soberano sobre todos os que se achegam ali, vindo de todas as nações da terra. Para os do Sinai, o estado dos santos falecidos era conhecido de modo obscuro; mas, para os que se achegam a Sião, sua condição é conhecida com clareza, sendo uma parte desse corpo – a Igreja – do qual Cristo é a Cabeça. No Sinai, o mediador era Moisés, um servo fiel, não mais que isso; o Mediador da Nova Aliança, que pertence a Sião, é Jesus, por virtude de cujo sangue todos os pecados são perdoados, e todas as contaminações, removidas – sangue que pleiteia por misericórdia, e não por vingança, como fez o sangue de Abel. Não se mencionam todas as partes do primeiro contraste, mas podem ser facilmente deduzidas do segundo.

Que a Igreja terrena está implícita aqui pelo termo Sião, parece ser algo muito claro. Com freqüência a Igreja é denominada de "o reino do céu", e seus súditos são chamados "cidadãos do céu". Que os anjos e os santos falecidos são mencionados como aqueles para quem iremos, não constitui objeção, porque tudo o que pertence a Sião é visto somente pela fé. Nossa conexão com os crentes distantes, que vivem sobre a terra, é mantida somente pela fé, exatamente da mesma maneira que nossa conexão com os anjos ou com os espíritos desincorporados. Não faz diferença se os anjos aqui mencionados são espíritos ministradores, ou as hostes que servem a Deus no céu, uma vez que são conservos e concidadãos, por assim dizer, de toda a família da terra (cf. Cl 1.16, 17). É a mesma companhia, ainda quando uma está ainda sobre a terra, e a outra, no céu; por fim estarão unidos na mais estreita comunhão.

Há objeções insuperáveis para a noção que alguns entretêm, como Macknight, entre outros, de que Sião, aqui, significa a Igreja em seu estado glorificado, depois da ressurreição. Nesse caso, o contraste não é apropriado; pois o objetivo do apóstolo evidentemente é apresentar a excelência da dispensação evangélica em comparação com a da lei; não se poderia fazer nenhuma diferença satisfatória entre a Igreja dos primogênitos e os espíritos dos justos aperfeiçoados; a expressão, "arrolados no céu", é mais propriamente aplicada aos que vivem na terra do que aos que se encontram na glória, e nesse caso não haveria propriedade em se mencionar Cristo como o Mediador, ou que seu sangue fala um idioma diferente do de Abel.

APÊNDICE 45

12.27 Para que as coisas que não abaladas permaneçam. O significado de ὡς πεποιημένων, dado por Doddridge, Scott e Stuart, é que eram coisas criadas, e portanto perecíveis, só designadas por certo tempo. Macknight considerava a expressão uma elipse para coisas "feitas por mãos"; denotando o que é de uma natureza imperfeita. Mas a explanação de Schleusner é a mais natural e mais apropriada à passagem. Ele diz que ποιέω às vezes significa realizar, consumar, conduzir a um fim (Rm 4.21; 9.28; Ef 3.11; 1Ts 5.24). Então a tradução seria: "Como coisas que são completadas", ou conduzidas a um fim. Eram coisas a serem abaladas ou mudadas, como coisas a serem concluídas ou terminadas. Em hebraico, o verbo correspondente, עשה, evidentemente tem este significado: "todas as suas obras que tinham de ser feitas" (העשו), ou completadas, ou terminadas (Gn 2.2; cf. Is 41.4).

APÊNDICE 46
12.28. Retenhamos a graça, etc. Assim Beza, Grotius, Doddridge e Scott. A Vulgata e Calvino sem dúvida estão equivocados. A autoridade quanto ao manuscrito é totalmente favorável ao verbo no modo imperativo. Macknight fornece esta tradução singular: "Retenhamos um dom por meio do qual possamos cultuar a Deus", etc. Ele explica "dom" como a denotar a administração da religião. Não menos inadequada é a versão de Stuart, ainda que aprovada por alguns dos pais: "Manifestemos gratidão (pela qual possamos servir a Deus de modo aceitável) com reverência e piedoso temor". Quando χάρις significa *gratidão*, nunca é seguida por um caso dativo, que não é o caso aqui. Ter fé, ἔχειν πίστιν, é possuí-la (Mt 17.20); ter vida eterna é possuí-la (Mt 19.16); ter esperança é desfrutá-la ou possuí-la (Rm 15.4); e assim, ter graça é ter a posse dela. E tão somente isto concorda com o que segue; é a possessão daquilo pelo qual podemos "servir a Deus de modo aceitável". Por "graça" devemos entender o gracioso socorro e assistência que Deus promete a tantos quantos a buscam.

Receber um reino é obter um direito ou uma titularidade a ele; e, uma vez de posse da promessa desse reino, devemos buscar, alcançar e possuir aquela graça, aquele divino socorro pelo qual possamos, no ínterim, servir a Deus de modo aceitável. Este é o significado óbvio da passagem.

APÊNDICE 47

12.28 Com reverência e santo temor. A primeira palavra, αἰδώς, significa "modéstia", como traduzida em 1 Timóteo 2.9; e não se encontra em nenhuma outra parte do Novo Testamento. Nos clássicos, significa respeito e reverência. A segunda palavra, εὐλαθεία, significa propriamente cautela, circunspecção, venerabilidade, e daí medo ou temor. Encontra-se somente aqui e em 5.7. Ocorre duas vezes como um particípio passivo: em Atos 23.10, e nesta Epístola, 11.7; e significa deixar-se influenciar ou levar pelo temor. Não se deve acrescentar-lhe nem "santo" nem "religioso".

Pode parecer difícil de conciliar este "temor" ou medo com aquele amor, confiança e deleite com que Deus deve ser servido, segundo o evidente testemunho da Escritura, especialmente do Novo Testamento. Mas, se tomarmos a primeira palavra no sentido de "modéstia" (ou humildade), como traduzida por Beza, podemos considerar as palavras como que a descreverem o que devemos sentir em relação ao que somos em nós mesmos, e qual é o perigo a que estamos expostos. O significado, pois, seria que devemos servir a Deus sob a profunda consciência de nossa própria debilidade, e sob o temor ou medo do perigo de apostasia, ainda quando o medo em parte surja de uma apreensão do que Deus fará aos apóstatas, segundo o que lemos no versículo seguinte. Sem estes dois sentimentos, deveras é impossível, em nosso presente estado, servirmos a Deus de modo aceitável; pois sem humildade oriunda do senso de indignidade e debilidade, não seremos capazes de apreciar sua mercê; e, sem o medo do pecado, e especialmente da apostasia, jamais dependeremos, como devemos, do poder de Deus a preservar-nos.

Estes sentimentos, num grau mínimo, não interferem no exercício do amor, gratidão, ou confiança; mas, ao contrário, os fortalece. O fraco será sustentado, porém deve sentir sua fraqueza; e os que sentem horror pelo pecado (não de Deus) serão guardados e preservados; porém devem sentir este medo. E quanto mais sentirmos nossa fraqueza, mas fortes seremos, no dizer de Paulo: "Quando sou fraco, então é que sou forte"; e quanto maior for nosso temor e medo do pecado, mais seguros nos sentiremos. Mas, como Pedro, tropeçaremos e cairemos se formos auto-confiantes e liberados do medo do pecado.

Nenhum outro significado, senão o do temor e medo, pertence a εὐλαθεία, onde quer que seja encontrado, seja como substantivo, seja como particípio. É medo do mal, e não medo de Deus. Veja-se a Septuaginta, em Josué 22.24; 1 Macabeus 3.30; 12.42. Em parte alguma o termo denota medo de Deus.

APÊNDICE 48
13.5 Seja vossa vida etc. Macknight traduz por "comportamento"; e Stuart, por "conduta". Mas τρόπος significa não só modo, maneira, conduta, mas também um volver, por assim dizer, da mente, disposição, *ingenium*, na expressão de Schleusner. Parkhurst cita uma passagem de Demóstenes, na qual, evidentemente, o termo porta este sentido. Então se pode dar esta versão: "Que não haja nenhuma disposição de amor ao dinheiro"; ou, "Que vossa disposição esteja isenta do amor ao dinheiro". A Vulgata dá uma versão livre: "Que a conduta seja sem avareza". A de Beza é quase a mesma: "Vivei contentes", ou "vivei satisfeitos com o que tendes"; isto é, considerai suficiente ou bastante o que tendes.

APÊNDICE 49
13.5 De maneira alguma te deixarei, etc. Há três lugares onde estas palavras são encontradas, com alguma variedade: Deuteronômio 31.6; Josué 1.5; 1 Crônicas 28.20. No primeiro, são as palavras de Moisés ao povo de Israel; no segundo, as palavras de Deus a Josué; e, no terceiro, as palavras de Davi a Salomão. Nos três lugares, o hebraico é exatamente o mesmo, excetuando a mudança de pessoa; mas, na versão da Septuaginta, em nenhum texto a palavra é a mesma. As palavras, como dadas aqui, em Josué é literalmente

o hebraico, onde a versão grega é totalmente diferente; só o apóstolo introduz a tríplice negativa como encontrada nessa versão de Deuteronômio 31.6, porém não dada nessa versão em nenhum dos outros dois casos. Então a citação é de Josué 1.5, exceto que o apóstolo segue a Septuaginta em Deuteronômio 31.6, quanto às três negativas.

O hebraico poderia ser traduzido, no tocante aos verbos, mais corretamente do que o que o apóstolo fez, os quais são os mesmos na Septuaginta, exceto em Josué 1.5. O primeiro verbo significa descontrair-se; e, num sentido transitivo, deixar ir, despedir, desistir, render-se; e o segundo verbo significa deixar, abandonar, desertar. Em grego, os verbos contêm um significado semelhante. Para dar um sentido distinto a cada um, podemos traduzir a sentença assim:

"Eu não te rejeitarei;
De modo algum te abandonarei".

Isto é, não te renunciarei a ponto de separar-me de ti; não te abandonarei, não, de modo algum, quando estiveres em dificuldades e provações.

As três negativas, como o último verbo, são notáveis. Em hebraico há o que corresponde bastante com eles. O ו, quando precedido por uma negativa, pode ser traduzido *e não, também não, nem*. Então a versão seria esta: "Eu não te rejeitarei, não, não te abandonarei". Deveras é uma promessa de que Deus continuará sendo nosso Deus, de modo que não desistirá de nós, e que ele de modo algum nos abandonará nos momentos de necessidade.

No versículo seguinte, a citação é do Salmo 118.6, e literalmente é da Septuaginta. O hebraico é um pouco diferente. "O Senhor é meu, e eu não temerei; o que me pode fazer o homem?" Então, o versículo seguinte mostra que o Senhor, que era seu, era também quem o socorria: "O Senhor, o meu, é meu socorro [literalmente, por meu socorro]; e encararei meus inimigos"; uma frase que significa que ele ganharia a vitória sobre eles. A palavra "socorro" é pela Septuaginta emprestada do versículo 7; e, como o desígnio do apóstolo evidentemente era confirmar a última sentença da citação anterior, "não te abandonarei", ele considerou suficiente citar as palavras da Septuaginta.

APÊNDICE 50
13.7 Vossos guias, etc. A palavra ἡγουμένοι significa propriamente líderes, condutores, guias, como tais, orientam o caminho; e, segundo seu significado secundário, presidentes, chefes, governantes, líderes. É traduzida pela Vulgata, "prefeitos – praefectorum"; por Beza e Stuart, por "líderes – ductorum"; por Macknight e Doddridge, por "líderes", fazendo esta paráfrase: "Que vos têm presidido". A versão mais condizente com o contexto é "vossos líderes"; pois são mencionados como pessoas a serem seguidas; eram orientadores em questão de religião, e eram exemplos para outros. No versículo 17, porém, o que se ajusta melhor é a idéia de líder, pois tinham de ser obedecidos. O significado específico de uma palavra que tem vários sentidos é ser sempre certificado à luz do contexto. Os líderes aqui referidos eram os que tinham concluído sua trajetória; pois tinham de *lembrar-se* deles, e não observar sua conduta então, como se estivessem vivos; e contemplar o fim ou conclusão de sua vida equivalia seguir sua fé.

A palavra ἔχθασις significa uma saída, uma via de escape, também o fim, conclusão ou término de uma coisa, ou o resultado; e ἀναστροφή significa maneira de vida, relacionamento, comportamento, conduta, a maneira como alguém vive. Em nosso idioma não há uma palavra própria para expressá-la devidamente. Aqui pode ser traduzida por "vida" – "e, contemplando o fim [propósito] de sua vida, segui sua fé"; isto é, o que creram. Concluíram sua vida em paz, e foram capacitados para triunfar sobre todos os males por meio da fé que professaram e possuíram.

APÊNDICE 51
13.8 Jesus Cristo é o mesmo, etc. A conexão deste versículo é considerada diferentemente, e também seu significado. Há quem o conecte com o versículo precedente, assim: "Jesus Cristo é sempre o mesmo em poder, graça e fidelidade; ele sustentou vossos líderes e guias, os quais já completaram vitoriosamente suas provações; sendo ainda o mesmo, ele vos sustentará". Esse é o ponto de vista assumido por Grotius, Doddridge, Macknight, Scott e Stuart. Outros, como Scholefield e Bloomfield, bem como alguns doutores alemães, conectam o versículo com o que segue, neste sentido: "Jesus Cristo é o mesmo, por isso sereis os mesmos, e não vos deixareis levar por doutrinas diversas e estranhas".

Mas não há necessidade desta conexão exclusiva, como o versículo aparece conectado ao versículo precedente e ao seguinte. Os que adotam o primeiro ponto de vista parecem estar equivocados quanto ao tema principal da passagem. A exortação que o apóstolo dirige aos hebreus, era que seguissem a fé de seus líderes, que já haviam partido para o descanso, e a contemplação de seu ditoso e vitorioso fim foi introduzida com o fim de encorajá-los a seguirem sua fé. E que este é o ponto particular e primordial compendiado aqui, é evidente à luz do versículo 9, onde esta doutrina é, por assim dizer, aplicada: "Não vos deixeis envolver", etc. Então o significado da passagem como um todo pode ser dado assim: "Segui a fé de vossos guias falecidos; nela não há mudança; Cristo é o mesmo em sua mente, vontade e propósito quanto à fé; portanto, não permitais que vos desvieis, seguindo doutrinas várias e estranhas, diferentes da fé dos que vos instruíram e vos encaminharam a um fim feliz". Assim a passagem parece consistente do princípio ao fim e conectada apropriadamente:

> 7. Lembrai-vos de vossos guias, os quais vos pregaram a palavra de Deus; e, considerando atentamente o fim de sua vida, imitai
> 8. a fé que tiveram. Jesus Cristo, ontem e hoje,

9. e o será para sempre. Não vos deixeis envolver por doutrinas várias e estranhas, porquanto o que vale é estar o coração confirmado com graça e não com alimentos, pois nunca tiveram proveito os que com isto se preocuparam.

Se o verbo auxiliar for introduzido em todo o versículo 8, ele deve ser introduzido duas vezes. Mas as palavras podem ser traduzidas como um caso nominativo absoluto: "Jesus Cristo, sendo o mesmo ontem, e hoje, e para sempre"; como se ele quisesse dizer: "Exorto-vos a que sigais a fé deles, já que Jesus Cristo, nosso Mestre, Mediador e Salvador, jamais muda, mas é sempre o mesmo".

Os manuscritos favorecem mais μὴ παραφέρεσθε, "não vos desvieis", do que μὴ περιφέρεσθε, "não vos deixeis levar"; mas, como o último verbo é usado sobre o mesmo tema em Efésios 4.14, é preferível adotá-lo aqui; aliás, a diferença é de pouca importância.

A passagem, explicada assim, se põe fortemente contra toda e qualquer inovação da fé, da doutrina do evangelho, sendo Cristo, seu Mestre, sempre o mesmo. Não deve haver doutrinas novas e estranhas; pois esse é o significado de *estranhas* aqui, isto é, o que é alheio ao evangelho, e portanto novo. E quais são todas as adições que foram feitas pelos pais, e especialmente pela igreja de Roma, senão doutrinas várias, estranhas ao evangelho, o qual continua sendo o mesmo? Sua variedade é tão grande quanto sua novidade. Cristo foi, é e sempre será o mesmo em sua função de Mestre, Mediador e Salvador; daí a fé, uma vez entregue aos santos, continuar sendo imutavelmente a mesma.

APÊNDICE 52
13.9 Porque o que vale é estar confirmado, etc. Parece haver certa obscuridade na última parte deste versículo e nos seguintes. Entretanto, parece haver uma notificação do que o apóstolo tem em vista sobre o termo "estranhas" ou novas, como aplicado às doutrinas aqui

referidas. Provavelmente houve tentativa de infiltrar no evangelho algumas partes da lei cerimonial, especialmente as festas. A distinção de alimentos não era algo novo, mas é possível que esteja em pauta este tipo de mescla, a saber, a participação naqueles sacrifícios, parte dos quais se permitia ser comida por aqueles que se apresentavam (Lv 7.11-21). Provavelmente, isto constitua uma das doutrinas novas ou estranhas. Esse tipo de compromisso teria sido feito com o intuito de evitar opróbrio e perseguição.

No versículo 10, o apóstolo diz que quem comesse dos sacrifícios não poderia ser participante do que os cristãos comiam. Então, no versículo 11, ele faz menção do sacrifício feito anualmente pelo sumo sacerdote, do qual não se comia nenhuma parte, mas era tudo queimado no campo fora (referência ao estado de coisas quando o tabernáculo foi erigido no deserto), notificando que o sacrifício principal não contava com a participação nem dos sacerdotes nem do povo. Tomando este fato como uma notificação e símbolo do que havia de vir, ele diz que Cristo ofereceu o maior e real sacrifício fora da porta (aludindo agora ao templo em Jerusalém), onde devemos segui-lo, suportando o opróbrio a que ele se sujeitou; e não devemos voltar, por assim dizer, ao tabernáculo, e participar de tais sacrifícios como eram ali comidos.

Como um incentivo a que suportassem o opróbrio, ele lhes recorda que a vida é por demais breve, e que os cristãos aguardam seu lar em outra pátria; e por fim declara quais os sacrifícios que agora deviam oferecer a Deus: não os sacrifícios de ofertas pacíficas, mas os de louvor e ações de graça, bem como os de boas obras.

Os "alimentos", segundo este ponto de vista, mencionados no versículo 9, teriam sido os alimentos tomados quando se apresentavam ofertas voluntárias. Admitindo que o grande sacrifício pelo pecado já fora oferecido por Cristo, é possível que alguém ainda presumisse e ensinasse que ofertas como estas eram ainda permitidas; e é possível que se imaginasse que comer de tais ofertas era algo mui proveitoso, tidas como a produzir grande benefício. Em oposição a tal sentimento, pode-se imaginar o apóstolo dizendo que bom mesmo era o coração sendo fortalecido pela graça, e não por alimentos, os quais não provavam ser proveitosos aos que comumente participavam deles.

O "altar" deve ser tomado pelos sacrifícios nele oferecidos. Ele declara que não era possível participar do alimento cristão e das ofertas feitas sobre o altar. A tradução literal dos versículos 11 e 12 é como segue:

> "11. Além do mais, dos animais cujo sangue pelo pecado é introduzido no santíssimo pelo sumo sacerdote, os corpos destes eram
> 12. queimados no campo fora. Portanto, Jesus também, a fim de fazer expiação pelo povo, com seu próprio sangue, sofreu fora da porta".

O propósito para o qual estas palavras parecem ter sido adicionadas era mostrar que não comer, não alimentos, não está conectado com sacrifício pelo pecado; e, ao dizer, no versículo seguinte, que devemos seguir a Cristo no campo fora, suportando seu opróbrio, o apóstolo notifica que esse opróbrio não deve ser evitado por uma associação com o tabernáculo, engajados no oferecimento de ofertas pacíficas, por causa das quais festejavam.

O teor de toda a passagem (vv. 9-16) pode ser assim expresso: "Não vos deixeis desviar por vários tipos de doutrinas, e por isso mesmo são novas; a graça, e não comer ofertas, é que fortalece o coração, capacitando-o a manter a fé e a suportar as provações; e esta graça, o alimento que pertence ao nosso altar, não pode ter a participação dos que estão ainda apegados ao altar do tabernáculo terreno. E, quanto ao sacrifício anual pelo pecado, ele não é comido, e sim totalmente queimado, não no tabernáculo, mas no campo, do lado de fora – uma notificação do que Cristo fez quando se ofereceu fora da porta. Para lá devemos segui-lo, e não retornando ao tabernáculo a fim de evitar o opróbrio; e este opróbrio não será delongado, pois já nos apressamos rumo a outro mundo; e, em vez de apresentar ofertas voluntárias e comer delas, o que devemos oferecer agora são sacrifícios de louvor, de ações de graça e de boas obras".

APÊNDICE 53
13.17 Para que façam isto com alegria, etc. Há diferença de opinião quanto a esta sentença. Há quem, como Teofilato, Grotius e Doddridge, aplique "o" ou "isto" à vigília; outros, como Macknight, Scott e Stuart, aplicam "o" à prestação de contas que deve ser dada pelos ministros. O primeiro ponto de vista, o qual evidentemente Calvino assume, é o único consistente com o resto da passagem. As palavras conclusivas do versículo seriam totalmente inapropriadas, caso se considere estar em pauta o dia do juízo, porém bem apropriadas quando consideramos vigília como sendo a intenção. Dizer que uma prestação de contas desfavorável no último dia seria "inaproveitável" às pessoas, seria usar uma expressão de modo algum consistente; mas, apresentar a vigília dos ministros, quando são "entristecidos" pela perversidade e conduta refratária do povo, como inapropriada a si próprios, é totalmente apropriada; e é uma consideração muito pertinente, não só a tristeza dos que vigiam sobre eles, mas também prejudicar-se, impedindo seu próprio progresso, e tornando inútil o vigilante cuidado de seus ministros. Macknight faz referência a 1 Tessalonicenses 2.19; mas aí só se menciona "alegria"; e Doddridge observa com razão: "Não é possível que alguma perversidade do povo impedisse um ministro fiel de renunciar sua própria alegria; e nem se pode misturar alguns gemidos com os cantos de triunfo que Deus introduzirá nos lábios de todo seu povo". Sem dúvida, aqui a "tristeza" mencionada mostra claramente o significado da passagem.

APÊNDICE 54
13.20 Pelo sangue da eterna aliança. A Vulgata, nossa versão, Calvino e Scott conectam as palavras "tornou a trazer dentre os mortos"; só a Vulgata e Calvino traduzem a preposição *em*; e nossa versão

e Scott, *através de*. A idéia comunicada por *em* é explicada por Calvino, e a mesma é dada por Teodoreto, e o que está implícito por *através de* é assim explicado por Scott: "A fim de mostrar que seu resgate foi aceito, e para que ele realize sua graciosa obra como o grande Pastor das ovelhas, Deus o Pai o ressuscitou dentre os mortos "através do sangue da aliança eterna".

Outros, como Beza, Doddridge e Stuart, conectam as palavras com "o grande Pastor", isto é, que Cristo veio a ser o grande Pastor das ovelhas através do sangue de uma aliança eterna; e Atos 20.28 e João 10.11-19 têm sido evocados como que favorecendo este ponto de vista. A versão de Stuart é a seguinte:

"20. Ora, que o Deus da paz, que ressuscitou dentre os mortos a nosso Senhor Jesus (que pelo sangue de uma aliança eterna
21. veio a ser o grande Pastor das ovelhas), vos prepare para toda boa obra, para que façais sua vontade; operando em vós aquilo que seja mui agradável a seus olhos, por Jesus Cristo, a quem seja a glória para sempre e sempre".

Mas é possível fazer uma tradução mais literal, assim:

"20. Ora, que o Deus da paz, que restaurou dentre os mortos o Pastor das ovelhas (o supremo, através do sangue
21. da aliança eterna), nosso Senhor Jesus – que ele vos faça aptos para toda boa obra para fazerdes sua vontade, formando em vós o que é mui agradável a seus olhos através de Jesus Cristo, a quem seja a glória para sempre e sempre".

A palavra μέγας, grande, às vezes significa "supremo", *summus*, como dado por Schleusner; e tem este significado em 4.14. Em João 10.11 e seguintes, nosso Salvador se refere à sua morte, o derramamento de seu sangue, como evidência de que ele era *o* Bom Pastor. Pode-se, pois, dizer corretamente que ele veio a ser supremo por ou através do sangue da aliança eterna, isto é, através do sangue que selou e tornou eficaz uma aliança que é permanente, e não temporária como a de Moisés.

Sua oração foi que Deus os qualificasse, os adaptasse ou os preparasse para toda boa obra; e mais adiante explica isto como "formar", produzir ou criar "em vós", etc.; pois o verbo ποιέω, fazer, às vezes é usado neste sentido. Ele significa uma influência ou operação interior, como expressa mais plenamente em Filipenses 2.13: "Porque é Deus quem opera em vós tanto o querer como o fazer [literalmente, trabalhar], por seu beneplácito". E este formar ou criar neles o que era agradável a seus olhos tinha de ser feito através de Jesus Cristo, através dele em sua função de Mediador, tendo se tornado o supremo Pastor das ovelhas, pelo derramamento de seu sangue por eles.

FIEL
MINISTÉRIO

O Ministério Fiel visa apoiar a igreja de Deus, fornecendo conteúdo fiel às Escrituras através de conferências, cursos teológicos, literatura, ministério Adote um Pastor e conteúdo online gratuito.

Disponibilizamos em nosso site centenas de recursos, como vídeos de pregações e conferências, artigos, e-books, audiolivros, blog e muito mais. Lá também é possível assinar nosso informativo e se tornar parte da comunidade Fiel, recebendo acesso a esses e outros materiais, além de promoções exclusivas.

Visite nosso site
www.ministeriofiel.com.br

Esta obra foi composta em Cheltenham Std Book 10.5, e impressa
na Promove Artes Gráficas sobre o papel Pólen Soft 70g/m^2,
para Editora Fiel, em Dezembro de 2020